破産申立代理人
の地位と責任

全国倒産処理弁護士ネットワーク

[編]

一般社団法人 **金融財政事情研究会**

はしがき

　近時、破産手続開始申立代理人の法的義務、とりわけ「財産散逸防止義務」に対する関心が集まっています。

　倒産実務に関わる弁護士として、債務者から依頼を受けて行う破産手続開始申立手続は最も基礎的で基本的な仕事であり、「破産の申立て」という単純な法的事務のようにみえます。しかし、破産という場面が、債権者と債務者の利害が最も先鋭的に衝突する場面であるにもかかわらず、破産申立代理人は依頼者である債務者（破産者）の利益だけでなく、利害が対立している相手方債権者（破産債権者や別除権者）の利益への配慮も期待されていることから、申立代理人として、実際の事務処理に悩む場面が少なくありません。

　全国倒産処理弁護士ネットワーク（全倒ネット）では、2016年10月1日に札幌で開催された第15回全国大会で「破産申立代理人の地位と責任」に関して、伊藤眞教授の基調講演を受けて、主として法人破産の申立てを念頭にシンポジウムを開催し、その成果を「事業再生と債権管理」155号に取りまとめました。

　本書は、この全国大会の成果を基礎に、さらに破産申立代理人の責任が問われた裁判例を紹介し、各裁判例に対する評釈とコメントを通じて破産申立代理人が法的義務を負う具体的場面を明らかにした上、実際の事務処理を通じて想定される局面において、破産申立代理人として期待される事務処理の在り方を検討した成果をQ&A方式で解説したものです。加えて、伊藤眞教授、山本和彦教授と中西正教授による論考を収録しています。

　本書が、破産手続開始申立ての実務を担う弁護士にとって事務処理に迷ったときの羅針盤となり、また、申立代理人の責任が問われる場面において適正な解決に資することを願っています。

　本書は、全倒ネット常務理事を中心とした編集委員と執筆者の共同討議に基づくものですが、そのような共同討議の場を設けていただいた一般社団法人金融財政事情研究会のみなさんに心から感謝申し上げます。

2017年11月

全国倒産処理弁護士ネットワーク

理事長　　中井　康之

全国倒産処理弁護士ネットワーク参加のお勧め

　倒産処理は、「大型企業の再建」から「消費者破産」まで幅広く、各手続には多数の利害関係者が関わるため、複雑な法律問題や解決すべき課題が多く発生します。適切かつ迅速な倒産処理への社会的要請の高まりは、1999年から2004年にかけての倒産法制の大改正を実現させましたが、新倒産法制を活かすも殺すも、その運用の中心的役割を担う法曹、とりわけ弁護士の双肩にかかっているといっても過言ではありません。

　このような状況下、全国倒産処理弁護士ネットワーク（全倒ネット）は、2002年に、全国各地で倒産事件の運用を担う人材、特に倒産処理に堪能な弁護士を育成するべく設立されました。爾来、全国単位、各地域単位で研修や協議の場を設け、会員間でのインターネットを利用した意見交換・情報提供や人的交流を通じて、倒産処理人材の育成を図りつつ、裁判所との連携により各地の倒産事件に対する実務運用の適正化を推進するとともに、年１回の全国大会や各地区会での講演・シンポジウム等を通じ、より良い運用の在り方を提言し、また、その研究活動の成果について、雑誌、書籍等を通じ広く情報発信をしてまいりました。こうした活動を通じて会員は全都道府県に及び、2017年10月時点で5,000名を超えています。

　会員間においては、メーリングリストを活用した情報交換や質疑応答を行い、日々自主的な研鑽に努めています。このメーリングリストは、倒産処理の実務において生起する問題・疑問点を自ら発信者となって提起し、倒産処理に携わる他の弁護士から回答を受けることにより、多様な意見・経験を共有でき、実務上非常に有益であると評価されています。

　このように、各会員の年齢・経験や活動地域を越え、リアルタイムで情報共有・意見交換ができるのは、メーリングリストならではの利点といえるでしょう。そして、このメーリングリストの精神は、そのまま全倒ネットの精神といえます。

　また、このメーリングリストのなかで出された問題を集約、発展させ、実務に必須といわれるようになった旧版に大幅な追加と改訂を行った『破産実務Q&A200問』や『個人再生の実務Q&A100問』、『通常再生の実務Q&A120問』な

ど日々の業務に直結する書籍に加え、実務運用を踏まえた判例・学説の集大成として『新注釈民事再生法（上・下）』や『注釈破産法（上・下）』などのコンメンタールも刊行しています。

　全倒ネットが、今後ともよりいっそう充実した活動ができるように、現在倒産処理に携わっていらっしゃる方はもちろんのこと、倒産処理に関心をお持ちの方、とりわけ新人の方は、どうぞ奮ってご参加ください。会員には通信費として年5,000円のご負担をお願いしておりますので、ご了解ください。なお、これまで会員の皆さんに全倒ネット編集の上記書籍等を、原則として無料でお送りしております。

　参加をご希望の方は、事務局である一般社団法人金融財政事情研究会・金融法務編集部が運営する全倒ネットのウェブサイト（http://www.zentoh-net.jp/）にアクセスしていただき、「入会方法」をご参照の上、参加の手続をお取りいただくようお願い申し上げます。

2017年11月

全国倒産処理弁護士ネットワーク

理事長　　中井 康之

◆役員一覧◆

【理　事　長】
　中井 康之　　　大阪弁護士会　　　（34期　堂島法律事務所）

【副理事長】
　小林 信明　　　東京弁護士会　　　（35期　長島・大野・常松法律事務所）

【専務理事】
　佐藤 昌巳　　　愛知県弁護士会　　（41期　佐藤綜合法律事務所）
　黒木 和彰　　　福岡県弁護士会　　（41期　弁護士法人黒木・内田法律事務所）
　富永 浩明　　　東京弁護士会　　　（42期　富永浩明法律事務所）

【常務理事】

伊藤　尚	第一東京弁護士会	（37期	阿部・井窪・片山法律事務所）
斉藤 芳朗	福岡県弁護士会	（39期	徳永・松﨑・斉藤法律事務所）
小堀 秀行	金沢弁護士会	（40期	兼六法律事務所）
髙木 裕康	第二東京弁護士会	（40期	東京丸の内法律事務所）
岩渕 健彦	仙台弁護士会	（43期	エール法律事務所）
服部　敬	大阪弁護士会	（43期	はばたき綜合法律事務所）
小畑 英一	第一東京弁護士会	（45期	LM法律事務所）
籠池 信宏	香川県弁護士会	（46期	籠池法律事務所）
上野　保	第二東京弁護士会	（46期	元木・上野法律会計事務所）
野村 剛司	大阪弁護士会	（50期	なのはな法律事務所）
桶谷 和人	札幌弁護士会	（56期	植物園法律会計事務所）

【理　事】

多比羅 誠	東京弁護士会	（22期	ひいらぎ総合法律事務所）
須藤 英章	第二東京弁護士会	（23期	東京富士法律事務所）
宮川 勝之	第二東京弁護士会	（30期	東京丸の内法律事務所）
瀬戸 英雄	第一東京弁護士会	（31期	LM法律事務所）
岡　正晶	第一東京弁護士会	（34期	梶谷綜合法律事務所）
土岐 敦司	第一東京弁護士会	（35期	成和明哲法律事務所）
長屋 憲一	第二東京弁護士会	（35期	NeOパートナーズ法律事務所）
片山 英二	第一東京弁護士会	（36期	阿部・井窪・片山法律事務所）
深山 雅也	第二東京弁護士会	（38期	深山・小金丸法律会計事務所）
三村 藤明	東京弁護士会	（39期	アンダーソン・毛利・友常法律事務所）
綾　克己	東京弁護士会	（41期	ときわ法律事務所）
服部 明人	第一東京弁護士会	（41期	服部明人法律事務所）
樋口　收	第一東京弁護士会	（43期	敬和綜合法律事務所）
進士　肇	東京弁護士会	（45期	篠崎・進士法律事務所）
岡　伸浩	第一東京弁護士会	（45期	岡綜合法律事務所）
三森　仁	第二東京弁護士会	（45期	あさひ法律事務所）
山宮 慎一郎	東京弁護士会	（47期	TMI総合法律事務所）
髙井 章光	第二東京弁護士会	（47期	髙井総合法律事務所）
縣　俊介	東京弁護士会	（50期	みなと協和法律事務所）
柴田 義人	第二東京弁護士会	（50期	アンダーソン・毛利・友常法律事務所）
竹原 正貴	東京弁護士会	（59期	麹町清新法律事務所）
仁平 信哉	神奈川県弁護士会	（38期	弁護士法人仁平総合法律事務所）
川島 俊郎	神奈川県弁護士会	（44期	横浜セントラル法律事務所）

村松　　剛	神奈川県弁護士会	（52期	佐藤・村松法律事務所）
野崎　　正	埼玉弁護士会	（46期	さいたま法律事務所）
安田 孝一	埼玉弁護士会	（46期	安田法律事務所）
小倉 純夫	千葉県弁護士会	（31期	わかば法律事務所）
石川 貴康	千葉県弁護士会	（50期	コンパサーレ法律事務所）
永嶋 久美子	千葉県弁護士会	（52期	プライム法律事務所）
植崎 明夫	茨城県弁護士会	（35期	植崎明夫法律事務所）
飯島 章弘	茨城県弁護士会	（55期	あおい法律事務所）
伊澤 正之	栃木県弁護士会	（40期	伊澤正之法律事務所）
蓬田 勝美	栃木県弁護士会	（41期	蓬田勝美法律事務所）
安田 真道	栃木県弁護士会	（54期	安田法律事務所）
丸山 和貴	群馬弁護士会	（33期	丸山法律事務所）
伊藤 みさ子	静岡県弁護士会	（37期	静岡・市民法律事務所）
松田 康太郎	静岡県弁護士会	（52期	共和法律事務所）
石川 善一	山梨県弁護士会	（39期	石川善一法律事務所）
小野 正毅	山梨県弁護士会	（47期	小野法律事務所）
中村 隆次	長野県弁護士会	（29期	中村隆次・田鶴子法律事務所）
金子　　肇	長野県弁護士会	（48期	金子法律事務所）
齋藤 泰史	長野県弁護士会	（52期	弁護士法人斎藤法律事務所）
伊津 良治	新潟県弁護士会	（38期	伊津良治法律事務所）
野口 祐郁	新潟県弁護士会	（50期	野口法律事務所）
出水　　順	大阪弁護士会	（26期	北総合法律事務所）
小松 陽一郎	大阪弁護士会	（32期	小松法律特許事務所）
上田 裕康	大阪弁護士会	（33期	アンダーソン・毛利・友常法律事務所）
石井 教文	大阪弁護士会	（37期	弁護士法人大阪西総合法律事務所）
中森　　亘	大阪弁護士会	（47期	北浜法律事務所・外国法共同事業）
山形 康郎	大阪弁護士会	（52期	弁護士法人関西法律特許事務所）
野城 大介	大阪弁護士会	（54期	弁護士法人きっかわ総合法律事務所）
池上 哲朗	京都弁護士会	（45期	京都総合法律事務所）
宮﨑 純一	京都弁護士会	（60期	中村利雄法律事務所）
柴田 眞里	兵庫県弁護士会	（49期	フローラ法律事務所）
辰巳 裕規	兵庫県弁護士会	（50期	神戸合同法律事務所）
久米 知之	兵庫県弁護士会	（56期	神戸H.I.T.法律事務所）
中西 達也	奈良弁護士会	（50期	中西達也法律事務所）
松井 和弘	奈良弁護士会	（60期	新奈良法律特許事務所）
竹下 育男	滋賀弁護士会	（47期	せせらぎ法律事務所）
野嶋　　直	滋賀弁護士会	（52期	大津総合法律事務所）

中川 利彦	和歌山弁護士会	（34期	パークアベニュー法律事務所）
田中 祥博	和歌山弁護士会	（40期	田中祥博法律事務所）
池田 伸之	愛知県弁護士会	（32期	池田総合特許法律事務所）
服部 一郎	愛知県弁護士会	（38期	服部一郎法律事務所）
山田 尚武	愛知県弁護士会	（44期	しょうぶ法律事務所）
室木 徹亮	三重弁護士会	（42期	室木・飯田法律事務所）
堀部 俊治	岐阜県弁護士会	（37期	堀部俊治法律事務所）
神谷 慎一	岐阜県弁護士会	（55期	弁護士法人神谷法律事務所）
八木 宏	福井弁護士会	（54期	九頭竜法律事務所）
大原 弘之	富山県弁護士会	（60期	樋爪・大原法律事務所）
森川 和彦	広島弁護士会	（41期	白島綜合法律事務所）
奥野 修士	広島弁護士会	（53期	ひまわり法律事務所）
加瀬野 忠吉	岡山弁護士会	（41期	岡山中央法律事務所）
熱田 雅夫	島根県弁護士会	（46期	熱田法律事務所）
平岩 みゆき	福岡県弁護士会	（52期	けやき通り法律事務所）
千綿 俊一郎	福岡県弁護士会	（53期	吉村敏幸法律事務所）
福島 直也	佐賀県弁護士会	（55期	弁護士法人はやて法律事務所鳥栖事務所）
岡田 雄一郎	長崎県弁護士会	（60期	長崎清和法律事務所）
渡辺 耕太	大分県弁護士会	（48期	弁護士法人渡辺法律事務所）
建部 明	熊本県弁護士会	（27期	建部法律事務所）
渡辺 裕介	熊本県弁護士会	（55期	渡辺綜合法律事務所）
江藤 利彦	宮崎県弁護士会	（35期	江藤法律事務所）
畑 知成	沖縄弁護士会	（51期	弁護士法人ひかり法律事務所）
須藤 力	仙台弁護士会	（35期	須藤法律事務所）
阿部 弘樹	仙台弁護士会	（53期	ひろむ法律事務所）
菅野 昭弘	福島県弁護士会	（46期	すがの法律事務所）
石橋 乙秀	岩手弁護士会	（34期	こずかた法律事務所）
石岡 隆司	青森県弁護士会	（38期	石岡法律事務所）
馬杉 栄一	札幌弁護士会	（24期	馬杉栄一法律事務所）
矢吹 徹雄	札幌弁護士会	（26期	矢吹法律事務所）
吉川 武	札幌弁護士会	（39期	吉川武法律事務所）
木野村 英明	釧路弁護士会	（57期	木野村英明法律事務所）
川東 祥次	香川県弁護士会	（33期	川東法律事務所）
森 晋介	徳島弁護士会	（56期	森法律事務所）
村上 亮二	愛媛弁護士会	（39期	村上亮二法律事務所）

【顧　問】
　高木 新二郎　東京弁護士会　　　（15期　モルガン・ルイス&バッキアス法律事務所）
　才口 千晴　　東京弁護士会　　　（18期　TMI総合法律事務所）

◆全国・地域における主な活動内容（2016年実績）◆

1月15日（金）　巡回研修「労働者健康福祉機構の未払賃金立替払制度に関する研修会」（新潟）

1月21日（木）　四国地区「破産管財人研修会（若手向け）」（高松）

2月6日（金）　巡回研修「労働者健康福祉機構の未払賃金立替払制度に関する研修会」（旭川）

3月18日（金）　北陸地区「破産管財業務における税務についての勉強会」（福井）

3月19日（土）　関東地区「第32回巡回研修会」（水戸）

6月17日（金）　九州・沖縄地区「第13回研修会」（福岡）

6月18日（土）　近畿地区「第5回巡回研修会」（奈良）

7月2日（土）　関東地区「第33回巡回研修会」（川崎）

7月26日（火）　中部地区「第41回中部倒産実務研究会」（名古屋）

9月1日（木）　巡回研修「労働者健康安全機構の未払賃金立替払制度に関する研修会」（岩手）

9月16日（金）　巡回研修「労働者健康安全機構の未払賃金立替払制度に関する研修会」（青森）

10月1日（土）　第15回全国大会・シンポジウム（札幌・ホテルさっぽろ芸文館）

10月5日（水）　巡回研修「労働者健康安全機構の未払賃金立替払制度に関する研修会」（京都）

10月27日（木）　巡回研修「労働者健康安全機構の未払賃金立替払制度に関する研修会」（福井）

11月1日（金）　巡回研修「労働者健康安全機構の未払賃金立替払制度に関する研修会」（広島）

11月4日（金）　中部地区「第42回中部倒産実務研究会」（名古屋）

11月10日（木）　巡回研修「労働者健康安全機構の未払賃金立替払制度に関する研修会」（東京）

11月12日（土）　関東地区「第34回巡回研修会」（宇都宮）

11月16日（土）　巡回研修「労働者健康安全機構の未払賃金立替払制度に関する研修会」（大阪）

11月19日（土）　近畿地区「第6回巡回研修会」（大阪）

◆研究・出版活動◆

● 雑誌

「旬刊 金融法務事情」（金融財政事情研究会）

連載：破産法が変わる〔1703（2004年4月5日）号～1737（2005年4月25日）号〕

連載：倒産手続と担保権〔1747（2005年8月25日）号～1766（2006年3月25日）号〕

「季刊 事業再生と債権管理」（金融財政事情研究会）

全国大会シンポジウム報告

・第3回「裁判実務からみた新破産法」（2005年1月号）

・第4回「新法下における破産・再生手続の実務上の諸問題」（2006年1月号）

・第5回「施行6年を経過した民事再生手続を振り返って」（2007年1月号）

・第6回「破産管財人の職責と善管注意義務」（2008年1月号）

・第7回「民事再生手続による中小企業再生への課題」（2009年1月号）

・第8回「破産手続における利害関係人と破産管財人の権限」（2010年7月号）

・第9回「事業承継スキームの光と影」（2011年4月号）

・第10回「倒産と相殺」（2012年4月号）

・第11回「倒産法改正に向けて」（2013年4月号）

・第12回「建築請負契約と倒産」（2014年4月号）

・第13回「中小企業の再生と弁護士の役割」（2015年1月号）

・第14回「破産手続における放棄に関わる諸問題」（2016年1月号）

・第15回「破産申立代理人の地位と責任」（2017年1月号）

研修会報告

・近畿地区第3回巡回研修会「倒産と事業存続」（2015年10月号）

・関東地区第33回巡回研修会「破産免責制度における理論と実務」（2016年10月号）

● 書籍 （いずれも全国倒産処理弁護士ネットワーク編、金融財政事情研究会刊）

『論点解説　新破産法（上・下）』（2005年）

『新注釈　民事再生法（上・下）』（伊藤眞＝田原睦夫監修）（2006年）

『倒産手続と担保権』（2006年）

『破産実務Q&A150問～全倒ネットメーリングリストの質疑から～』（2007年）

『個人再生の実務Q&A100問～全倒ネットメーリングリストの質疑から～』（2008年）

『通常再生の実務Q&A120問～全倒ネットメーリングリストの質疑から～』（2010年）

『新注釈 民事再生法［第2版］（上・下）』（才口千晴＝伊藤眞監修）（2010年）

『私的整理の実務Q&A100問』（2011年）

『破産実務Q&A200問～全倒ネットメーリングリストの質疑から～』（2012年）

『会社更生の実務Q&A120問』（2013年）

『私的整理の実務Q&A100問［追補版］』（2014年）

『倒産法改正150の検討課題』（2014年）

『注釈破産法（上・下）』（田原睦夫＝山本和彦監修）（2015年）
『私的整理の実務Q&A140問』（2016年）

◆メーリングリスト◆

　全倒ネットは、会則に明記されていますように、「倒産処理に携わる弁護士の相互の意見及び情報の交換を地域レベル及び全国レベルの両面で促進することにより、倒産処理に携わる弁護士の人材の育成を図り、裁判所との連携強化による倒産事件のさらなる適正・迅速化の推進に寄与する」ことを目的としています。以来、今日まで、かかる目的を達成するための重要な活動手段として、メーリングリストを設置し、これを活用した意見と情報の交換を継続して行ってまいりました。

　その成果は、『個人再生の実務Q&A100問～全倒ネットメーリングリストの質疑から～』（2008年11月刊行）、『通常再生の実務Q&A120問～全倒ネットメーリングリストの質疑から～』（2010年1月刊行）、『破産実務Q&A200問～全倒ネットメーリングリストの質疑から～』（2012年12月刊行）の3冊の実務Q&Aシリーズとして結実し、各地における倒産処理の指針となり、倒産事件の適正迅速な処理に貢献しています。また、2017年10月時点で、メーリングリストの登録者数は4,600人、投稿されたメールは4,000通を超えております。

　このようにメーリングリストは、全倒ネットの主たる目的である、「倒産処理に携わる弁護士の相互の意見及び情報交換の場」のための極めて重要なツールとして活用され、貴重な場として会員一人ひとりの力で育ててきたものです。

　今後とも、本メーリングリストがさらに発展し活用され、倒産事件の適正迅速処理に資することを望むものです。

● お問い合せ ●
全国倒産処理弁護士ネットワーク事務局

一般社団法人金融財政事情研究会 金融法務編集部内
〒160-8519 東京都新宿区南元町19
ＴＥＬ 03－3355－1758　　ＦＡＸ 03－3355－3763

全国倒産処理弁護士ネットワークウェブサイト
http://www.zentoh-net.jp/

　入会ご希望の方は上記アドレスにアクセスいただき、〔入会方法〕をご覧ください。申請フォームに必要事項をご記入いただき、事務局宛てに送信してください。数日内に承認通知が届けば、入会手続が完了します。なお、入会を承認できない場合には、その旨のご連絡をさせていただくことがあります。

編集委員・執筆者一覧（50音順・敬称略）

石岡 隆司　　　弁護士（青森県弁護士会）
伊藤　　眞　　　日本大学大学院法務研究科・創価大学大学院法務研究科客員教授
伊藤　　尚　　　弁護士（第一東京弁護士会）
岩渕 健彦　　　弁護士（仙台弁護士会）
上野　　保　　　弁護士（第二東京弁護士会）
岡　　伸浩　　　弁護士（第一東京弁護士会）
桶谷 和人　　　弁護士（札幌弁護士会）・公認会計士
小畑 英一　　　弁護士（第一東京弁護士会）
籠池 信宏　　　弁護士（香川県弁護士会）
鬼頭 容子　　　弁護士（愛知県弁護士会）
木野村 英明　　弁護士（釧路弁護士会）
黒木 和彰　　　弁護士（福岡県弁護士会）
小林 信明　　　弁護士（東京弁護士会）
小堀 秀行　　　弁護士（金沢弁護士会）
斉藤 芳朗　　　弁護士（福岡県弁護士会）
佐藤 昌巳　　　弁護士（愛知県弁護士会）
柴田 義人　　　弁護士（第二東京弁護士会）
髙井 章光　　　弁護士（第二東京弁護士会）
髙木 裕康　　　弁護士（第二東京弁護士会）
辰巳 裕規　　　弁護士（兵庫県弁護士会）
富永 浩明　　　弁護士（東京弁護士会）
中井 康之　　　弁護士（大阪弁護士会）
中西　　正　　　同志社大学大学院司法研究科教授・神戸大学名誉教授
野城 大介　　　弁護士（大阪弁護士会）
野村 剛司　　　弁護士（大阪弁護士会）
服部　　敬　　　弁護士（大阪弁護士会）
山本 和彦　　　一橋大学大学院法学研究科教授

＊所属・役職は2017年11月現在

法令・判例・文献等の表記について

1 法令等の表記
(1) 法令等について
　原則として略称を用いず、次のように表記した。
　　例：民事再生法229条 2 項 1 号

(2) 各種組織・団体等について
　原則として略称を用いず正式名称によったが、広く一般に認知されている組織の略称等については、特に断りなく略語を用いた箇所もある。

2 判例・裁判例等について
　判例・裁判例等を取り上げる場合には、次のように略記した。
　　例：最高裁判所平成25年 4 月16日第三小法廷判決 → 最三小判平25. 4 .16
　　　　大阪地方裁判所堺支部平成17年 8 月23日決定 → 大阪地堺支決平17. 8 .23

3 判例集（裁判例集）・法律雑誌について
　判例集（裁判例集）・法律雑誌等は、次のように略記した。

民集	最高裁判所（大審院）民事判例集
民録	大審院民事判決録
判時	判例時報
判タ	判例タイムズ
金判	金融・商事判例
自正	自由と正義
NBL	エヌ・ビー・エル
金法	金融法務事情
債管	事業再生と債権管理

4 主な引用（参考）文献について
　原則として略称を用いず、正式名称によった。

目　次

はしがき……………………………………………………………………… i

全国倒産処理弁護士ネットワーク参加のお勧め……………………………… ii

編集委員・執筆者一覧………………………………………………………… x

法令・判例・文献等の表記について………………………………………… xi

序　章　はじめに

債務者代理人に期待される役割と責任
　──本書の目的と構成の紹介をかねて
　　　　　　……………………………………………………中井康之　2

第1章　理　論　編

破産者代理人（破産手続開始申立代理人）の地位と責任
　──「破産管財人に対する不法行為」とは何か。補論としてのDIP型破産手続
　　　　　　……………………………………………………伊藤　眞　18

破産手続開始申立代理人の責任
　──財産散逸防止義務に関する若干の検討
　　　　　　……………………………………………………山本和彦　36

破産申立代理人の責任に関する若干のコメント
　──トラストファンド理論についての補足もかねて
　　　　　　……………………………………………………中西　正　60

第2章　Q＆A編

1　法律相談

Q1　法律相談の留意点………………………………………〔黒木和彰〕　66
　　ある市役所の法律相談で、事業をしていた個人から、「事業に失敗した。そ
　のため、配偶者から離婚を求められている。離婚はやむを得ないと考えて
　いるが、同時に、自宅を財産分与するように求められている」という相談
　がありました。
　　その際に、一般論として、「離婚に伴い自宅を財産分与することもある」と
　回答したのですが、その後、他の弁護士が代理して破産手続開始を申し立

てたそうです。本人が破産手続開始申立ての前に、離婚して自宅を財産分与していた場合、このような回答をしたことについて、弁護士に責任が生じるでしょうか。

法律相談で回答する場合と、その後、破産手続について実際に受任して代理人として申し立てる場合で、違いがあるのでしょうか。

2 受　　任

Q2　受任の成否と弁護士の責任……………………………………〔辰巳裕規〕 71

自己破産の相談を受けたので、破産手続について、一般的な説明をしました。その際、申立ての弁護士費用なども説明したのですが、「改めて連絡する」といったまま、その後、何の連絡もありません。

ところが、相談者は弁護士に依頼した旨を債権者に告げているようで、ときおり債権者と名乗る者から問い合わせの電話があります。このまま放置しておいてもよいでしょうか。

Q3　受任通知後の事務の遅延………………………………………〔服部　敬〕 74

個人債務者から破産手続開始申立てを受任したので、債権者に対して受任通知と債権調査票を送付しました。ところが、相談者は、申立費用の準備ができず、また、親族からの反対もあって破産をすることに迷いが生じたために、申立てをしないままに時間が経過しています。債権者からの取立ては止まっていますので、このまま時間が経過しても、相談者は、特に困らないように思います。破産手続開始申立てを受任した弁護士としては、相談者の決断を待ってただ様子をみていてもよいのでしょうか。

3　弁護士報酬・申立費用

Q4　法人と代表者の破産申立ての弁護士費用…………………〔桶谷和人〕 80

法人の破産手続開始申立ての相談を受け、受任することになりました。申立代理人の弁護士報酬はどのような考え方で定めるべきでしょうか。

法人と同時に、代表者個人についても破産の相談を受け、同時に申立てをすることになりました。代表者個人には何らの資産がなかったので、法人から代表者個人の申立予納金と弁護士報酬を支払ってもらい、申立てを受任してもよいでしょうか。反対に、個人にはそれなりの資産があるものの、法人には手持ち資金がまったくない場合はどうでしょうか。

Q5　弁護士費用の捻出方法…………………………………………〔髙木裕康〕 84

個人の破産手続開始申立てを受任しましたが、裁判所に予納する費用のほかに現預金がありません。弁護士費用について、その後に破産財団に属する財産を換価した代金から、財団債権として支払ってもらうことはできないでしょうか。それができないのであれば、申立前に、財産を換価処分し

目　次　xiii

て、その換価代金から弁護士費用を事前に受領してよいでしょうか。換価すべき財産もない場合には、申立てのための弁護士費用を、破産手続開始後に、時間をかけて、自由財産から分割して支払ってもらうしかないでしょうか。それ以外にどのような方法が考えられるのでしょうか。

Q6　将来の弁護士費用の負担……………………………………〔木野村英明〕　90

個人破産の申立ての相談を受けると同時に、離婚の相談も受けました。離婚の相談が今後どのように進展するかは不明ですが、相談者は、破産になれば離婚せざるを得ないと思っているようですし、配偶者も協議には応じそうとのことで、紛争としては現実化している状況です。そうしたところ相談者から、将来の収入見込みがはっきりせず弁護士費用を払えるか分からないので、今ある財産のなかから、離婚のための弁護士費用も払っておきたいとの提案を受けました。このような提案に対してどのような対応をしたらよいでしょうか。

4　直前の債務負担

Q7　倒産直前の債務負担行為…………………………………………〔髙井章光〕　94

先代の創業者である父親から会社の経営を引き継いだ2代目の社長から、「会社の経営状況が悪化し、資金繰りに窮するようになった。もはや事業の立て直しは難しいから破産したい」との相談を受けました。資金繰りをみると、しばらくはもつのですが、1〜2か月もすれば支払不能になるおそれが高い状況です。まだ父親が健在で、父親の了解なしには破産できず、従業員にも説明できないようで、従来どおりに仕入れを継続していますが、これから仕入れをしてもとても支払はできません。破産の相談を受けた弁護士としてどうすればよいでしょうか。仕入れの継続を容認しても構わないのでしょうか。

5　偏頗行為

Q8　情誼のある債権者への弁済………………………………………〔籠池信宏〕　102

会社から破産手続開始申立ての委任を受けて申立てを準備中ですが、社長から、恩借をしている友人や、「絶対に迷惑をかけないから」といって直前の借入れについて連帯保証をしてもらった親族に迷惑をかけたくないから、その友人と、その借入先にだけは弁済したいと相談されました。代理人として、他の債権者との衡平を害するし、破産手続開始決定後に破産管財人から問題視されて、友人や親族にかえって迷惑をかけることになるかもしれないので、そのような返済はしない方がよいとアドバイスしました。しかし、社長は、その後、友人や借入先に弁済をしてしまったようです。申立代理人として、どのようにすればよかったのでしょうか。預金通

xiv　目　次

帳や印鑑まで預かるべきだったのでしょうか。

Q9 **担保権者への返還**……………………………………〔柴田義人〕 109
　破産手続開始申立てを準備中ですが、動産売買先取特権の対象動産について売主から返品を求められています。返品しても問題ないでしょうか。また、逆に、適正な価格で買ってくれる顧客等の第三者がいる場合、引渡しの要請を無視して売却し、現金化してもよいでしょうか。
　所有権留保の目的物やリース物件について引渡しの要請があった場合は、どうすればよいでしょうか。

Q10 **重要仕入先への返済**…………………………………〔佐藤昌巳〕 116
　会社の民事再生の申立てを準備中ですが、申立後にも事業の継続のために必要不可欠な商品を円滑に仕入れることができるようにとの理由で、社長は、重要な仕入先に未払代金を支払いました。事前に相談があったのですが、社長の話によれば、支払をしないまま民事再生の申立てをしても、そこからの仕入れが止まれば、会社の事業継続は不可能になるとのことでした。申立代理人として、社長に対して、偏頗弁済になるのでやめた方がよい、重要な仕入先については少額債権の弁済制度により支払えるかもしれないと説明したのですが、「裁判所の許可は必ず取れるのか」と逆に質問され、「それは裁判所の判断次第になる」と回答していました。申立代理人となる弁護士としては、どのような対応をすべきだったでしょうか。

Q11 **個人財産からの会社債務の支払**……………………〔富永浩明〕 122
　会社の再生手続開始申立代理人として会社の再生手続が係属中ですが、社長も会社を主債務者とする多額の保証債務を負担しており破産が避けられない状況にあるため、いずれ破産手続開始申立てをすることを想定して、社長の破産手続開始申立ても受任しています。
　そうしたところ会社の事業の継続に必要不可欠な仕入先債権者の一部が極めて強硬に債権の弁済を求めてきており、社長も会社から再生手続外での弁済はできないことは理解してくれたのですが、その債権者との取引が継続できなければ会社は破産するほかないため、個人の金融資産からその債権者に弁済したいといっています。社長個人の破産を予定している以上、そのような第三者弁済はやめておくべきだし、仮に弁済しても後に破産管財人から無償行為として否認されることになりかねず、結局、相手先にも迷惑をかけることになると説得したのですが、社長は個人財産から弁済をしてしまいました。社長の破産手続開始の申立代理人として責任を問われることがあるでしょうか。社長が会社を主債務者とする保証債務のほかに会社とは関係のない住宅ローンなどの債務を負担している場合で差異はあるでしょうか。

目　次　xv

6 財産減少行為

Q12 財産の無償移転……………………………………〔鬼頭容子〕 128
個人破産の申立ての委任を受けて破産手続開始申立ての準備中ですが、本人から、「自宅をどうしても残したいので、名義を親族に変更したい」と相談されました。理由もなく自宅の名義を第三者に移転すると、債権者を害することになるからそのようなことはすべきではない、と説明しましたが、本人は、その後、名義を親族に変更してしまいました。代理人として、どのようにすればよいでしょうか。

Q13 財産の処分……………………………………………〔岡 伸浩〕 133
個人債務者について、自己破産の申立てを受任して、債権者に対し受任通知と債権調査票を送付しました。その後に、債務者は、生活費と子供の教育費が足りないとの理由で、生命保険（契約者・被保険者：債務者、受取人：配偶者）を解約して、その解約返戻金を生活費や教育費に充ててしまいました。破産申立代理人として、特に問題はなかったでしょうか。

Q14 清算価値の減少………………………………………〔伊藤 尚〕 137
法人の再生手続開始決定を得ましたが、事業継続により赤字が膨らんでおり、回復の目途が立ちません。再生手続は早くあきらめた方がよいのではないかと思い、代理人から破産手続に移行した方がよいと説明したのですが、社長は事業継続にまだまだ意欲を持っており、「最後まで頑張りたい」といいます。どのように対応すべきでしょうか。

7 破産管財人への引き継ぎまでの管理

Q15 申立ての遅延…………………………………………〔石岡隆司〕 143
会社の破産手続開始申立てを受任しました。従業員も解雇していますが、裁判所に提出すべき添付資料を収集するために時間がかかっており、なかなか申立てができません。事業を廃止していますので、受任通知を送付していますが、このまま申立てが遅れても、特に問題はないでしょうか。

Q16 通帳や印鑑の保全……………………………………〔野村剛司〕 150
事業をしていた個人の破産手続開始申立てを受任しました。事業はすでに廃止しています。受任した弁護士としては、必ず依頼者の預金通帳、実印、登記済証、手形小切手帳などを預かるべきでしょうか。預かった方がよい場合があるとすれば、それはどのような場合でしょうか。法人破産の場合で、事業をまだ継続している場合も、同じでしょうか。

8 財産保全のノウハウ

Q17 受任通知に関する留意点……………………………………〔野城大介〕 156
破産手続開始申立てにおける受任通知は、どのような場合に、どの範囲に、どのような方法で送ることが適切でしょうか。また金融機関に受任通知を送るに際して留意しておくべき点があるでしょうか。

9 破産管財人との役割分担

Q18 破産管財人への協力の範囲……………………………………〔上野　保〕 164
破産手続開始申立て（自己破産）を代理したのですが、その後、破産管財人が売掛金回収のための帳簿の整理や賃借物件の明渡しなど、様々な事務への協力を指示してきます。どこまで協力するべきでしょうか。また、破産会社の代表者に対する破産管財人の調査に、破産会社の申立代理人はどこまで関与する必要がありますか。

Q19 個人破産者の自宅の必要性……………………………………〔服部　敬〕 170
個人破産の申立てに際し、債務者から「学校に通う子供がいるので自宅不動産にできる限り住み続けたい、破産管財人から退去を求められても直ちには退去したくない」と相談されました。
代理人として、どのようにすればよいでしょうか。

Q20 後に発見された財産の処理……………………………………〔小林信明〕 174
個人債務者について破産手続開始の申立てをし、破産手続開始決定を受けた後、破産者から申告していない財産があることを知らされました。
破産者からは、「破産管財人が調査をして知られることになった場合には仕方がないけれども、申立代理人から破産管財人に積極的に知らせることはしないでほしい」といわれています。このまま黙っていてもよいでしょうか。

Q21 破産財団への帰属の有無について法的解釈に争いが予想される場合の処理………………………………………………………〔小畑英一〕 182
債務者から破産手続開始申立ての相談を受けましたが、ある財産について債務者に帰属すると解すべきかどうか──すなわち将来の破産財団に帰属するものであるのか、それとも第三者に帰属するのかについて、法的にはいずれの解釈もあり得るといえる場合（最高裁判例がない、下級審で判断が分かれている、直接的に論じた文献が乏しいなど）、後々破産申立代理人としての義務違反を問われないようにするためにはどのように処理すべきでしょうか。
債務者から、複数の解釈があり得るのであれば、破産財団に帰属するのではなく、債務者の親族に財産が帰属する方の解釈をしてほしいなどと求め

目　次　xvii

られた場合、どのように対応すべきでしょうか。

第3章　判例評釈編

1　**最高裁判所平成25年4月16日第三小法廷判決**
　　債務整理に係る法律事務を受任した弁護士が、特定の債権者の債権につき
　　消滅時効の完成を待つ方針をとる場合において、上記方針に伴う不利益等
　　や他の選択肢を説明すべき委任契約上の義務を負うとされた事例
　　　　　　　　　　　　　　　　　　　　　　　　〔黒木和彰〕　188

　　評釈に対するコメント………………………………………〔辰巳裕規〕　198

2　**東京地方裁判所平成25年2月6日判決**
　　法人の破産手続開始申立ての委任を受けた弁護士が、当該法人の代表者が
　　保証金の返金を受け、役員報酬4か月分を受領し、個人債務の弁済に費消
　　した場合において、財産散逸防止義務を負うものとされた事例
　　　　　　　　　　　　　　　　　　　　　　　　〔野村剛司〕　203

　　評釈に対するコメント………………………………………〔野城大介〕　211

3　**①東京地方裁判所平成23年10月24日判決**
　　②神戸地方裁判所伊丹支部平成19年11月28日決定
　　過払金返還請求及び自己破産の申立てについて、破産者から報酬の支払を
　　受けた代理人弁護士に対する破産管財人からの否認権行使を認めた事例
　　　　　　　　　　　　　　　　　　　　　　　　〔桶谷和人〕　216

　　評釈に対するコメント………………………………………〔木野村英明〕　223

4　**東京地方裁判所平成22年10月14日判決**
　　自己破産の申立てを受任した弁護士法人が破産会社から支払を受けた報酬
　　294万円のうち適正報酬額126万円を超える部分につき、役務の提供と合理
　　的均衡を失するものであり、詐害行為否認に当たるとして、破産管財人に
　　よる否認権行使が認められた事例
　　　　　　　　　　　　　　　　　　　　　　　　〔髙木裕康〕　227

　　評釈に対するコメント………………………………………〔髙井章光〕　236

5　**東京地方裁判所平成27年10月15日判決**
　　弁護士による破産手続開始申立ての受任通知の送付後、同申立てが行われ
　　ないまま辞任するまでの間、債務者自身によりその所有不動産が売却され
　　た場合に、これを阻止しなかったことなどに関する弁護士の不法行為責任
　　及び債務不履行責任が否定された事例
　　　　　　　　　　　　　　　　　　　　　　　　〔服部　敬〕　242

　　評釈に対するコメント………………………………………〔中井康之〕　253

6　東京地方裁判所平成21年 2 月13日判決

会社から自己破産の申立てを受任した弁護士が 2 年間申立てを放置した場合において、破産財団の損害につき弁護士の不法行為責任が肯定された事例

……………………………………………………………〔籠池信宏〕　256

評釈に対するコメント………………………………………〔石岡隆司〕　267

7　東京地方裁判所平成26年 8 月22日判決

破産手続開始申立てを受任した弁護士が、破産財団となるべき財産の散逸防止義務に反して、申立前日に否認対象行為である支払を行ったことが不法行為を構成するとされた事例

……………………………………………………………〔佐藤昌巳〕　271

評釈に対するコメント………………………………………〔鬼頭容子〕　282

8　神戸地方裁判所尼崎支部平成26年10月24日判決

破産手続開始前に、破産者が破産者の子と共有する不動産を任意売却して売却代金から被担保債権を弁済した後の破産者に帰属する余剰金を破産者の子が取得することを承認したことにつき、破産手続開始の申立てを受任した弁護士の財産散逸防止義務違反が否定された事例

……………………………………………………………〔上野　保〕　288

評釈に対するコメント………………………………………〔柴田義人〕　299

9　最高裁判所平成28年 4 月28日第一小法廷判決

破産手続開始前に成立していた第三者のためにする生命保険契約に基づき破産者である死亡保険金受取人が取得する死亡保険金請求権が破産財団に帰属するとされた事例

……………………………………………………………〔小畑英一〕　304

評釈に対するコメント………………………………………〔岡　伸浩〕　313

10　青森地方裁判所平成27年 1 月23日判決

再生会社の代表取締役が労使交渉を早期に妥結するために再生会社の従業員の福祉会に対し私財を無償譲渡したところ、後に、代表取締役個人の破産管財人から、破産手続開始の申立代理人（再生会社の再生手続開始の申立代理人を兼任）に対して、財産散逸防止義務違反を理由として損害賠償請求がなされた事案について、申立代理人が無償譲渡をやめさせるための措置を講じなかった判断が専門家としての合理的な裁量に照らして不合理なものといえないとして財産散逸防止義務違反を認めなかった事案

……………………………………………………………〔富永浩明〕　317

評釈に対するコメント………………………………………〔小林信明〕　328

11　千葉地方裁判所松戸支部平成28年 3 月25日判決

申立補助業務に従事した申立会社の代表者に対する対価の支払ならびに破

産申立て及びゴルフ預託金返還請求訴訟の弁護士報酬の支払について、申
立代理人の財産散逸防止義務違反が認められた事例
………………………………………………………〔斉藤芳朗〕 337
評釈に対するコメント………………………………………〔伊藤　尚〕 353

判例索引…………………………………………………………………… 363

序章 はじめに

債務者代理人に期待される役割と責任
――本書の目的と構成の紹介をかねて

全国倒産処理弁護士ネットワーク理事長・弁護士

中井　康之

1　本書の目的

　個人も会社も、何らかの事情で過大な債務を負担しその弁済が困難となり、生活の維持又は事業の継続ができない事態となることは避けられない。不幸にして、そのような事態に至れば、過大な債務を解消して、人生のやり直しや事業の廃止を考えざるを得なくなる。

　そのような個人や企業（そのような個人や企業を「債務者」とまとめていう）は、法律専門家たる弁護士に、過大な債務の整理を求めて相談し、いわゆる債務整理を目的とした法律事務を委任し、弁護士がそれを引き受けることになる。

　債務整理を受任した弁護士としては、委任の趣旨に従い、債務者の生活の維持や事業の継続の支障となっている過剰な債務の整理、すなわち債務の圧縮ないし免責を得ることを目的として、かかる債務者の利益を実現すべく適切な事務処理を進めることが求められる。しかし、事業の廃止（廃業）や破産の場面でも、事業の再生の場面でも、債務者にとっての過大な債務の整理・解消は、当然のことながら、債権者に対して、債務者に対する債権の毀損、債権の回収不能を必然的に招来させるから、債務整理を受任した弁護士としては、債務者の意向に沿って債務者の利益を実現するとともに、債権者の利益（必然的な損失を超える損失の回避）に対しても適切な配慮が求められる立場に置かれる。破産法が、その目的規定において、「債権者その他の利害関係人の利害及び債務者と債権者との間の権利関係を適切に調整し、もって債務者の財産等の適正かつ公平な清算を図るとともに、債務者について経済生活の再生の機会の確保を図ることを目的とする」と定めるのも、その趣旨の現れである。

　債務者は、債務整理を依頼する段階で、通常、債務超過の状態、すなわち、債

務者の資産で債権者全員の債権を満足させることができない状態になっている。その状態で債務整理を行う以上、その時点のすべての財産を換価し、その換価代金を債権者に弁済しても、債権者は全部の満足を得ることはできず、損失の発生することは避けられない。したがって、そのような場面では、債務者に対して、原則として債務整理を開始する時点のすべての財産を債権者に提供することが求められ、債権者はそれを期待する。債権者の損失を最小限にするためには、債務者は、財産を減少させたり、安価に処分したり、特定の債権者に弁済したりして引当財産を減らしてはならないし、存在する財産は可能な限り高価に換価することが求められよう。債務者から債務整理を受任した弁護士としても、債務者の財産を把握して、債権者が最大限の回収をできるように、つまり、債権者の迷惑を最小限にとどめように事務処理をすることが期待される。

　しかし、債務者は、債務の整理、つまり、過大な債務の解消を求めながら、そのような状態のなかでも、自らの将来の立場を少しでもよいものにしようと模索することがある。それが人の性（サガ）である。財産のすべてを債権者に提供するのではなく、自分の手元に残したいと思う場合もあろう。破産手続の開始後はそれが困難であると知れば、開始前に、自分の財産を配偶者に移転することを考えることがあるかもしれない。また、多くの債権者のなかで、身内の者には迷惑をかけたくないとして、その者にだけ優先して弁済したいと思うこともあろう。債務者から債務整理の相談を受けた弁護士が、そのような意向や事態を知ったときに、弁護士としてどのように対応すべきか問題となる。

　また、債務者から債務整理を受任した弁護士が、債務整理の着手を怠ることがあるかもしれない。その結果、債務者が生活費のために受任時点の財産を費消し、結果として債権者への引当財産が減少することもある。また、弁護士の債務者に対する説明が不十分なために、債務者は、債務整理を弁護士に委任しながら、他方で、期限の到来した債権の弁済を継続して財産を減少させることもあるかもしれない。それにより、弁済を受けた者と受けなかった者との間で、債権者間の不平等が生じるだけでなく、結果として、弁済を受けなかった債権者は、本来受けることのできた弁済額より少額の弁済しか受けることができず、実質的に損失を被ることもある。

　このように債務整理の過程で生じ得る様々な場面で、債務者から相談を受けた

弁護士として、債務者の意向を尊重して債務者の利益を図りつつ、債権者の利益にも配慮して、どのように行動することが期待されるのか、それは単に望ましい行動として求められるのか、それとも、受任した弁護士の法的義務として求められるのか。そして、債務者代理人として求められる行為が法的義務となるのはどのような場面か。また、それが法的義務となる根拠は何か、契約責任か、不法行為責任か。契約責任とすれば契約の相手方に対する責任となるが、不法行為責任とすれば、誰に対する責任なのか。仮に、債務者代理人に損害賠償義務があるとしても、債務者に破産手続が開始した場合に、誰がその権利を行使できるのか――。

このような問題を検討しようとするのが、本書の目的である。

2　債務者代理人に期待される役割と法的義務

(1)　期待される債務者代理人の姿

債務整理を受任した弁護士として、債務者や債権者から期待される姿は、次のようになろうか。

相談者であり依頼者である債務者の求める債務整理を円滑かつ迅速に実現するために、債務者に対して、債務整理の手続について丁寧に説明し、してはならないことを理解させた上で、債務者の財産を正確に把握し、それらが債務者財産から逸出しないように保全を図り、破産手続を選択するのであれば、速やかに申立ての準備に着手し、必要な情報を収集し整理して破産手続開始の申立てを行うことであろう。そして、債務者代理人は、破産手続開始と同時に、債務者財産の全部を破産管財人に引き継ぎ、破産管財人から求められる過去の情報は誠実にかつ速やかに提供し、その後の財産換価がスムーズに進むように協力をすることが望ましい。それらは、債務者の代理人、特に破産の申立てを受任した弁護士として通常期待される役割であり、実際、多くの債務者代理人は、そのような期待される役割を実践しているものと思われる。

もっとも、なかにはそのような期待される役割を果たさない、もしくは果たすことのできない債務者代理人も存在するが、そのような期待される役割を十分に果たさない代理人がいるとしても、期待される役割を果たさないことが直ちに債務不履行や不法行為を構成し、誰かに対して損害賠償義務を負うことにはならな

4　序章　はじめに

いであろう。つまり、期待される役割が、そのまま債務整理の委任契約の内容となっているわけではない。債務整理に関する委任契約が成立しても、委任事務の内容、債務者代理人として行うべき事務処理の内容が機械的に決定づけられるわけではない。一種の手段債務として、具体的状況の下で、善管注意義務としてのその義務内容が明らかになるというべきで、それは不法行為の前提として義務内容を確定する作業と実質的に変わらない。

(2) 行為規範と責任規範

債務者代理人として期待される役割と期待される行為に関するルール（以下、これを「行為規範」という）と、それをすると、又はそれを怠ると当該代理人に法的責任が生じることとなる行為に関するルール（以下、これを「責任規範」という。伊藤眞教授が「評価規範」と表現するもの[1]と同じであるが、それが代理人の責任の根拠となる義務に関するルールであるから、ここでは「責任規範」と呼ぶこととする）は異なる。代理人としての行動規範として、行為規範と責任規範のレベルの異なる2つの規範が存在することをまず認識すべきで、債務者代理人としてある行為をした場合、あるいは怠った場合に、それが行為規範に反したのか、それとも責任規範に反したのか、意識的に区別して議論されなければならない。

もとより、期待される弁護士の役割は様々であり、求められる行為の内容も態様も様々である。債務者が消費者か、個人事業者か、法人か、その属性や規模、債務者を取り巻く環境や債務者から相談を受けた経緯や相談内容、債務者との信頼関係の形成状況、他方で、債権者の属性、債権者との交渉の内容や交渉経緯など、当該具体的事案に応じたそれぞれの事情により、債務者代理人に期待される、もしくは、求められる役割や内容は異なろう。そして、債務者代理人は、具体的事案に即して、幅のある選択肢のなかからあらゆる事情を考慮して、自らの行うべき行為について、それをするか、しないかも含めて、決断し実行していくことになる。そのような選択は、代理人としての広い裁量に委ねられることになろう。

しかも、行為規範と責任規範は概念的に区別できるとしても、具体的な事案ごとに個別の事情に応じて期待される役割や行為の内容は異なり、法的義務となる

1　伊藤眞・本書理論編19頁。

べき行為もまた異なる。実際に選択肢の対象となるのは、連続性のある幅のある行為のうちのいずれかであり、そのなかに、期待される行為があり、義務となる行為も含まれているであろう。したがって、選択した行為をすること、選択しなかったためにある行為をしないことが、果たして、期待される行為規範に反したのか、責任規範に反したのか、その線引きや判断は容易ではない。

このように、債務者代理人としての委任事務を処理する行為は、具体的事情の下での幅のある選択肢のなかから、弁護士に委ねられた広い裁量の下で行われるものであるから、ある行為をしたこと、もしくは、ある行為をしなかったことが、責任規範に反して債務不履行又は不法行為を構成するとして違法評価をすることには慎重でなければならない。安易な違法評価を許すと、かえって債務整理のための代理人の事務処理を迅速かつ円滑に行うことが困難になり、結果的に債務者や債権者の利益を害することになりかねない。

3 裁判例による分析と評価

(1) 具体的事例に即した複眼的検討

近時、債務整理を受任した債務者代理人の責任を問う裁判例がいくつか公表されている。そこで、本書では、これら裁判例を取り上げて、当該具体的事案の下で、問題とされた債務者代理人の作為又は不作為（以下、まとめて「行為」ということがある）の当否を検討することを通じて、債務者代理人としての責任規範の内容を明らかにする作業をしたい。この作業は、1人の評釈とこれに対するコメントによって行うが、それは可能な限り複眼的に考えたいからである。

取り上げる裁判例における債務者代理人の行為は、期待される行為又は望ましい行為かどうかという観点からみれば、確かに、そのようにはいい難いものもある。しかし、裁判例による分析と評価においては、期待される、又は望ましい行為は何かという観点からの検討、つまり、ノウハウや倫理などの問題としてではなく、債務者代理人として、誰かに責任を負うべき作為又は不作為かどうか、つまり責任規範に反するかどうか、という観点からの検討を行うこととする。まず、この点に留意していただきたい。

しかも、その検討を評釈とコメントで構成しているのは、当該裁判例における具体的事情の下で、債務者代理人として選択可能性のある行為の幅は広く、どの

行為を選択するかは代理人の裁量に委ねられている面が強いために、ある行為を選択したことについて評価が異なる可能性があるからである。複眼的に検討することにより、債務者代理人が法的責任を負う可能性のあるのはどういう場合かを、具体的事件を題材に、少しでも共通の認識を得たいと考えるからである。

また、Q&Aにおいては、責任規範を念頭に置きつつも、債務整理を受任した弁護士としての行為規範、つまり、望ましい行為、期待される行為について、債務者代理人としてのノウハウも含めて、質問と回答形式で明らかにしたい。

(2) 視　　点

債務者代理人が責任を負うかどうか、その責任規範を決定づける視点として何が有益であろうか。

委任契約に基づく責任規範、責任を負うかどうかは、委任契約の内容、何を合意したかが本来決定的であるが、債務整理の事務処理を委任する場合については、一般に、債務整理ないし破産手続開始の申立てを委任するという以上に、債務者代理人が義務として行うべき事務処理内容を当事者が確定的に合意する例はほとんどないように思われる。そこで、以下では、契約責任か不法行為責任か、その法的根拠はひとまず措いて、債務者代理人が責任を負うかどうか、義務の内容を決定づけると思われる、基本的な視点を整理しておきたい。その詳細な検討は、具体的事例を通じた判例批評とそのコメントにおいてなされることになるが、対象となる債務者代理人の具体的行為について、各事案におけるアの「時間軸」、イの「債務者との関係性」、ウの「債権者との関係性」からみた個別具体的な事情に基づき、責任規範としての義務の内容が導かれ、債務者代理人の行為が当該義務に違反しているかどうかが、評価されることになる。

ア　時　間　軸

1つ目の視点は、時間軸である。

つまり、弁護士が、債務者から相談を受ける、相談に答える、債務者が当該弁護士に委任するかどうかを検討する段階、さらに進んで、債務整理を当該弁護士に委任する段階がある。それも細分化すれば、委任契約書の締結によって始まる場合もあれば、事実上の準備のための事務作業が続き、申立直前に債務者の申立意思が確定したことをもって委任契約の成立に至る場合もあるように、委任契約の成立過程においても時間軸がある。さらに受任後に、内部的作業を進める段階

債務者代理人に期待される役割と責任　7

から、債権者に対して受任通知を発する段階、それも単に受任通知を発するだけではなく、特定の債権者との間で債務整理の方針や特定財産の処理等についての具体的なやりとりに至る場合もある。これらの段階を経て、破産手続の申立て、開始に至るが、そのような相談から破産手続開始までの時間軸を通じて、それぞれの段階において、債務者代理人として、具体的な行為をすること、又はしないことについて法的義務を負うかどうかを検討することが有益であろう。

イ　債務者との関係性

2つ目の視点は、対象行為に関する債務者との関係性である。

債務者代理人の認識ないし行為とは無関係に債務者がある行為を行う場合、債務者代理人の不作為により債務者が当該行為を行う場合（例えば、説明を怠ったために債務者は許された行為として、又は禁止された行為との認識なく行う場合などである）もあれば、債務者代理人が債務者と認識を共有して対象行為を行う場合もある。それは、債務者の行為を消極的に（黙示的に）容認する場合もあれば、積極的に容認する場合、さらには共同の意思の下に行う場合もあろう。

このように、問題となる対象行為に対する、債務者代理人と債務者との関係性が2つ目の視点となり、その関係性の内容を明らかにすることによって、債務者代理人が法的義務を負うかどうか、その内容を検討することが有益であろう。

ウ　債権者との関係性

3つ目の視点は、対象行為に至る債権者との関係性である。

これは時間軸でも触れたことであるが、債務者代理人の債務整理に関する事務処理は、内部的な作業から始まるものの、外部的な作業を伴うことから債権者との間で何らかの関係が生じることもある。その端緒が、債務者との委任契約の成立であり、それに続く、債務者代理人から債権者に送付される受任通知である。債務者と債務者代理人の委任契約の内容として、債権者に対する弁済原資の最大化が事務処理として明示的に合意される場合があるかもしれないし、債権者である金融業者に対する受任通知により、当該債権者は債務者に対する権利行使が制約されることになる場合もある。さらに、受任通知後に、債権者と債務者代理人との間で、債務者の財産の状況や管理の状況などの情報が交換されることもある。このような対象行為に至る前提としての債権者との関係性を明らかにすることによって、債務者代理人が法的義務を負うかどうか、法的義務を負う場合の内

容を検討することも有益であろう。

このように、裁判例における当該事案の具体的事情のもとで債務者代理人の責任規範を検討する初期的な視点として、時間軸・債務者との関係性そして債権者との関係性があるように思われる。

4　法的責任の根拠

裁判例では、債務者代理人の責任を認めるものがある。しかし、本書における裁判例の評釈とそのコメントや、研究者の論文が指摘するように、それぞれの裁判例が債務者代理人の法的責任を認める根拠は必ずしも明確ではない。

他方、裁判例の事案を素直に読む限り、債務者代理人に対して何らかの義務そして責任を認めるのが相当と思われるものもある。仮にそうだとすれば、裁判例で責任根拠とされた法的構成の内容とその当否を検討する作業が必要となり、その作業を通じて、その責任根拠が明らかにされるべきであろう。

債務者代理人に法的責任を認める根拠としては、契約責任と不法行為責任が検討されることになろう。

(1)　委任契約に基づく責任

債務者代理人の法的義務や法的責任は、第1次的には、委任契約に根拠を求めることが相当であろう。委任事務として明示的に義務づけられた行為を債務者代理人が怠れば、代理人が責任を負うのは当然だから、まずは契約内容として合意された義務としてなすべき事務処理の内容を明らかにすべきことになろう。しかし、実際には、債務整理や破産手続開始の申立てを委任する場合に、債務者代理人の事務処理についてその義務的内容を個別具体的に当事者が合意することはほとんどないであろうから、結局は、具体的な事情の下で債務者代理人に委任契約の趣旨に照らしていかなる法的義務が認められるのかが検討されなければならない。

また、委任契約に基づく債務者代理人の責任については、債務者が法人の場合と自然人たる個人の場合の違いに留意すべきである。法人では、代表者も法人に対して責任を負う場合があり、法人の代理人も法人の代表者とともに法人に対して委任契約上の責任を負う場合がある。法人の代表者が、例えば、代表者個人又は他人の利益を図るために、法人に損害が生じることを承知しながら法人の財産

債務者代理人に期待される役割と責任　　9

を他人に贈与したり隠匿したりすれば、法人の代表者は取締役としての責任を会社に対して負うこととなり、かかる行為に債務者代理人が加担し、又は積極的に容認していたような場合には、債務者代理人も代表者とともに法人に対して責任を負うことがあり得る。ただし、法人の代表者が、法人の利益を害するような財産減少行為をしようとする場合、代表者は会社財産について管理処分権を有している一方、債務者代理人にはこれがないのであるから、債務者代理人の権限で代表者の行為を阻止したり、行為の結果を回復させたりすることはできないであろう。このような場合、債務者代理人としては、当該行為が法的に禁止された行為であること、すべきではない行為であることを法律専門家として説明する必要があり、また、説明することが法的義務となることはあっても、それを超えて代表者を説得する義務や、それを阻止する義務まで課すことは、債務者代理人に不可能を強いるに等しく、代理人に酷な結果を招来させることとなろう。

　これに対して、債務者が個人の場合は、自分自身の行動に関して、自分に対して損害賠償等の責任を負う場面は、少なくとも破産手続開始前には想定し難い（法的に意味がない）。つまり、個人が、自らの財産を処分した場合に、それが債権者に対する引当財産を不当に減少させる行為であるとしても、自らに対して損害賠償義務を課すことはできない。したがって、債務者代理人が個人のする財産減少行為について知らなかった場合はもちろん、たとえ、それに加担したり積極的に容認したりしたとしても、当該財産について管理処分権のある債務者自身の意思に基づく行為である以上、委任契約を根拠として債務者代理人に責任を負わせることは困難であろう。代理人に義務違反を認めることはできないし、債務者自身に損害があったともいい難いからである。

　しかしながら、法人代表者の行為であれば、代表者とともに債務者代理人の義務を認めて責任を問い得るような場合、つまり、債務者自身による積極的な財産減少行為に債務者代理人が加担し、又は積極的に容認しているようなケースでは、債務者が管理処分権のある個人であるというだけの理由で債務者代理人が常に無責でよいとはいい難いように思われる。具体的事案において、債務整理を依頼した個人による財産減少行為などに対して、債務者代理人が委任契約に基づいて当該個人に対して責任を負うことがあるのか、説明や説得の域を超えてかかる行為を阻止するための具体的義務を負う場合があるのか、あるとすればそれはど

のような場合で、そして、それを法的にどのように根拠づけることができるのか、という点がまさに問われることになる。

債務者を被害者、債務者代理人を加害者とする不法行為構成を採用する場合も、被害者に管理処分権があることによる上記の問題点は共有されることになろう。

(2) 不法行為責任

債務者代理人が、独自に不法行為責任を負うことはあり得る。想定される場面の典型は、債務者代理人が、金融債権者に受任通知を送付して債務者に対して直接取立て等の行為をしないように求めるとともに、債務者財産を保全しているとの信頼を当該債権者に与えるような行為をしたにもかかわらず、その後、債務者代理人が債務者財産の保全を意図的にしなかった場合や積極的に債務者の行う財産の隠匿行為や流出行為に加担した場合などであろうか。

この場面においては、不法行為としての注意義務を認める前提として、先に述べた時間軸、債務者との関係性や債権者との関係性を通じて、いかなる具体的事情の下で、いかなる内容の義務を認めることができるのかが、個別に問題となるであろう。

ア 不法行為の根拠

ここで、不法行為構成に基づく具体的義務を認める際の根拠となる考え方の留意点として次のようなものが考えられる。

(ア) 期待される行為を根拠とする考え方

行為規範と責任規範を区別して論ずべきことは前述したとおりである。再度、注意を促せば、債務者代理人として、期待される行為、望ましい行為は確かにあるが、それが直ちに責任規範となるわけではない。債務者代理人が当然に知っておくべきノウハウや学ぶべきノウハウも存在するが、そのノウハウを知らない、もしくはそのノウハウを実行しないからといって直ちに法的責任を問われることはない。ノウハウはノウハウに過ぎず、不法行為の前提となる法的義務を直接根拠づけるものでもないというべきであろう。

(イ) 弁護士法1条又は弁護士会の倫理規定を根拠とする考え方

弁護士法1条2項が謳う弁護士の使命（誠実にその職務を行い社会秩序の維持に…努力しなければならない）、弁護士会の倫理規定である「弁護士職務基本規程」

や「債務整理事件処理の規律を定める規程」などを根拠に、債務整理を受任した債務者代理人は、債務者に対する関係でも、第三者に対する関係でも、法的義務としての財産散逸防止義務を当然に負担するという考え方も示されている[2]。

　しかし、弁護士法1条や倫理規定は、まさに弁護士の職務としての期待される行為を定めるものであり、これらは代理人としての行為規範を導く理由になることはあっても、個別具体的な場面における債務者代理人の責任根拠となる義務を直接導くことはできない。つまり、弁護士法や倫理規定に抵触する行為は、弁護士の職務の在り方として相当ではなく、弁護士の品位を害するものとして懲戒処分の対象になることがあるとしても、倫理規定等において期待される行為が直ちに責任根拠となる法的義務となるわけではないであろう。まさに、行為規範と責任規範の違いを認識して慎重に論ずべきである。

(ウ)　「倒産法の公序」や「倒産手続の趣旨」を根拠とする考え方

　債務整理をはじめとする倒産処理を引き受けた弁護士としては、第一義的には、過剰債務の削減や免責を得るという依頼者である債務者の利益を実現するために事務処理をすべきであるが、同時に、経済的に窮境にある債務者と債権者の権利関係の調整を図りながら、債権者の回収に資するように配慮し、債権者の有する債権の実体法上の優先順位を守り、しかも債権者間の平等を害さないように、適切に事務処理をすることが期待される。

　債権回収の最大化を図ること、実体法上の優先順位を守ること、債権者間の平等を害さないことなどは倒産法における理念、倒産法的公序であり、債務者代理人は、その実現に向けて「倒産手続の趣旨」に応じた事務処理が期待される。

　しかし、債務者代理人は債務者の利益、すなわち過剰債務の減免や免責の利益を実現するための事務処理をするのであるから、倒産法的公序や倒産手続の趣旨を根拠に、債務者代理人に債権者の利益を図るために期待される行為を認めることができるとしても、債務者財産の散逸を防止する法的義務や債務者財産を破産管財人に引き渡すべき法的義務を特段の留保なく肯定することは、具体的事案における債務者代理人の責任の有無や内容に関する議論を混乱させるだけであろう。ここでも、行為規範と責任規範を区別した慎重な議論が必要であることを想

2　加藤新太郎「破産手続開始申立代理人の財産散逸防止義務〈Legal Analysis 4〉」NBL1079号121頁（2016年）。

起すべきである。

　債務超過にある債務者の債務整理を受任した代理人に、あたかも倒産手続の機関であるかのような債権者に対する信認義務を認め、その信認義務を怠ることをもって債務者代理人の法的責任を認める見解もある[3]が、法的倒産手続も開始していないにもかかわらず、債務者の利益を実現すべき債務者代理人に、利害の対立する債権者に対する信認義務を認める根拠やその具体的な義務の内容は不分明であり、同様の問題を指摘できよう。また、債務超過にある財産について、支払不能後は、債権者一般の信託財産と構成し、債務者代理人をその受託者として位置づけ、受託者としての管理義務を認めようとする見解もあり得る[4]。債務者自身の債務者財産に対する管理処分権が失われていないのに、債務者代理人に受託者と同様の義務を課すことに論理の飛躍を指摘せざるを得ないように思われる。いずれも、倒産法の公序や倒産手続の趣旨から債務者代理人の義務を導こうとする考え方とその基礎を同じくするものであり、債務者代理人の行為規範の根拠としては理解し得ないわけではないが、ここでも期待される行為と責任規範との混同が避け難いように思われる。

イ　注意義務の相手方と責任の相手方

㈦　債　権　者

　注意義務の相手方、すなわち不法行為に被害者として誰を想定するのか。上記の典型的場面では、債務者代理人が信頼を付与した金融債権者ということが考えられる。そのとき、対象となる債権者の範囲がさらに問われることになる。債務者代理人の信頼付与行為が、具体的状況の下で特定の債権者に対する債権侵害と評価される場合はあり得るが、それが、すべての債権者に対する債権侵害と評価される場面は、容易には想定し難い。

　仮に、特定の債権者に対する不法行為責任にとどまらず、それよりも広い範囲の一般債権者に対する不法行為責任が成立するとしても、その後、破産手続が開始した場合に、そのまま各債権者が債務者代理人に対して権利行使できるのか、それとも、破産管財人が一般債権者を代表して（一般債権者に代わり）権利行使

3　松下祐記「再生債務者代理人の地位に関する一考察」伊藤眞先生古稀祝賀『民事手続の現代的使命』1069頁（有斐閣、2015年）。

4　中西正・本書理論編60頁以下のトラストファンド理論もそのひとつであろうか。

できるのか、あるいは、一般債権者による権利行使とともに、それとは別に、破産管財人が固有の権限で債務者代理人の責任を問うことができるのか、後者の場合、破産管財人の権利行使と債権者の権利行使の関係はどうなるのか。これらの問題を容易に指摘できる。

(イ) 債務者

注意義務の相手方としては、委任契約の相手方である債務者も考えられる。他の契約類型でも、契約当事者の善管注意義務が問題となる場面では、契約上の責任と不法行為責任の競合が生じ得る。したがって、債務者の債務整理を受任した債務者代理人も、委任者である債務者に対して債務不履行責任だけでなく不法行為責任を負うこともあり得る。この場合、債務者代理人の責任規範は、契約責任に関する上記の指摘が、不法行為構成の場面でも妥当することになろう。問題は、債務者個人が積極的に財産を毀損した場合に、債務者代理人がそれに加担したとき、債務者代理人が債務者に対して不法行為責任を負うのかである。契約責任と同様に、債務者個人が自分自身に対して不法行為責任を負わないのに、当該個人が、それに加担した債務者代理人に対して不法行為責任を請求できるとはいい難い。しかし、果たして、それでよいのか、という問題は、契約責任を根拠とする場合と同様である。

(ウ) 将来の破産財団又は将来の破産管財人

裁判例では、おそらくそのような問題状況も認識してか、注意義務の相手方という問題を超えて、責任の相手方として破産管財人を想定している事例が少なくない。つまり、債務者代理人の注意義務の相手方は、これら裁判例では必ずしも明確ではなく、債務者を超えて、破産財団又は破産管財人を想定しているようでもあるが、いずれも債務者又は債務者代理人の行為時には存在しないのに、義務の相手方が誰かを問うまでもなく、将来形成される破産財団に対する責任又は将来選任される破産管財人に対する責任を認めているのである。そのときの責任根拠とされるのが「弁護士法1条や倫理規定における弁護士としての誠実義務」や「破産手続の趣旨」などであるが、それらが、破産手続開始前の債務者や債務者代理人の行為に対して、その時点では存在しない破産管財人や破産財団に対する不法行為責任を認め得る根拠となるのか、その理由について明確な説明を欠いているといわざるを得ない。

そこで、本書の各論者は、裁判例を批判的に検討した上、債務者代理人の責任根拠について法的構成を試みている。

(3)　立法による責任

　もともと破産手続開始前の債権者を害する債務者の財産処分等に対しては、破産管財人の否認権行使によって破産財団の回復を図ることが予定されているし、個別債権者に対して不法行為責任が生じる場合は、個別債権者が債務者代理人に対して権利行使をすることが可能である。そのような法的枠組みを超えて、債権者一般や将来の破産財団、又はその管理処分権を有する将来の破産管財人が被害者になり、開始前にした債務者の行為に関して債務者代理人の責任を問うという構成は、法的根拠を欠いているのではないかとの疑念がどうしても生じる。しかし、他方、債務者代理人が将来の破産財団や将来の破産管財人に対して無責でよいとはいい難いようにも思われる場面も少なからず存在する。そこで、破産手続開始前においても、一定の要件を充足する場合には、債務者代理人の法的責任を認める立法上の手当てが必要であるとする考え方もあり得る。

　その要件は、時間軸、債務者との関係性、債権者との関係性の各視点に基づく諸事情を考慮して決定されることになろうが、かかる立法論は、契約責任や不法行為責任を問い得ない場面において、債務者代理人に対して一般債権者に対する保護義務を課すに等しいから、なぜ債務者代理人が、委任者たる債務者の利益を超えて、一般債権者に対してその利益を保護する義務を認めることができるのか、その法的根拠、正当化事由が問われることになろう。

　特別清算手続における清算人や再生手続における再生債務者などは、手続の開始によって倒産手続上の機関性を認め得るので、債権者に対する公平誠実義務を基礎として債権者の利益をも保護する義務を課すことができるが、法的倒産手続開始前においても、同様の機関性を債務者や債務者代理人に認めることができるのかが問われることになろう。それらは将来の立法課題であるが、債務者代理人の責任を左右する基準を明示することは、具体的事案に応じて裁量のある事務処理をしている実務を硬直化するおそれもあることから、慎重にも慎重な検討が求められるであろう[5]。

5　山本和彦・本書理論編58頁、中森亘「法人破産の申立代理人の役割と法的責任〈特集2　破産手続申立代理人の権限とその責務をめぐる諸問題〉」自正2017年3月号53頁。

第 1 章　理論編

伊藤　眞
日本大学大学院法務研究科・創価大学大学院法務研究科 客員教授

山本和彦
一橋大学大学院法学研究科 教授

中西　正
同志社大学大学院司法研究科 教授・神戸大学 名誉教授

＊所属は執筆当時

破産者代理人（破産手続開始申立代理人）の地位と責任[*]
——「破産管財人に対する不法行為」とは何か。補論としてのDIP型破産手続

日本大学大学院法務研究科・創価大学大学院法務研究科 客員教授

伊藤　眞

1　はじめに

破産者代理人（破産手続開始申立代理人）の責任の問題は、破産手続の適正な機能を確保する上で重要性をもつだけではなく、破産財団の法主体性や破産管財人の法的地位との関係で、破産者代理人をどのように位置づけるかという破産法理論の再検討を迫るほどの大きな意義をもっていると信じるところである。5年前に伊藤尚弁護士をはじめとする3人の方々と共同で執筆した論文「破産管財人の善管注意義務—「利害関係人」概念のパラダイム・シフト」（金法1930号64頁）の表題になぞらえていえば、「破産法理論のパラダイム・シフト」、すなわち理論枠組みの転換をもたらし得る影響力を有していると考える。

2　問題の背景

少額管財実務の確立と歩調を合わせた破産者代理人の役割に対する関心の高まりと責任内容強化の傾向が顕著になっている。多くの事件において破産管財人を選任し、その活動によって破産債権者及び破産者の利益を保全し[1]、法が定める目的を実現しようとするときに、破産管財人の負担をできる限り軽減する必要が生じ、これを背景として、破産者代理人と破産管財人の協働、すなわち破産者の

---

[*]　本論文は、全国倒産処理弁護士ネットワーク第15回全国大会〔札幌〕における基調講演、伊藤眞「破産者代理人（破産手続開始申立代理人）の地位と責任—「破産管財人に対する不法行為」とは何か。補論としてのDIP型破産手続〈特集　破産申立代理人の地位と責任〉」債管155号4頁（2017年）を基礎としたものである。

[1]　個人の同時廃止破産事件において、破産管財人による調査結果などが得られないことを理由として裁量免責が許可されなかった裁判例として、東京高決平26.7.11（判タ1470号109頁）があり、破産管財人の活動が破産者の利益にも資することを示す事例である。

18　第1章　理論編

財産管理（一部に換価を含む）についての破産者代理人から破産管財人への引き継ぎの責任が強調され、その部分については、破産管財人の職務の一部を破産者代理人が担うこととなっている。その意味で、破産管財業務の「分業体制」が確立されつつあるといえる[2]。

　その点に着目すれば、もはや破産手続開始申立代理人との名称は適切性を失い、「破産者代理人」[3]との呼称が適切となっているように感じられる。そこで、本論文では、破産者代理人の名称を用いることとする。また、便宜上、破産手続開始前の債務者を含む意味で破産者の概念を用いる。

　他方、破産者代理人による破産者財産の保全や換価の内容が問題とされる事例も増加しており、その責任強化が、かえって弁護士による破産事件の受任や職務遂行に対して萎縮効果を生じさせるおそれがあるとの指摘もみられる。破産者代理人が委任者たる破産者との関係でも、また配当による利益を享受する破産債権者との関係でも、その職務を適切に遂行すべきことは当然であり、著しい職務の懈怠については、破産債権者や破産管財人から責任を追及されてもやむを得ないことについては、異論をみないと思われるが、行為規範をそのまま評価規範として用いることについては、破産者代理人の責任を過大なものとし、かえって破産手続の利用に萎縮効果を生じさせるとの指摘も首肯できる。

　また、従来の議論のなかでは、破産管財人に対する破産者代理人の不法行為なる概念が用いられることもあったようであり、その実質は、破産者代理人の作為又は不作為が破産財団所属財産たる破産者の財産を減少させ、破産債権者に損害を生じることを、破産債権者の利益を代表する破産管財人に対する不法行為と表現したものと理解できるが、一歩立ち入って考えてみると、破産管財人の法的地位に関する管理機構人格説そのものに対する批判を別としても、管理機構たる破産管財人に対する不法行為が、どのような理由から破産財団所属財産となる損害賠償請求権を発生させるのか、破産手続開始前でも破産管財人に対する不法行為

2　野村剛司編著『法人破産申立て実践マニュアル』12頁〔野村剛司〕（青林書院、2016年）参照。

3　本論文では、債権者の開始申立てによる破産事件は検討の対象とせず、破産者（債務者）の開始申立てによる自己破産事件のみを想定する。両者の間の本質的差異については、伊藤眞「法的倒産手続の利用を促すために―nahtlos（継ぎ目のない）手続の実現を目指して―」金法2069号40頁（2017年）参照。

は成立し得るのかなどの疑問がある[4]。

筆者自身も、この点について十分な検討をしておらず[5]、いささか自責の念を覚えるところであるが、本論文では、債務不履行であれ、不法行為であれ、損害賠償義務の発生要件よりも、その基礎となるべき法律構成そのものに焦点を当て、今後の議論の参考に供したい[6]。

3 本論文の6つの前提

まず、本論文における議論の前提を説明する。

① 破産管財人が管理処分権を行使できるのは、破産財団所属財産であり（破産法78条1項）、破産財団所属財産の帰属主体は、破産者である（同法2条14項、34条1項）。これは、破産財団所属財産の帰属と管理処分権の所在をいう。

② 管理機構としての破産管財人には、破産財団所属財産の管理処分権が帰属するが、所属財産自体が帰属することはない。これは、①を言い換えたものである。

③ したがって、破産者代理人に対する損害賠償請求権を破産管財人が行使することができるのは、その発生原因事実が破産手続開始の前であるか後であるかを問わず、損害賠償請求権の帰属主体が破産者である場合に限られる。このことは、損害賠償請求権の発生原因を債務不履行に求めるか、不法行為に求めるかによって変わるものではない。

これも、①の前提を破産者代理人に対する損害賠償請求権に当てはめた帰結である。ただし、発生原因事実たる破産者代理人の行為が破産手続開始後のものであるときには、固定主義（破産法34条1項）との関係で、どのような理由から損害賠償請求権が破産財団所属財産となるのかの説明が求められる。

④ 同じく財産帰属主体であっても、破産財団所属財産の帰属主体としての破産者と、自由財産（新得財産）の帰属主体としての破産者とを区別すべきであ

---

4 岡伸浩「「財産散逸防止義務」再考」伊藤眞ほか編集代表『倒産法の実践』33、50頁（有斐閣、2016年）は、破産者代理人の財産散逸防止義務なる概念について、法的根拠の脆弱性を指摘する。

5 伊藤眞『破産法・民事再生法［第3版］』186頁（有斐閣、2014年）参照。

6 それぞれの要件については、髙木裕康「受任通知と申立代理人の責任〈特集2 破産手続申立代理人の権限とその責務をめぐる諸問題〉」自正2017年3月号36、38頁参照。

20　第1章　理論編

る。

これは、従来は明示的には説かれていなかったところであるが、破産財団所属財産を第三者が毀損したときには、目的物の価値転形物としての破産者の第三者に対する損害賠償請求権が破産財団所属財産となることを前提とすれば、毀損行為を破産者自身が行ったときには、破産財団所属財産の帰属主体としての破産者が、自由財産の帰属主体としての破産者に対して損害賠償請求権を取得し、それを破産管財人が行使するという法律構成について異論は少ないと思われる。東京地判平26.6.18（金判1492号25頁）及び東京高判平26.11.11（金判1492号22頁）においては、破産者代理人の責任とは別に、破産財団所属財産たる保険金を費消した破産者に対する不当利得返還請求権が認められているが、これらの事件についても同様に考えられる。

⑤　破産者が財産散逸又は隠匿行為を行った場合の回復手段として破産管財人に与えられるのは、破産手続開始前の行為であれば否認権、破産手続開始後の行為であれば破産財団（法定財団）についての管理処分権などがある。

後者については、④で述べたとおりである。破産手続開始前後の財産の散逸が、破産者代理人独自の行為によることは少なく、むしろ破産者が主体となるか、破産者と破産者代理人の行為が結合した結果であることに着目した場合には、破産管財人としては、破産手続開始前の破産者の行為に対しては否認権、開始後の行為に対しては管理処分権を根拠として、破産財団の回復や増殖が可能である。破産管財人は、複数の手段が存在すれば、相手方の資力などを勘案して、より実効性のあるものを選択することになるであろうが、少なくとも、損害の回復を破産者代理人に対する損害賠償請求権のみに依存することは適切ではない。

また、破産者が法人であり、法人の代表者が財産の隠匿行為などを行った場合には、法人の代表者に対する損害賠償請求権（会社法423条１項など）も、破産財団所属の財産として、破産管財人の管理処分権に服すると思われるので、同様のことが当てはまろう。

⑥　破産者と破産者代理人との間の委任関係は、破産手続開始後も存続し得る。破産者と破産者代理人との間の委任関係は、特約があれば、破産手続開始決定によって終了（民法653条２号）せず、開始後も存続することには異論がないと考えられる[7]。そして、委任の内容は、破産管財人の管理処分権が及ばないとさ

れる組織法上の事項のほかに、破産財団所属財産に関して、破産管財人に対し適時に、適切な方法によって情報を提供するなどの事項を含み得る。

4 破産者代理人の責任をめぐる下級審裁判例の動向

この点は、事業再生と債権管理155号47頁に紹介があり、また、岡伸浩弁護士の詳細な分析が存在するので[8]、裁判例に示された考え方に対する評価を次に誌したい。

5 破産管財人に対する義務か破産者に対する義務か

下級審裁判例の判決理由中では、破産者代理人の財産散逸防止義務が説かれることが多くなっているが、その違反の結果としての損害賠償義務の相手方を破産管財人とするか、それとも破産者とするか、後者とする場合には、その根拠を不法行為に求めるか、委任契約の債務不履行に求めるかという問題が存在する。

(1) 破産管財人に対する義務という法律構成の問題点

破産者代理人が財産散逸防止義務に違反し、破産財団に属すべき財産を減少又は消失させたことによって直接的な不利益を受けるのは、破産手続の利害関係人の中心である破産債権者であり、帰責性が認められる限り、破産者代理人は、破産債権者の利益を代表する地位にある破産管財人に対して損害を賠償しなければならないという立論は、その実質において正しい。また、破産管財人が破産財団所属財産である損害賠償請求権について管理処分権を行使するのであれば（破産法78条1項）、それも理論的に一貫する。しかし、裁判例のなかで説かれているのは、その表現そのものに即していえば、不法行為の相手方や損害賠償請求権の帰属主体そのものを破産管財人とする考え方のように思われる。

破産管財人の法的地位については、古くからの議論があり、愚見を含めて、現

7　破産者と破産者代理人の委任契約は、破産手続開始によって終了するのが原則であるが（民法653条2号）、特約に基づいて存続するとすれば（田原睦夫＝山本和彦監修『注釈破産法〔上〕』392頁〔高尾和一郎〕（金融財政事情研究会、2015年）、伊藤・前掲注5・388頁）、この場合の損害賠償請求権は、債務不履行に基づくものとなる。そして、現在の破産者代理人が果たしている役割からみれば、明示の条項として、又は契約の趣旨からして、特約が存在すると解すべき場合が通常であろう。

8　岡・前掲注4・26頁以下参照。

22　第1章　理論編

在の多数説でもある管理機構人格説は、破産財団の管理機構としての破産管財人に法人格を認めている[9]。その下でも、破産財団を構成する財産権の帰属主体は破産者であり、破産管財人はその管理処分権を行使する主体として位置づけられる。そうであるとすれば、破産管財人に対する不法行為はともかくとして、破産者代理人の財産散逸防止義務の相手方が破産管財人であるとか、その義務に違反した不法行為に基づく損害賠償請求権の主体を破産管財人とすることについては、相当の検討が必要であるといわざるを得ない。また、財産散逸が問題となる行為のうち、大部分は、破産手続開始前のものであることを考えると、破産手続開始決定とともに選任される破産管財人に対する不法行為が成立する局面は、限定されざるを得ない。

(2) 破産者に対する財産散逸防止義務とその根拠

破産者代理人の財産散逸防止義務違反に基づく損害賠償請求権を破産財団所属の財産とし、破産管財人がそれを行使することを認めるためには、破産者代理人が破産者との関係で財産散逸防止義務を負担し、その違反があったときに、破産者に対して損害賠償義務を負担するとの法律構成が必要である。もっとも、破産者代理人が債権者に対する受任通知を発しながら、長期間にわたって、正当な理由なく、破産手続開始申立てをしなかった事案では、破産債権者に対する破産者代理人の責任を観念することも可能であるが[10]、財産散逸防止義務違反が債権者全体の利益に影響する性質のものであることを考えれば、それを個別債権者の損害に分解することは困難であり、また、財産散逸防止義務違反に基づく損害賠償請求権を破産財団所属財産として配当原資とすることによって、より適切な解決

---

9 伊藤・前掲注5・203頁。近時は、明文の根拠に欠けること、各種の権能は、破産管財人に就任した私人に帰属すると解すべきこと、破産管財人の法的地位を議論すること自体の実際的意義が認められないことなどを理由として、管理機構人格説に対する批判が多い。しかし、破産財団所属財産の帰属主体である破産者や利害関係人の中核たる破産債権者とは独立し、破産手続の目的（破産法1条）を実現すべき職務を遂行する機関として、破産管財人の法的地位を明らかにする必要があり、その理論構成としては、管理機構人格説の合理性が認められる。また、破産者が行った不法原因給付と破産管財人の地位との関係、財団債権の債務者、破産管財人の善管注意義務違反の効果、破産管財人の源泉徴収義務などの問題を検討するについても、管理機構人格説が理論的基礎とされるべきである。成年後見人や遺言執行者との差異などの詳細については、伊藤眞「破産管財人の法的地位と第三者性——管理機構人格説の揺らぎ？」岡伸浩ほか編著『破産管財人の財産換価』547、555頁（商事法務、2015年）参照。

が図られよう[11]。

　破産者に対する破産者代理人の財産散逸防止義務の根拠となるのは、その違反を債務不履行とするか、不法行為とするかはともかく、両者の間の委任関係又は委任者たる破産者の利益以外にない。その中心は、破産手続を利用し、自らの資産と負債とを公平に債権者に分配しようとする破産者の意思と、その実現のための法律事務を引き受ける破産者代理人の意思の合致にある。破産者代理人としての役割を引き受け、又は引き受けることを前提として破産者からの相談に応じた弁護士は、委任者である破産者の利益が実現されるよう、破産者代理人としての職務を遂行しなければならない。財産散逸防止義務は、その職務の中核に位置するものであり、破産手続の利用者としての破産者が債権者による個別的権利行使の圧力を回避し、資産と負債との公平な清算を通じて経済社会に復帰するという利益を実現することを受任した以上、破産者代理人は、その利益が破産手続を通じて実現するように、自らの職務を遂行する責任を負うことになる。

　そして、そのためには、受任の前後を通じて、破産者の財産が散逸しないように助言と指導を行い、債権者からの個別的権利行使に対し適切に対応し、破産者との合意に基づいて財産の散逸を防ぐための適切な方策をとり、やむを得ない場合には財産の換価を行うが、適切な時期に破産手続開始申立てをなして、自らが保管する破産者の財産及び破産者の財産に関する情報を破産管財人に引き継ぐこと、これらが財産散逸防止義務の内容である。裁判例のなかで財産散逸防止義務に関し、破産制度の趣旨が説かれることがあるが、それが独立に義務の根拠となるというよりは、破産制度の趣旨に即した職務の遂行が委任事項であり、受任者たる破産者代理人の義務でもある、そのなかに財産散逸防止義務が含まれると理

10　東京地判平27.10.15（判タ1424号249頁。**本書判例評釈5**〔服部敬〕）は、「当該弁護士が受任通知の送付により債権者の権利行使を制約しておきながら合理的な理由もなく破産申立てを行わず、その間に債務者の責任財産を不当に減少させて債権の実現を困難ならしめたような場合については、債権者が当該弁護士に対して直接損害賠償請求をすることを否定すべき理由はなく、そのような場合、当該弁護士は個別の債権者との関係においても上記義務を負うことがあるものと解される」と判示する。

11　ただし、加藤正治『破産法研究2〔第3版〕』216頁（有斐閣、1924年）、同『破産法要論〔第16版〕』154頁（有斐閣、1952年）は、否認権について、債権者の詐害行為取消権を公吏としての破産管財人が行使するとの考え方を展開するので、それをこの場面に当てはめれば、債権者の損害賠償請求権を破産管財人が行使するとの議論も可能であろう。

解すべきである。

したがって、この義務は、受任者たる破産者代理人が委任者たる破産者に対して負うものであり、その義務違反は、委任契約上の債務不履行又は不法行為として、破産者の破産者代理人に対する損害賠償請求権の基礎となるべきものであり、現に損害賠償請求権が発生したとみなされれば、それは破産財団所属の財産として破産管財人の管理処分権に服する。

6 破産者代理人の職務の段階と責任の変化

破産者代理人の職務には、いくつかの段階があり、それを委任者たる破産者に対する義務と構成するとしても、義務の内容及び責任については、段階に応じた検討を要する。

(1) 受任前の相談及び協議段階

これは、委任契約が成立する前の段階であるから、正式には、破産者代理人の職務とはいえないが、東京地判平25.2.6（判時2177号72頁。**本書判例評釈2**〔野村剛司〕）にいう、「正式な委任契約締結前であっても、依頼者と弁護士の関係は特殊な信頼関係に立つものであるから、委任契約締結後に弁護士としての職責を全うし、正当な職務遂行をなすため、依頼者の相談内容等に応じた善管注意義務を負う」との判示は、弁護士の職務遂行規範からみても正当なものであり[12]、破産手続の目的や財産保全、否認対象行為の回避などの破産者の責務についての説明の必要性はあり、また、破産手続開始申立ての必要があるか、経済的窮境を打開するための他の手段と比較して、破産手続が適切かどうかなどの判断とその説明とを行うことが求められる。

そして、この段階であっても、弁護士としての資格において判断、説明及び助言などを行っているために、その内容の正確性などについて責任を負うことになる。仮に、十分な助言を行わなかったために破産者が誤信し、財産を減少させたときには、それに相当する損害賠償請求権を破産者代理人に対して取得し、それが破産財団を構成する。もっとも、この段階では、破産者代理人の側は、破産者の資産負債の状況などについて破産者の提供する情報のみを基礎として判断せざ

12　弁護士法1条2項、弁護士職務基本規程21条、加藤新太郎「破産手続開始申立代理人の財産散逸防止義務〈Legal Analysis 4〉」NBL1079号121頁（2016年）参照。

るを得ないから、後にそれが不正確であることが判明したとしても、責任を問われることはないと考えるべきである。

(2) 受任から調査を経て債務整理の方針決定までの段階

破産者との間の委任契約を締結することによって破産者代理人としての法的地位が発生する。委任契約の中核的部分は、委任者たる破産者のために受任者たる弁護士が破産手続開始申立てをすることであるが、開始申立て自体についても、その時期をいつとするかなどの付随的判断が求められる。その前提としては、受任前の相談・協議段階において破産者から提供された資産・負債に関する情報の正確性を確認し、必要な調査を実施し、債務整理の方針として破産手続開始申立てが適切かなどの判断を行い、それを破産者に伝えた上で、手続を進めることになる[13]。

この段階では、破産手続開始申立てを確定的に受任したのであるから、受任者たる弁護士は、委任事務の本旨に従い、適時に破産手続開始の申立てをなし、破産者が破産手続の利用によって期待する利益、すなわち、第1に、破産手続開始時の自らの総財産（自由財産を除く）を総債権者に対し公平に分配し（以下「公平分配利益」という）、第2に、個人破産者であれば、併せて破産免責を取得する利益（以下「免責利益」という）を実現する義務を負う。財産散逸防止は、公平分配利益を実現するための受任者の義務であり、また、免責を得る前提ともなるから（破産法252条1項各号参照）、免責利益を実現するための義務でもある。

もっとも、第2の免責利益はともかく、第1の公平分配利益が破産者にとっての利益といえるかどうかについては、疑問も呈されよう。あえてこのような概念を提唱するのは、破産者の主観的動機とは区別して、破産手続の開始によって破産者が期待すべき利益を表そうとしたものにほかならない[14]。支払不能などの状態にある破産者が、個々の債権者による無秩序な回収行為を抑止し、破産手続による公平な清算を実現することは、経済社会に対する責任を果たすものであり、破産者の地位は汚名ではなく、その利益と評価できるというものである。現行法

---

13 具体的内容については、北澤純一「委任契約と倒産」伊藤眞ほか編集代表・前掲注4・439頁参照。

14 ただし、破産者の公正分配利益の実質的享受者は、破産債権者ではないかとの批判がある。中森亘「法人破産の申立代理人の役割と法的責任〈特集2　破産手続申立代理人の権限とその責務をめぐる諸問題〉」自正2017年3月号56頁。

26　第1章　理論編

の立案過程において、破産者の用語を改めることが検討されたものの、結局、旧法の表現が維持されたが、破産制度の利用促進を図るべきことを考えると、例えば、「再生債務者」（民事再生法2条1号）に対応して、「清算債務者」に変更することを検討すべき時期に来ている[15]。

　そして、公平分配利益と免責利益とを実現するためには、委任契約を締結した段階で、受任者としては、その前提条件と具体的にとるべき措置を破産者に対して説明し、特に財産保全に関する正確な情報の取得に努め、破産手続開始後の公平な清算ができるよう、財産の保全と価値の維持に必要な措置を講じなければならない。

　ただし、注意しなければならないのは、この段階における受任者の権限は、すべて破産者との間の委任契約に由来するものであり、破産者代理人は、受任者としての地位を超える権限を有するわけでもなく、弁護士としての職務規範には服するものの[16]、それは、受任者以外の第三者に対する責任を直接に基礎づけるものではないことである。また、破産手続の目的、すなわち破産者の総財産による公平な清算を実現すべきことが破産者代理人の職務として説かれることがあるが、これも、破産者の公平分配利益に発するものであり、あくまで破産者に対する受任者のとしての善管注意義務などを媒介としたものと考えるべきである。

　したがって、委任契約が締結された段階では、破産者代理人が破産者の財産管理に十分な助言を与えるなどの注意を払ったにもかかわらず、破産者が詐害行為や偏頗行為をなした場合はもちろん、善管注意義務に欠けるところがあったとしても、それが直接に破産者代理人の債権者に対する損害賠償責任などを発生させることはない。しかし、破産手続開始申立てを受任しながら、破産手続の目的や破産者としての義務に関する説明を怠り、また、破産者代理人自身が保管を委ねられた財産について不適切な管理をしたなどの場合には、破産財団に引き継がれるべき財産を減少させたという意味で、破産者に対する損害賠償責任が発生し、それを破産管財人から追及される可能性が存在する。

　これに対して、破産者が破産者代理人の説明を無視し、又は説得に従わず、財産を散逸するなどの行為をしたときは、自ら公平分配利益や免責利益を放棄した

15　伊藤・前掲注3・39頁参照。
16　加藤・前掲注12・121頁参照。

ものとみなされるから、破産者代理人が破産者に対して債務不履行や不法行為に基づく損害賠償責任を負うことはなく、また、それを破産管財人から追及されることもあり得ない。

(3) 受任通知発出に基づく破産者代理人の責任

破産手続開始申立てを含む債務整理を受任した後に、知れている債権者に対して受任通知を発するかどうか、また、その時期をいつにするかについては、事案の特質を考慮した破産者代理人の判断に委ねられるが[17]、いったん発出すれば、それが支払停止と評価されるなどの事実上の効果だけではなく、債権者による支払請求を違法とする法的効果を生じる[18]。その直接の対象となるのは、貸金業者として登録された者であるが、制度された私的整理又は準則型私的整理においても、手続主宰者から対象債権者に対して一時停止の要請通知が発することとされ[19]、それが事業再生分野における常識化していることと考え合わせると、受任通知の発出は、債権者の個別的権利行使に対し、裁判上及び裁判外の手続行使を自制するよう求める破産者の意思を破産者代理人が債権者に伝達する行為であり、一定の法的効果が付与されているというべきである。

それがなされた以上、破産者としては、自ら財産を適正に管理し、散逸を防止すべき債権者に対する信義則上の義務を負うだけではなく、破産者代理人に対してそのための適切な助言を求め、措置を講じることを求める立場にあると考えられる。それにもかかわらず、破産者代理人が適切な助言を怠ったり、管理を委ねられた財産を散逸したりした場合には、破産者に対する損害賠償義務を負う可能性がある。

もっとも、破産管財人と異なり、破産者代理人は、破産者から独立した財産管理処分権を有するものではなく、それを担保するための破産手続上の調査権などを与えられているわけでもない。したがって、破産者代理人としては、財産隠匿行為がなされないよう、破産者に対して注意を与え、それを発見したときには、

---

17 東京弁護士会倒産法部編『破産申立マニュアル［第2版］』47頁〔進士肇〕（商事法務、2015年）、野村編著・前掲注2・30頁〔野村剛司〕、102頁〔津田一史〕など参照。

18 貸金業法21条1項9号、47条の3など参照。

19 全国倒産処理弁護士ネットワーク編『私的整理の実務Q&A140問』339頁〔山宮慎一郎〕（金融財政事情研究会、2016年）、多比羅誠編『進め方がよくわかる私的整理手続と実務』106頁〔清水靖博〕、132頁〔三枝知央〕（第一法規、2017年）など参照。

回復するように助言する、あるいは破産者の同意を得て財産の管理処分に必要な印鑑などを保管するなどの措置をとれば十分であり、そのような措置をとったにもかかわらず、破産者がそれに従わず、隠匿などの行為をなしたときは、公平分配利益などを自ら放棄したとみなされるから、後にそれが破産管財人によって否認され、あるいは返還を求められることがあっても、破産者代理人が破産者に対する損害賠償責任を負い、破産管財人によってそれを追及されることはない。

　なぜならば、このような場合には、破産者代理人は受任者としての財産散逸防止義務を果たしており、財産の散逸は破産者自身によってなされたものだからである。その結果の是正は、破産者代理人に対する損害賠償責任の追及によってではなく、破産法上の否認権や破産管財人の管理処分権の行使によるべきである[20]。

　なお、この点に関連して、破産者による財産隠匿などの情報を得た破産者代理人がその事実を債権者や破産管財人に告知しなければならないかどうかの問題がある。破産手続開始後も委任関係が存続しており、依頼者の公平分配利益の実現が破産者代理人の職務として続いていることを前提としても、依頼者に対する弁護士の秘密保持義務の視点からは[21]、弁護士倫理上、そのような告知をする際には、依頼者を説得し、その了解を得るべきであろう。それにもかかわらず、依頼者が了解しない状況の下では、もはや破産者の公平分配利益の実現を期待できない以上、破産者代理人がその職務を続けるべきではなく、辞任するしかないと思われる[22]。ただし、債権者や破産管財人に対する辞任の通知に際しても、弁護士倫理上、その具体的理由を明らかにすることはできないかもしれない。

　また、受任通知を発するかどうかなどについては、破産者代理人の合理的裁量判断に委ねられるべきことは、上記のとおりであるが、破産者代理人としては、委任者の公平分配利益の実現の視点から、その判断を行うべきである。もっとも、具体的な場面では、同じく公平分配利益の実現といっても、受任通知を発するかどうか、またその時期をいつとするかに関連して、破産財団所属財産の減少

20　岡・前掲注4・44頁は、このような結果となることが、破産者代理人の損害賠償請求権の根拠を委任契約の債務不履行に求めた場合の限界であるとする。なお、関連する裁判例として、東京地判平28.9.15（金法2068号66頁）がある。
21　弁護士法23条、弁護士職務基本規程23条参照。
22　弁護士職務基本規程43条、野村編著・前掲注2・198～199頁〔林祐樹〕参照。

を防ぐことと債権者からの個別的権利行使などによる混乱を回避することの2つの要請を調和させることについて、破産者代理人に困難な判断が求められることもあろう。

　未公刊の裁判例であるが、受任通知発出の時期が遅れたために、支払停止についての金融機関の悪意（破産法71条1項3号本文）の成立時期がずれ込み、相殺を防げなかったという事件を仄聞している。この事件の判決は、破産者代理人の破産管財人に対する不法行為責任、及びその基礎としての破産者代理人の財産散逸防止義務という判断枠組みを前提としても、破産者代理人の行為について、債権者からの個別的権利行使などによる混乱を回避するという合理的理由が認められるときには、財産散逸防止義務違反とはならないとして、不法行為責任を否定したようである。

　この結論は妥当なものであるが、本論文の立場からは、破産管財人に対する不法行為という判断枠組みではなく、相殺による破産者の財産の減少を防ぐことも、債権者の個別的権利行使などによる混乱を防ぐことも、ともに破産者代理人の義務である公平分配利益の実現に含まれるものであり、受任通知を発するかどうか、その時期をいつとするかについては、破産者代理人の合理的裁量判断に委ねられ、その判断に合理性が欠けていることが明らかな場合に、破産者の破産者代理人に対する損害賠償請求権が成立し、それを破産管財人が行使するという法律構成になる[23]。

(4) 破産手続開始申立てに基づく破産者代理人の責任

　破産者代理人が破産者のために破産手続開始申立てをした事実は、破産者が破産手続に基づく公平分配利益の実現を求める裁判上の申立てをしたことを意味する。したがって、破産者代理人は、その利益が実現されるよう受任者としての義務を尽くさなければならない。具体的には、その義務は、破産者に対して財産を保全するよう助言又は指示すること、及び破産者代理人自身が管理している破産者の財産を破産管財人に引き継ぐための準備をすることなどを内容とするものであるが、問題は、破産手続開始申立てをなしたことによって、これらの義務に変化が生じるか、義務の水準が加重されるかどうかであろう。

---

23 破産者代理人が委任義務を遂行するについて一般的に裁量判断の余地があり、それを逸脱した場合にのみ受任者としての責任が生じることについては、北澤・前掲注13・440頁参照。

30　　第1章　理論編

破産者は、破産手続開始申立てによってその財産の清算について裁判上の手続である破産手続を利用する意思を確定的に表明したのであり、破産手続開始申立後の財産散逸行為が各種否認の対象となり得ること（破産法160条1項2号、162条1項1号ロなど）を考えても、責任財産の保全についての破産者自身の責任はより高度なものとなり、それに対応して助言、指導、保管などの破産者代理人の責任も重大なものとなると考えるべきである。

　もっとも、破産者代理人自身が保管する財産を散逸させたなどの場合には、帰責性が認められる限り、破産者の破産者代理人に対する損害賠償請求権が発生し、破産管財人がそれを行使することになるが、破産者代理人の指示に従わず、破産者が財産を隠匿又は散逸した場合には、破産者代理人自身が財産散逸防止義務に違反したとみることはできず、財産の散逸をその責任に帰することは不合理である。

⑸　破産手続開始決定後の破産者代理人の責任

　破産手続開始後は、破産財団に属する財産の管理処分権は、破産管財人が掌握し、破産者代理人は、破産者の代理人としての説明義務を負い（破産法40条1項2号）、破産管財人に対する協力と協働の義務を負っているというのが、現在の一般的理解である[24]。先に述べたように、破産手続開始後でも、委任契約の内容として、破産者代理人の受任者としての義務が存続しているとすれば、破産管財人に対する情報の提供などを行う義務が認められる。もっとも、破産者の財産の所在などに関する情報を保持しているとき、破産者代理人がそれを破産管財人に開示すべきかどうかは、弁護士倫理との関係で、委任者である破産者を説得し、その了解を得た上で伝達すべきである。

7　ま　と　め

　以上に述べたことをまとめれば、以下のようにいうことができる。

　①　破産者代理人（弁護士）は、委任契約（破産手続開始申立て等を内容とする契約）に基づき委任者である破産者に対して受任者としての義務を負う。

　②　委任事項の概括的内容は、破産者の責任財産を債権者に対して公平に分配

24　伊藤・前掲注5・186頁注1参照。

するために、破産者代理人が破産手続開始の前後にわたって、必要な手続をとり、事務を行い、併せて、破産者が個人の場合には、免責を得るための手続をとることである。

③　したがって、委任の本旨に従った委任事務の処理（民法644条）とは、責任財産の公平な分配という破産者の利益を実現すること（公平分配利益の実現）、それを前提として、個人破産者の場合には、免責を得る利益を実現すること（免責利益の実現）である。具体的には、受任者たる破産者代理人は、これらの利益を実現するために、破産者に対する説明や助言を行い、委ねられた財産の管理などについて必要な注意を払い、適時に破産手続開始申立てを行い、破産手続開始後は破産管財人に対して必要な協力をする義務（破産管財人に対する情報提供などを適切な方法によって行うことを内容とする義務）を負う。財産散逸防止義務は、財産の維持管理の観点からするこれらの義務の総称と考えるべきである。

④　受任者たる破産者代理人が、上記の義務を尽くさなかった場合には、公平分配利益や免責利益の実現についての義務の履行を怠ったものとして、委任者たる破産者に対して債務不履行（場合によっては不法行為）に基づく損害賠償責任を負う。

⑤　破産者が、破産者代理人の助言にもかかわらず、財産の隠匿などを行ったときは、公平分配利益や免責利益の実現を自ら放棄したものとみなすべきであり、破産者代理人の債務不履行責任などは生じることなく、それらの利益が実現されなかったことを理由とする損害賠償義務を負わない。

⑥　破産者代理人に対する破産者の損害賠償請求権は、破産財団所属の財産として破産管財人の管理処分権に服し、破産管財人が破産者代理人に対して損害賠償請求権を行使する。

⑦　裁判例のなかで、破産者代理人の破産管財人に対する不法行為といわれるのは、破産手続開始後の破産者代理人の行為については、その主たる利害関係人である破産債権者の利益を代表し、破産財団所属財産について管理処分権を行使する管理機構としての破産管財人の利益を害することを意味すると理解するが、法律構成としては、破産者代理人の行為が破産財団所属財産の帰属主体たる破産者に対する債務不履行を構成し、その結果として破産財団所属財産の帰属主体たる破産者の破産者代理人に対する損害賠償請求権が発生し、散逸した財産に代わ

32　第1章　理論編

るものとして、破産財団所属財産となり、破産管財人がそれを行使すると考えるべきである。

これに対して、破産手続開始前の破産者代理人の行為については、破産者との関係で債務不履行と評価されるときに、破産者の破産者代理人に対する損害賠償請求権の発生原因となり、それが破産財団所属財産となるから、いまだ選任されていない破産管財人に対する不法行為とするのは正確ではない。ただし、破産者に対する債務不履行が、実質は、破産財団を構成すべき責任財産を減少させるという意味で、破産債権者の利益を害する行為であり、そのことを破産手続開始後に破産債権者の利益を代表して管理処分権を行使する破産管財人に対する不法行為と表現したものと解される。

8 補論—DIP型破産の意義と可能性

行為規範の面でも、また責任規範の面でも破産者代理人の職務遂行が適切であると認められるときに、破産者代理人である弁護士を破産管財人に選任することを検討すべきではないかというのが、ここでの問題意識である[25]。民事再生は、原則として再生債務者（代理人）によるDIP型であり、会社更生においても、一定の条件を満たすことを前提として、開始前会社の経営者や更生手続開始申立代理人を管財人に任命する、DIP型の運用がなされている[26]。会社更生におけるDIP型管財人は、会社経営に関する知識と経験とを活用するなどの点で、破産と異なる側面があるが、他方、申立代理人に対する信頼を基礎としているところもあり、そのことは、破産においても妥当する場合がある。

DIP型破産の利点としては、第1に、破産者の信頼感の醸成と破産手続の利用促進の効果があげられる。破産者にとっては、すでに一定の信頼関係が形成されている破産者代理人が破産管財人に選任されることは、破産手続開始申立てについての心理的負担を軽減することとなり、破産手続の積極的利用につながると思われる。

第2に、間接的ではあるが、破産手続開始前の否認対象行為を減少させる効果

---

25 以下についての詳細については、伊藤・前掲注3・43頁参照。

26 詳細については、伊藤眞『会社更生法』107頁注10（有斐閣、2012年）、松嶋英機ほか編『倒産・再生訴訟〈専門訴訟講座8〉』46頁〔富永浩明〕（民事法研究会、2014年）参照。

を期待できる。否認対象行為の存在が疑われることは、破産者代理人の職務遂行が不適切とまではいえなくとも、十分に機能しなかった場合が多いと考えられるし、そのような事案では、破産者代理人を破産管財人に選任することは適切ではない。したがって、破産者が破産者代理人からの助言や指示に従って、適切にその資産の保全を図っていたと認められる場合に限って、DIP型破産が認められるというのが、ここでいう間接的効果の趣旨である。

　第3に、破産者代理人から破産管財人への事務引き継ぎを不要にするという意味で、DIP型破産は、破産手続の簡素化に資するということもできる。

　これに対して、DIP型破産の欠点として考えられるのは、破産手続の中立公正さに対する破産債権者の信頼を損なうおそれであろう。従前は破産者の代理人であった弁護士が、破産債権者の利益を代表する立場にある破産管財人の地位に就くことに対して、このような視点からの懸念がもたれるであろうことは、十分に理解できる。しかし、破産者代理人が破産者の財産の散逸や隠匿が生じないように十分な注意を払い、かつ、それが効果を上げたと認められる場合には、このような懸念は無用のものといえる。散逸や隠匿が生じたか否かは、破産者代理人とは別の弁護士を破産管財人に任命して、その者による検証を経なければ、信頼性のある判断ができないというのは、やや硬直に過ぎるのではないだろうか。DIP型破産であっても、必要に応じて、破産手続開始後に債権者委員会などのかたちで債権者からの情報提供と意向を聴取する機会を設ければ、中立公正さに対する疑念が生じることは避けられるよう。

　また、破産者代理人として破産者との間の委任関係にあった者が、破産管財人として破産債権者の利益を代表することについては、利益相反（弁護士職務基本規程27、28条参照）として弁護士倫理上の問題があるとの指摘も考えられる。しかし、こうした問題は、再生債務者代理人やDIP型の更生手続にも共通であり、また、冒頭に紹介があった下級審裁判例は、ほぼ一致して、破産者代理人について、破産手続の趣旨に沿って破産債権者の利益が実現するよう努めるべきこと、それが破産者の委任の趣旨にも合致することを説いており、実質的にみれば、利益相反の問題は生ぜず、また、破産者との委任契約の条項として、裁判所によって選任されれば、破産者代理人が破産管財人を引き受けることもあり得ることを合意すれば、法律上も利益相反の発生は避けられると考えられる。

34　　第1章　理論編

9 おわりに

　本論文では、破産者代理人の責任に関する判断枠組みについて、従来の私見とも異なった内容を記述している。その目的は、破産者代理人の法的責任についての判断枠組みを明確にすることによって、責任追及の範囲が不当に拡がり、破産手続開始申立ての受任をすることについて弁護士に萎縮効果が生じないようにすることである。しかし、破産管財人が追及し得る破産者代理人の損害賠償責任を、もっぱら破産者との関係での債務不履行又は不法行為の判断枠組みで捉えるという観点については、それによってすべての場面について合理的結果の実現が担保できるのかとの疑問もあろう。大方の批判を乞いたい。

破産手続開始申立代理人の責任
――財産散逸防止義務に関する若干の検討

一橋大学大学院法学研究科 教授

山本 和彦

1 はじめに

本稿は、近時、倒産実務のなかで大きな問題となっている破産手続開始申立代理人の責任、いわゆる財産散逸防止義務について、若干の検討を試みるものである。

この問題の検討に際して、筆者の視点は、財産散逸防止義務の法的根拠、すなわち誰に対するどのような性質の義務であるのかについて、一般法理に基づき考える必要があるというものである。そのような観点からは、そもそもどのようなシチュエーションでこの義務が問題になるかについて、場合分けをして考える必要があると思われる。

第1に、債務者の行為に基づかない散逸の場面がある。すなわち、強制的な財産散逸を防止すること、つまり債権者による差押え等の債権回収を回避する措置をとる義務（例えば、債務者財産の代理人への名義移転等の措置の義務）である。この点は、（仮にそのような義務が委任契約上設定されているとすれば）それに違反した場合は債務者に対する債務不履行となり、その損害賠償債権が破産財団帰属債権となることは明白であろう[1]。逆に、契約上の定めがなければ、そこまでの一般的注意義務を代理人が負うものでないことはおそらく自明であろう。この場面はその意味でそれほど大きな問題はないし、このような義務が実際問題になった裁判例もないと思われるので、以下の検討では原則として捨象する。

第2に、債務者の行為によるが、その無知等に基づく（積極的意思には基づか

---

[1] もちろん破産手続においてそのような債権者に対する（執行行為等の）否認が奏功すれば、破産財団の損害がなくなり、損害賠償義務が消滅する可能性はある。また、対応した債務の減少により、やはり損害の存在が問題となり得ることにつき、後掲注29参照。

ない）財産散逸の場面である。例えば、代理人に破産手続開始申立てを委任した後、代理人が漫然と状況を放置している間に、債務者が特に悪意もなく生活費に費消したり、一部債権者に弁済したりして自らの財産を散逸してしまったような場合である。一部裁判例にみられる事案であり、代理人に適時の破産手続開始申立てや必要な法的助言をする義務が委任契約上認められるとすれば、その債務不履行となり得るものである。ただ、この場合は、（債権者に損害が生じているとしても）依頼者である債務者自身に損害が生じているのかがひとつの問題となろう。

　第3に、債務者の積極的意思に基づく財産散逸の場面である。例えば、代理人の債権者に対する受任通知に基づく債権者の回収停止を奇貨として、債務者が意図的に自らの財産を隠匿、譲渡等して散逸させる事案である。これまでの裁判例の多数はこのような場面に関するものかと思われる。これは、依頼者の積極的意思に基づく行為である（依頼者からの明示・黙示の指図がある）とすれば、代理人がそれを制止等しなかったことがそもそも債務不履行になるかが問題になり、当然に義務違反を認めることには疑問がある場合と思われる。他方、直接の被害者となる債権者との関係で、（一定の場合に）そのような義務が代理人にあり得るとしても、やはりそれは何を根拠とするのかが問題となろう。

　以下で問題とする局面は、主に上記第2及び第3の場合ということになる。以下では、便宜上、第2の場面を「怠慢型」、第3の場面を「共謀型」と名づける[2]。下記のように、裁判例は、「破産手続の趣旨」から、上記のような義務を導出するようにみえるが、なぜそのような義務が（損害賠償の基礎となる法的義務として）認められるのか、十分な説得力のある理由は必ずしも示されていないのではないか、という疑問から本稿は出発する（2）。そして、本稿の基本的考え方は、通常の民法の原則に従い、まずは委任契約を出発点とする。通常の委任契約上の義務は何か（3）、それが破産手続開始申立ての委任契約においては変容するのか（4）といった点の検討である。その後、そのような分析に基づき、本稿の結論として、破産手続開始申立代理人の破産財団に対する責任について、解

2　第3の場面について、代理人が積極的に共謀したかの認定は困難な場合があるが、債務者の積極的意思に基づく場合は代理人の消極的な共謀が認められると考えられ、一応このようなネーミングとしている。

釈論及び立法論の観点から若干の検討を試みてみたい（**5**）[3]。

2 裁判例のアプローチとそれに対する批判

⑴ 裁判例の分析

　裁判例の多くは破産法の趣旨から演繹される「財産散逸防止義務」を措定する。以下では、それぞれの裁判例の論旨をやや詳しく検討してみる。

　ア　東京地判平21．2．13（判時2036号43頁）**【裁判例①】**

　この裁判例は、「破産申立てを受任し、その旨を債権者に通知した弁護士は、可及的速やかに破産申立てを行うことが求められ、また、破産管財人に引き継がれるまで債務者の財産が散逸することのないよう措置することが求められる。これらは、法令上明文の規定に基づく要請ではないが…破産制度の趣旨から当然に求められる法的義務というべき」とし、「破産申立てを受任した弁護士が故意又は過失によりこれらの義務に違反して破産財団を構成すべき財産を減少・消失させたときは、破産管財人に対する不法行為を構成する」と結論づける。受任＋債権者に対する通知に基づき、破産の早期申立て＋財産散逸防止の義務を導く。その法的根拠は破産制度の趣旨に求められ、相手方を破産管財人とする不法行為として位置づけられている。

　イ　東京地判平25．2．6（判時2177号72頁）**【裁判例②】**

　この裁判例は、「破産申立てに関する委任契約を締結した弁護士は、破産制度の趣旨に照らし、債務者の財産が破産管財人に引き継がれるまでの間、その財産が散逸することのないよう、必要な措置を採るべき法的義務（財産散逸防止義務）を負う」とし、「財産散逸防止義務として、上記説明〔筆者注：資産管理は原則として代理人が行う等の説明〕に加え、債務者の預貯金通帳等を代理人において預かること、あるいは、代理人の開設に係る債務者の財産管理用の預り金口座に預貯金、現金等の入金を行うこと等の具体的な指示説明を行う必要があった」とする。そして、そのような説明や方策を代理人はとっていないとして、財産散逸

3　筆者は、桶谷和人（司会）ほか「《パネルディスカッション》法人破産における申立代理人の役割と立場〈特集　破産申立代理人の地位と責任〉」（以下、単に「パネル」として引用する）債管155号40頁（2017年）〔山本和彦発言〕において、この問題について若干のコメントを示したところであるが、本稿はそれを敷衍して現段階での私見を示すものである。

38　第1章　理論編

防止義務違反を認めたものである。委任契約から財産散逸防止の義務を導き、その根拠はやはり破産制度の趣旨に置かれる。義務の内容は、資産管理の説明や通帳等の預かり、代理人口座への入金等であるが、義務の相手方は必ずしも明らかではない。

　ウ　**東京地判平26．4．17**（判時2230号48頁）【裁判例③】

　この裁判例は、「自己破産の申立てを受任し、その旨を債権者に通知した弁護士は、破産制度の趣旨に照らし、速やかに破産手続開始の申立てを行い、また、債務者の財産の散逸を防止するための措置を講ずる法的義務を負い、これらの義務に違反して破産財団を構成すべき財産を減少・消失させたときは、不法行為を構成するものとして、破産管財人に対し、損害賠償義務を負う」とする。そして、事業譲渡代金の第三者への振込みについて代理人は防止することができたとして、上記義務違反及び過失を認定したものである。受任＋債権者への通知に基づき、破産の早期申立て＋財産散逸防止の義務を導く。その法的根拠は、破産制度の趣旨に求められ、相手方を破産管財人とする不法行為として位置づけられている（基本的に裁判例①と同じ論旨となっている）。

　エ　**東京地判平26．8．22**（判時2242号96頁）【裁判例④】

　この裁判例は、「債務者との間で同人の破産申立てに関する委任契約を締結した弁護士は、破産制度の趣旨に照らし、破産財団となるべき財産が破産管財人に引き継がれるまでの間、その財産が散逸することのないよう、必要な措置をとるべき義務を負い、ことに預り金口座等に…現金を受け入れ、…財産を管理する状況となった弁護士は、財産が散逸しないようにする義務を負う」とし、「それゆえ、かような弁護士は、破産手続開始決定後に財団債権となるべき債権など、それを弁済することによって他の債権者を害しないと認められる債権を除いては、これにつき弁済をしないよう十分に注意する義務がある」とする。そして、本件で労働者性の認められない取締役等に債務者が退職金を支払ってしまったことにつき、代理人の過失があると結論づける。委任契約から財産散逸防止の義務を導き、その根拠は破産制度の趣旨に置かれる。義務の内容は、（預り金口座等の管理を前提に）財団債権以外に弁済しないよう注意する義務とされるが、義務の相手方必ずしも明らかではない（その論旨は裁判例③に近いものとなっている）。

破産手続開始申立代理人の責任　　39

オ　神戸地尼崎支判平26.10.24（金判1458号46頁）【裁判例⑤】

　この裁判例は、結論として代理人の責任を否定した例であるが、「債務者との間で同人の破産申立てに関する委任契約を締結した弁護士は、破産制度の趣旨に照らし、債務者の財産が破産管財人に引き継がれるまでの間、その財産が散逸することのないよう、必要な措置を採るべき法的義務（財産散逸防止義務）を負うことは当事者間に争いがない」とする。そして、債務者は共有不動産を売却し、抵当権の被担保債権の弁済後の余剰金を第三者に取得させたが、それが法的見解の相違に基づくことなどから、代理人の故意過失が認められないとして、その責任を否定したものである。やはり委任契約から財産散逸防止の義務を導き、その根拠は破産制度の趣旨に置かれるが、義務の相手方は必ずしも明らかではない。結論として、代理人の過失を否定して責任を認めなかった例となる。

カ　青森地判平27.1.23（判時2291号92頁）【裁判例⑥】

　この裁判例も、結論として代理人の責任を否定した例であるが、「自己破産の申立てを受任した弁護士は、債権者その他の利害関係人の利害及び債務者と債権者との間の権利関係を適切に調整し、もって債務者の財産等の適正かつ公平な清算を図ること等を目的とする破産制度の趣旨に照らし、債務者の財産が破産管財人に引き継がれるまでの間、その散逸を防止するための措置を講ずる法的義務（財産散逸防止義務）を負い、この義務に違反して破産財団を構成すべき財産を減少・消失させた場合には、不法行為を構成するものとして、破産管財人に対し、損害賠償責任を負うことがある」とする。そして、再生手続中の会社の代表者の破産手続の受任において、債務者が再生会社の労使交渉を早期に妥結させるために私財から金員を無償で譲渡することを防止しなかったが、それが再生手続の頓挫を防止するためとの判断によるときは、専門家としての合理的裁量に照らして不合理とはいえず、財産散逸防止義務に違反しないとした。委任契約から財産散逸防止の義務を導き、その根拠は破産制度の趣旨に置かれ、相手方を破産管財人とする不法行為になるとする。ただ、代理人の専門的裁量を認め、その範囲内として義務違反を否定したものである（裁判例①の系統に近いが、債権者への通知は前提とされていない）。

キ　東京地判平27.10.15（判タ1424号249頁）【裁判例⑦】

　この裁判例も、結論として代理人の責任を否定した例であるが、「債務者破産

40　　第1章　理論編

の申立てを受任した弁護士がその旨を債権者に通知するなどした場合、破産制度の趣旨目的に照らし、破産財団を構成すべき財産が不当に減少、散逸することを防止するために必要な方策を講じるとともに、可及的速やかに破産申立てを行うべき法的義務を負う」とし、「当該弁護士が上記義務に違反したことにより債務者財産の減少等が生じた場合、通常は、破産手続開始決定後に破産管財人が当該弁護士に損害賠償請求等をすることにより破産財団の減少部分の填補が図られることになる。もっとも、当該弁護士が受任通知の送付により債権者の権利行使を制約しておきながら合理的な理由もなく破産申立てを行わず、その間に債務者の責任財産を不当に減少させて債権の実現を困難ならしめたような場合については、債権者が当該弁護士に対して直接損害賠償請求をすることを否定すべき理由はなく、そのような場合、当該弁護士は個別の債権者との関係においても上記義務を負うことがある」とする。そして、代理人の個別的な義務を詳細に検討し、換価行為防止義務（実印等を預けさせる義務等）、売却代金管理義務（代金が入金された口座の通帳を提出・保管する義務等）、破産手続開始申立遂行義務（手続費用の目途が立たず申立てを最終的に決断していなかった等）の違反をいずれも否定したものである。受任＋通知に基づき、破産の早期申立て＋財産散逸防止の義務を導く。ただ、義務の相手方として、破産管財人に加えて、個別債権者をあげるが、当該義務の間の関係は不明である（全般として、他の裁判例に比してやや異質な判断をするものである）。

　以上を総括すると、以下のような指摘ができる。まず、一般論としては、すべての裁判例がいわゆる「財産散逸防止義務」の存在を肯定している[4]。また、義務の内容は、債務者の財産が破産管財人に引き継がれるまでの間、その散逸を防止するための必要な措置を講ずる法的義務である[5]。また、それに加えて、可及的速やかに破産手続開始申立てを行う義務を認めるものもある（裁判例①・③・⑦）。義務の発生事由としては、破産手続開始申立ての受任が基礎となることに争いはないが、それに加えて、債権者への受任通知をあげるものもある（裁判例①・③・⑦）[6]。義務の法的性質として不法行為を明言するものもあるが（裁判例

4　ただし、裁判例⑤は義務の存在につき当事者間に争いがないとする。
5　より詳細な内容も判示するものとして裁判例④・⑦などがある。

破産手続開始申立代理人の責任　41

①・③・⑥）、他の裁判例がこの点をどのように考えているのか（契約上の責任ではないか）、明確とはいい難い。さらに、義務の根拠が「破産制度の趣旨」であることについて、すべての裁判例が一致する。最後に、（損害賠償義務の相手方は破産管財人であるとしても）財産散逸防止義務の相手方それ自体についてはいずれも明言がない[7]。

(2) 裁判例に関する批判的検討

以上のように、裁判例の動向をまとめることができるとして、筆者は、以上のような裁判例の論旨のいくつかの部分に疑問を持つ。

まず、義務の法的性質であるが、それが金銭賠償義務を帰結するものであるとして、委任契約上の義務なのか、法定の義務（不法行為法上の注意義務）なのか、必ずしも明らかではない。そして、仮に後者であるとすれば、その注意義務の範囲はどこまでになるのか、やはり明確とはいい難い。この点は、損害賠償義務を認めるための法律論としてはまずもって検討が不可欠であると思われるが、なお不明確なものにとどまっているというのが筆者の評価である。

次に、義務の根拠について、委任契約が根拠となるのか、そうでないとすると何が根拠になるのか、やはり明らかではない。すべての裁判例が「破産制度の趣旨に照らし」義務が発生するとするが、そのような義務がなにゆえに生じるのか明確ではない。破産制度の趣旨というが、そもそも破産法は申立代理人について何らの規定も有していないのであり、破産法が申立代理人にどのようなことを期待しているのか、破産法から直接その義務が導出できるのか、疑問が否めない。他方で、義務の発生原因として債権者に対する受任通知をあげ、それに基づき迅速な破産手続開始申立ての義務を観念する裁判例の系列があることは注目されてよい。しかし、その場合には、それがなにゆえに破産管財人に対する損害賠償義務を帰結するのか、明確でない[8]。

さらに、義務の相手方についても、そのような内容の財産散逸防止の義務が生

6　これらの裁判例が迅速な破産手続開始申立ても義務内容に加えるものと一致することは興味深い。

7　なお、裁判例⑦は個別債権者の請求も認め、破産管財人の請求権との併存を前提とするようにみえるが、その関係は必ずしも明確にされていない。

8　それに対し、裁判例⑦は個別債権者に対する義務を観念する点で明確であるが、破産管財人に対する義務との関係はやはり不明瞭である。

じるとしても、それが破産手続開始前の義務であるとすれば、債務者（依頼者）に対する義務なのか、債権者に対する義務なのか（債権者とすればどの範囲の債権者に対するものなのか）、明確とはいい難い。また、破産管財人（あるいは破産財団）に対する義務を観念しているようにみえる裁判例もあるが、将来登場するかもしれない（登場しない場合もあり得る）法主体に対して現在義務を負うというのがどのような法状態であるのか、明らかではない。上記裁判例のこの点に関する法的分析は極めて甘いものといわざるを得ない。

　以上から、裁判例の前提とする法理は、上記のあらゆる面において法理論としてあまりにも不明確であり、（弁護士倫理上の問題はともかく）法的義務として、直ちに「財産散逸防止義務」を観念することは、裁判例の示す論理だけでは難しいのではないかというのが筆者の印象である。そこで、これが損害賠償義務を基礎づけるものであるとすれば、民法の基本原則に立ち戻り、委任契約上の債務不履行責任か、不法行為責任か、いずれかに基づき、その根拠や相手方について分析することが王道であると思われる。以下では、そのような検討を筆者なりに試みたい。

3　一般的な代理人弁護士の地位と責任

(1)　分析の方法

　そこで、本稿の分析の方法としては、まず代理人について一般的に論じられているところに基づき、ここでの問題がそのような一般論を適用できる問題であるかどうかを検討し、次いで、倒産手続の申立代理人に特殊な点があるかどうかを考えるという順序をとる。このような方法論の方が、いきなり倒産手続に固有の問題を独自に論じるよりも、安定的な議論ができる可能性があると考えるからである。

　そのような検討の前提として、破産手続開始の申立てを代理人が適時にしなかった原因として、怠慢型（代理人が怠慢で申立てを怠っている場合）と共謀型（依頼者からの要望に基づき申立てを遅らせている場合）とがあり得ることを確認したい。上記の裁判例の具体的事案をみると、やはり両方のケースがありそうである。

　例えば、裁判例①は、受任通知をしながら2年間破産手続開始申立てをしな

かったため、受任時に存在した金員等を散逸させた事案であり、財産費消行為を代理人は直接知らなかったかもしれないが、それが代理人の放置に起因することは明らかであり、ここでの怠慢型に整理できよう。怠慢型はそれ自体が債務不履行になることは明白であるが、ここでの焦点は損害の所在ということになろう。他方、裁判例④は、代理人が受任しながら破産手続開始申立前日に取締役等に対する退職金等の支払を債務者がした事案であり、委任者の財産費消行為を知りつつ代理人がそれを抑止しない場合といえ、明らかに依頼者の具体的意図には適合しており、その意味では上記の共謀型に分類できよう。この場合の問題の本質は、代理人が委任者の意に反しても将来の破産債権者にとって有益な行為をする（あるいは、そのように委任者を説得する）義務の有無ということになろう[9]。

　事例によっては、このいずれに分類できるか微妙なものも観念でき[10]、両者の中間的なパターンもあり得ようが、前述のように、この両者で法的評価が異なり、議論の焦点も異なってくるので、以下では区別して検討していくのが有用と思われる。

(2) 怠 慢 型

　まず、怠慢型における代理人の違法性は明白であり、委任契約上の善管注意義務違反となる。そして、これは他の委任の場面でも頻繁に生じている問題である。例えば、受任後に適時に訴えを提起せずに債権を時効消滅させてしまった場合や、やはり適時に上訴せずに不利な判決を確定させてしまった場合などである。ただ、上記のような例はいずれも依頼者に損害が発生していることは自明であるが、本件で問題とされる場面は、依頼者が（無知に基づくとはいえ）自身の行為で財産を散逸させており、普通に考えれば依頼者に損害はない点で、状況を異にする。むしろその実体をみれば、債務者（依頼者）ではなく債権者（第三者）に損害が生じていると解される点で、他の一般的場面とは異なり、倒産申立

9　その前提は、当該行為が倒産手続上問題であることを依頼者は認識しており、法的な誤解はないケースということになる。仮に依頼者の法的誤解に基づく行為の場合には、（代理人の法的助言義務違反による）怠慢型に近接することになろう。

10　例えば、裁判例②は受任しながら代理人が必要な説明をせずに、代表者が報酬を受領しそれを費消した事案であり、裁判例③は代理人が受任通知をしながら、債務者の事業譲渡代金が第三者に振り込まれて費消された事案であり、代理人が依頼者の費消の事情を知っていたかどうかは不明なもので、怠慢型・共謀型いずれの可能性もあろう。

44　第1章　理論編

代理人の場合の特殊性であるとみられる。

(3) 共 謀 型

　他方、共謀型は、結局、委任者の指図に従うことによって、公益（破産法秩序）又は個別第三者（債権者）に損害を及ぼす結果になったときに、代理人の責任を問うものである。そこで、代理人の義務違反自体が何を根拠とするものかが問題となる。

　これを一般化していえば、委任者の指示には沿わないが社会的に有益な行為又は第三者に有利な行為をすべき義務が代理人に観念できるかということになる。この点で興味深いのは、委任契約に関する民法の議論である。一般に受任者の義務内容は、委任者の指図に従って委任事務を処理する義務を基本とすると観念されている[11]。ただ、例外的に、委任者の指図に従うことが委任者の利益に反するものであり、かつ、委任者に指図の変更を求めることが困難であるときは、指図に従わない可能性が認められる[12]。しかし、少なくとも、委任者の利益とは無関係に（あるいは委任者の利益に反して）公益的・他益的な行為をする義務まで受任者に認める見解は一般的とはいい難い[13]。確かに一定の場合には、そのような権限を認める見解はあるかもしれないが、それを義務づける見解は見当たらない[14]。そうであるとすれば、代理人が委任者の指図に従っていた場合に、その委任契約上の義務違反に基づく損害賠償請求権を基礎づけることは難しいものと解される[15]。そこで、破産事件の受任においては、例外的に代理人が指図に従ってもなお委任者に対する債務不履行が観念される特別の事情があるかが問題となろ

---

[11]　潮見佳男『債権各論Ⅰ〈契約法・事務管理・不当利得〉［第3版］』220頁（新世社、2017年）は「委任事務の処理につき委任者の指図がある場合には、受任者はこれに従わなければなりません。受任者は委任者の意思に基づき付託された委任者の事務を遂行することから、いくら受任者が委任者から独立しているとはいえ、また、場合によってはいかに受任者が専門的知識・技能を保有しているとはいえ、委任者の意思に反する事務処理を行ってはならないのです」とし、受任者が専門家の場合にも例外を認めない。

[12]　これは、従来の多数説を反映して、立法論として、民法（債権法）改正検討委員会の提案【3.2.10.03〈2〉】が提示した考え方である（民法（債権法）改正検討委員会編『詳解債権法改正の基本方針Ⅴ〈各種の契約2〉』92頁以下（商事法務、2010年）参照）。ただ、最終的に今回の法改正には反映されなかった。

[13]　大判大4.11.8（民録21輯1838頁）も、委任の本旨に反しない場合には指図に反することも認められるとするが、あくまでそれが委任者の利益に適合することを前提とする。同旨、幾代通＝広中俊雄編『新版注釈民法⒃〈債権7〉』230頁〔中川高男〕（有斐閣、1989年）など参照。

う。

　他方、第三者に対する責任という観点で考えれば、通常の委任の場合、委任者にとって有利な行為を代理人がした結果、それが他の者に不利益をもたらした場合が主に念頭に置かれることになる。その場合、不利益を受けた第三者との関係で、代理人の損害賠償義務が基礎づけられる場合は当然ある。例えば、法廷等での名誉毀損などいわゆる行き過ぎた弁護活動の問題などである。この場合、仮にそれが依頼者の指図に基づくものであっても、第三者の法益を害しない注意義務は当然に専門家たる代理人にはあり、依頼者の利益や指図は免責の根拠とはなり得ず、不法行為法上の問題が生じ得る。その意味で、この局面は共謀型の責任の典型的場面といえよう。

4　破産手続開始申立代理人の負う義務

　以上のような一般的な代理人弁護士の地位・責任の議論を前提に、以下では破産手続開始申立代理人の負う義務に特化して検討する。なお、以下の議論はあくまでも法的責任の前提となる義務に関する議論であり、申立代理人となった弁護士の職業倫理上の責務は別問題である。その場合は当然、より強い責務が認められる場合はあり得る。例えば、代理人には「債務者の財産を破産管財人に引き継いで、債権者平等を尊重した対応をすべき」義務があるとする理解があるが[16]、これは、下記のように、損害賠償責任を直接基礎づける義務とは考え難いが、倫

14　髙木裕康「受任通知と申立代理人の責任〈特集2　破産手続申立代理人の権限とその責務をめぐる諸問題〉」自正2017年3月号42頁は、「債務者（破産者）は、期待された破産財団を毀損した申立代理人の不法行為に基づく損害については、たとえ債務者の意向に沿った行為であったとしても、損害賠償請求権を観念的に有して」いると、不法行為に基づく損害賠償請求権が委任者に帰属するとするが、なぜ不法行為上の債権が依頼者に帰属するのか、「観念的に」請求権を有するとは何を意味するのか（現実には行使できないとすれば、それはどのような権利なのか）など検討すべき点は多い。

15　この点は、主に弁護士倫理の問題として議論されるところであろう。例えば、棚瀬孝雄「語りとしての法援用（1・2）」民商111巻4・5号、6号（1995年）など参照。中森亘「法人破産の申立代理人の役割と法的責任〈特集2　破産手続申立代理人の権限とその責務をめぐる諸問題〉」自正2017年3月号53頁も、財産散逸防止の責務が申立代理人にあるという点には異論はないが、これが「申立代理人としての望ましい役割（ベスト・プラクティス）の域を超え、常に裁判例が認めるような損害賠償責任を伴う法的義務にまで格上げされるとなると異論もありうるところ」とする。

16　パネル38頁〔川畑正文発言〕参照。前掲注15も参照。

46　第1章　理論編

理上の責務としては申立代理人に認められるべきものであろう。

以下では、以上のような観点から、破産手続開始申立代理人の法的地位や義務の特性がどこにあるかを検討する[17]。

(1) 破産手続開始申立てに係る委任契約の趣旨

まず、破産手続開始申立てに係る委任契約の義務内容は個別の契約内容によることになるが、ここでは、破産手続開始の申立てが委任された最も単純な場合を想定する[18]。

この場合、受任者の本質的義務としては、合理的期間内に（可及的速やかに）破産手続開始の申立てをする義務があると解される。この点が一般に受任の本旨と解されよう。また、付随的な契約上の義務として、破産手続に関連して破産者が不利益を受けないように配慮する義務もあると解される。これは、破産手続開始申立てを委任する破産者の合理的な意思解釈に基づくものである。例えば、破産者がしようとしている行為が将来破産手続で否認等されるおそれがあり、その結果免責を受けられなくなったり、将来の経済的更生が困難になったりするなどの影響があるとすれば、受任者にその旨の法的助言をする義務があると考えられよう[19]。これに対し、破産者の利益を離れて公益を害しないとか破産債権者（第三者）を害しないように助言をする義務は、原則として代理人に認められるわけではないと解される。ただ、依頼者が破産を申し立てようとする動機として、このような利益の存在が代理人に認識されているとすれば、その点に関する助言も契約内容になっている可能性はあろう[20]。

他方、委任契約とともに債権者に対する受任通知＝介入通知がある場合はやや状況を異にする。債権回収停止を要請した場合はもちろん、受任通知だけであっ

17　なお、一般の受任の場合と破産手続開始申立ての受任の場合との差異を強調する見解として、パネル44頁〔上田裕康発言〕が興味深い。上田弁護士は、債権者に対して公平誠実な対応をすることが破産の場合の委任契約の前提になっていると指摘する。やはり倫理的な観点からは十分理解できるが、依頼者の指示に従った場合に法的に債務不履行まで構成することになるのか、なお疑問は残る。

18　それ以外の依頼事項がある場合や申立てが特定的に依頼されていない場合など様々な場面はあり得るが、基本的には本文の応用問題として理解できよう。

19　ただ、その助言に従わせる義務まではないし、いずれにしても、その義務の範囲は限定的であり、法解釈等については相当広い裁量が代理人に認められるものと解される。この点につき、パネル35頁〔服部敬発言〕参照。

20　この点については、前掲注17の上田弁護士の発言も参照。

破産手続開始申立代理人の責任　47

ても、それが法律上・事実上債権回収を停止させる効果があることを知りなが
ら[21]（それを目的として）通知する行為は、単に委任を受けた場合とは異なる義
務を代理人に生じさせる。代理人がそのような行為をしたとすれば、通知を受け
た債権者との関係では、財産の散逸を防止するなど財産確保につき適切な措置を
とる義務（財産散逸防止義務）の発生が認められる可能性は十分にある[22]。

　このような義務は、不法行為法上の注意義務（信義則上の義務）と解するのが
素直である。ただ、受任通知がそのような義務を負担することの黙示の申込みと
なり、債権者の黙示の受諾があることで債権者との準委任契約の成立を認める余
地は考えられないではないし、そのような財産散逸の防止の内容を含む第三者の
ためにする契約が委任契約中に含まれ、債権者による黙示の受諾を擬制すると
いった理解も不可能ではない。仮にこのような法律構成が可能であれば、債権者
との関係で契約上の義務を基礎づける考え方も不可能ではなかろうか。

　このような場合、仮に債権者に対する財産散逸防止義務が観念できるとして、
どの債権者に対する義務かがさらに問題となる。すなわち、①実際に通知を受け
た債権者か、②回収停止の効果が及ぶ債権者か（①と範囲は異なるか）、③すべて
の債権者かが問題となろう。③のような理解をとる場合、なにゆえに回収が認め
られたはずの債権者に対しても、そのような義務が観念できるのかが問われる必
要があろう。

　以下では、以上のような基本的な認識に基づき、破産者に対する義務と債権者
に対する義務とに分けて、もう少し詳しく検討してみる。

(2) 破産者に対する義務

ア 破産手続開始申立義務

　合理的期間内に破産手続開始申立てをする義務は、委任契約の本質的義務と考

21 　貸金業者については、書面による弁護士の介入通知が回収停止の効果の発生要件となり
　（貸金業法21条1項9号など参照）、その後の回収は罰則をもって禁止される（同法47条の3
　第1項3号）。金融機関についても、金融庁事務ガイドライン等によって同様の対応が期待さ
　れることにつき、髙木・前掲注14・38頁参照。

22 　同旨として、パネル35頁〔髙木発言〕、髙木・前掲注14・38頁以下参照。なお、債権回収を
　可能とする正当な理由として、弁護士の委任終了の通知があげられていることから（金融庁
　「貸金業者向けの総合的な監督指針」Ⅱ－2－16(2)②ハb参照）、上記の適切な措置が（依頼
　者の抵抗等によって）取り得ない場合には、代理人は速やかに辞任し、債権者にその旨を通
　知すべき義務も観念することが可能であろう。

48　　第1章　理論編

えられるが、前述のように、怠慢型と共謀型で、破産者に対する義務に関しては区別して論じる必要があろう。

まず、義務違反の点については、怠慢型では当然債務不履行になるが、共謀型ではどうであろうか。仮に申立てを直ちにしない等の委任者の明示・黙示の指示がある場合、受任者は原則として上記指示に従うべき義務があるかが問題となろう[23]。前述のように、一般的にいえば、委任者の指示に従って申立てをしない場合は、代理人は原則として免責されることになろう[24]。ただ、依頼者が法人の場合には、指示の主体たる委任者は誰かという問題が生じる。この場合、具体的な代表者の利益ではなく、抽象的な法人の利益に従うべきという議論もあり[25]、理解できないではない。しかし、やはり代表者の意思が原則として法人の意思と考えざるを得ず、仮に代表者の意思を無視しても、当該弁護士が考える法人の利益に合致していれば、委任契約の趣旨を全うしたとは一般論としていい難いのではなかろうか[26]。委任契約である以上、（たとえその指示等が不合理であっても）委任者の意思はあり、それは法人の場合、代表者の意思であることを前提に考えるべきである。したがって、代表者の指示に従っていれば、代理人の債務不履行責任は生じないと解される。

仮に（怠慢型を中心に）代理人の債務不履行が観念できるとして、因果関係・損害はあるかが次に問題となる[27]。この場合にどのような資産散逸の態様が考えられるか、検討してみると、まず対価的均衡ある売買等は財産の散逸が認められず、問題はないであろう。また、依頼者の生活費としての支出も問題ないと考えられる。一部債務の偏頗弁済は微妙であるが、その分依頼者の債務も減少しているとすれば、損害はないと解してよかろう。その意味で、損害が観念できそうな

---

23 あるいは委任者の協力が得られない場合も同様に問題となり、この場合、責任を基礎づける代理人の帰責事由がないとも考えられる。

24 伊藤眞「破産者代理人（破産手続開始申立代理人）の地位と責任—「破産管財人に対する不法行為」とは何か。補論としてのDIP型破産手続〈特集　破産申立代理人の地位と責任〉」債管155号11頁（2017年）も、破産者が積極的に財産隠匿等を行った場合には、公平分配利益等を自ら放棄したものとして、破産者代理人の責任を否定する。

25 パネル27頁〔吉川武発言〕参照。

26 同旨と思われるものとして、パネル27頁〔髙木発言〕参照。代表者が100％株主の場合や個人の場合との整合性を指摘する。

27 債務者の損害賠償請求権を考えるときは、損害論が大きな問題となることにつきすでに、パネル30頁〔中山孝雄発言〕参照。

のは、浪費等の場合であるが、それがやはり債務者の意思・行為によるものであるとすれば、義務違反と因果関係がないと理解するか、そもそも損害もないと理解するか、いずれにせよやはり損害賠償義務は生じないのではなかろうか。その意味で、伊藤教授が論じる「十分な助言を行わなかったために破産者が誤信し、財産を減少させたときには、それに相当する損害賠償請求権を取得し、それが破産財団を構成する」との一般的な立言[28]には疑問を否めない。破産者が自己の意思に基づき財産を消費したのに、それが代理人に対する損害賠償請求で塡補されることは正当とはいい難いのではなかろうか[29]。

　以上のように、債務者の財産的損害は観念し難いとしても、その精神的損害はなおあり得るであろうか。これはもっぱら怠慢型の場合に問題となり得るものであるが、破産手続開始申立てが遅れたため、迅速に破産手続に係る裁判を受ける権利が侵害された旨の主張により、慰謝料の請求を認める考え方である。これは一般の委任契約においてもあり得る問題であり[30]、裁判の対象となる財産上の利益とは別個独立の法益として、「適時に審判を受ける利益」も法律上保護に値する利益として観念する考え方は十分に成立可能であろう[31]。その意味で、そのような利益の侵害に対する損害賠償（慰謝料）は考えられ、それが破産財団に帰属することは認める余地があろう[32]。ただ、いずれにしても、その金額はさほど大きなものにはならないであろう。

イ　法的助言義務—付随義務

　破産者がしようとしている行為につき免責不許可事由に該当するおそれや破産者の将来の経済的再生を阻害するおそれがある旨の説明及び法的助言をする義務

28　伊藤・前掲注24・9頁参照。

29　他方、一部債権者による差押え・回収は、申立ての遅滞との因果関係はあり得るが、債務者にとってはその分債務も減少しているので、やはり損害が観念できないのではないか。債務者にとって債権の実価が低下している（ので損害がある）との主張を許すのは、相当ではなかろう。

30　この点の詳細な分析として、渡部佳寿子「弁護士の依頼者に対する損害賠償責任—最高裁平成25年4月16日第三小法廷判決の事案を契機として—〈大阪民事実務研究会〉」判タ1431号52頁以下（2017年）参照。

31　渡部・前掲注30・53頁参照。

32　ただ、このような精神的損害は一身専属権ではないかという問題は別途あり、それを肯定すれば、このような損害賠償債権は差押えが禁止されていると解され、破産財団には属しないことになろう（破産法34条3項2号参照）。

は、破産手続開始申立てに係る委任契約の付随的義務として観念する余地がある。これは、基本的に怠慢型の問題である[33]。代理人は法律専門家として、依頼者が破産手続を選択する場合に、結果としてそれに関連して不利益を受けないよう、様々な事態を想定して説明・助言する義務を負うものと解される。破産者が破産手続開始申立てを決断する動機・目的は、破産債権者に対して最大の分配を公平に行うようにして、その結果経営者等の将来の経済的再生等を可能にすることや免責を受けることにある可能性があり、そのような目的に最大限沿うためには、どのような行為をすべきか（あるいはすべきでないか）について法的助言が必要だからである[34]。

この場合、そのような助言をすれば、代理人は義務を果たしていることになり、破産者が助言に従わない場合であっても、それ以上の義務はないと解され、代理人が辞任等しなくても、義務違反になるわけではない。この点で、受任通知をした債権者との関係では、辞任義務まで認められる可能性がある（脚注22参照）のとは異なる。他方、必要な法的助言をしなかった場合は、それにより義務違反は肯定できるが、助言をしたら破産者は従ったのかという因果関係の問題、破産者に損害はあるかという問題は別途あり、上記申立義務の場面と基本的に同じ問題はなお残ると思われる。

ウ　小　括

以上のような検討の結論として、怠慢型の場合は、代理人の義務違反は認められるが損害の発生は疑問であり（一定の場合に慰謝料に限って賠償義務を認めることが可能かもしれない）、共謀型の場合は、義務違反の発生自体が疑問である。したがって、いずれについても、破産者に対する損害賠償義務（少なくとも財産散逸による損害賠償義務）の発生は認め難いものと解されよう。

(3)　破産債権者に対する義務

ア　一般的な財産散逸防止義務

次に、債権者との関係で、代理人について合理的期間内に破産手続開始の申立

33　確信犯である共謀型の場合には、このような義務を観念することは無意味であろうし、そのような義務違反を依頼者に主張させることは信義則に反すると思われる。

34　伊藤・前掲注24・9頁は、破産者の公平分配利益及び免責利益を基礎にするとする。正当な見解として賛同したい。

てをする義務やそれまでの間の一般的な財産散逸防止義務が観念できるかが問題
となる。このような義務を認める根拠については、複数の見解が論理的にはあり
得る。

　まず、契約上の義務を構成するものである。例えば、これを第三者のためにす
る契約とする理解があり得よう[35]。依頼者との委任契約のなかに（あるいはそれ
とは別に）第三者である破産債権者のために財産を散逸させない旨の合意が含ま
れ、債権者が後に受益の意思表示をするという理解である。しかし、共謀型はも
ちろん、怠慢型であっても、そこまでの破産者の意思があるとは考えにくい点が
このような見解のネックである。また、破産手続への参加で受益の意思が擬制さ
れるとするのもあまりに擬制的であり、やはり無理な法律構成であることは否定
できない。別の見解として、谷口説がある[36]。債務者との委任契約によって債権
者・代理人間の信認関係を認めるもので、「倒産原因が存在する債務者が有する
財産は債権者の満足に当てられるべきもの」であることから、「申立代理人は、
債務者から破産申立てを受任することで、その財産について「債権者の信頼」を
受けていると擬制され」るとする。しかし、このような「信認関係」の法的基礎
は必ずしも定かでない。第三者のためにする契約であれば、前の見解と同じであ
るし、信託という構成とすれば、それは委任契約の域を超えていることになる。
一般に倒産手続の申立ての委任で、債権者との信託関係まで成立するとするのは
あまりに当事者の意思に反しており、採用し難いものであろう[37]。

　他方、不法行為上の注意義務は、契約上の義務よりは観念しやすい。例えば、
加藤説は、弁護士法1条2項の誠実義務に基づき、「公共的役割に由来する法律
業務独占を許容された職層としての一般的責務に基づく公益配慮義務、一般的損

35　明確にこれを述べる見解は見当たらない。伊藤説はこれに近い部分があるように思われる
　（また、上田説（前掲注17参照）も近い）が、債権者に対する契約上の義務まで認める趣旨か
　は疑問である。

36　谷口哲也「破産申立てを受任した弁護士の財産散逸防止義務：二つの裁判例を参考にし
　て」中央大学大学院研究年報（法学研究科篇）44号49頁（2014年）参照。

37　最一小判平15.6.12（民集57巻6号563頁）（特にその補足意見）が示すように、多重債務
　の整理を受任した弁護士が依頼人から受領した金員を自己名義の口座に預け入れた場合は、
　当該受領金につき信託契約が成立する可能性があるとみられるが、そのような財産移転も特
　になく単に破産手続開始申立てが委任された場合に債務者財産について信託契約の成立を観
　念することは通常考え難い。

52　　第1章　理論編

害発生回避義務」から、財産散逸防止義務が導かれるとする[38]。しかし、「公益
配慮義務」がなにゆえに個別の私人（債権者）に対する責任原因を基礎づけるの
か、やや説得力に欠けるように思われる[39]。また、松下説は、債務超過の債務者
につき「自己の資産を保全し、債権者を平等に取り扱う義務」があるとし、その
ような義務から財産の散逸防止義務を導く[40]。しかし、債務者の義務が直ちに代
理人の義務を基礎づけるかという疑問があるし、そもそもそのような債務者の法
的義務に基づく損害賠償を債務超過だけから基礎づけることには疑問が大きい。
むしろ否認権の範囲で事後的是正を図ることが破産法の趣旨ではないかと思われ
る[41]。また、仮に義務違反が観念できるとしても、損害論として、否認による回
復との関係が別途問題となり得よう[42]。

　以上のように、この点を基礎づけるいずれの見解も説得的なものとはいい難
い。そもそも申立代理人が仮に全破産債権者（ないし将来の破産財団）との関係
でこのような義務を負担するとすれば、その報酬は（共益性を有することになり）
財団債権として扱われるのが筋ではなかろうか。しかるに、現行法上それが単に
破産債権に過ぎないとされるのは、このような義務が破産法の趣旨としても前提
とされていないことを示すものとも思われる。その意味で、一般的な財産散逸防
止義務を債権者との関係で措定することは困難であるというのが筆者の結論であ
る。

イ　受任通知に基づく財産散逸防止義務

　他方、受任通知による取立防止効の発生は、債権者との関係では重要な意味を
もつ。すなわち、債権者の債権取立てを防止させる行為を代理人の責任で行った
以上、その者の利益を保護する注意義務を負担することになってもやむを得ない
と解されるからである[43]。その結果、受任通知をした代理人について、合理的期

---

[38]　加藤新太郎「破産手続開始申立代理人の財産散逸防止義務〈Legal Analysis 4〉」NBL1079
号121頁（2016年）参照。
[39]　パネル22頁〔服部発言〕の批判は正当と思われる。
[40]　松下祐記「再生債務者代理人の地位に関する一考察」伊藤眞先生古稀祝賀『民事手続の現
代的使命』1069頁（有斐閣、2015年）参照。
[41]　この点で、やはりパネル23頁〔服部発言〕の批判が正当である。選択肢につき合理的検討
をすべき義務を超えて財産保全義務まで課すとすると、あまりに債務者の裁量を狭め、不
当とされる。
[42]　パネル34頁〔服部発言〕の分析を参照。

間内に破産手続を申し立てる義務及びそれまでの間可及的に財産の散逸を防止する措置を講じる義務は十分観念できると思われる[44]。そして、その義務に違反した場合には、それによって債権者の債権回収が減少した額につき、各債権者に対して代理人は損害賠償義務を負担すると解される。

ただ、このような義務の相手方となる債権者の範囲にはなお問題がある。受任通知の対象外の債権者（貸金業・金融機関以外の債権者、実際には通知がされなかった債権者等）の扱いが問題となる。この点は、やはり基本は個別の債権者ごとに考えざるを得ないのではなかろうか。すなわち、取立防止の効果の及ばない債権者は、債権回収をしようと思えばできたのであり、少なくとも代理人の義務違反と債権回収不能の損害との間に因果関係は認め難いと思われる。

また、受任通知の前は原則として責任は生じないと解される[45]。この段階で財産の散逸を防止するのは、基本的に債権者の自助努力に委ねられているからである。債権者が差押え等をすることは可能な状態にありながらあえてそれを行わず、債務者の代理人の責任を追及することは、基本的には認め難いと解される。

ウ　小　括

以上の検討から、破産手続開始申立てを受任した代理人について、一般的な財産散逸防止義務を認めることは難しいとみられる。他方、受任通知を発出した代理人については、当該受任通知の相手方である債権者との関係では、財産散逸防止義務（さらには早期倒産申立義務）を観念することができ、その義務に違反した場合の損害賠償義務も考えられる。ただ、そのように解すると、各債権者による個別的な責任追及が可能であることは明らかであるが、問題は、それを超えて、破産管財人による責任追及が可能かである。以下では、この問題を検討する。

5　破産手続開始申立代理人の破産財団に対する責任

(1)　破産財団に対する独立の義務

破産管財人による申立代理人の責任追及には、当該損害賠償債権が破産財団に

43　同旨、パネル22頁〔髙木発言〕参照。伊藤・前掲注24・15頁も、このような個別債権者の請求権の余地を認める。

44　この点で、裁判例⑦は部分的に相当と考えられる。

45　同旨、パネル36頁〔髙木発言〕、髙木・前掲注14・42頁参照。

54　　第1章　理論編

帰属することが大前提となる。けだし、破産管財人は破産財団に帰属する債権についてしか管理処分権を有しないからである（破産法78条1項）。そして、破産手続開始時に破産者が当該第三者に対して請求権を有することが破産財団帰属の前提となる（同法34条1項）[46]。ただ、そのような請求権は、前述のように、義務違反がないか、因果関係がないか、損害がないかのいずれかとなって、成立しないのではないかというのが筆者の見方である[47]。

そこで、異なる考え方として、債務者や債権者とは別に、将来の破産財団を直接相手方とする代理人の義務が措定できないかという問題提起がされる[48]。ある者（代理人）の現在の行為が（現在は存在しない）将来の権利主体（破産管財人）に対して義務違反となり、損害を生じさせるという理解は、一般論としてはあり得る話であり、興味深い議論といえよう[49]。しかし、ここでの問題においては、将来の破産財団（破産管財人）の利益はあくまで現在の債権者の利益の総和を超越するものではなく、換言すれば将来の破産財団が現在の破産債権者の利益を超えて独自の利益を有するものではないとみられる点に注意を要する。その損害の実態は、結局、各破産債権者の配当の減少であり、それは破産手続開始前の各債権者の回収減の損害の延長線上にある。仮にすでに生じている債権者の損害とは別個に破産財団に損害が生じているとすると、破産手続開始後、（損害を受けている）破産債権者と破産管財人は別個にそれぞれの請求権を行使できることになるが、それが不当であることは明らかであろう[50]。やはり両請求権は実質的には同一のものであり、ここでの問題は、現在破産債権者に生じている損害の賠償請求権を破産手続開始後破産管財人が集約して行使できるか、という点にあるといえよう。「将来の破産財団の損害」という表現は比喩の域を出ず、それをあたかも実体的なものとして請求権を立てることには疑問を否めない[51,52]。

46　伊藤・前掲注24・7頁参照。

47　前述のように、伊藤説は、義務の存否については概ね賛同できる見解であるが、因果関係及び損害についてなお検討すべき点が残っているように思われる。

48　パネル24頁及び28頁の服部弁護士の問題提起がある。上記裁判例のなかにもそのように理解できるものがなくはない。

49　パネル42頁〔沖野眞已発言〕も、「思考実験として考えてみるとよいのか」と指摘する。

50　この点に、裁判例⑦に対する疑問がある。

⑵　破産管財人による責任追及：解釈論としての可能性

以上から、結局、破産管財人が申立代理人の責任を追及できる可能性として
は、（迅速な裁判を受ける権利の侵害に係る慰謝料請求権を除けば）各破産債権者の
有する権利を破産管財人がまとめて請求できるかどうかという問題になる。現行
法上、このような債権者の請求権の一元化を認める実例として、例えば、破産法
107条による出資請求権の場合や、近時の濫用的会社分割の場合の請求権（会社
法761条4項等）の場合[53]などがある[54]。

より一般的にいえば、破産債権者が第三者に対して全体的・按分的に有する権
利（全債権者が破産債権に比例した額で有する権利）があるとすれば、結果とし
て、破産管財人がそれらの権利をまとめて行使し、取得したものをいったん破産
財団に組み入れて各債権者に配当することが可能になれば、手続は簡易化され、
債権者の便宜にも資することは確かであろう。そこで、解釈論として、そのよう
な請求権が破産財団に帰属するものとして扱うことはできないかが問題となり得
る[55]。

しかし、問題は多くある。まず、一般論として、財団債権との関係をどのよう
に考えるかが問題となり得よう。財団不足の場合には、破産管財人が回収した分
の全部又は一部が財団債権の弁済に充てられ、各破産債権者は個別に回収する場
合よりも不利にならないかという問題である。その場合、財団債権の債権者（特
に手続開始前には存在していなかった債権者）も損害を受けたといえるかが問題と
なろう。ただ、本来は散逸した財産が破産財団に帰属すべきものであったとすれ

51　なお、パネル43頁〔中西正発言〕は、「破産者はすべての破産債権者のための差押債権者の
　　地位が成立している自分の財産を侵害したので破産債権者全体に損害賠償義務を負う」とす
　　る。考え方として理解できないではないが、破産手続開始前の段階では、実体的にはあくま
　　でも個々の債権者に対する義務があるのみであり、一体的な集団としての「債権者団」という
　　概念は存在せず、「総債権者に対する義務」を基礎づけることは解釈論としては難しいであろ
　　う。

52　なお、破産手続開始後は、破産財団を毀損する行為は、破産財団（破産管財人）に対する
　　不法行為（共謀型の場合は破産者との共同不法行為）になることで問題はないと思われる
　　（パネル32頁〔川畑発言〕参照）。

53　この場合、債務者が破産すると、否認権に転化して消滅する（同条7項）。さらに、広義と
　　しては、詐害行為取消権が否認権に転化する例も観念できよう。

54　これらについては、前掲注3の筆者のコメント（パネル40頁以下）参照。

55　谷口・前掲注36・52頁は、後述のドイツ法の規定を援用しながら、解釈論としてもこのよ
　　うな帰結を提案するものである。

ば、それは財団債権者の弁済原資にもなったものであり、この点は問題ないという評価もできよう。

他方、より重要な点として、本件の場合の固有の問題として、そのような権利がそもそも全体的といえるかが疑問としてある[56]。前述のように、受任通知を受けていない債権者やそもそも回収に制限のなかった債権者については、損害を受けているといえるかは疑問である。そして、このような債権者は損害を受けていないとすれば、損害を受けた一部債権者の請求権を破産管財人が行使する根拠は失われる。この点は、すべての債権者との関係での信認義務等を観念すればクリアできるが、それにはやはり前述のような疑問がある。

以上のように考えると、この点を直ちに解釈論で認めることのハードルは相当に高いように思われる。ただ、それでは実際には債権者の損害賠償請求権はほとんど行使できず、申立代理人は義務違反を犯しながら賠償義務を追及されない結果になるおそれが高い[57]。そこで、一種の弥縫策であるが、各債権者の有する損害賠償請求権を破産管財人が行使する方策として、任意的訴訟担当が考えられないではない。すなわち、破産管財人が損害賠償請求権を有する各債権者に授権を働き掛け、その授権を得て、まとめて代理人の責任を追及するものである。任意的訴訟担当については、①弁護士代理・訴訟信託禁止の趣旨を害しないこと、②担当の合理性があることが要件としてあげられるが[58]、弁護士が破産管財人となる場合に①は問題となり得ないし、②も、前述のような事情を考慮すれば、十分肯定されよう[59]。したがって、実務上の工夫としては、このような任意的訴訟担当に基づき申立代理人の責任を破産管財人が追及する方途が考えられてよかろう。

(3) 破産管財人による責任追及：立法論としての可能性

以上のように、このような破産管財人による各債権者の権利行使を当然に認め

56　回収できなかった額が損害になるので、債権額との関係で按分的とはいえるであろう。

57　もちろん代理人弁護士の行為態様が特に悪質な場合は、倫理違反の問題として懲戒請求等を受けるおそれは別途あろう。

58　これについては、最大判昭45.11.11（民集24巻12号1854頁）、最一小判平28.6.2（民集70巻5号1157頁）参照。

59　破産という場面で債権者間の平等が特に重視されることや弁護士が担当者となって適切な訴訟追行が期待できることなどが訴訟担当の合理性を基礎づけるものと解される。

ることは、解釈論としては困難だとすると、立法論として何か考えられないかが次に問題となる[60]。

　参考となる立法例としては、ドイツ倒産法92条がある[61]。その条文は、「倒産債権者が倒産財団に属する財産の減少により倒産手続の前又は後に共同に被った損害（共同損害；Gesamtschaden）の賠償を求めるこの債権者の請求権は、倒産手続の係属中において、倒産管財人のみがこれを主張することができる（後段省略）」というものである。このような規律の実質的根拠として、①各債権者の回収に委ねると債権者の公平が害されること、②個別回収は費用倒れになるおそれがあることなどが指摘されているという[62]。このような根拠は、日本法の下でも十分に合理的なものと評価できる。その意味では、このような共同損害に関する条文は合理的な規律であるが、前述のように、ここでの問題はそれだけでは解決できないと考えられる。ここでの債権者の損害が「共同損害」といえるかについて、そもそも疑義があるからである。

　そこで、破産管財人のこのような権限を認めるについては、申立代理人の財産散逸防止義務違反による損害が破産債権者全体の「共同損害」になること、換言すれば申立代理人はすべての破産債権者（となるべき者）との関係で無条件にこのような義務を負っていることが前提となる。そして、そのためには、破産手続開始申立代理人の地位を法律で根本的に組み替え、それを破産法のなかに明文化する必要があると解される[63]。すなわち、破産者から手続開始の申立ての委任を受けた代理人は、すべての債権者との関係で善管注意義務を負うことを明らかにし、それに違反したときはすべての債権者との関係で損害賠償義務を負うことを明定することになる。そして、その反面として、申立代理人の報酬については、財団債権となることも規定することになろう。このような形にすれば、総債権者に対して義務を負担する代理人の義務違反に基づく損害は、上記規律における

60　パネル28頁〔服部発言〕も、様々な問題点を指摘して、「これはもう立法論ではないかと感じるのです」とするし、中森・前掲注15・58頁も「責任の発生根拠・要件及び範囲等を明確にするためにも、立法的解決を図るべき問題ではないか」とするが、筆者も同感である。

61　これについては、谷口・前掲注36・51頁参照。

62　谷口・前掲注36・51頁以下参照。

63　前記裁判例が「破産制度の趣旨に照らし」とする点を、（仮にそれにコンセンサスが得られるとすれば）破産法のなかに明文で位置づける作業ということになろう。

58　第1章　理論編

「共同損害」の概念に含まれることは明らかになり、破産管財人による責任追及の可能性が生じることになる。しかし、このような立法論は、申立代理人の在り方の根幹に関わる問題であり、なお相当に慎重な検討が必要であると思われる。

6 おわりに

最後に、本稿の主張を簡単に整理して終わりたい。

まず、申立代理人の破産者（依頼者）に対する義務である。これが認められれば破産財団帰属財産として破産管財人が行使できることは明らかである。しかし、共謀型で破産者の指示に従った場合には、そもそも債務不履行の責任は認められないものと解されるし、怠慢型は債務不履行にはなるが、その場合には、原則として債務者の損害を観念することができない。極めて例外的に、債務者の迅速な裁判（破産手続開始決定）を受ける権利の侵害として慰謝料を認める余地はあるが、その額は小さく、破産財団に帰属するかも疑問である。

他方、申立代理人の債権者に対する義務については、一般的なかたちでの財産散逸防止義務は認め難いが、受任通知に基づく義務は認める余地がある。ただ、この場合は、そのままでは、各債権者の権利を破産管財人が行使できることにはならない。現行法を前提にすれば、当面は各債権者の有する損害賠償請求権につき任意的訴訟担当として破産管財人が授権に基づき行使する余地が認められよう。立法論としては、ドイツ法のように、債権者の共同損害につき破産管財人が権利行使できるものとする規定を設けることは考えられるが、それに加えて、破産手続開始申立代理人の地位を明確化し、全債権者との関係で善管注意義務を負うものとし、その報酬債権を財団債権とする必要があろう。そこまで認めるかは、申立代理人の地位の抜本的な再検討が不可避であり、なお慎重な検討を要しよう。

以上、雑駁な検討にとどまったが、多くの方々のご批判をいただき、さらに考えてみたい。

破産申立代理人の責任に関する若干のコメント*
──トラストファンド理論についての補足もかねて

同志社大学大学院司法研究科 教授・神戸大学 名誉教授

中西　正

* 本稿は、全国倒産処理弁護士ネットワーク第15回全国大会〔札幌〕における筆者の会場発言、桶谷和人（司会）ほか「《パネルディスカッション》破産における申立代理人の役割と立場〈特集　破産申立代理人の地位と責任〉」債管155号42頁以下（2017年）について、文体を改め、若干の加筆修正を施したものである。

　2016年10月1日に、全国倒産処理弁護士ネットワーク第15回全国大会が開催された。そのパネルディスカッションにおいて「トラストファンド理論」に対する疑問が寄せられたので、筆者はこの理論について、若干コメントを行いたい。

　トラストファンド理論は、アメリカ合衆国では、すでに植民地時代から倒産法の世界に登場していた。それは、債務を負担しただけで債務者の財産はトラストファンドになる、債務を負担した者は財産減少行為をしてはならないという法理であったと、思われる。極めて厳格な理論であったが、これが少しずつ緩和されていき、債務超過になればトラストファンドが形成される、「insolvent」つまり支払不能になればトラストファンドが形成されるという理論に落ち着いていったのではないかと、思われる。このほか、筆者は偏頗行為否認をトラストファンド理論で説明している学説にも接したことがある。会社法においても、本シンポジウムで紹介されていたように、この理論が展開されている[1]。このように、トラストファンド理論は、個々の問題を解決すべくそれぞれの場面で主張されてはいるものの、統一的・包括的な理論として構築されているものではなく、したがって、ある法解釈を強力に導くものでもないように、思われる。

　では、我が国の旧破産法の母法である1877年のドイツ破産法はどのようなものであったか。

　ドイツ破産法は、債務者が支払不能に陥ると破産債権者は債務者の責任財産上

1　江頭憲治郎『株式会社法［第6版］』505頁（有斐閣、2015年）など参照。

60　第1章 理論編

にある権利を取得する、とした。これは債務者財産から排他的・共同的満足を求める権利であり、ドイツ破産法の立法理由書では「破産請求権（Konkursanspruch）」と呼ばれている。ドイツ破産法草案の起草者は、破産債権者全体がこのような権利を取得すると考えて、破産法を設計した。差押えをした債権者及び配当を受けるべき債権者は、一体としてみれば、当該差し押さえられた物件より、排他的・共同的満足を求めることができるといえるので、差押債権者の地位に類似しているといえよう。したがって、この権利は、破産手続開始後は差押債権者の地位のようなものとなり、破産手続開始前は債務者の支払不能を知る者に対してのみ効力を有する差押債権者の地位のような権利であるように思われる。

　ドイツ破産法草案理由書では、この権利が発生した時点で債務者財産はトラストファンドになると説明されている。つまり、債務者はあたかも破産債権者のための破産管財人のように財産を管理処分しなければならないことになり、債権者も権利行使を自制しなければならないことになる、とされている。そして、この債権者の権利を不法行為によって侵害する結果、否認権や相殺禁止の効果が発生すると構成された。このように、我々の母法であるドイツ破産法は、否認権の法的性質につき、不法行為を原因とする請求権であるという見解に立って、立法された。現在では、法定の原因に基づく請求権であるという見解が通説となっているものの、似たような理屈で成り立っているといえよう。

　中山裁判官は、パネルディスカッションにおいて「破産者が不法行為をしたのに、破産財団に損害賠償請求権が帰属するのか」という疑問を投げかけている[2]が、ドイツ法の考え方に従って回答するとすれば、破産者は、すべての破産債権者のために差押債権者の地位が成立している自分の財産を侵害したので、破産債権者全体に損害賠償義務を負う、比喩的にいえば、他人の担保に供している自分の財産を侵害したので、自分が担保権者に対して損害賠償債務を負う、ということになろう。

　もっとも、破産債権者は破産財団財産に差押債権者の地位を有しているので、損害賠償は破産財団に対して行えば、結果的に破産債権者が被った損害は回復さ

2　桶谷和人（司会）ほか「《パネルディスカッション》破産における申立代理人の役割と立場〈特集　破産申立代理人の地位と責任〉」債管155号30～31頁〔中山孝雄発言〕（2017年）。

れることになる。破産者は、破産財団の所有者とされてはいるものの、破産債権者全体に対して負っている損害賠償債務を破産財団に履行することにより、その責を免れると、法律構成することになろう。この損害賠償債務を破産債権者の1人に直接履行することは、基本的にはないものと思われる。他方、申立代理人が破産債権者全体の差押債権者の地位を侵害した場合には、やはり、損害賠償債務を、破産財団に履行することになると思われる。

　以上のように説明しても、なお、多くの問題が検討されなければならない。破産債権者が破産財団財産上に差押債権者の地位を有するといっても、その内容は必ずしも明らかではない。また、破産管財人が差押債権者の地位を行使するとされており、その法律構成は、差押債権者の地位は破産管財人に信託的に帰属すると考えるべきかとは思われるが、まだまだ曖昧である。今後、この点の検討が必要であり、伊藤教授が指摘するように、パラダイムシフトが必要なのだと思われる[3]。ただ、私見は、伊藤教授が提起する「公平分配利益」について、その実体は破産債権者全体のため個々の破産財団財産すべてに成立している差押債権者の地位であって、実質的には債務者ではなく債権者に帰属しており、しかし、形式的には破産管財人に信託的に帰属すると考えた方が、全体を明快に説明できるのではないかとも、考えている。

　また、前述のように、債務者が支払不能に陥り、債務者財産上に破産債権者の破産請求権が成立すると、債務者は破産管財人のような立場に置かれてしまう。つまり、その管理処分権は制約を受けた管理処分権となり、その後破産手続が開始されると、そのような管理処分権（破産債権者全体に対する信託的義務を負った管理処分権）の主体が破産管財人に移っていくことになる。その意味で、支払不能となった債務者の管理処分権と、破産管財人に帰属しこれが行使する管理処分権には、連続性が認められる。そうすると、申立代理人が受任して破産手続開始申立てをする場合、仮にその申立代理人が信託的制約を受けた債務者の管理処分権を申立代理人として排他的に行使するのであれば、同じように信託的制約を受けた管理処分権を行使することになる破産管財人と同様の責任を負うと考えることも、理論的には不可能ではない。ただ、破産管財人と同等の排他的管理処分権

3　桶谷ほかパネルディスカッション・前掲注2・32頁〔伊藤眞発言〕。

62　第1章　理論編

行使を保障することは不可能であるから、これを解釈論として採用することはできず、しかるべき環境設定の下での立法論になると思われる。

　このように、ドイツ破産法のトラストファンド類似の理論からは、①債務者が支払不能となれば債務者財産上に債権者全体のため差押債権者の地位が成立しているとみることができる、②差押債権者の地位を不法行為や債務不履行などで侵害するという法律構成は可能であるが、それは債務者の支払不能を知る者に対してのみ妥当する、③このような地位の侵害を原因とする損害賠償責任は、基本的には否認権や相殺禁止によりカバーされているので、補完的に認められるべきである、④損害の賠償は原則として破産財団に対して履行すればよく、個々の権利者に対して履行しなければならない場合は例外的である、といったルールを導くことができよう。

　しかしながら、具体的に、どのような要件が備われば、どのような額の損害賠償請求権が成立するのかという、最も重要な問題は、委任契約の解釈、不法行為法の解釈、さらには信義則といった法技術を用いて、解決しなければならないものと思われる。

第2章 Q&A編

1 法律相談
2 受　　任
3 弁護士報酬・申立費用
4 直前の債務負担
5 偏頗行為
6 財産減少行為
7 破産管財人への引き継ぎまでの管理
8 財産保全のノウハウ
9 破産管財人との役割分担

1 法律相談

Q1 法律相談の留意点

ある市役所の法律相談で、事業をしていた個人から、「事業に失敗した。そのため、配偶者から離婚を求められている。離婚はやむを得ないと考えているが、同時に、自宅を財産分与するように求められている」という相談がありました。

その際に、一般論として、「離婚に伴い自宅を財産分与することもある」と回答したのですが、その後、他の弁護士が代理して破産手続開始を申し立てたそうです。本人が破産手続開始申立ての前に、離婚して自宅を財産分与していた場合、このような回答をしたことについて、弁護士に責任が生じるでしょうか。

法律相談で回答する場合と、その後、破産手続について実際に受任して代理人として申し立てる場合で、違いがあるのでしょうか。

---

1 法律相談の意味

(1) 専門職としての弁護士の相談業務

弁護士は、高度に専門的な知識を有する専門職である。したがって、地方自治体が行っている市役所の法律相談においても、相談に訪れる市民は、その弁護士から、高度な法律知識に裏付けられた的確なアドバイスが受けられることを期待しているのであるから、その期待に応えることが求められる。

しかし、市役所の法律相談では、担当弁護士は、事前に相談者の相談内容を把握することはできない。しかも、複数の市民が弁護士との相談を希望していることから、相談時間も限られ、相談者が、当該事案の詳細な法律問題を判断するために必要な資料を持参していることも少ない。また、コンメンタールや判例集といった専門書が備えられていることは期待できない。したがって、担当弁護士としては、相談者から相談内容をある程度聴き取った範囲で直ちに回答可能な一般的な法制度の概要を説明することにとどまる場合があることもやむを得ないであろう。

以上のように、弁護士による市役所における市民向け無料法律相談は、相談者に法律問題として考えるべきか、その場合の法的解決のヒントを与えることが期

66　第2章　Q&A編

待されており、それを超えて、実際に弁護士が受任した場合のような法的対処方法を伝えることはできない。ただ、これにより相談者は、自ら解決できる問題か、さらに専門家の法的援助が必要かといったことを判断することができ、紛争の予防や解決に資するのである。

⑵ 債務整理の相談における留意点

本件では、個人事業者から、自らが行っている事業が窮境に陥ったことを契機として、配偶者より離婚を請求されるとともに、相談者の自宅を財産分与とすることの可否が相談内容となっている。

このように経済的に窮境に陥っている事業者からの相談内容が、離婚に伴う財産分与の可否であるから、まず、これに対し、弁護士が一般論として「離婚に伴い自宅を財産分与することもある」と回答したことの適否が問題となる。

2 財産分与請求権の破産手続での取扱い

⑴ 財産分与請求権の法的性格

財産分与の性質、目的ないし内容については多くの論議があるが最二小判昭46.7.23（民集25巻5号805頁）は、財産分与の制度は、実質上共同財産の清算分配と離婚後の扶養を図ることを目的とするものであるから、離婚による慰謝料請求とはその性質を異にし、両者は併存し得るものであるとしながらも、両請求の間に相関性があり、財産分与として損害賠償の要素も含めて給付がなされることのあり得ることを認め、そのような場合にはもはや重ねて慰謝料の請求が許されないとしている。実務上は、この最判と民法768条3項を踏まえ、夫婦財産の清算、離婚後の扶養、離婚による損害賠償といった各要素が考慮されて、財産分与の内容が決められていると考えられる。

⑵ 財産分与と詐害行為性

まず、財産分与が、婚姻や縁組等の身分行為であるとして、詐害行為取消権の対象となるか（民法424条2項）、否認権（破産法160条）の行為となるかが問題となる。しかし、財産分与請求は、婚姻や縁組等と異なり、離婚に伴う財産的法律行為であるから、対象となると解される。

次に、財産分与を検討する場合、分与者の消極財産を考慮すべきであろうか。

この点、最二小判昭58.12.19（民集37巻10号1532頁）は、上述の財産分与の性

格からして、「分与者が、離婚の際既に債務超過の状態にあることあるいはある
財産を分与すれば無資力になるということも考慮すべき右事情のひとつにほかな
らず、分与者が負担する債務額及びそれが共同財産の形成にどの程度寄与してい
るかどうかも含めて財産分与の額及び方法を定めることができるものと解すべき
であるから、分与者が債務超過であるという一事によって、相手方に対する財産
分与をすべて否定するのは相当でなく、相手方は、右のような場合であってもな
お、相当な財産分与を受けることを妨げられないものと解すべきである。そうで
あるとするならば、分与者が既に債務超過の状態にあって当該財産分与によって
一般債権者に対する共同担保を減少させる結果になるとしても、それが民法768
条3項の規定の趣旨に反して不相当に過大であり、財産分与に仮託してされた財
産処分であると認めるに足りるような特段の事情のない限り、詐害行為として、
債権者による取消の対象となりえないものと解するのが相当である」と判示して
いる。

　したがって、本件の場合、仮に相談者が事業の失敗によって債務超過に陥って
いたとしても、一般論として「離婚に伴い自宅を財産分与することもある」と回
答したことは、解釈論として十分許容されよう。

(3)　財産分与請求権が不相当に過大である場合

　しかし、上記最判も判示しているとおり、「民法768条3項の規定の趣旨に反し
て不相当に過大であり、財産分与に仮託してされた財産処分であると認めるに足
りるような特段の事情」がある場合には、財産分与が詐害行為取消権や否認権の
対象となり得る。最一小判平12.3.9（民集54巻3号1013頁）では、「離婚に伴う
財産分与として金銭の給付をする旨の合意がされた場合に、不相当に過大な部分
について、その限度において詐害行為として取り消される」と判示されている。

　したがって、市役所の法律相談において、一般論として「離婚に伴い自宅を財
産分与することもある」と回答することは許されると考えられよう。しかし、弁
護士が、一般論としての回答を超えて、相談者の債務超過の程度、自宅の価値、
自宅が夫婦の清算対象財産となる経緯等をまったく聴取せずに、およそ自宅を財
産分与することは問題にならないと回答することは、上記最判との関係で問題を
生じることがあるかもしれない。もっとも、自営業者である相談者が、自らの負
債の詳細や自宅の価値を判断することができるだけの資料を持参していることは

68　第2章　Q&A編

少ないであろうし、仮にそのような資料があっても、それを詳細に分析するだけ
の時間もない。このような状況での回答に際しては、限定された時間と情報によ
る一般的な回答であり、個別具体的なケースでは問題が生じ得るということも付
加して回答することが、望ましいといえよう。

　ただ、本設問の市役所での市民向けの法律相談という状況下であれば、仮に、
弁護士が、上記のような慎重な回答を行わなかったとしても、弁護士としての法
的な注意義務違反を問われるおそれはないと考えられる。

3　受任に際しての説明

　では、弁護士がこの個人事業者との間で、離婚事件を受任し、財産分与として
自宅を分与し、その後、破産手続開始の申立てまで行った場合はどう考えるべき
か。

(1)　受任の相談の説明義務

　まず、弁護士が具体的な事件を受任した場合、弁護士と依頼者との法律関係
は、委任（民法643条）であると解されている。

　そして、最三小判平25.4.16（民集67巻4号1049頁）は、債務整理を受任した
弁護士がいわゆる時効待ちという手法をとったことについて、「債務整理に係る
法律事務を受任した弁護士は、委任契約に基づく善管注意義務の一環として、時
効待ち方針を採るのであれば、依頼者に対し、時効待ち方針に伴う上記の不利益
やリスクを説明するとともに、回収した過払金をもって債権者に対する債務を弁
済するという選択肢があることも説明すべき義務を負っていたというべきであ
る」と判示している（**本書判例評釈1**〔黒木和彰〕参照）。

　この判示内容からすれば、弁護士が、個人事業者との間で、単に市役所での法
律相談を超えて、具体的に上記事件を受任した以上、配偶者への財産分与の問題
点を説明することが必要である。

(2)　説明義務の具体的な内容

　弁護士職務基本規程29条1項は、弁護士が受任するに当たり、依頼者から得た
情報に基づき、事件の見通し、処理方針ならびに弁護士報酬及び費用について適
切な説明をしなければならないとし、同時に依頼者に有利な結果となることを請
け合い又は保証してはならない（同条2項）と定めている。

Q1　法律相談の留意点　　69

この弁護士職務基本規程は、弁護士が依頼者に対して、委任契約に基づく善管注意義務として負う上記説明義務の内容を検討するに当たり、参照すべきであると考えられる。したがって、弁護士は、個人事業者から離婚に伴う自宅の財産分与とその後の破産手続開始の申立てを受任したとすれば、依頼者の自宅以外の積極財産の有無、自宅の価値、自宅が夫婦の清算対象財産となる経緯、依頼者の負債総額、依頼者が負債を負った経緯、配偶者の離婚後の生活状態の見込み等の様々な情報を得る必要がある。その上で、依頼者に対し、上記最二小判昭58.12.19や最一小判平12.3.9を踏まえて、自宅の財産分与が詐害行為性を帯びるおそれの有無（破産法160条）を説明することが必要である。

4　自宅を受け取る側からの相談を受けた場合

　設問とは異なるが、仮に、弁護士が、個人事業者の配偶者で、同人も連帯保証債務を負っているという状態のなか、個人事業者に離婚に伴う財産分与として自宅を要求しているという相談を受けた場合、どのように回答すべきであろうか。

(1)　離婚と財産分与請求

　離婚は、純粋な身分行為であり、債権者は、債務者に代わって離婚請求を行うことはできない。したがって、離婚請求に伴う財産分与請求も、債務者の身分行為に伴うものであり、離婚と同様に債権者がこれを代わって行うことはできない。

　よって、このような相談を受けた弁護士は、以上の点を踏まえて次のようにアドバイスすることになろう。

(2)　破産手続開始決定前と後の取扱いの差

　破産財団の範囲は、破産手続開始決定時点で確定することから（破産法34条1項）、破産手続開始決定前に財産分与により、自宅が配偶者名義になっていれば、この自宅は破産財団となる。他方、破産手続開始決定後に財産分与請求権が発生し、自宅が配偶者名義となっても、この請求権や自宅は自由財産となり、破産財団を構成することはない。

　以上を踏まえて、身分行為である離婚請求とそれに伴う財産分与請求の行使時期と、申立ての時期を慎重に判断するように説明することになろう。

〔黒木和彰〕

70　　第2章　Q&A編

2 受　任

Q2 受任の成否と弁護士の責任

　自己破産の相談を受けたので、破産手続について、一般的な説明をしました。その際、申立ての弁護士費用なども説明したのですが、「改めて連絡する」といったまま、その後、何の連絡もありません。

　ところが、相談者は弁護士に依頼した旨を債権者に告げているようで、ときおり債権者と名乗る者から問い合わせの電話があります。このまま放置しておいてもよいでしょうか。

1　弁護士職務基本規程

　「弁護士職務基本規程」では、弁護士は、事件を受任するに当たり、依頼者から得た情報に基づき、事件の見通し、処理の方法ならびに弁護士報酬及び費用について、適切な説明をしなければならないとされている（29条1項）。そして、弁護士は、事件の依頼があったときは、速やかに、その諾否を依頼者に通知しなければならないとされている（同規程34条）。なお、弁護士は、事件を受任するに当たっては、原則として、弁護士報酬に関する事項を含む委任契約書を作成しなければならないとされており（同規程30条1項本文）、事件を受任したときは、速やかに着手し、遅滞なく処理しなければならないこととされている（同規程35条）。

2　債務整理事件処理の規律を定める規程

　また、破産手続開始申立事件を含む債務整理事件については「債務整理事件処理の規律を定める規程」の遵守が求められるところ、同規程では、弁護士は、原則として、債務整理事件を受任するに当たっては、あらかじめ、当該事件を受任する予定の弁護士が、当該債務者と自ら面談をして、債務の内容、債務者等の資産・収入・生活費その他の生活状況などを聴取すること（3条1項）、弁護士は、債務整理事件を受任するに際し、事件処理の方針及び見通し、弁護士費用、当該方針に係る法的手続及び処理方法に関して生じることが予想される事項その

Q2　受任の成否と弁護士の責任　71

他の不利益事項の説明をすること（同規程 4 条）、民事法律扶助制度を説明すること（同規程 6 条。なお弁護士職務基本規程33条）等を求めている。

3　委任契約が成立に至っていない旨の明確化

　本設問では、弁護士は自己破産の相談を受け、破産手続について、一般的な説明をし、破産手続開始申立ての弁護士費用等を説明したものの、相談者は「改めて連絡する」と破産開始申立手続の依頼を留保しており、弁護士も事件の依頼を受任・受諾しておらず、委任契約（民法643条以下）は成立していない。よって、弁護士は相談者に対してはもちろんのこと、債権者と名乗る者に対しても法的には何らの法的義務も負っていないということになる。

　もっとも、依頼者のなかには、法律相談をしたことと事件を依頼したことの区別ができない者もいる場合もあろう。債権者からの取立てに追いつめられた相談者が取立てを免れるために「弁護士に依頼をした」と債権者に誤った事実を伝える場合もあり得る。法律相談の際の弁護士側の言動により、相談者が「弁護士が事件を受任した」と誤解してしまう場合もないとはいえない。このような誤解が生じているおそれがある以上は、弁護士としてはこれを放置せず、早期にその誤解を解くように努めるべきであろう。

　そこで、弁護士としては当該相談者に連絡をし、現段階では相談者からの破産手続開始申立事件の依頼を受任していないこと、正式な事件依頼があった際には、これに対して弁護士において受任の諾否を通知し、受任をするに当たっては委任契約書を作成する必要があることを伝え、併せて債権者に対して弁護士に依頼をしたという不正確な事実を表示しないこと、債権者と名乗る者から弁護士に問い合わせがあること、この問い合わせに対しては、受任はしていない旨を回答をする場合があることを明確に伝えるべきである。弁護士費用等経済的負担が理由で依頼を躊躇している相談者については、再度、民事法律扶助制度の説明をすることが望ましい場合もあろう。

4　守秘義務との関係について

　債権者と名乗る者からの問い合わせに対しては、相談者に対する守秘義務が問題となり得る（弁護士法23条、弁護士職務基本規程23条）。

72　　第 2 章　Q & A編

債権者は、相談者が弁護士に依頼をした旨を告知した場合には、取立行為の規制（貸金業法21条1項9号、債権管理回収業に関する特別措置法18条8項等）の趣旨に鑑み、相談者に対する直接の連絡を控え、受任弁護士とされた弁護士への連絡をすることは今日では一般的であろう。弁護士としては、問い合わせをしてきた債権者と名乗る者に対して、相談者からの法律相談の内容については守秘義務との関係から、回答をすることは許されないし、事実に反して事件を受任している旨の虚偽の回答をすることももちろん許されない。問い合わせに対しては守秘義務との関係で何らの回答もできないと対応することが原則ではあるが、前述のとおり債権者は取立てが規制されていること、相談者が事実に反して弁護士に依頼をした旨を告知していることに鑑みれば、弁護士が債権者に対し、客観的な事実として、債権者と相談者に関する事件は現時点では受任していないこと、事件を受任した際には、その旨を債権者に通知をすると回答すること自体は、個別具体的な状況にもよるが、通常は守秘義務について定めた職務基本規定23条の「正当な理由」に該当するものとして守秘義務には反しないと考えられる。もっとも、相談者とのトラブルを避けるためには、あらかじめ、相談者に対し、債権者を名乗る者からの問い合わせに対しては、受任をしていない旨を回答せざるを得ないことを伝えておくことが望ましいであろう。

〔辰巳裕規〕

Q3 受任通知後の事務の遅延

　個人債務者から破産手続開始申立てを受任したので、債権者に対して受任通知と債権調査票を送付しました。ところが、相談者は、申立費用の準備ができず、また、親族からの反対もあって破産をすることに迷いが生じたために、申立てをしないままに時間が経過しています。債権者からの取立ては止まっていますので、このまま時間が経過しても、相談者は、特に困らないように思います。破産手続開始申立てを受任した弁護士としては、相談者の決断を待ってただ様子をみていてもよいのでしょうか。

1 委任契約と倒産申立てにおける委任事務

　弁護士の職務は、当事者その他の関係人からの依頼や委嘱を受けて訴訟その他の法律事務を行うことであり（弁護士法3条）、依頼は委任契約により行われることが一般である。受任者たる弁護士は、委任契約に基づき依頼者との関係で善管注意義務を負い、その一環として依頼を受けた法律事務の迅速な着手と遅滞ない処理が義務づけられる（弁護士職務基本規程35条）。迅速な着手と遅滞ない処理は、職務基本規程において単なる努力目標ではなく義務と解されており、その違反はそれだけで直ちに懲戒の原因になる。例えば依頼者が約束した着手金の支払を遅滞した場合であっても、委任契約において「着手金の支払を遅滞した場合に事件の着手をしないことができる」旨の定めがない限り、弁護士が着手を控えて支払を待つことは許されないとされており[1]、さらには懲戒の請求は何人でも可能であるため（弁護士法58条1項）、早期着手義務違反を理由に依頼者以外からも懲戒請求を行われることがあり得るわけである。

　他方で、依頼や委嘱があってはじめて職務活動が開始されるという意味で、弁護士の職務は受動的な性格を有するといわれている。いうまでもなく委任契約はいつでも解除が可能であるし（民法651条1項）、解除が行われないまでも弁護士

1　日本弁護士連合会弁護士倫理委員会編著『解説弁護士職務基本規程［第2版］』101頁（2012年）。

74　第2章　Q&A編

が事件処理に着手した後に依頼者がその事情によりその遂行を中断するように求めてくることもあり得る。早期の着手や遅滞ない事件処理といっても、その程度は依頼の趣旨や事案の性格に応じて相対的に定まるものであり、絶対的な基準が存するわけではない。本設問でも、依頼者は弁護士に対して破産手続開始申立てを依頼したものの、その後に費用その他の依頼者側の事情により、受任通知後の事務の遂行を控えるように求めてきており、このような連絡を受けた場合、弁護士としては依頼者の意向を無視して事務を遂行するわけにはいかない。

　ところで、倒産処理の申立事務の場合、一般の争訟事務と異なり、事案の特徴として、利害関係人が多数生じていること（多くの債権者、債務者はもちろんのこと、保証人や継続中の契約相手方など）、そしてその利害がしばしば多方面にわたり鋭く対立すること（債務者との利害だけでなく、これら各当事者間でも利害は対立し、しばしば先鋭化することがあり得る）を銘記しておく必要がある。弁護士が依頼を受けて代理人として債権者を含むこれら利害関係人に受任通知を送付するということは、すでに利害の波が荒れ狂う大海に小舟をこぎ出していることを意味しており、そのままこれを放置することは極めて危険でもある。法律事務に明るくなく、必ずしもこれら多数の利害対立を十分に意識しているとはいえない依頼者の主観的な希望にただ従うだけでは、受任弁護士において、これら利害関係人からの懲戒請求や損害賠償請求を招くことになりかねない。

2　受任通知の機能と効果

　受任通知は、特に消費者破産を受任した場合に多くの弁護士が債権者に対するものとして実践しているだろう。消費者債務者は永年にわたり高利の貸金業者からの取立てに苦しんでおり、生活も安定せず精神的にも疲弊していることが多い。貸金業者は弁護士から受任通知を受けると、原則として債務者に直接請求することができなくなるため（貸金業法21条1項9号）、弁護士としては一刻も早く取立ての苦しみから依頼者を解放してあげたいと考え、依頼者に申立てに伴う裁判所への予納金や弁護士費用を準備する目処がつくかどうかを差し置いてもまず受任通知を送付することがある（実態としては、受任を知らせるためというよりは、むしろ債権者の取立てを止めさせるために受任通知を行っているといって過言ではない）。また消費者の場合、法人や事業者と異なり、帳簿類を整備しておらず債

務額を正確に把握していないことも多いため、支払不能を疎明する資料を得るために債権調査票を受任通知に同封し、債権者からの回答を待つことも一般的に行われる。このような場合、依頼者はその後に申立費用を準備するであろうし、そうでなくても債権者からの回答を待って申立てを行うことになるため、必然的に受任通知から破産手続開始申立てまでの間には一定期間を要することになる[2]。他方で、とりあえず取立てが止まるだけで依頼者たる債務者は生活の安寧を取り戻すことができ、主観的には依頼の目的を達成できたと考えてしまうことがあるため、その後に費用やその他の申立準備を積極的に行おうとしない事態が生じ得る。前項に述べたように、実際には受任通知によりすでに多くの利害関係者を巻き込んで大海に小舟をこぎ出しているのであるが、当座の凪に安心してしまうのであろう。

　ただ倒産処理の受任通知は、債権者に単に弁護士の受任を知らせるだけの意味をもつにとどまるものでない。これを受けて債権者は手続外での満足を急いでも功を奏さず、あるいは後に否認されるリスクのあることを知り、貸金業法により制限されることのない仮差押えや訴訟提起、強制執行などの法的手続であれ差し控えることを考えるだろう。債権者としては受任通知を受けたことで、近く開始される倒産処理手続に参加して公平公正に債権の清算価値が実現することを期待することが許される。また受任通知は弁護士が事件の処理に着手したことを知らせていることにもなる。実際には弁護士が費用を受け取っていないとしても、前述したように委任契約において着手義務を免除する特約のない限り、弁護士は早期着手義務を免れない。まして債権者からすると、弁護士が費用を受け取っているか否か、親族から申立てを反対されているなどといった事情を知りようがないのであるから、受任通知を送付しておきながら弁護士費用を受け取っていないなどとして弁護士が事務遂行を中止して事件を放置することは（仮に委任契約に特

2　これに対して依頼者が法人や事業者の場合、通常は商業帳簿を通じて債務の把握と疎明は容易であろうし、生活の安寧を取り戻すといった実践的目的も考慮する必要が小さいため、相殺や否認行為を防止する必要があるときなどを除いて受任通知や債権調査票の送付自体が必要ないことが多い。むしろ、労働者の給料の請求権が財団債権になるのは開始決定前3か月間に限定されること（破産法149条1項）、労働者健康安全機構による未払賃金の立替対象が破産申立日の6か月前から2年間に退職したものに限られること（賃金の支払の確保等に関する法律7条、同法施行令3条1号）を踏まえると、適正な清算のためには可及的速やかな申立てが望まれる。

76　　第2章　Q&A編

約があるとしても）債権者に生じた正当な期待を毀損することになる。

このような受任通知の機能と効果を考えると、いくら依頼者側の事情によるとしても受任通知を発したまま長らく事件を放置することは適切でないといわざるを得ない。

3 受任通知と弁護士の法的責任

弁護士の負うべき法的責任としては弁護士法上の懲戒責任と民事上の損害賠償責任とがあり得る。以下、分説する。

(1) 懲戒責任

依頼者との関係では、受任弁護士は依頼者が特に指示し、又は承諾している場合を除いて、前述のように迅速な事件着手と遅滞ない処理が義務づけられている。これに反した場合に懲戒の原因になることも前述したとおりである。

受任通知を送付した債権者との関係ではどうか。受任通知は、弁護士が事件を受任し、依頼者について早期に倒産処理申立てを行うことを対外的に宣言していることを意味している。通知を受けた債権者は前述したように倒産手続を通して早期に公平公正に自己の債権の清算価値が実現することを期待する。仮に申立てが遅滞した場合、その間に債務者の資力がさらに悪化し、あるいは偏頗弁済などが行われ、早期に申し立てられた場合に比べて債権の清算価値が減少したり、適正な清算のための共益費用が増加したりすることがあり得る。そのような抽象的な危険にさらされること自体、通知を受けた債権者は是認しないであろう。受任通知をして債権者に前述のような期待を生じさせたまま申立てが遅滞することは、たとえ依頼者がそれを承諾していたとしても通知した債権者との関係で問題が生じ得る。対外的な法律事務を職責とする以上、弁護士の業務には公共的性格のあることは否めず、それに伴う責任は依頼者だけが免責できるものではないからである。そうすると、そのような事態を避けるために弁護士としてはどのように行動すべきだろうか。

まず、受任通知の時点において申立てまでに相当程度の時間を要すると見込まれる場合は、受任通知にその旨を記載しておくことが考えられる。また当初の受任通知後にも適時に状況を追加報告するなどして、債権者に生じ得べき期待を事案に応じたものに抑えるよう努めるべきだろう。少なくとも債権者から問い合わ

せが行われているにもかかわらず、無視して応答しなかったり、誤った期待を惹起する曖昧な応答をしたりすることは避けるべきである。申立てに時間を要することを通知することにより、債権者が、債権の清算価値が毀損される危険があると考えれば法的手続を通じた請求を行ってくることがあり得るが、それ自体は依頼者において約定弁済を行っていない以上はやむを得ない。大海に小舟をこぎ出しているとはそういうことであり、受任弁護士としては依頼者にそのことを認識してもらうよう努めるべきである。

依頼者がどうしても理解を示さない場合、受任弁護士としてはやむを得ず辞任することもあり得る。その場合も先に受任通知を行っている以上、辞任通知を行うべきことになる。これらの通知事務が適切に行われている限り、弁護士として品位を害する行為があったと評価されることはないというべきである。

(2) 損害賠償責任

次に、損害賠償責任はどうか。この点、考え方が分かれ得るが、筆者としては受任通知を行ったことが直ちに損害賠償責任の基礎になるとは考えていない[3]。損害賠償責任が認められるためには、債権者の債権を違法に侵害し、その結果、債権の清算価値が毀損されたといえることが必要であり、債権侵害の一類型として債務者の責任財産を第三者が減少させた場合に一般債権者との関係で不法行為を構成するか否かについて議論されている要件論[4]をクリアする必要がある。

そこでは一般に、当該第三者の行為が事実行為か法律行為かによって区別され、法律行為による場合には債権者取消権による保護と重なるため、もっぱら債権者取消権による保護に委ねるべきとされ、事実行為による場合に限って不法行為法による解決が図られるとされる。さらにその場合も不法行為の一般的要件に加え、当該加害は一般債権者に対する侵害としては間接的であることから、①加害行為に強度の違法性があり、また②加害者に債権侵害の故意がある場合に限って不法行為の成立を認めている[5]。弁護士の受任通知は当該弁護士が依頼者にお

3　詳細は**本書判例評釈 5**〔服部敬〕に譲る。
4　我妻榮『新訂債権総論（民法講義Ⅳ）』81頁（岩波書店、1964年）、近時の代表的な体系書における議論として潮見佳男『債権総論Ⅱ［第 3 版］〈債権保全・回収・保証・帰属変更〉〈法律学の森〉』84頁（信山社出版、2005年）、同『不法行為法Ⅰ［第 2 版］〈法律学の森〉』109頁以下（信山社出版、2009年）、内田貴『民法Ⅲ〈債権総論・担保物権〉』187頁（東京大学出版会、2005年）。

いてすでに債務超過の状況に陥っていることを概括的に認識していることを示しているといえるが、不法行為の要件論との関係ではそれにとどまり、それは上記②の一部を基礎づけるに過ぎない。事件処理が遅滞している間に依頼者の資力が害された事情に当該弁護士がどの程度関与しているのか、そこに社会的に許容されない程度の強度な違法性があるといえるのかは別に問われなければならず、単に倒産処理を受任したというだけで、依頼者さらには債権者との関係で財産散逸防止義務なるものを広く肯認し、これを基礎に受任弁護士の責任を論じる考え方には賛成できない。

4　最後に

　いずれにしても受任弁護士としては自らのリスクを回避することが肝要である。

　受任通知後、漫然と依頼者の準備を待ち、長期にわたって申立てができない事態は避けなければならない。依頼者との関係では打ち合わせを緊密に行って準備を促し、その間に財産が散逸しないように指導するとともに、その指導を書面化するなどして証跡を残しておくべきだろうし、依頼者が指導に反した行為を行わないように可能であれば必要に応じて重要書類を預かるなどの業務上の工夫が考えられてよい。また受任通知を行っている場合、債権者その他の利害関係人との関係ではその後も適時に書面により状況報告を行い、申立てまでに時間を要することについて理解を求めるとともに、要請事項としては、貸金業法21条1項9号等に沿って、その間の任意、直接の取立てを差し控えることまでにとどめ、その後の対応について債権者の自己責任といえる余地を確保しておくことが考えられる。

〔服部　敬〕

5　同様の考え方を示す判例ないし裁判例として、大判大4.3.20（民録21輯395頁）、大判大5.11.21（民録22輯2250頁）、大判昭18.12.14（民集22巻1239頁）、東京地判平6.1.31（判時1514号103頁）。

3 弁護士報酬・申立費用

Q4 法人と代表者の破産申立ての弁護士費用

法人の破産手続開始申立ての相談を受け、受任することになりました。申立代理人の弁護士報酬はどのような考え方で定めるべきでしょうか。

法人と同時に、代表者個人についても破産の相談を受け、同時に申立てをすることになりました。代表者個人には何らの資産がなかったので、法人から代表者個人の申立予納金と弁護士報酬を支払ってもらい、申立てを受任してもよいでしょうか。反対に、個人にはそれなりの資産があるものの、法人には手持ち資金がまったくない場合はどうでしょうか。

---

1 申立代理人の弁護士報酬の定め方[1]

破産手続開始申立てを含む債務整理に関して、申立代理人が依頼者である債務者から受領した弁護士報酬が過大であり、その返還を破産管財人から求められたという裁判例がいくつかある[2]。そのため、申立代理人の弁護士報酬の定め方について関心が高まっている。

本来は、法人の破産事件に限らず、委任者である依頼者と受任者である弁護士との関係は委任契約（民法643条）であり、申立代理人の弁護士報酬は自由に定められるはずである。

しかし、弁護士職務基本規程24条及び日弁連「弁護士の報酬に関する規程」によれば、弁護士報酬は「経済的利益、事案の難易、時間及び労力その他の事情に照らして適正かつ妥当な」ものでなければならないとされている。さらに、破産事件に特有の事情として、破産事件の申立代理人の弁護士報酬は、債権者一般が債務者の責任財産として期待する破産財団とパイを分け合う関係にあることに留意しなければならない。申立代理人の弁護士報酬は、配当を期待する債権者から

---

1 全国倒産処理弁護士ネットワーク編『破産実務Q&A200問　全倒ネットメーリングリストの質疑から』27頁〔桶谷和人〕（金融財政事情研究会、2012年）。
2 東京地判平22.10.14（判タ1340号83頁。**本書判例評釈4**〔髙木裕康〕）、東京地判平23.10.24（判時2140号23頁。**本書判例評釈3**〔桶谷和人〕）など。

80　第2章　Q&A編

も破産管財人からも理解を得られる定め方及び金額であることが望ましい。具体的には、債権者への対応、債権・破産原因・資産等の調査の多寡などを総合的に考慮して弁護士報酬の額を決めることが多いであろう[3]。

なお、債務整理に関する弁護士報酬について、日弁連は2011年2月、「債務整理事件処理の規律を定める規程」を定めた。しかし、この規程は過払金請求事件を中心とする任意整理事件に関する弁護士報酬について定めたものであり、破産手続開始申立てに関する弁護士報酬についての定めはない。

2 申立てに必要な資金

破産手続開始申立てには、破産手続費用としての予納金（破産法22条1項）が必要であり、申立ての代理人弁護士に支払う弁護士報酬も必要である。予納金の金額は「破産財団となるべき財産及び債務者の負債（債権者の数を含む。）の状況その他の事情を考慮して定める」（破産規則18条1項）とされ、具体的には、各地の裁判所が負債総額を基準にその額の目安を示している例がある。

法人の規模にもよるが、法人及びその法人債務の連帯保証人である代表者個人が同時期に破産手続開始を申し立てるには、相当額の予納金と弁護士報酬（以下、これらを合わせて「申立費用」という）を準備しなければならず、経済的破綻状態にある法人及びその代表者にとって、その準備は容易ではない。

3 法人及び代表者による他方の申立費用の支払[4]

(1) 他方の申立費用を支出する必要性

法人又はその代表者のどちらか一方にしか資産がなく、それを他方の申立費用

---

3 吉原省三＝片岡義広編著『ガイドブック弁護士報酬［新版］』288頁〔山宮慎一郎ほか〕（商事法務、2015年）には、「誤解をおそれずに」との留保付きで破産手続等の着手金の標準額が記されている。

4 全国倒産処理弁護士ネットワーク編・前掲注1・28頁〔桶谷和人〕、日本弁護士連合会倒産法制等検討委員会「中小規模裁判所における法人破産事件処理の在り方——各地の実情を踏まえた中小規模の裁判所での法人破産事件処理を中心に——」金法1982号18頁（2013年）、日本弁護士連合会倒産法制等検討委員会編『倒産処理と弁護士倫理』36頁〔佐口裕之〕（金融財政事情研究会、2013年）、小林信明「破産申立ての実務——債務者が法人の場合の受任弁護士として、考慮すべき事項（私的整理、破産、民事再生の方針決定を含む）」東京弁護士会弁護士研修センター運営委員会編『倒産法の実務〈弁護士専門研修講座〉』23頁（ぎょうせい、2009年）など参照。

として使用したいという事案は少なからずある。例えば、代表者が私財を法人の運転資金に投入した結果、個人名義の預貯金がほとんどない場合であるとか、法人も代表者も預貯金がほとんどないが、代表者の生命保険を解約すれば双方の申立費用を捻出できる場合などが考えられる。

　形式論からすれば、法人とその代表者個人は別の人格であり、それぞれの申立費用は、それぞれが準備するのが原則である。代表者個人の申立てに必要な手続費用を会社が支払った場合、又はその逆の場合、その支払が単なる資金提供であれば、それは無償行為であり、否認の対象となることもあり得る。事例判決ではあるが、法人の資金を代表者の弁護士費用として代理人口座に振込送金したことが否認された裁判例も存在することにも注意が必要である[5]。

　しかし、一方に申立費用を支払える資産がないからといって、破産を含む債務整理手続を行わずに放置することは、法人及び代表者にとってだけでなく、債権者にとっても望ましいことではない。法人及び代表者の破産手続によって、法人及び代表者個人財産の公平な分配が実現できると同時に、債権者は回収できない債権を無税で貸倒処理することができる。また、代表者の破産手続を行うことによって、代表者は免責手続を経て、再チャレンジを行うことが可能となる。したがって、法人及び代表者が揃って破産手続に踏み切れるよう、申立費用の支払については、柔軟に解釈する方向で知恵を絞る必要がある。

(2)　他方の申立費用を支出することが許容される場合

　もっとも、一方が他方の申立費用を支払うことが直ちに許容されるわけではない。したがって、他方の申立費用を負担する法人又はその代表者の承諾を得ることは当然であるが、それぞれの具体的事案に応じて、一方が他方を負担して申し立てることが必要かつ相当であることを裁判所及び破産管財人に説明できるよう、申立代理人は依頼者から具体的事情の聴き取りを行い、説得材料の収集に努めるべきである。

　具体的には、共益費用としての支出であること、双方の債権者が共通していること、否認の要件である有害性・不当性を欠くことなどの理由を具体的状況に即して説明することである。

5　大阪地判平22.8.27（判時2110号103頁）。この事案は委任契約書が作成されておらず、代表者が「個人・法人の峻別の意識もなく40万円を振り込んだ」と認定された事案である。

また、破産管財人の立場にあっても、法人とその代表者が同時に破産している場合、現実に否認権を行使する意味があるかは別に考える必要がある。

〔桶谷和人〕

Q5　弁護士費用の捻出方法

　個人の破産手続開始申立てを受任しましたが、裁判所に予納する費用のほかに現預金がありません。弁護士費用について、その後に破産財団に属する財産を換価した代金から、財団債権として支払ってもらうことはできないでしょうか。それができないのであれば、申立前に、財産を換価処分して、その換価代金から弁護士費用を事前に受領してよいでしょうか。換価すべき財産もない場合には、申立てのための弁護士費用を、破産手続開始後に、時間をかけて、自由財産から分割して支払ってもらうしかないでしょうか。それ以外にどのような方法が考えられるのでしょうか。

1　破産申立てのための弁護士費用の財団債権該当性

(1)　裁判上の費用請求権への該当性

　まず、破産債権者の共同の利益のためにする裁判上の費用（破産法148条1項1号）に当たるかを検討する。

　一般に、破産手続開始申立ての費用はこれに該当するとされる[1]。これは裁判所に納付すべき費用を指しており、破産者（破産手続開始前の債務者を含めて、本設問では「破産者」と呼ぶこととする）との委任契約に基づく弁護士費用はこれには当たらないと考える[2]。

(2)　破産財団の管理、換価に関する費用請求権への該当性

　次に、破産財団の管理、換価に関する費用（破産法148条1項2号）に当たるかを検討する。

　破産財団とは、破産者が破産手続開始の時において有する一切の財産を指すので（破産法34条1項）、破産財団が成立するのは破産手続開始の時である。一方、

1　田原睦夫＝山本和彦監修『注釈破産法(下)』18頁〔籠池信宏〕（金融財政事情研究会、2015年）、伊藤眞ほか『条解破産法［第2版］』995頁（弘文堂、2014年）。

2　国庫仮支弁による偽装質屋営業者に対する債権者破産申立事件において、弁護士費用を財団債権として承認した例がある（河内美香・消費者法ニュース105号40頁（2015年））。

84　第2章　Q&A編

個人破産の申立てに関する弁護士費用は、多くが破産手続開始前の行為に関するものであり、これは破産財団の管理、換価に関する費用とはいえないと考える。破産手続開始後の破産財団の管理、換価は破産管財人の専権事項であり（同法78条1項）、破産管財人の要請により申立代理人が破産財団の管理、換価に関する業務を行った場合には、それに関する弁護士費用は財団債権となる余地があるかもしれないが[3]、それ以外の場合は同号には該当しない。

(3) 双方未履行双務契約の履行選択への該当性

破産の申立てに関する委任契約を破産手続開始決定後も継続する双方未履行双務契約と考え、その履行選択があったと考えることにより、未払いの弁護士費用を財団債権とすることはできないか（破産法148条1項7号）。

しかし、この履行選択は破産管財人が行うべきものである。破産の申立てに関する委任を、破産管財人が申立代理人にすることはあり得ず、破産管財人自身がこの委任契約の履行選択をすることは考えられないから、この点から財団債権とすることはできない。

(4) 財団債権性に関するまとめ

個人破産の申立てに関する弁護士費用は、もしこれが破産手続開始決定時の未払いであるとすれば、破産手続開始前の原因に基づいて生じた請求権であり、上記のとおり財団債権には当たらないから（破産法2条5項）、破産債権である。したがって、破産財団から財団債権として支払ってもらうことはできないと考える。

2　財産の換価処分代金からの受領の可否

破産の申立前であれば、破産者の財産の管理処分権は破産者自身にあるから、その委任に基づき申立代理人弁護士が財産を換価処分して、その換価代金から弁護士費用を受領することはできると考えられる。

ただし、日弁連がすべての弁護士に適用するものとして定めた「弁護士の報酬に関する規程」によれば、適正な弁護士報酬額を算定するに当たって、経済的利益、事案の難易、時間及び労力その他の事情を考慮するとされており、これらの

3　多比羅誠「新破産法における破産管財人の役割―新法の運用について〈新破産法の実務展望6〉」NBL794号52頁（2004年）。

要素は、破産手続開始申立てに関する適正な弁護士費用の算出においても同様に考慮されるべきである。そして、弁護士による自己破産の申立てに対する弁護士費用の支払行為も、その金額が、支払の対価である役務の提供と合理的均衡を失する場合、その部分の支払行為は、破産債権者の利益を害する行為として否認の対象となり得る（東京地判平22.10.14判タ1340号83頁。**本書判例評釈4**〔髙木裕康〕）。以上から、役務の提供と合理的均衡を失するような高額でない限り、換価代金から弁護士費用を受領することは差し支えないと考える。

　上記東京地判は「破産申立てを受任し、その旨を債権者に通知した弁護士は、可及的速やかに破産申立てを行うことが求められ、また、破産管財人に引き継がれるまで債務者の財産が散逸することのないよう措置することが求められる」とした上で、「…申立代理人弁護士による換価回収行為は、債権者にとって、それを行われなければ資産価値が急速に劣化したり、債権回収が困難になるといった特段の事情がない限り、意味がないばかりか、かえって、財産価値の減少や隠匿の危険ないし疑いを生じさせる可能性があるのであるから、そのような事情がないにもかかわらず、申立代理人弁護士が換価回収行為をすることは相当でなく、換価回収行為は、原則として管財人が行うべきである」と判示している。しかし、弁護士費用を含め破産手続開始申立てのための費用を捻出するために換価処分を行うことは、それらの費用が破産者の手元にない場合には、申立てを行うために必要不可欠な業務であるから、上記裁判例の指摘は当たらない。また、この換価処分は申立てのために必要な業務に当たるから、この換価処分業務分に関して、事案の難易や労力等に応じた適正な弁護士費用を別途受領することも許されると考える。

　もっとも、費用捻出のために換価処分が必要である場合も、可及的速やかに申立てをすべきであることは変わりがない。費用捻出の必要性を超えて、高額な弁護士報酬を得る目的で、安易な換価回収行為を優先して行い、迅速な申立てを怠るようなことは、破産制度の意義を損なうものというべきである（上記東京地判）。

3　自由財産からの受領の可否

　前述のとおり、破産手続開始申立ての弁護士費用は破産債権である。したがっ

て、破産財団に対し、破産手続によることなく、これを行使することは禁じられている（破産法100条1項）。それでは自由財産に対し権利行使できるかが問題となる。破産債権者に対する責任財産の範囲を破産手続開始時における破産者の総財産に限定する固定主義（同法34条1項）や破産手続終了後の免責審理期間中における強制執行等の禁止（同法249条1項）の趣旨からして、新得財産等の自由財産に対しても破産法100条1項は適用されると考える[4]。したがって、申立ての弁護士費用を自由財産から強制的に取り立てることはできないというべきである。

　それでは、破産者が自由財産から任意に弁済する場合に、これを受領することはできるか。破産債権は免責後であっても自然債務になるというのが通説であり、その帰結として、免責後であっても、破産者が真に自由な意思に基づいて自由財産から弁済することは可能であると考える[5]。

　最後に、破産手続開始申立ての委任契約は破産手続開始決定後も弁護士の業務が継続することを根拠に、自由財産からの受領を認めることができないか検討する。弁護士が破産手続開始申立ての委任を受けた場合、破産手続開始後においても、債権者集会への付添出席、破産管財人や裁判所に対する説明義務の履行、書類の補充等、当然に弁護士の業務は継続する。また、破産手続開始申立てには一体的に免責申立てが伴っており、破産者が免責決定を受けるまでは、これに関する業務も継続する（これら破産手続開始後の業務に対応する弁護士費用は、自由財産の帰属主体たる破産者[6]の契約に基づくものとしてその負担となると考えられる）。破産手続開始決定は委任の終了事由（民法653条2号）ではあるが、破産手続開始申立ての委任は、性質上破産手続開始決定後も継続することが明らかであるから、当該条項の適用を排除する黙示の特約があると考えるべきである。そして、破産者が破産手続開始の申立てに関する委任契約のような破産財団の範囲外の双方未履行双務契約について履行選択する場合には、破産管財人が双方未履行双務契約の履行選択をする場合と同様、相手方の債権が保護されなければ不公平であ

4　伊藤眞『破産法・民事再生法［第3版］』271頁（有斐閣、2014年）、田原睦夫＝山本和彦監修『注釈破産法(上)』672頁〔森恵一〕（金融財政事情研究会、2015年）。

5　田原＝山本監修・前掲注4・673頁〔森恵一〕。

6　用語は、伊藤眞「破産者代理人（破産手続開始申立代理人）の地位と責任―「破産管財人に対する不法行為」とは何か。補論としてのDIP型破産手続〈特集　破産申立代理人の地位と責任〉」債管155号6頁（2017年）に倣った。

る。また、破産手続開始申立ての委任契約の場合には、弁護士費用債権を保護しなければ、結局破産者が破産手続開始後弁護士の助力を受けられなくなって破産者自身が不利益を受けるし、破産手続の遅滞の原因ともなり得、不都合である。そこで、破産手続開始後も委任関係が継続する場合には、申立てに関する弁護士費用の共益費用的性質に照らし、破産手続開始決定前に行った業務に対応する弁護士費用を含め破産者が支払合意をしたものと考え、弁護士費用は、自由財産の帰属主体である破産者の、訴求可能な債務になるものと解する。ただし、破産者の経済生活の再生を阻害するなど破産法の目的（1条）に反する場合には、このような考え方を適用できないので、破産者の生活を脅かさない範囲で自由財産からの分割払い等を認めるべきであろう[7]。

4　受任通知後の積立て

受任通知の送付後、破産者の毎月の給与等のなかから弁護士費用分を積み立て、適正な弁護士費用に達した後に破産手続開始申立てをすることも考えられる。受任通知送付により債権者への弁済は中断されるし、金融債権者の取立ては差し控えられるから、破産者には資金的な余裕が生じることが多い。その余裕分のなかから弁護士費用を積み立てるのである。上述のとおり、破産の申立てを受任した弁護士は可及的速やかに申立てをすべきであるが、適正な弁護士費用を受領することなく申立手続を強いられるものではない。弁護士費用を捻出するのに必要であれば、その分破産の申立てが遅れたとしても、やむを得ないと考える。

それにしても、あまりに申立てが遅れるのは、望ましくない。そこで、弁護士費用相当額の積立てまでにあまりに長期間を要する場合は、破産手続開始決定後に自由財産から弁済してもらうことも検討せざるを得ない。また、債権者から給与差押等があれば、直ちに申立てをせざるを得ない。そのような場合も、同様である。

7　東京三弁護士会の『クレジット・サラ金処理の手引［5訂版・補訂］』58頁（東京弁護士会＝第一東京弁護士会＝第二東京弁護士会、2014年）では、弁護士費用の分割払いを原則としているが、ここにいう分割払いは破産手続開始決定後に継続するものをも想定しているものと思料する。

88　第2章　Q&A編

5 法テラスの民事法律扶助制度の利用[8]

破産者が日本司法支援センター（法テラス）所定の収入要件・資産要件を充たす場合には、法テラスの審査を経て、弁護士費用の立替えを受けることが考えられる。この場合の弁護士費用の額は、法テラスの基準によることになる。立替払いされた弁護士費用は、破産者が生活保護受給者である場合を除き、破産者が通常3年以内の期間で毎月分割返済することとなる。なお、破産の予納金は、生活保護受給者の場合を除き、原則立替えの対象とはならない。

弁護士は、破産手続開始申立てを含む債務整理事件を受任するに際しては、事案に応じ、当該債務者の経済生活の再生の観点から必要かつ相当と認められる場合には、法律扶助制度その他の資力の乏しい者の権利保護のための制度を説明し、当該債務者が当該制度の利用を希望するときは、その利用が可能となるように努めなければならない（債務整理事件処理の規律を定める規程6条）。

〔髙木裕康〕

---

8 詳細は、全国倒産処理弁護士ネットワーク編『破産実務Q&A200問 全倒ネットメーリングリストの質疑から』12頁〔下山和也〕（金融財政事情研究会、2012年）。

Q6 将来の弁護士費用の負担

　個人破産の申立ての相談を受けると同時に、離婚の相談も受けました。離婚の相談が今後どのように進展するかは不明ですが、相談者は、破産になれば離婚せざるを得ないと思っているようですし、配偶者も協議には応じそうとのことで、紛争としては現実化している状況です。そうしたところ相談者から、将来の収入見込みがはっきりせず弁護士費用を払えるか分からないので、今ある財産のなかから、離婚のための弁護士費用も払っておきたいとの提案を受けました。このような提案に対してどのような対応をしたらよいでしょうか。

1　自由財産か否か

　前提として、離婚事件の委任契約を締結する前の段階において、破産者が当該弁護士費用相当額を弁護士に預託した場合、かかる金額が他の財産と合わせて99万円以内であれば、破産者の自由財産に該当する可能性がある。

　もっとも、この預託金は多くの裁判所で拡張適格財産として運用されている金融機関等への預貯金や積立金とは性質が異なるものであるから、原則的には拡張不相当財産である。

　この預託金が破産者の経済的更生に必要かつ相当であるという事情（相当性の要件）が認められれば、自由財産として拡張相当との立論も可能であろうが、破産者の離婚が相当性の要件を充足すると認められるのは容易でないと思われる。

　他方、当該預託金を破産者の自由財産として拡張すべきか否かという自由財産拡張制度と、破産財団増殖のための否認制度とはまったく制度趣旨を異にする別個の制度である[1]。

　そして自由財産拡張が認められるか否認権が行使されるかは、破産管財人の判断がなされるまで結論が明らかとならない。

　かかる点からすれば、預託金が99万円の範囲内であったとしても、これを弁護

1　全国倒産処理弁護士ネットワーク編『破産実務Q&A200　全倒ネットメーリングリストの質疑から』52頁〔薄木英二郎〕（金融財政事情研究会、2012年）参照。

90　　第2章　Q&A編

士が保持し続けられるかどうか不明であり、相当のリスクがあることを破産者に対し説明して理解を得た上でなければ、これを承知することは避けるべきであろう。

2 否認対象行為か否か

離婚のための弁護士費用の支払を受けるといっても、委任契約締結前と委任契約締結後では事情が異なるので、別個に検討する。

(1) 離婚事件委任契約の締結前の破産

離婚事件の着手金は、弁護士が依頼者の離婚にかかる経緯や財産状況の調査の後、相手方との交渉や調停等の離婚成立に向けた具体的活動を行うことについての対価であり、依頼者の着手金の支払義務は、離婚事件の委任契約締結後に発生するものである。

そうすると、離婚事件の着手金等の弁護士費用支払義務は、離婚事件の委任契約締結前に発生するものでなく、これに相当する費用をあらかじめ弁護士が受領することは、相談者との間で単純な金銭の寄託契約がなされたとみるべきほかない。

その後、そのままの状態で相談者の破産手続が開始されたとすれば、相談者は手続開始前からの預託金返還請求権を有していることとなり、仮に、破産手続開始後に弁護士との間で離婚事件の委任契約が締結されたとしても、破産手続開始前寄託金返還請求権と開始後の着手金請求権との相殺は禁止される。

しかるに、委任契約締結前の離婚事件の着手金等の弁護費用の預託については、破産手続開始後も単純な寄託契約として残存するのであって、一般的にかかる寄託契約は無償行為と同視できる行為であるといわざるを得ない[2]。

したがって、離婚事件委任契約締結前に弁護士費用を支払うことは破産法160条3項における無償行為否認の対象になり得るというべきである[3]。

(2) 離婚事件委任契約の締結後の破産

離婚事件の委任契約の締結後であれば、弁護士は事件処理に着手しており、依頼者は契約に定められた着手金の支払義務を負うこととなって、直ちにこれが無

---

2 全国倒産処理弁護士ネットワーク編・前掲注1・183頁〔辺見紀男〕参照。
3 東京地判平23.10.24（判時2140号23頁。**本書判例評釈3**〔桶谷和人〕）参照。

Q6 将来の弁護士費用の負担 91

償行為であるとはいえない。

また、破産手続開始決定により委任契約は終了するのが原則であるが、少なくとも委任契約が締結されていた期間があるのであり、当然に無償行為と評価されるものでもない（特約のない限り、破産手続開始決定による委任契約終了に伴い着手金の一部について返還義務が発生する場合があることは別途検討する必要がある）。

では、故意否認対象行為（破産法160条1項）となるか。そもそも、離婚は一身専属的な権利利益に関わるものであって、破産者が離婚を行うか否かは当然のこと、離婚事件を弁護士に委任するか否かもこれに密接に関連するものとして、原則として破産債権者や破産管財人からの干渉を受けるいわれはない。

これに加え、弁護士に対する離婚事件にかかる着手金等の支払行為に関しても、その金額が支払の対価である役務の提供と合理的均衡を失する場合に限って破産債権者の利益を害する行為として破産法160条1項の故意否認対象行為となり得るのであるから、離婚手続全体の役務と対価の合理的均衡を保つのであれば、故意否認対象行為とならないというべきである[4]。

(3) 離婚事件弁護士費用のうち事件終了時の成功報酬

離婚事件の報酬については、主に離婚事件の終了時に何らかの成果を得た場合に初めて支払義務が発生するのが通常である。

しかるに、委任契約の締結の有無に関わらず、弁護士費用のうち報酬額に相当する部分があれば、これは破産法160条3項の無償否認対象行為に該当するか、報酬相当部分については故意否認対象行為となるおそれが高い[5]。

(4) 小　　括

以上のとおり、将来の離婚事件にかかる弁護士費用をあらかじめ支払う行為に関しては、委任契約締結の上での着手金相当部分を除き故意否認ないし無償否認対象行為になり得るものである。

3　現実的な対応方法

自己破産の相談と併せて離婚事件の相談を受けた場合、弁護士としては、（破産手続の緊急性を考慮した上で可能であれば）早期に離婚事件を受任し、事件処理

4　東京地判平22.10.14（判タ1340号83頁。**本書判例評釈4**〔高木裕康〕）。
5　前記東京地判平23.10.24参照。

92　第2章　Q&A編

を終えた後に破産手続開始の申立てを行う方法を検討する余地もあろう。

　また、事件処理を終えられなくとも、一定程度の事件処理を行った後に破産の申立てを行うことも可能である。もっとも、この場合は、破産手続開始決定により委任契約が終了しないよう特約を設ける必要がある。

　また事件終了後の報酬請求に関して破産手続開始前の原因に基づくものとして破産債権と取り扱われるおそれがあるので留意が必要である。仮に成功報酬を預託金と精算するのであれば、預託金返還請求権と相殺することになるのであろうが、弁護士としては破産について悪意であり、このような相殺は禁止されるものと思われる（破産手続開始決定後の新得財産による支払であれば特段の問題は生じないものと思われるが、あらかじめその旨を合意するのであれば、まさに破産債権になるものと思われる）。

　現実的には、委任契約を締結する段階において、確定的に弁護士費用を発生させ、事件終了後の報酬の発生は極力対象としない扱いが望ましいであろう（破産免責の成功報酬受領にも同様の問題があり得よう）。

　なお、破産者の経済的更生に必要性がある場合（財産分与や慰謝料等の取得）には、前述のとおり弁護士費用について自由財産拡張が認められる可能性もあるが、他方で財産分与等により破産財団を構成する可能性もあることから、裁判所とも協議しつつ慎重な判断を行う必要がある。

〔木野村英明〕

4 直前の債務負担

Q7 倒産直前の債務負担行為

　先代の創業者である父親から会社の経営を引き継いだ2代目の社長から、「会社の経営状況が悪化し、資金繰りに窮するようになった。もはや事業の立て直しは難しいから破産したい」との相談を受けました。資金繰りをみると、しばらくはもつのですが、1～2か月もすれば支払不能になるおそれが高い状況です。まだ父親が健在で、父親の了解なしには破産できず、従業員にも説明できないようで、従来どおりに仕入れを継続していますが、これから仕入れをしてもとても支払はできません。破産の相談を受けた弁護士としてどうすればよいでしょうか。仕入れの継続を容認しても構わないのでしょうか。

1　本設問における問題点

⑴　支払不能直前時期に相談を受けた弁護士の法的責任

　本件は、1～2か月後には支払不能になるおそれが高い状況において、会社代表者が事業の立て直しをあきらめ、破産を決意しているなかで、弁護士が相談を受けている場面である。

　このような状況下で会社から相談を受けた弁護士は、まずは会社再建の可否を判断し、再建が可能であれば実施できる再建策を検討することとなり、再建が困難であれば円滑な清算方法を検討することになる。破産を覚悟した会社代表者であっても、再生可能性があれば会社再生を優先するであろうことから、会社再建の可否の判断をまずは実施することになる。さらに、対応策が決まった後は、会社の円滑な再生もしくは清算の目的を最優先として、決定した対応策を実施していくことになる。

　したがって、会社の再建又は清算について相談を受け、またその後に受任した場合であったとしても、その相談内容もしくは委任契約の内容は、会社の円滑な再生又は清算を果たすことにあるのであり、会社の取引先についての交渉依頼を別途に受けた等の事情がない限り、会社が取引を継続し仕入債権者の権利を害する結果が生じたとしても、弁護士は会社との委任契約における善管注意義務違反

94　第2章　Q&A編

の責任を負うことはなく、また、仕入債権者に対して不法行為を構成するような違法性が認められることもないことから、何らの責任は生じない。

⑵　相談を受けた弁護士としての対応内容

　会社の破綻直前時期において、会社をどうしたらよいのか、という相談を受けた弁護士としては、まずは会社の自力再建ができないか、もしくは適切な支援者（スポンサー）の支援を受けることによって再建する途がないか、を検討することになる。本件では、2代目社長は会社の立て直しをあきらめているものの、まだ先代創業者や従業員にはその認識はなく、会社の状況によっては、会社再建について検討の余地がある事案といえる。

　設問からは会社に関する詳細な事情は明らかでないが、会社再建を探る余地があることを前提とするのか、それとも破産しかとるべき途はないという前提であるのかによって、検討内容は大きく異なることになる。もし、まだ会社再建について検討の余地があるという前提であれば、相談を受けた弁護士は、短時間において会社再建の可否やその方策を検討することとなる。

　他方で、従前どおりの仕入れが継続されており、その仕入代金債務（買掛債務）が支払えない状況にもなりつつあるため、新たな仕入れをいつまで継続するのかという問題が生ずる。すなわち、相談を受けた弁護士としては、会社再建について検討・準備をする期間中に、会社の事業活動に関してどのような配慮が必要であるのか、支払ができないことが明確になりつつある状況下において仕入れを継続しても構わないのか、という非常に判断が難しい局面での対応を検討しなければならない。

　さらに、会社再建の途は閉ざされてしまった前提で、破産しか整理の方法がない段階における弁護士としての対応内容については、できるだけ早期かつ円滑に事業停止することを検討することになる。

　以下、場面に分けて検討する。

2　会社再建について検討する場合の対応

　委任を受けた弁護士が、会社再建の可否を判断するにおいては、①当該会社の事業内容において再建可能性があるか否か、②経営陣や従業員幹部において会社再建に向けての意欲があるか否か、などについて適切な資料等をもって検討する

必要がある。そのため、会社の財務内容や事業性（収益状況等）を資料等によって確認するほか、経営陣や従業員幹部との意見交換を実施することになる。

このような過程を経て会社再建の可能性を検討するにおいては、一定の時間がかかってしまうことになるが、他方で、会社は経営破綻の危機に直面しており、費やすことができる時間は多くない。すなわち、1～2か月にて資金が途絶えて支払不能となってしまう状況にあるため、会社再建のために行動することができる時間が限られているだけでなく、支払不能時期に近づけば近づくほど、仕入れに対する代金支払が難しい状況にあることが明確になりつつあることからすれば、弁済ができなくなる危険の高い買掛債務はできるだけ少なくするため、会社再建策に関する方針の決断はできるだけ早期に行う必要がある。

委任を受けた弁護士は、短期間のうちに経営者に対して会社再建において必要な事項について説明し、共同して検討を行うとともに、会社再建とならず破産手続を選択せざるを得ない場合における対応内容等についても、経営者に対し説明する必要がある。そして、会社再建策を実行することができないことが決定した場合にはすぐに破産手続開始の申立てをする必要があることを経営陣に説明してその手続実施について了解を得ておくとともに、実際にも破産の準備を並行して進める必要がある。

3 債務整理を受任した弁護士の説明義務の内容

⑴ 最三小判平25.4.16田原裁判官補足意見

このような会社の債務整理について委任を受けた弁護士の依頼者に対する説明義務の内容については、最三小判平25.4.16（民集67巻4号1049頁。**本書判例評釈1〔黒木和彰〕**）[1]の田原睦夫裁判官及び大橋正春裁判官の補足意見が参考となる。

田原裁判官補足意見では、債務整理の依頼を受けた弁護士の説明・報告義務に関し、まず、受任時についての説明義務の内容について、

「ア　依頼者から債務整理の依頼を受けた弁護士は、その受任に当たり、当該事案に応じて適切と認められる法的手続（例えば破産、個人再生、特定調停、私的整理等）について、依頼者の資力や依頼者自身の対応能力等に応じて適切な説明

1　参考となる判例評釈として、加藤新太郎「債務整理を受任した弁護士の説明義務」金判1427号8頁（2013年）がある。

96　　第2章　Q&A編

をなすべき責任がある。

　イ　その説明に当たっては、それらの各手続に要する時間やコスト、依頼者自ら行うべき事務等の負担の内容等、メリット・デメリット（破産手続を選択する場合の免責の見込みの有無、免責を受けられない場合の就業規則等の制約内容、個人再生手続を選択する場合の履行の見込み、各手続と保証人等関係者への影響の有無、程度等）を説明することが求められる。

　ウ　依頼者が経済的に困窮しているような場合には、法律扶助手続の制度の説明も含まれるというべきである」と述べ、さらに、受任事務の遂行と裁量権の関係については、

　「一般に弁護士の受任する法律事務の遂行においては、弁護士業務の専門性との関係上、委任契約に特段の定めがない限り受任者たる弁護士に一定の裁量権が認められていると解することができる。

　しかし、その裁量権の行使に当たっては、専門家としての善管注意義務を尽くして行使すべきものであって、その行使の際に専門家として通常考慮すべき事項を考慮せず、あるいはその行使の内容が、専門家たる弁護士が行うものとして社会的に許容される範囲（それは、弁護士倫理上許容される範囲と必ずしも一致するものではない。）を超え、その結果依頼者外の関係者の権利を侵害するに至る場合には、善管注意義務違反が問われることとなる」とし、さらに、

　「受任者は、その受任事務を、その事務の性質上社会的に許容される期間内に適切に処理すべき義務を受任者としての善管注意義務の内容として求められる。

　その履行が、その事務の性質上通常求められる期間を超えた場合には、債務不履行責任を問われることとなり、また、弁護士倫理違反として懲戒処分の対象となり得る」と説明している。

　この田原裁判官の補足意見における「社会的に許容される範囲…を超え、その結果依頼者外の関係者の権利を侵害するに至る場合には、善管注意義務違反が問われることとなる」という意見は、あくまで委任を受けた弁護士が、債務者との関係において善管注意義務違反が問題となるとされているのであって、弁護士が契約関係にない第三者に対して直接的に何らかの責任が生ずるということに言及しているものではない。第三者の権利を侵害することが、依頼者との関係において善管注意義務違反が問題となることは否定し得ないが、依頼者の利益との関係

で判断されることになるため、第三者の権利を侵害する危険が生ずるとしても依頼者の権利を守るという本来的目的が優先されるべきであることからすれば、「社会的に許容される範囲を超え」た場合とは、その行為態様がかなり強く社会的非難を受けるような場合に限られ、現実にはあまりないのではないかと思われる。すなわち、善管注意義務の内容として、依頼者の利益を離れて債権者を害しないように助言する旨の義務は、ほとんど生じないと考えられる。

(2) 大橋裁判官補足意見

田原裁判官と同様に、大橋正春裁判官も次のとおり補足意見を述べている。すなわち、「法律事務を受任した弁護士には、法律の専門家として当該事務の処理について一定の裁量が認められ、その範囲は委任契約によって定まるものであるが、特段の事情のない限り、依頼者の権利義務に重大な影響を及ぼす方針を決定し実行するに際しては、あらかじめ依頼者の承諾を得ることが必要であり、その前提として、当該方針の内容、当該方針が具体的な不利益やリスクを伴うものである場合にはそのリスク等の内容、また、他に考えられる現実的な選択肢がある場合にはその選択肢について、依頼者に説明すべき義務を負うと解される」と説明している。

4 会社再建の判断と事業継続（仕入継続）判断の関係

(1) 通常の取引における仕入継続への対応

破綻直前の会社からその処理を任された弁護士として、一定の時間を費やして当該会社の再建を模索し、又はその準備を実施することは必要不可欠である。本設問は、そのような場合、その期間中に事業は継続しており、支払不能により弁済ができない危険の高い仕入れが継続することになるが、これを黙認することが許されるのか、という問題提起である。

しかしながら、依頼者からの委任事項である会社再建について検討を行う場合、会社が通常の範囲内の取引を継続することはやむを得ないのであり、特段の問題も生じ得ないと考える。すなわち、委任を受けた弁護士は会社再建の途を探ることを目的として委任を受けており、会社の事業活動を停止するような行動をとることは会社再建の目的に反する結果となる危険が高いことになる。もし、それらの仕入れをストップさせ、事実上、事業を一時中断させることまでした場合

98　第2章　Q&A編

には、事業の関係者に多大な迷惑をかけることとなり、会社としても多大な損害を被ることになるほか、事情を知らない従業員が不審に思い、また取引先においても不審に思うことに至って、予期せずに会社倒産等の風評が流れてしまい、法的倒産手続への準備がままならない状態において取り付け騒ぎなどの混乱が先に生じてしまう危険性も大きい。

したがって、このような場面において、委任を受けた弁護士において、特段に取引継続を中止するよう会社に求める等の行動をする義務が生じていないことについては異論がないものと思われる。

(2) 通常の取引とは異なる内容の仕入れ（高額な取引等）への対応

次に、通常の取引とは異なり、著しく高額な仕入れを行う場合についてどのように対応すべきであるか、が問題となる。田原補足意見において、「その裁量権の行使に当たっては、専門家としての善管注意義務を尽くして行使すべきものであって、その行使の際に専門家として通常考慮すべき事項を考慮せず、あるいはその行使の内容が、専門家たる弁護士が行うものとして社会的に許容される範囲（それは、弁護士倫理上許容される範囲と必ずしも一致するものではない。）を超え、その結果依頼者外の関係者の権利を侵害するに至る場合には、善管注意義務違反が問われることとなる」と述べられているところの、第三者の権利を侵害し、弁護士は善管注意義務違反が問われることになるのか、が問題となる。

しかしながら、通常の仕入れでなくても、例えば、非常に重要な取引において当該高額な仕入れが必要不可欠であり、かつ仕入れを延期するような時間的余裕がないという場合に直面することも少なくなく、そのような場合には、仕入れを継続せざるを得ない場合もある。この場合の取扱いについては、高度な判断を要するものであるが、委任を受けた弁護士には、状況判断について一定の裁量のなかで対応することが許容されるべきであり、一概にどのように判断し行動することが正解であるとするような形式的な判断は難しいものと思われる。前記の田原補足意見においても「一般に弁護士の受任する法律事務の遂行においては、弁護士業務の専門性との関係上、委任契約に特段の定めがない限り受任者たる弁護士に一定の裁量権が認められていると解することができる」と述べられ、大橋補足意見でも「法律事務を受任した弁護士には、法律の専門家として当該事務の処理について一定の裁量が認められ、その範囲は委任契約によって定まるものであ

る」と述べられているところであり、高度の専門性に基づく裁量が認められているなかで対処しなければならない場面である。

そのような裁量がある前提において、専門家である弁護士の判断の方向性としては、再建可能性の判断と買掛債務への支払困難性の判断との比較において、再建可能性が低いと判断した時点で、買掛債務への支払困難性が一定程度高まっているのであれば、早期に破産手続開始の申立てを行ってそれ以後の買掛債務が増えることと防止すべきことになり、他方、再建可能性が高い状況においては、買掛債務の決済困難性が一定程度見込まれる状況となったとしても、再建に向けて事業を継続することを選択せざるを得ない状況もあり得ると考えられる。

しかしながら、このように弁護士に一定の裁量が認められるべき場面においても、依頼者に対してその判断の内容について説明し、メリットとデメリットについても説明をした上で、方針について了解を得ながら進めていく必要があることは当然である。また、高額な仕入れを先延ばしにすることができるのであれば、そのような対応を行い、たとえ会社が再建に向けて再生手続開始申立てを行うに至ったとしても、開始決定後に仕入れを行うことによって当該債権を共益債権とし、高額な被害を当該債権者にのみ負担させる事態を回避することが可能な場合もあるため、そのような方策も検討する必要がある。

5　会社再建の可能性がない場合の事業継続（仕入継続）判断

(1)　説明の内容

会社代表者の破産処理への意思が固いため再建策を改めて検討する必要がない場合や、再建策を検討してみたものの、結局は破産を選択するしか方法が残されていない場合には、事業の継続をいたずらに長引かせることによって、決済ができない仕入債務を増やすことは相当ではないため、早期に事業の停止を検討する必要がある。

本設問においては、会社代表者は破産の決意を固めているものの、創業者である先代が感情的に反対することもあり得る。その説得のために予想外に時間を要することとなり、その間において買掛債務が増加しつつある状況も考えられる。

このような場合、委任を受けた弁護士としては、破産の申立てを早期に適切に行う場合とその申立てが遅くなった場合におけるメリットとデメリットを説明

し、申立てが遅くなった場合には資金が枯渇する危険が高く従業員の退職金についても支払ができなくなってしまうこと、買掛債務が増えればそれだけ取引先に迷惑をかけてしまうこと、支払ができないことが確定的になった時点においてまでも仕入れを漫然としてしまった場合には、刑法における詐欺罪等に問われるリスクが生じかねないこと等を説明し、早期に破産の申立てをすることが相当である旨を説得することになる。

(2) 対応策

　早期に事業を停止して破産することを各役員に対して説得したとしても、取締役全員の同意を得られなかった場合には、弁護士は次なる方法として、取締役会決議が可能であれば決議を行い、その決議をもって破産手続開始申立てをすることを説明することになる。取締役会が開催できなかったり、議案が否決されてしまったりする状況である場合においては、取締役としての地位から準自己破産の申立てを実施することができることを説明し、その検討を行うことになろう。

　なお、取引先から受けている仕事の完成が間近であり、そのための仕事にはそれほど費用はかからない、というような状況である場合には、当該仕事を完成させてから事業を停止して申立てを行う方が円滑な清算に資することもある。この場合においても、できるだけ仕入れを行わないように配慮し、また可能であれば掛け買いではなく即時決済での仕入れを行うなど、新たな破産債権を増やさないようにする努力を払う必要がある。

〔髙井章光〕

5 偏頗行為

Q8 情誼のある債権者への弁済

　会社から破産手続開始申立ての委任を受けて申立てを準備中ですが、社長から、恩借をしている友人や、「絶対に迷惑をかけないから」といって直前の借入れについて連帯保証をしてもらった親族に迷惑をかけたくないから、その友人と、その借入先にだけは弁済したいと相談されました。代理人として、他の債権者との衡平を害するし、破産手続開始決定後に破産管財人から問題視されて、友人や親族にかえって迷惑をかけることになるかもしれないので、そのような返済はしない方がよいとアドバイスしました。しかし、社長は、その後、友人や借入先に弁済をしてしまったようです。申立代理人として、どのようにすればよかったのでしょうか。預金通帳や印鑑まで預かるべきだったのでしょうか。

1　否認対象行為の防止に関する申立代理人の責務

　破産手続は、債権者その他の利害関係人の利害及び債務者と債権者との間の権利関係を適切に調整し、もって債務者の財産等の適正かつ公平な清算を図ることを目的としている（破産法1条）。申立代理人は、債務者から破産手続開始申立ての委任を受けることにより、委任の本旨に従って債務者の利益を擁護する職責を負うところ、この委任の本旨とは、まさに上記の「債務者の財産等の適正かつ公平な清算を図る」という破産手続の目的に沿って、債務者を指導・監督し、申立ての手続を進めることにあるものと理解される[1]。

　この点、本設問のような特定の債権者に対する偏頗弁済は、破産法上、否認対象行為とされ（162条）、かつ、破産犯罪にも該当し得るもの（266条、277条）とされている。このように、偏頗弁済は、破産法の目的に反する不適切な行為であるから、申立代理人は、上記の職責に鑑み、偏頗弁済を防止する責務を負ってい

1　伊藤眞・本書理論編26頁は、申立代理人は、委任事務の本旨に従い、債務者が破産手続の利用によって期待する利益、すなわち、破産手続開始時の自らの総財産を総債権者に対し公平に分配し（公平分配利益）、併せて破産免責を取得する利益（免責利益）を実現するように努める義務を負うとする。

102　第2章　Q&A編

るといえる[2]。

実際、破産の申立てを受任した後、債務者会社の代表者に漫然と財産の保全管理を任せていたところ、代表者が偏頗弁済するなどして債務者会社の財産が散逸してしまった事案について、申立代理人の損害賠償責任を認めた裁判例[3]があるので、注意を要する。

2　偏頗弁済の防止のための具体的な措置

(1)　否認制度と刑事罰の説明

債務者[4]が近親者等に迷惑をかけたくないとの一心で偏頗弁済に及んだり、近親者等からの要求に抗しきれず偏頗弁済に応じてしまったりすることは、経営破綻の状況下においては起こりがちな事象である。

しかし、上記のとおり偏頗弁済は否認対象行為であるから、破産管財人の否認権行使によって弁済の効果が覆滅され、かえって弁済先に迷惑をかけることになる上、何より、偏頗弁済は破産犯罪として刑事罰の対象にもなり得る行為でもある[5]。法律知識の乏しい債務者が、こうした非違行為である旨の認識のないまま偏頗弁済に及ぶことも少なくないので、申立代理人は、最低限の責務として、債務者に対して上記の点を十分に説明しておくことが必要である。

この場合、申立代理人は、債務者が法律に疎い一般人であることに留意して、どのような行為が偏頗弁済に該当するのか具体的に理解させるとともに、偏頗弁済が債務者本人や弁済先を含むすべての関係者にとっていかに有害無益な行為で

2　公平誠実義務（弁護士法1条2項、30条の2第2項、弁護士職務基本規程5条）を負う弁護士たる申立代理人は、弁護士法1条2項の規定に基づいて、直接、債権者に対して否認対象行為の防止を含む財産散逸防止義務を負うとする見解もあるが（松下祐記「再生債務者代理人の地位に関する一考察」伊藤眞先生古稀祝賀『民事手続の現代的使命』1071頁以下（有斐閣、2015年））、このような法的義務を否定する見解が多数説である（伊藤眞ほか『条解破産法〔第2版〕』157頁（弘文堂、2014年）、田原睦夫＝山本和彦監修『注釈破産法(上)』114頁〔小林信明ほか〕（金融財政事情研究会、2015年））。ただし、債権者に対する法的義務の有無はいずれにせよ、申立代理人は、その責務として、債務者が偏頗弁済などの債権者の利益・平等を損なう行為をしないよう指導し、財産保全に努めるべきであることに異論はみられない。

3　東京地判平21.2.13（判時2036号43頁。**本書判例評釈6**〔籠池信宏〕）、東京地判平25.2.6（判時2177号72頁。**本書判例評釈2**〔野村剛司〕）、東京地判平26.4.17（判時2230号48頁）。

4　以下、特に断りのない限り、債務者会社の代表者を含む趣旨で「債務者」と称する。

5　個人債務者の場合は、免責不許可事由にも該当するおそれがある（破産法252条1項3号）。

Q8　情誼のある債権者への弁済　　103

あるかを、債務者が得心するまで噛んで含めるように説明を尽くすことが求められる。

債務者の注意喚起を促す意味では、上記の説明内容を記した書面を債務者に交付し、その控えに同内容の説明を受け理解した旨の確認のサインを徴求しておくことも考えられる[6]。

(2) 預金通帳・キャッシュカード・印鑑等の預り保管

他方で、債務者に対する上記の説明を行っていたとしても、場合によっては、必ずしも申立代理人の責務を尽くしたことになるとは限らない。実際、前記東京地判平21.2.13は、申立代理人が偏頗弁済をしないよう注意を与えていた場合であっても、「財産的危機状況にある債務者は、偏頗弁済や私消を行いがちなものであるから、注意を与えた程度ではこれらが行われるおそれは解消しない」と判示して、申立代理人の損害賠償責任を認めている[7]。前記東京地判平25.2.6も、「破産会社の預貯金通帳等を申立代理人において預かること、あるいは、申立代理人の開設にかかる破産会社の財産管理用の預り金口座に預貯金、現金等の入金を行うこと等の具体的な指示説明を行う必要があった」旨判示して、申立代理人の責任を認めている。

したがって、申立代理人としては、債務者の態度その他の状況から偏頗弁済がなされる現実的なリスクがある場合には、単なる説明・指示にとどまらず、債務者から預金通帳やキャッシュカード、印鑑等を預かったり、申立代理人名義の預り金口座を開設し、同口座に現預金を入金させて預かり保管したりするなど、あらかじめ偏頗弁済を防止するための方策を講ずることも検討すべきである[8]。

(3) 資金収支の把握・管理

ただし、申立代理人が債務者から破産手続開始申立ての依頼を受けたとしても、実務処理上、直ちにすべての資金決済を凍結する措置を講ずることが通例で

6　野村剛司編著『法人破産申立て実践マニュアル』197頁〔林祐樹〕（青林書院、2016年）。なお、このような確認書を債務者から徴求したとしても、それだけで申立代理人の責務を尽くしたことにならないことは、いうまでもない。

7　ただし、同裁判例は、申立代理人が破産手続開始申立ての受任通知を債権者に発信した後、債務者の財産保全にまったく関心を払わないまま2年間も申立てを放置したという事案であり、事例判断としての色合いが濃く、必ずしも同裁判例の判断内容が一般化できるわけではないと考えられる。

あるというわけではなく、通常どおり事業を継続しつつ、タイミングを見計らいながら、同時並行的に申立ての準備を進めることが少なくない[9]。このような場合においては、通常業務にかかる資金決済の必要上[10]、申立代理人が預金通帳等を預かることは困難で、債務者に資金出納業務を委ねざるを得ないことが多々ある。

こうしたケースでは、申立代理人において、しかるべき統制手続（チェックシステム）を設定することによって、債務者の資金収支を把握・管理することを検討すべきである[11]。一例として、債務者から事前に資金繰り予定表などの提出を受けるとともに、随時、収支実績や現預金残高との照合を行うなどの方法によって、資金収支を把握・管理することなどが考えられる。

資金管理がルーズな状況下においては、偏頗弁済がなされる危険性も格段に高くなる。申立代理人としては、まずは、債務者の現金出納管理・預金管理の状況を把握すべきであろう。その上で、偏頗弁済の現実的なリスクがあると判断される場合には、これを防止するために有効となる適切な統制手続を設定することによって、債務者の資金出納業務を自らの監視下に置くことが肝要である。

(4) 迅速な申立て

経営破綻後は債権者の取立てが強硬になることもあるし、当然のことながら、

8　中山孝雄＝金澤秀樹編『破産管財の手引［第2版］』27頁（金融財政事情研究会、2015年）、日本弁護士連合会倒産法制等検討委員会編『倒産処理と弁護士倫理』45頁〔石岡隆司〕（金融財政事情研究会、2013年）。この点、髙木裕康「受任通知と申立代理人の責任〈特集2　破産手続申立代理人の権限とその責務をめぐる諸問題〉」自正2017年3月号40頁は、破産手続開始の申立てに伴う多くの業務があるなかで、申立代理人と債務者との間で役割分担することは必ずしも不合理なわけではなく、債務者が申立代理人の指導を軽視しているとか、誠実さを疑わせる言動があるなどの特段の事情がない限り、債務者を信頼し預金通帳等の保管を委ねたとしても、それだけでは保全措置として不合理とはいえないとする。なお、通帳や印鑑の保全に関して、本書Q16〔野村剛司〕参照。

9　弁護士が債務者から依頼を受けた直後の段階では、いわゆる手続選択の問題（清算型か倒産型か、場合によっては私的整理の選択もあり得るだろう）もあり、破産するか否かも未確定であることが多いといえる。

10　支払不能前の通常の期日弁済がこれに該当する。これに対して、本設問のような期日前弁済を含む非義務的・非通例的弁済は、支払不能前であっても否認対象行為となるおそれがある（破産法162条1項2号）。なお、受任通知発送後であったとしても、未払給与など優先権のある債務や、同時交換的取引にかかる債務の支払は、許容されるものと解される。

11　このような統制手続（チェックシステム）を設定することで、債務者に対する牽制機能が働くため、偏頗弁済の予防措置として一定の効果が期待できる。

破産手続開始申立てまでの期間が長ければ、それだけ偏頗弁済のリスクは高まる。

　したがって、偏頗弁済のリスクを軽減するために、申立代理人としては、依頼者から依頼を受けた後、できるだけ速やかに申立てをする必要がある。

　債務者が行った偏頗弁済について申立代理人の損害賠償責任を認めた前記東京地判平21.2.13の事案は、申立代理人が破産手続開始申立てに関する受任通知を債権者に発信した後、2年間も申立てを放置したというものである。このような申立ての著しい遅滞が、申立代理人の責任原因の判断に当たって特に重視されたものと理解され、注意が必要である。

3　申立代理人の責務の二面性：行為規範レベルと責任規範レベルの区別

　以上のとおり、申立代理人は、偏頗弁済を防止するための責務を負っているところ、申立代理人の責務は、行為規範レベルの責務と、損害賠償責任の前提となる責任規範レベルの責務の、二面的な側面があり、両者は区別して捉えられなければならない[12]。上記 2 の措置は、あくまでベストプラクティスであり、行為規範レベルの責務として要請されるものであるから、かかる措置を講じなかったとしても、これをもって直ちに偏頗弁済による債務者財産の毀損について申立代理人の損害賠償責任が帰結されるわけではないと解される[13]。

　責任規範レベルの責務としての、いわゆる財産散逸防止義務に係る申立代理人の責任原因の有無については、個々の事案における具体的な諸事情、すなわち、申立受任後の事務処理状況がどのような段階であったのか（受任通知発送の前か後か等）、偏頗弁済の予見可能性の有無、偏頗弁済の結果回避可能性の有無等を総合判断した上で認定されるべきであると解される[14]。

12　中井康之・本書はじめに 5 頁、伊藤ほか・前掲注 2 ・157頁参照。
13　桶谷和人（司会）ほか「《パネルディスカッション》法人破産における申立代理人の役割と立場〈特集　破産申立代理人の地位と責任〉」債管155号35頁〔髙木裕康発言〕、37頁〔服部敬発言〕（2017年）。
14　桶谷ほかパネルディスカッション・前掲注13・38頁〔中山孝雄発言〕。なお、伊藤・本書27～28頁は、「破産者が破産者代理人の説明を無視し、又は説得に従わず、財産を散逸するなどの行為をしたときは、自ら公平分配利益や免責利益を放棄したものとみなされるから、破産者代理人が破産者に対して債務不履行責任や不法行為に基づく損害賠償責任を負うことはなく、また、それを破産管財人から追及されることもあり得ない」とする。

ただし、偏頗弁済の防止を含む債務者財産の保全は、破産財団の確保や債権者その他関係者の利益に直結するものであり、申立代理人が負っている責務のなかでも特に重要性の高い責務として位置づけられることから、細心の注意を払って最善を尽くすよう努めなければならないことはいうまでもない。

4　偏頗弁済が判明した場合の対応

(1)　事実関係の確認・関係証拠の確保

　偏頗弁済が判明した場合、申立代理人としては、債務者から弁済の経緯その他の事実関係を聴取し、関係証拠の収集、確保を図る必要がある。その上で、弁済対象債務の約定支払日、支払不能の時期等を踏まえて、否認該当性を検討することとなる。

(2)　原状回復

　否認要件を充足すると判断される場合、申立代理人としては、可能な範囲で[15]、弁済先に対して、否認対象行為であることを説明の上、偏頗弁済金の任意の返金を求めることになる。

(3)　裁判所に対する報告等

　弁済先から偏頗弁済金の返金を得られない場合、申立代理人としては、偏頗弁済のあった事実を裁判所に報告し、破産管財人に事後対応を委ねることとなる。この場合、破産管財人が弁済先からの回収事務に早期に着手できるよう、速やかに関係証拠の引き継ぎを行う必要がある。

　後記(4)のとおり、破産者のみならず申立代理人自身も破産管財人等に対する説明義務を負っているので（破産法40条1項2号）、留意しなければならない。

(4)　債務者の説得

　債務者からは、時として、裁判所に対して偏頗弁済の申告をしないよう懇願されることがある。しかし、債務者が破産手続開始申立ての審尋等において説明拒絶や虚偽説明をした場合には、罰則の適用がある（破産法271条、277条）。また、破産手続開始後は、破産者、代表者及び申立代理人は、破産管財人等に対する説

---

[15]　申立代理人としては、迅速な申立てを優先すべきであり、偏頗弁済金の任意の回収に時間を要するようであれば、破産手続開始後の破産管財人による管財業務に委ねざるを得ない（日本弁護士連合会倒産法制等検討委員会編・前掲注8・48頁〔石岡〕）。

Q8　情誼のある債権者への弁済　　107

明義務を負い（同法40条1項）、これに違反して説明拒絶や虚偽説明をした場合にも罰則の適用がある（同法268条1項）。申立代理人としては、上記の義務と罰則の適用があることを債務者に説明して、裁判所に対する事実関係の申告が不可欠であることを理解させる必要がある。また、破産管財人による偏頗弁済金の回収に協力するなどして、できるだけ誠実に対応するよう債務者を説得すべきである。

(5)　辞任等の措置の検討と留意事項

　債務者が説得に応じず、裁判所に対する事実関係の申告を了承しない場合には、申立代理人は、守秘義務[16]と説明義務[17]の両義務間で深刻なジレンマを抱えることになる。このような場合、申立代理人としては、辞任等の措置を検討せざるを得ない[18]。

　ただし、最終的に辞任せざるを得ないとしても、申立代理人が辞任することで、債権者による債権回収行為が激化するなどの不利益が債務者に生じるおそれがあることから、申立代理人としては、事前に辞任による不利益を債務者に説明する等の適切な措置を講じる必要がある[19]、[20]。

　また、債権者に対して受任通知を発出した後に辞任する場合には、申立代理人は、債権者に対しても辞任の通知をする等、債務者との委任関係の解消を踏まえた適切な事後措置を講じる必要がある。なお、申立代理人は、前記のとおり守秘義務を負っているので、辞任の通知等に際しては、その具体的理由を明らかにすることはできないと解される。　　　　　　　　　　　　　　　　　〔籠池信宏〕

---

[16]　弁護士たる申立代理人は、守秘義務（弁護士法23条）を負っているので、債務者の了承を得ないまま、偏頗弁済の事実を裁判所や破産管財人に告知することは、守秘義務との関係で問題を生じる（日本弁護士連合会倒産法制等検討委員会編・前掲注8・49頁〔石岡〕参照）。

[17]　上記(3)のとおり、申立代理人自身も破産管財人等に対する説明義務を負っていることから、偏頗弁済の事実の説明拒絶は、守秘義務に基づく違法性阻却の余地があることを別とすれば、外形的には義務違反行為に該当すると目される。

[18]　弁護士職務基本規程43条、日本弁護士連合会倒産法制等検討委員会編・前掲注8・49頁〔石岡〕、野村編著・前掲注6・199頁〔林〕。

[19]　日本弁護士連合会倒産法制等検討委員会編・前掲注8・73頁以下〔石岡隆司＝森晋介〕。

[20]　東京地立川支判平23.4.25（判時2117号28頁）は、債務整理事件を受任した弁護士の辞任時の処理に関して、依頼者に対する後見的な見地からの配慮が求められるとした上で、「弁護士と依頼者との間で信頼関係の維持に問題が生じた場合でも、できるだけ信頼関係の回復に努め、適切な説明で依頼者にその事態を理解させ、今後の対処法を検討させる機会を保障した上で辞任等の措置を取るのが相当である」と判示する。

Q9 担保権者への返還

　破産手続開始申立てを準備中ですが、動産売買先取特権の対象動産について売主から返品を求められています。返品しても問題ないでしょうか。また、逆に、適正な価格で買ってくれる顧客等の第三者がいる場合、引渡しの要請を無視して売却し、現金化してもよいでしょうか。

　所有権留保の目的物やリース物件について引渡しの要請があった場合は、どうすればよいでしょうか。

1　動産売買先取特権の目的物

(1)　原則として返還には安易に応じない

　債務者が財務的に窮境にあることや破産手続開始申立てを準備中であることが知られると、動産の売主から動産売買先取特権の対象動産について返品を求められることがある。こうした場合、特に債務者本人（経営者）は代金を支払っていない負い目もあってそのまま求めに応じて返還してしまうことがある。

　しかし、財団の増殖や債権者間の公平等の見地から、少なくとも現在の破産管財実務を前提とする限り、破産法の趣旨を考慮した望ましい実務の在り方という観点からすれば、動産売買先取特権の目的物を安易に売主に返還してしまう処理は問題がある。

　まず、動産売買先取特権（民法311条5号）は、例えば不動産を目的物とする抵当権のような担保権と比べて、担保権者の公示が完全ではなく、債務者がその目的である動産をその第三取得者に引き渡した後は行使することができない上（同法333条）[1]、他の先取特権や質権に劣後する（同法330条1項、334条）。特に、債務者が目的物を第三者に引き渡した後は行使できないとされている点が重要で、民法333条が実務的に意味するところは、動産売買先取特権は差押えをするまでは

1　民法333条の「引き渡し」には占有改定が含まれるため（大判大6.7.26民録23輯1203頁）、目的物が物理的に債務者の管理下にあるからといって動産の売主による先取特権が及んでいるとは限らない。

Q9　担保権者への返還　　109

弱い担保権であるということになる。その上、目的動産を買主の協力なしに差し押さえることも容易ではなく、現に、動産売買先取特権の実行を容易にする平成15年の民事執行法改正後も、動産売買先取特権に基づく動産競売開始の申立件数は非常に少数にとどまっている。

上記に示したような動産売買先取特権の特性から、破産手続が開始されると、就任した破産管財人は動産を直ちに、かつできるだけ高く換価し、回収した代金を全額財団に組み入れようとすることが通常である。この際に代金債権上に売主による物上代位（民法304条）がなされないよう、代金債権を残さない、つまり動産の引渡しと同時に代金を回収するのがノウハウとされている[2]。

そうすると、破産管財人による第三者への売却が予想される以上[3]、申立代理人としては動産の売主による求めに安易に応じることなく、迅速に破産手続を申し立てて動産の管理を破産管財人に引き継ぐべきことになろう。確かに、動産売買先取特権の目的物を売主に返還する行為は債権者を害する行為にはならない（否認権行使の対象とならない）とする最高裁判例は存在するが[4]、だからといって（むしろ、否認権では解決できないからこそ）破産管財人が開始決定後に当該目的物を換価し、財団に組み入れる機会を失わないようにする必要がある。

さらに、破産管財人の選任まで待たず、顧客が離反しないうちに売却してしまった方が有利な価格で現金化できることが見込まれる場合には、現金化した上で破産管財人に引き継ぐことも選択肢となろう。上記のとおり、民法333条により、債務者がその目的である動産をその第三取得者に引き渡した後は行使することができない。

もっとも、将来選任される破産管財人の換価方針を予想し、予想される換価方

2　東京地裁の実務でも、動産売買先取特権の対象動産といえども破産管財人は適法に売却できることを前提に、代金債権への物上代位を避けるために「代金の支払と引換えに売却することが望ましい」とされている（中山孝雄＝金澤秀樹編『破産管財の手引［第2版］』181頁（金融財政事情研究会、2015年））。

3　動産売買先取特権を担保権として売主を保護した法の趣旨を重視する立場からは、このような実務に批判がないわけではない（髙木裕康（司会）ほか《パネルディスカッション》倒産と担保」NBL1027号21頁以下〔権田修一発言〕及び〔杉本純子発言〕（2014年）参照。実務の傾向を述べたものとして、同文献の〔小畑英一発言〕も参照）。

4　最一小判昭41.4.14（民集20巻4号611頁）。ただし、転売先から取り戻した動産を売主に対して代物弁済に供する行為は否認の対象になるとした判例（最一小判平9.12.18民集51巻10号4210頁）にも注意したい。

110　　第2章　Q&A編

針の妨げにならないよう破産管財人からの具体的な要請もない時期から申立人の資産を管理し、引き継ぐ法的義務まで申立代理人にあるとまではいえないと思われる。

(2) 債務者が返還を希望する場合

売主に対して責任を感じているなど、依頼者である債務者の意向又は事情により、返還を希望されることがあり得る。申立代理人としては破産管財人の判断に委ねたいと考えていたとしても、目的物を返還したいという依頼者の意向が明確な場合もあろう。このような場合、申立代理人としては、破産管財人との良好な関係が築きにくくなるという負の側面も説明することで、専門家として依頼者に十分な判断材料を提供すべきである。

(3) 返還しても問題が少ない（かえって望ましい）場合

破産管財人に承継したとしても破産管財人が有利に換価することはほぼ不可能と思われる動産もある（典型例として生鮮品等）。このような場合は、望ましい実務の在り方という観点からしても早期に売主に返還するのが妥当な場合もあり得る。早期に返還した方が破産債権の総額を抑制して、結果として弁済率が上がり、他の債権者にも有利になるからである。

目的動産が生鮮品等ではなくても、すでに売買契約が解除又は合意解約されて所有権に基づく返還請求権（又は原状回復請求権）が売主に明白に認められる場合もまた、返還して問題になることは少ないと思われる（所有権留保の場合については後記 **2** を参照）。

(4) ま と め

以上のとおり、動産売買先取特権の目的物の返還については、事案ごとに望ましい実務の在り方は異なってくるので、事案に応じた適切な判断が必要である。破産財団に対する義務という考え方[5]も参考にしつつ、委任契約と破産法の趣旨を踏まえた専門家としての判断をすることになると思われる。

ただし、現時点での実務の理解によれば、破産者や破産管財人の協力なしには別除権として行使することが極めて難しい動産売買先取特権の目的物について

5　桶谷和人（司会）ほか「《パネルディスカッション》法人破産における申立代理人の役割と立場〈特集　破産申立代理人の地位と責任〉」債管155号28頁以下〔服部敬発言〕（2017年）参照。

は、換価前に差し押さえられない限り破産管財人が換価して破産財団の増殖に役立てるという在り方が、破産法が予定する破産財団形成の原則的な態様といえよう。そうであれば、破産法の利用を決めた申立人やその代理人は、申立前にあっても処分権をまったく自由に行使してよいわけではなく、事案ごとの特殊性には配慮しながらも、自らが求めている破産手続において予定されている財団形成に協力することが求められるということになろう。

2 所有権留保の目的物

(1) 破産管財人は別除権（又は取戻権）として扱うのが通常

所有権留保の目的物について、所有権を留保した売主から返還を求められたときはどうか。

前記1で、破産管財人は動産売買先取特権の目的動産については第三者に売却して代金を全額財団に帰属させるのが通常の実務であると述べた。これに対して、所有権留保の場合は別除権として扱い、「別除権の目的である財産を受け戻した上で任意売却し、破産財団を増殖させることが可能である」が、任意売却しても「破産財団にプラスにならないことの方が通常であろう」から、取戻権を承認して目的物を引き渡すという方法もとり得るとされる[6]。

そうだとすると、申立代理人としては、留保所有権者から返還を求められた場合、任意売却による財団の増殖が難しそうな場合にはこれに応じても問題はないということになるようにも思える。法定担保権である動産売買先取特権と異なり、約定担保権である留保所有権については契約上の担保価値保存義務や返還義務を負っていると解されることも、返還する方向に働く[7]。

(2) 破産管財人に対する対抗要件や清算義務の確認は必要

(1)のとおり、破産管財人は留保所有権を別除権（換価による財団の増殖が難しい場合は取戻権）として扱うことが実務では多いと思われる。

しかし、破産管財人は、所有権留保が売主から主張された場合、別除権者たる当該売主の協力を得て財団の増殖を得ることが可能かどうかという点だけをみているわけではない。所有権留保の成否に続いて、民法178条にいう「第三者」で

6 　中山＝金澤編・前掲注2・217頁。
7 　もっとも、法定担保権について担保価値保存義務が生じないということではない。

ある破産管財人に対して留保所有権を主張する者が対抗要件を具備しているかを検討することになる。そして、留保所有権が自らに対抗できない場合は、引渡しを拒絶し、財団に帰属する動産として自ら換価する途を探ることとなる。また、清算義務がある場合も同様で、清算義務に関する合意が成立するまでは引渡しを拒む場合もあり得る。

今日、破産管財人の第三者性はほぼ争いのないところであるから、かかる破産管財人の実務は、やはり破産法が予定している財団形成の在り方といってよかろう。そうすると、破産手続の利用を決めた申立人や、それを専門的な見地から支援する立場にある申立代理人は、対抗要件を備えていない、又は清算義務を負っている留保所有権者に対して、当事者であるからという理由のみによって対抗要件を問題とせずに返還したり、清算義務の範囲について独自の判断をした上で返還したりするのは望ましくなく、速やかに破産手続開始の申立てを行い、判断を破産管財人に委ねるべきということになろう。留保所有権を破産管財人に主張するには対抗要件を具備していることが必要である以上、当事者間（留保所有権者と債務者の間）では対抗要件の問題は生じないという点は、破産法が予定している財団形成という見地からは必ずしも返還を正当化する十分な根拠にはならないと思われる。当事者でありながら返還を拒否する申立人（申立代理人）は対抗要件を理由として拒むわけではないからである。

(3) 返還しても問題が少ない（かえって望ましい）場合

1 で述べた生鮮品の例のように、早期に返還した方が換価価値の維持という観点からむしろ望ましいことがある点への配慮も当然必要である。

(4) 返還要請があった場合、第三者への申立前の売却は避ける

最後に、契約上の要件を充たしている留保所有権者が明確に返還を求めているにもかかわらず第三者に目的物を売却してしまうのは、民事・刑事上の責任を発生させかねないので、避けるべきであろう。

(5) 参考：譲渡担保権の場合

設問からはやや離れるが、特に権利者の対抗要件具備や清算義務を確認する必要がある点は、破産者の譲渡担保権が設定されている場合も同様である。動産に関する公示制度の不完全さゆえに、実務では二重三重に譲渡担保権が設定されている場合もあり、劣後する権利者に目的物を引き渡してしまうことがあり得るの

で、申立代理人としては特に注意が必要である。

3 リース物件

(1) 破産管財人は返還に応じることが通常

最後に、ファイナンス・リースの目的物についてリース会社から返還を求められたときはどうか。

ファイナンス・リースの場合も所有権留保と同様に、破産管財の実務において別除権として扱われる[8]。所有権留保との違いは権利者が破産管財人に対して別除権を主張するのに対抗要件を要しない点である[9]。また、破産管財人が金銭の支払を要求するという意味での清算義務が認められることもほぼない[10]。

したがって、破産管財人としては、リース債権者から目的物返還を求められた場合は応じるのが通常である。よって、リースの目的物については、特段の理由がない限り、申立代理人がリース会社に返還しても問題ない場合が多かろう。

(2) 返還する場合の注意点

ア 多重リース

このように、リースについては返還しても問題がない場合も多いが、注意を要する例として、困窮した債務者が二重リースを組んでいる場合がある。

実務では、破産管財人の選任後、破産者代表者が黙秘していた二重リースが破産手続開始決定の公告等を契機として発覚することもあり得る。二重三重にリースが設定されていた場合、申立代理人としては、知らずに真の権利者とは異なる者に目的物を「返還」してしまうことがあり得るので、注意が必要である。

イ 管財業務における目的物の必要性

担保権の法的な処理とは別次元の実務的な問題として、破産管財業務のために短期的にリース物件が必要となる場合がある。典型例としては、会計ソフトがイ

---

8 中山＝金澤編・前掲注2参照。

9 リース会社が別除権を主張するのに対抗要件を要しないのは、リース契約では通常、物権変動が予定されていない（物権変動を目的とする契約ではない）ことから、民法178条の問題ではないというのが端的な説明になろう。権利保護要件としての（リース会社への）引渡しもリース契約では通常観念できない。

10 リース契約では清算義務が認められないという趣旨ではない。リース期間満了時の残存価値と返還時の目的物の価値との差額は残リース料債権に充当されるので、この意味での清算義務は生じる（中山＝金澤編・前掲注2、最三小判昭57.10.19民集36巻10号2130頁参照）。

114　第2章　Q&A編

ンストールされたコンピュータがリース物件であり、税務申告や資産・債務の調査のためには当該コンピュータに保存されているデータやアプリケーションソフトが不可欠という場合である。このような場合も、安易に返還に応じてしまうと破産管財業務に重大な支障を来すことになるので、申立代理人としては注意が必要である。

ウ　引揚げ費用

引揚げ費用の負担について問題となることもあり得る。申立代理人としては、引揚げの費用負担について破産管財人がリース会社と交渉する場合があることと、早期の引揚げに応じることによる利益（清算、すなわち相殺を通じたリース会社債権の減額等）を踏まえた上で対応することが望ましいといえる。

以上のとおり、申立代理人としては、業務上の必要性や契約関係等を精査せずに安易にリース物件の返還に応じるのは好ましくない場合があるので、注意したい。

(4)　申立前の第三者への売却は避ける

リース物件であることを知りながら、又は知り得る状態であるのに第三者に売却してしまうと、申立代理人の損害賠償責任が生じることにもなりかねないので厳に避けるべきである。

〔柴田義人〕

Q10 重要仕入先への返済

　会社の民事再生の申立てを準備中ですが、申立後にも事業の継続のために必要不可欠な商品を円滑に仕入れることができるようにとの理由で、社長は、重要な仕入先に未払代金を支払いました。事前に相談があったのですが、社長の話によれば、支払をしないまま民事再生の申立てをしても、そこからの仕入れが止まれば、会社の事業継続は不可能になるとのことでした。申立代理人として、社長に対して、偏頗弁済になるのでやめた方がよい、重要な仕入先については少額債権の弁済制度により支払えるかもしれないと説明したのですが、「裁判所の許可は必ず取れるのか」と逆に質問され、「それは裁判所の判断次第になる」と回答していました。申立代理人となる弁護士としては、どのような対応をすべきだったでしょうか。

1　再生申立代理人の申立準備段階における役割と職責

(1)　再生申立代理人の申立準備段階における役割

　本設問は、民事再生の申立てを準備中の会社が、申立代理人弁護士のアドバイスに反して、申立直前に再生手続開始申立後の事業継続に必要な重要な仕入先に対して偏頗弁済が疑われる未払代金の弁済をしたという事案である。

　再生債務者の代理人は、再生手続が開始された場合には、公平誠実義務を負う再生債務者を代理して、債権者に対して公平かつ誠実に代理人としての職務を遂行しなければならないと解されている[1]。しかし、いったん再生手続が開始されると、再生債務者には公平誠実義務が課されることや否認・相殺禁止の規範が適用されることを踏まえ、再生手続開始前の申立準備段階にあっても、申立代理人は、再生債務者が公平誠実義務や否認・相殺禁止規範に反する行為をしないよう、再生債務者に対して適切な助言や指導等を行うべきものと考えられる。

1　才口千晴＝伊藤眞監修『新注釈民事再生法［第2版］(上)』195頁〔三森仁〕（金融財政事情研究会、2010年）。

116　第2章　Q&A編

⑵ 再生申立代理人の特定仕入先への偏頗的弁済への対応

本設問では、再生手続の申立代理人が、その申立準備中に、会社から事業継続に必要な仕入先に対する偏頗弁済が疑われる未払代金弁済の相談を受けているが、このような相談を受けた申立代理人は、どのように対応すべきであろうか。

この点、申立代理人としては、まず、当該仕入先及び同社との取引の内容・実情を精査し、会社が行おうとしている未払金の弁済が偏頗弁済として否認対象行為に該当するか否か、仮に会社が行おうとしている態様の弁済方法では否認対象行為に該当するおそれがあるとしても、他の態様に変更し、否認対象行為とならないようにできないか、さらには弁済する債権が再生手続において優先的な弁済が許容される少額債権等の要件を充たさないか等について確認、検討することになろう。

その上で、もし会社が行おうとしている弁済が否認対象行為に該当する弁済だと考えられれば、会社に対し、その旨を告げた上で、否認対象行為となるような態様の弁済を行わないように助言や指導等を行うこととなろう。その際には、①後記するような否認対象行為を行った場合にこれが再生手続の追行に与える悪影響やリスクを丁寧に説明し、否認対象行為を回避する必要性・重要性について会社の理解を求める一方、②会社が当該弁済を行おうとする動機・ニーズを正面から受け止め、重要な仕入先との取引継続のために講ずべき手立てや代替案等について会社と十分に協議を行い、否認対象行為によらない取引継続のための措置・対応を会社に働きかけることが望まれる。

そして、申立代理人の働きかけにもかかわらず、会社があえて否認対象行為となる弁済を行った場合には、申立代理人としては、会社に対して可能な限度で是正措置を講ずるよう助言や指導等を行う一方、弁済先が実際に事業継続に必要な重要な取引先であれば、否認権行使を相当としない事情や当該取引先との取引継続が事業の維持・保全につながるなど再生債権者にとって有為となる事情を確認し、否認権行使や責任財産の流出責任の追及を回避する対応をするよう助言や指導等を行うことが考えられる。ただし、このような過程で会社と申立代理人との間で一定の緊張関係が生じることは想像に難くなく、会社との間で信頼関係が失われその回復が困難と判断される場合には、事情いかんによっては申立代理人を辞任することになるケースも想定され得るところである[2]。

2 再生申立代理人の否認及びリスクにかかる説明と報告義務

(1) 否認対象行為となる弁済が惹起する悪影響・リスク

ところで、再生債務者による否認対象行為となる弁済を防止するには、否認対象行為となる偏頗弁済を行うことが、単に公平誠実性に欠ける不適切な行為というだけではなく、再生手続の追行に悪影響を及ぼし、自身の目論見と相反する結果をもたらしかねず、再生債務者にとって多大なリスクのある行為であることを丁寧に説明し、十分に理解してもらうことが重要である。

本設問に即していえば、会社の弁済の意図は、事業継続のために必要不可欠な商品を円滑に仕入れることにあるが、もし弁済が否認された場合には仕入先は弁済金の返還を求められることになる。そうなれば、会社と重要な仕入先との関係が悪化し、かえって円滑な仕入れができなくなるリスクがある。また、会社が特定取引先だけに弁済したことを知った他の債権者及び取引先の会社や再生手続に対する信頼を維持できるか、事業継続及び事業再生への協力確保の妨げとならないか、といった点にも留意が必要である。

また、再生債務者は、債権者に対して公平誠実義務を負う（民事再生法38条2項）ことから、法的には、自身が申立前に行った偏頗弁済を開始決定後に是正する（例えば、裁判所及び監督委員に関連資料・情報を提供し報告するとともに、監督委員の否認権行使の判断及び実行に協力し、その費用を負担するなど）苦しい立場に置かれることの理解も重要である[3]。

さらに、申立代理人は、再生債務者が、前記のとおり、否認対象行為となる偏頗弁済を行わないよう会社に助言や指導等を行い、また現に再生債務者が否認対象行為となる偏頗弁済を行った場合には裁判所・監督委員と再生債務者との間に入って否認対象行為の是正に向けた協議・協力を行うことが想定される。その結果、再生債務者と申立代理人との間に軋轢が生じ、信頼関係に悪影響が生じることも想定されなくもない。

2　一般的には再生手続開始申立後に比べて辞任の選択は容易であるとはいえ、再生申立て以外に会社の事業継続・再生のための選択肢がなく、容易に他の申立代理人を確保できない状況が認められる場合などには悩ましい判断を迫られることになる。

3　伊藤眞『破産法・民事再生法［第3版］』796頁参照（有斐閣、2014年）。

118　　第2章　Q&A編

⑵　再生申立代理人の報告義務と秘密保持義務との衝突

　なお、関連して、再生債務者に否認対象行為が存在したり、代表者に損害賠償責任の原因となる行為が存在したりする場合に、再生債務者の意思に反してもこれを監督委員や裁判所に報告すべきかが議論されている[4]。

　この点、再生債務者の代理人は、手続開始後は、手続機関たる再生債務者の代理人として報告する義務があるとする見解がある（民事再生法59条1項2号参照）。これに対し、実務家を中心として、弁護士が職務上知り得た秘密を保持すること（弁護士法23条、弁護士職務基本規程23条）は、弁護士の業務上遵守するべき最も重要な原則であること、本人の意思に反して開示すれば依頼者との信頼関係が破壊され、その後の再生手続の進行に重大な支障となるおそれがあることなどから、再生債務者代理人としては、本人の意思に反して積極的に報告すべきではなく、開示について再生債務者又はその経営陣を説得すべきであり、その説得ができない場合には再生債務者代理人の辞任もやむを得ないとする見解が有力に主張されている[5]。

　再生債務者及び再生債務者代理人の報告義務と弁護士の秘密保持義務が衝突する場面であり、後者の見解を支持するが、いずれの見解に立つにせよ、申立代理人は、報告義務を遵守し、手続を遂行することが要請されていることについて再生債務者の了解をあらかじめ得ておくことが必要である[6]。

3　本設問における再生申立代理人の対応について

⑴　再生申立代理人による丁寧な説明と再生債務者との十分な協議の必要性

　本設問では、事実関係の詳細が不明であり、特定仕入先に対する未払代金の弁済が果たして否認対象行為に該当するか、申立代理人が会社に対して行った具体的なアドバイスの内容も内容等も明らかではなく、その対応の適否の判断は必ずしも容易ではない。

4　伊藤・前掲注3・796頁、鹿子木康編『民事再生の手引〈裁判実務シリーズ4〉』137頁〔古谷伸吾〕（商事法務、2012年）。

5　門口正人ほか編『会社更生法・民事再生法〈新・裁判実務大系21〉』326頁〔小林信明〕（青林書院、2004年）、日本弁護士連合会倒産法制等検討委員会編『倒産処理と弁護士倫理』237頁〔長屋憲一〕（金融財政事情研究会、2013年）。

6　才口＝伊藤監修・前掲注1・196頁〔三森〕、鹿子木編・前掲注4・137頁〔古谷〕。

しかしながら、会社の偏頗弁済が疑われる弁済を行う動機・ニーズが重要な仕入先から事業継続のために必要不可欠な商品を円滑に仕入れることにあったことを踏まえると、もし真摯に対応策を検討し、会社と十分に協議を行うなどの対応をせず、その結果、会社が他の選択肢やそのメリット・デメリット検討する機会を得ることなく弁済を行ったのだとすれば、申立代理人の対応には疑問が残るといわざるを得ない。再生債務者やその代理人の公平誠実義務や否認対象行為となる偏頗弁済を行った場合の悪影響・リスクの認識も重要であるが、これらをいくら力説してみても、それだけで事業継続への危機感を募らせる会社の納得を得られるわけではない。再生債務者に寄り添った対応が望まれる。

　では、具体的にどのように対応すべきだったか。本設問では、申立代理人により少額債権としての優先弁済だけが提案されている。しかし、実際には個別具体的な状況に応じて、①申立時における仕入残高を抑える、申立後の取引条件の改定により取引継続への理解を得る、といったビジネス上の対応による場合もあれば、②民事再生法上許容される優先弁済（例えば、仕入先が所有権留保や商事留置権など別除権を有することを踏まえた別除権協定に基づく弁済や保全の例外、民事再生法85条5項前段・後段の少額債権としての弁済等）によって対応する場合もある。申立代理人としては、「裁判所の許可は必ず取れるのか」との問いに「裁判所の判断次第になる」と回答するような不確実な法的対応を提案する前に、弁済対象である仕入先や取引の内容・実情を精査の上、上記①のビジネス上の対応や②の民事再生法上許容された優先弁済による対応にかかる複数の選択肢について、それぞれの条件やメリット・デメリットを丁寧に説明することが望まれる。その上で申立代理人と会社との間で対応方法について十分な協議を行うのでなければ、会社が適切な判断を行うことは困難ではなかろうか。適切な説明・協議過程を踏まえて本設問の少額債権としての優先弁済の提案がなされたのであればよいが、そうでなければ申立代理人の対応には疑問の余地があるように思われる。

(2)　再生債務者代理人の弁済後の対応

　本設問において、会社は、社長が事業継続に必要と思う仕入先について未払代金を支払っている。

　申立代理人としては、まず申立代理人が取引の内容や実情（当該仕入先の認識を含む）や否認対象行為該当性について十分な情報を有していなければ、改めて

調査し、実際に否認対象行為に該当するか、否認権行使の要件を充たすものかを確認、検討すべきである。その上で否認対象行為に該当する場合には、前記のとおり、当該仕入先との関係で是正の余地はないかを確認し、可能な限度で是正措置を講ずるよう助言や指導等を行うことが考えられる。そして、これが困難又は相当でない場合には、監督委員の否認権行使を相当としない事情や当該取引先との取引継続が事業維持・保全、ひいては配当原資の増加につながっているなど弁済行為の経済合理性に関わる事情を確認し、監督委員の否認権行使や責任財産流出にかかる責任追及を回避すべく対応を行うよう助言、指導等を行うことが考えられる（なお、本設問の弁済は、民事再生法85条5項の定める「少額の再生債権を早期に弁済しなければ再生債務者の事業に著しい支障を来す」との要件[7]を充足する可能性があった弁済と考えられるが、かかる要件を充足し、支払先も偏頗弁済であることに善意で、かつ、当該仕入先との取引継続によって再生債務者の事業価値の維持・保全が図られ、弁済額を超える配当原資が確保されたと認められる事実関係の下では、会社の責任が問われることはないと思料する）。

　本設問においては申立代理人がこのようなフォローアップの対応をしたか定かではないが、このような対応をせずに事態を放置したとすれば望ましい対応とはいえない（もっとも、たとえその結果、当該弁済が否認対象行為に当たるとして会社又はその役員の責任が追及されるに至ったとしても、申立代理人が損害賠償責任を負うことはないというべきである）。

〔佐藤昌巳〕

---

[7]　民事再生法85条5項後段の少額債権の要件について、鹿子木編・前掲注4・188頁〔片山健〕参照。

Q11　個人財産からの会社債務の支払

　会社の再生手続開始申立代理人として会社の再生手続が係属中ですが、社長も会社を主債務者とする多額の保証債務を負担しており破産が避けられない状況にあるため、いずれ破産手続開始申立てをすることを想定して、社長の破産手続開始申立ても受任しています。

　そうしたところ会社の事業の継続に必要不可欠な仕入先債権者の一部が極めて強硬に債権の弁済を求めてきており、社長も会社から再生手続外での弁済はできないことは理解してくれたのですが、その債権者との取引が継続できなければ会社は破産するほかないため、個人の金融資産からその債権者に弁済したいといっています。社長個人の破産を予定している以上、そのような第三者弁済はやめておくべきだし、仮に弁済しても後に破産管財人から無償行為として否認されることになりかねず、結局、相手先にも迷惑をかけることになると説得したのですが、社長は個人財産から弁済をしてしまいました。社長の破産手続開始の申立代理人として責任を問われることがあるでしょうか。社長が会社を主債務者とする保証債務のほかに会社とは関係のない住宅ローンなどの債務を負担している場合で差異はあるでしょうか。

1　はじめに

　本設問は、再生会社の社長が会社の事業の継続に必要不可欠な仕入先債権者との取引を継続するために社長が個人財産から弁済してしまった場合において、後に社長個人が破産したとき、社長個人の破産管財人から、申立代理人に対して、責任が問われないかというものである。

　本設問のような事情の場合には、社長の破産手続開始の申立代理人が責任を問われることはないと思われるが、検討する（青森地判平27.1.23判時2291号92頁。**本書判例評釈10**〔富永浩明〕参照）。

122　　第2章　Q&A編

2　理論的検討

(1)　申立代理人の義務

自己破産の申立てを受任した弁護士について、債務者の財産が破産管財人に引き継がれるまでの間、債務者の財産の散逸を防止するための措置を講ずる法的義務（財産散逸防止義務）を認め、申立代理人の作為又は不作為によって（財産散逸防止義務に違反して）、破産財団所属財産となる破産者の財産を減少させ、破産債権者に損害を生じさせた場合には、申立代理人に責任が発生する余地があることを認める考えが有力となっている。

したがって、一般論としては、申立代理人に、財産散逸防止義務違反があれば、申立代理人が責任を問われることは有り得ることになる。

(2)　財産散逸防止義務違反

それでは、どのような場合に、申立代理人に財産散逸防止義務違反があることになるであろうか。

財産散逸防止義務の理論的根拠については、申立代理人が破産者（債務者）との委任契約に反したことに基づく債務不履行責任を根拠にするという考え方と、申立代理人について、実質的に破産債権者に対する不法行為責任となることを根拠にするという考え方がある。

いずれの考え方によっても、例えば、申立代理人が破産者の財産を正当な理由なく毀棄したような場合には、申立代理人が責任を負うことは争いがないと考えられる。

また、申立人代理人による行為ではなく、破産者（債務者）が自らの作為又は不作為が破産者の財産を減少させた場合であっても、申立人代理人が財産減少行為を行わないよう破産者に対して注意を与えること（事前の注意）を怠った場合、又は、破産者の財産減少行為を発見したにもかかわらず、回復するように助言するなどの措置（事後の助言）を怠った場合には、申立人代理人は、責任を負うことがあると考えられる。

(3)　事前の注意

申立人代理人としては、財産減少行為を行わないよう破産者に対して注意を与えることは必要と考えられる。

本件では、社長が個人の金融資産からその債権者に弁済したいといってきた際

Q11　個人財産からの会社債務の支払　　123

に、申立代理人は、「社長個人の破産を予定している以上、そのような第三者弁済はやめておくべき。仮に弁済しても後に破産管財人から無償行為として否認されることになりかねず、結局、相手先にも迷惑をかけることになると説得」している。したがって、申立代理人としては、「財産減少行為を行わないよう破産者に対して注意を与えること」を尽くしており、事前の注意の点で、申立代理人の責任を問われることはないと考えられる。

　この点に関して、申立代理人の責任を強く主張する立場からは、債務者が財産減少行為を行わないように、申立代理人が債務者の全財産の管理をすべきという極端な主張がされることも考えられる。確かに、破産手続開始の決定があった場合には、破産財団に属する財産の管理及び処分をする権利は、裁判所が選任した破産管財人に専属し、破産管財人が破産手続を追行し、債務者の財産等の適正かつ公平な清算を図ることとなる。申立代理人が債務者の全財産の管理をすべきという主張は、申立代理人を破産管財人と同一視する主張と考えられる。しかし、申立代理人には、直接に債務者の財産の管理及び処分をする権利もない。したがって、このような主張は、破産管財人と申立代理人の法的権限の違いを考慮していないものであり、相当ではないと考えられる。

(4)　事後の助言

　申立代理人としては、破産者による財産の減少行為を発見した場合には、財産を回復するように助言するなどの措置が必要な場合も考えられる。その点について検討する。

ア　会社財産からの弁済

　本設問では、会社の再生手続が係属中であり、会社の事業の継続に必要不可欠な仕入先債権者の一部が極めて強硬に債権の弁済を求めてきており、その債権者との取引が継続できなければ会社は破産するほかないという状況ということである。この点を申立代理人において確認できたならば、会社の資金繰りが許す限り、会社の再生手続において、裁判所から民事再生法85条5項後段の許可を得て、会社の資産から当該仕入先債権者に弁済して、その代わり、社長が弁済した個人財産を返還してもらうということも考えられる。

　ただ、本件では、「社長も会社から再生手続外での弁済はできないことは理解してくれた」ということなので、資金繰り等の関係で、85条5項後段の許可を得

124　　第2章　Q&A編

ることは現実的ではなかったとも考えられる。

イ　仕入先債権者への単純な返還請求

　民事再生法85条5項後段の許可を得ることが現実的ではない場合には、会社の資産から当該仕入先債権者に弁済することなく、社長が弁済した個人財産を単純に返還してもらうことも検討することになる。

㋐　返還請求と会社の事業継続

　ところで、本件では、会社の事業の継続に必要不可欠な仕入先債権者の一部が極めて強硬に債権の弁済を求めてきており、その債権者との取引が継続できなければ会社は破産するほかないという状況ということである。そのような状況である場合、会社の資産から当該仕入先債権者に弁済することなく、社長が弁済した個人財産の返還のみを請求すると、当該仕入先債権者との関係がまったく支払をしなかったとき以上にこじれ、その債権者との取引が継続できなくなって会社は破産するほかないという状況となることが合理的に予測される。

㋑　財産散逸防止義務と債権者の利益

　破産財団が最終的には破産者の債権者に対する配当原資となるべきことを考えれば、財産散逸防止義務は、究極的には債権者の利益のためと考えられる。

　本件のように、会社の再生手続と会社を主債務者とする多額の保証債務を負担している社長の個人破産の双方が係属しているときは、社長の個人破産は、経済実態や債務負担の経緯からみれば、会社の再生手続を中核とする一連の倒産事件の一部と考えることが可能である。そのため、債権者の利益を考える場合にも、債権者が会社の再生手続と社長の個人破産の双方を通じて得る利益で考えるのが相当と考えられる。

㋒　本件での検討

　単純な返還請求の結果、会社が再生手続から破産手続に移行すれば、再生債権者は、破産債権者となる。しかし、破産に移行した場合には、再生手続中の共益債権が財団債権となることから、破産債権に対する配当がほとんど見込まれないことも少なくないと考えられる。そのため、会社が破産に移行した場合には、債権者が会社から受ける利益は大幅に減少することが考えられる。また、社長の個人破産での配当は、配当原資が当該仕入先債権者から返済を受けた分だけ増加するとしても、それほどの増加は見込めないことが多いと考えられる。

とするならば、単純な返還請求をした結果、会社が破産することにより、債権者が会社の再生手続と社長の個人破産の双方を通じて得る利益が減少することとなると考えられる。

そのように考えると、破産管財人の否認権行使の関係でも、社長が個人財産から会社の事業の継続に必要不可欠な仕入先債権者との取引を継続するために弁済した場合には、社長個人の破産手続との関係で形式的には詐害行為となり得るとしても、実質的には有害性又は不当性がないと評価し得ると考えられる。

以上に鑑みれば、このような場合には、債権者の利益を考慮して、社長が弁済した個人財産を単純に返還してもらうように助言しなくとも、申立代理人が財産散逸防止義務違反となって責任を問われることはないと考えられる。

（エ）　**再生手続と破産手続での債権者に差異がある場合**

なお、上記の点は、社長が会社を主債務者とする保証債務しか負担していない場合には、当然に妥当する。また、仮に社長が会社を主債務者とする保証債務のほかに、会社とは関係のない住宅ローンなどの債務を負担している場合であっても、会社の再生手続での弁済が増加すれば、社長の破産債権の相当部分を占める保証債務の金額が減少することになる。その結果、会社とは関係のない住宅ローンなど債権者にとっても、得る利益が増加することも考えられる。そのあたりは、申立代理人として数字を検証することが必要になると考えられる。

3　実務的対応

社長の破産手続開始申立ても受任している再生手続の申立代理人として、社長が個人財産から弁済をしてしまったことを知ったときは、実務的対応としては、できるだけ速やかに会社の再生手続の監督委員に報告して対応を協議し、監督委員に報告の後に、裁判所にも報告することが必要と考えられる。

監督委員であれば、会社の状況も把握しており、当該仕入先債権者に弁済をしなければ、当該債権者との取引が継続できず会社は破産するほかないという状況も理解していると思われる。したがって、民事再生法85条5項後段の許可を得ることができるかどうかについても、適切な助言を得ることができると思われる。

また、再生手続中の会社の社長が個人破産した場合には、一連の倒産事件であることから、会社の監督委員が破産管財人となることが通常であると考えられ

る。その点からも、監督委員への報告等は重要と考えられる。

〔富永浩明〕

6 財産減少行為

Q12 財産の無償移転

　個人破産の申立ての委任を受けて破産手続開始申立ての準備中ですが、本人から、「自宅をどうしても残したいので、名義を親族に変更したい」と相談されました。理由もなく自宅の名義を第三者に移転すると、債権者を害することになるからそのようなことはすべきではない、と説明しましたが、本人は、その後、名義を親族に変更してしまいました。代理人として、どのようにすればよいでしょうか。

1　危機時期の債務者の立場と債務者代理人に求められること

　債務者は、破産手続開始決定前は自らの財産の管理処分権を制限されていないものの、弁護士に申立てを相談するような危機時期（支払能力が不足し、債権者全体への債務の履行ができない状態）にあっては、破産手続における債権者に対する適正かつ公平な清算のために、自己の財産を債権者のために保全することが求められる。

　債務者から破産手続開始申立ての委任を受けた申立代理人としても、依頼者（債務者）の利益を擁護すべき義務を負うとともに、破産手続は債務者の財産等の適正かつ公平な清算を図ることを目的とする手続であるから、その実現のために、利害関係人の利害や権利関係を適切に調整するという役割を担っており、依頼者である債務者が偏頗弁済や財産の不当処分等の債権者の利益・平等を損なう行為をしないように指導し、その財産の保全に努め、破産管財人に引き継ぐことなどが期待されている[1]。

2　自宅不動産処分の問題点

(1)　自宅不動産の資産価値

　個人破産において、自宅不動産（戸建て土地・建物、マンション）は、債権者か

1　田原睦夫＝山本和彦監修『注釈破産法(上)』112頁〔小林信明ほか〕（金融財政事情研究会、2015年）。

128　　第2章　Q&A編

らすれば、資産価値が高く配当原資となる可能性がある重要な財産であり、一方、債務者にとっても、生活の基盤であり、家族の歴史・想い出などもあって、何とか保持したいという気持ちが強く働く財産であるから、申立代理人としては、その保全に十分注意を払う必要がある。

もっとも、自宅不動産の場合、無担保であることは少なく、いわゆる住宅ローンを被担保債権とする抵当権等の担保が設定されたり、債務者が会社代表者の場合は、会社の事業資金借入れの担保に供されていたりすることが多い。

したがって、自宅不動産が、現実に、債権者の配当原資となり得る資産価値のある財産といえるのは、①無担保の場合、②担保付きであっても剰余が見込まれる場合、である。

なお、こうした不動産の資産価値については、各裁判所において、固定資産評価証明書、不動産業者の査定書、不動産鑑定士の鑑定書等の資料に基づき、「無剰余」と評価し得る場合の取扱基準を定めていることが多い。

(2) 資産価値のある自宅不動産処分の問題点

ア 親族等に無償譲渡した場合

無償譲渡は、無償行為否認（破産法160条3項）の対象となり、譲受人（受益者）が破産管財人から、返還を求められることになる。

イ 親族ないし第三者への適正価格での売却の可否

適正価格（相当な対価）での売却は、必ずしも否定されるものではない（破産法161条参照）。

もっとも、現金化することによって、散逸のおそれが高くなるから、換価の必要性、相当性が必要であり、売却代金を費消した場合には、その使途の説明が必要である。生活費等有用の資に費消された場合は問題ないが、そうでない場合、費消相当額の償還を求められることもあり得る。

価格が適正かどうかを、前掲資料（固定資産評価証明書、不動産業者の査定書、不動産鑑定士の鑑定書）によって説明できるようにしておくことが必要である。廉価売買であれば、詐害行為否認（破産法160条1項）の対象となり得る。

(3) オーバーローン（無剰余）物件の場合

いわゆるオーバーローン物件であると認められる場合、当該不動産は、債権者への配当原資となる価値はないから、担保権者の同意を得られれば（ただし、債

権者への説明のため、価格の相当性を説明できるようにしておく必要はある）、任意売却は、可能である。

3 債務者による自宅不動産の処分を防止するために申立代理人がすべきこと

⑴ 債務者（依頼者）に対する適切な説明

前記2⑴のとおり、債務者（破産者）名義の自宅不動産を、無償で親族名義に変更することは、債務者の財産を減少させ、破産手続開始後に、破産管財人による無償行為否認（破産法160条3項）の対象となる行為である。

したがって、破産申立代理人は、債務者が、不適切な財産の処分を実行しないよう、債務者に対し、①名義変更をしても否認権行使の対象となり、破産手続開始決定後に破産管財人によって破産財団への原状回復が図られてしまい、自宅を保持することはできないこと、②かかる行為は免責不許可事由になること（破産法252条1項1号）を十分に説明する必要がある。

また、適正価格による譲渡であれば、否認権行使の対象とはならない場合もあるから、債務者が自宅での生活の継続を強く希望する場合には、親族等が適正価格で買い取った上で、使用貸借ないし賃貸借契約を締結する、などの方法を検討することも考えられる。なお、妻や子に対する売却の場合は、適正価格であっても、その売買代金の原資について、破産者の資産との関係で疑いを抱かれる場合もあるから、その点も説明できるようにしておく必要がある。

⑵ 実印及び登記済証等の保管

債務者による名義変更が行われる危険性が高い場合には、それを防止するために、名義変更に必要な書類である登記済証及び登記識別情報や実印等を預かることが望ましい[2]。

もっとも、実印及び登記済証等を預かっていたとしても、債務者による所有権移転を完全に阻止することはできず（登記済証等がなくとも名義変更は可能であり、実印の変更も可能である）、一方、社会経済活動において実印が必要な場合もあり、実印を預けさせることにより債務者に不利益が生じるおそれも否定できな

---

2 **本書Q8**〔籠池信宏〕、**Q16**〔野村剛司〕参照。

いから、これらを預かり、管理すべき法的義務を負うとまでは、認められないで
あろう。

前述のとおり、債務者に丁寧に説明し、納得してもらうことが重要である。

(3) 申立代理人の財産散逸防止義務

申立代理人に、財産が散逸することがないよう、必要な措置をとるべき義務を
認める裁判例（東京地判平21．2．13判時2036号43頁。**本書判例評釈6**〔籠池信宏〕参
照）もあり、本設問のように、具体的に無償譲渡の相談を受け、その危険性を申
立代理人が認識している場合、上記説明の内容、実印等の管理ほかの対応いかん
によっては、申立代理人が責任を問われるおそれもないとはいえないので、注意
を要する。

もっとも、破産法は、破産手続開始決定前になされた責任を減少させ、債権者
間の平等に反する有害性のある破産者の行為について、破産管財人に、その行為
の効果を覆滅させる形成権（否認権）を与えることによって、破産財団への回復
を図っており、各否認権の要件も詳細に定められていることからすれば、まず
は、否認権行使を優先的に検討すべきと思われる[3]。

4 名義変更が行われたことが判明した場合の対応

(1) 事実関係の調査、否認の検討

前記のような説明をし、指導を行ったにもかかわらず、債務者が名義変更を
行ってしまい、後日その事実が判明した場合（居住用不動産については、申立時に
不動産登記事項証明書の提出を必要とする裁判所が多いので、比較的容易に判明しやす
い）、申立代理人としては、債務者から事情を聴き、関係証拠を収集して、当該
譲渡が、前掲各否認の要件に該当するかを検討することになる。

(2) 債務者への説明と原状回復の努力

そして、否認対象行為と考えられる場合には、破産手続開始決定後、破産管財
人による否認権行使がなされることを債務者に説明した上で、相手方との任意の

---

[3] 責任財産減少による不法行為（債権侵害）について、法律行為による場合には、債権者取
消権による保護と重なるため、もっぱら債権者取消権による保護に委ねるべきとの見解もあ
る（内田貴『民法Ⅲ〈債権総論・担保物権〉〔第3版〕』177頁（東京大学出版会、2005年）以
下）。千葉地松戸支判平28．3．25（判時2337号36頁。**本書判例評釈11**「(2)ウ　否認権行使の原
則」〔斉藤芳朗〕、**同コメント**「(1)　はじめに」〔伊藤尚〕）参照。

Q12　財産の無償移転　　131

交渉により原状回復を実現できるよう、債務者の協力を求めることになる。債務者の意向とは相反するものかもしれないが、後述(3)のとおり、これにより債務者が不利益を受けることを十分に説明して理解を求める必要がある。

　もっとも、否認権行使は、もっぱら破産管財人の役割といえるから、容易に実現できない場合には、原状回復に時間を費やすより、必要な資料や報告書を作成して、適宜、破産管財人に引き継ぐことが必要である。

(3)　裁判所等への報告、資料提供等

　否認対象行為の有無、内容、経緯等は、債務者の破産管財人等に対する説明義務（破産法40条）の対象となり、所有不動産に関する情報は重要財産開示義務（同法41条）の対象でもあるから、裁判所に報告する必要がある。これらに違反した場合に、免責不許可事由（同法252条1項11号）となり、説明義務者が説明を拒み又は虚偽の説明をした場合には、刑事罰の対象ともなる（同法268条、269条）。また、申立代理人自身も説明義務を負っている（同法40条）。

　依頼者（債務者）が、秘密にすることを求めた場合、弁護士の秘密保持義務（弁護士法23条、弁護士職務基本規程23条）との関係で問題となり得るが、居住用不動産の場合、前記のとおり、申立時に、不動産登記事項証明書の提出が必要とされていることが多く、また、申立後の名義変更についても、破産管財人が換価手続に入れば最新の登記事項証明書を確認するので、名義変更の事実は、裁判所にも、容易に判明し得る。したがって、その点を説明した上で、上記免責不許可事由であること、罰則があることを十分説明して協力を求める必要がある。

〔鬼頭容子〕

Q13　財産の処分

　個人債務者について、自己破産の申立てを受任して、債権者に対し受任通知と債権調査票を送付しました。その後に、債務者は、生活費と子供の教育費が足りないとの理由で、生命保険（契約者・被保険者：債務者、受取人：配偶者）を解約して、その解約返戻金を生活費や教育費に充ててしまいました。破産申立代理人として、特に問題はなかったでしょうか。

1　破産申立代理人の財産散逸防止義務

⑴　はじめに

　破産手続は、債務者と債権者との間の権利関係を適切に調整することによって、債務者の財産等の適正かつ公平な清算を図ることを目的とする（破産法1条）。一般に破産申立代理人は、将来の破産手続において総債権者に対する公平かつ公正な配当の実現ができるように行動すべきことが求められ、破産財団に帰属すべき財産を保全して、破産管財人に引き継ぐことが要請される。近時の下級審における一部の裁判例では、破産申立代理人に法的義務として財産散逸防止義務を認め、これに違反するとして破産管財人の破産申立代理人に対する不法行為に基づく損害賠償請求を認めた事案が存在する。もっとも財産散逸防止義務については、その法的根拠や誰に対する義務か、この義務違反を根拠に破産管財人が破産申立代理人に対して損害賠償請求が可能か否かといった点について様々な議論がなされている[1]。

⑵　法的責任を負う場合

　設問では、破産申立代理人たる弁護士が受任通知と債権調査票を送付している。

　受任通知を受けた債権者は、破産申立代理人が適切に職務を遂行することを信頼し個別の権利行使を控え、破産手続によって適正かつ公平な清算が行われるこ

1　岡伸浩「「財産散逸防止義務」再考」伊藤眞ほか編集代表『倒産法の実践』25頁（有斐閣、2016年）。

とを期待する。そのため破産申立代理人が適切に職務を遂行しない場合、債権者の信頼に反し、上記の破産手続の目的を没却するといえる。そこで破産手続開始申立てを受任し、その旨を債権者に通知した弁護士は、破産管財人に引き継がれるまで債務者の財産が散逸することのないよう措置することが求められ、故意又は過失により、これに違反して破産財団を構成すべき財産を減少したり消失させたりした場合には破産管財人に対する不法行為を構成し、破産管財人に対し、その減少・消失した財産の相当額につき損害賠償の責任を負うべきとする下級審の裁判例が一部に存在する（東京地判平21.2.13判時2036号43頁[2]。**本書判例評釈6**〔籠池信宏〕参照。以下「東京地裁21年判決」という）。

(3) 弁護士倫理上の問題となる場合

また、破産申立代理人がこのような法的責任を負わない場合でも、仮に債務者が解約返戻金を費消することを事前に認識していたにもかかわらず、これを放置したり、依頼者である債務者の意向に沿って破産財団に帰属すべき財産を費消することに関与したりしたような場合は、弁護士倫理に照らして妥当でないといえる。

すなわち、弁護士は「誠実かつ公正に職務を行う」ものとされ（弁護士職務基本規程5条）、依頼者本人の利益を実現するよう努めなければならないが、ここでいう依頼者の利益とは、あくまでも「正当な利益」であり（同19条）、本来破産財団に帰属すべき財産として破産管財人に引き継ぐべき財産を債務者が費消することは、もはや正当な利益とはいえないからである。

2 設問の検討

(1) 破産申立代理人が認識していた場合

保険契約の解約返戻金は、保険契約者による保険契約の解約時に約定に基づき請求が可能となる請求権であり、破産手続開始決定前に債務者が保険契約者として保険契約を締結している場合、将来の請求権として破産財団に帰属すべき財産となる（破産法34条2項）。

したがって、破産申立代理人としては、破産手続開始決定後は破産管財人に引

---

2 中山孝雄＝金澤秀樹編『破産管財の手引［第2版］』15頁（金融財政事情研究会、2015年）。

き継ぐべきであり、依頼者である債務者が生命保険契約を解約して、費消しようとする場合、これを事前に認識した破産申立代理人としては債務者に生命保険の解約を思いとどまるよう説得すべきである[3]。

　もっとも設問では、債務者はすでに生命保険を解約して、解約返戻金を生活費や教育費に充てている。本来、破産申立代理人としてはこのような財産を保全すべきであることから、仮に破産申立代理人の故意又は過失によって、破産財団を構成すべき財産を減少・消失させたといえる場合には、裁判例の一部で言及されているように、財産散逸防止義務に違反し破産管財人に対する関係で損害賠償責任を負う余地が生じ得る。

(2) 破産申立代理人が認識していなかった場合

　これに対して、破産申立代理人が、債務者が生命保険を解約し解約返戻金を生活費や教育費に充てることにつき認識しておらず、事後になって初めて認識した場合は、破産申立代理人が故意で財産散逸防止義務に違反し、その結果、破産財団を構成すべき財産を減少・消失させた場合とはいえない。

　もっとも、具体的事情によっては、債務者の財産が破産管財人に引き継がれるまで債務者の財産が散逸することのないよう措置するという財産散逸防止義務に過失によって違反したと認められる場合であれば、破産管財人に対する不法行為として損害賠償責任を問われることがあり得る。

　この点に関連し、破産申立代理人として、債務者の財産処分などにどの程度の注意を払う必要があるかについて、先の東京地裁21年判決は、「破産申立てという財産的危機状況にある債務者は、債権者の弁済要求の強弱や債権者との人間関係の濃淡などから、得てして偏頗弁済を行いがちであり、また、財産隠匿や私消の誘惑にかられるものであるから、破産申立てを受任した弁護士は、これらの不当な財産処分が行われることのないよう、細心の注意を払うことが求められる」と判示している。

　設問では、債務者は、生活費と子供の教育費が足りないとの理由で生命保険の解約返戻金を生活費や教育費に充てており、例えば、債務者が財産隠匿や私消した場合とは異なる。また生活費といっても様々であり、内容によっては、財団債

3　日本弁護士連合会弁護士倫理委員会編著『解説弁護士職務基本規程［第2版］』10頁（2012年）。

Q13　財産の処分　135

権に該当し、破産手続開始決定後に破産管財人が弁済すべき場合もあり得る。このような点を考慮して、先の東京地裁21年判決は、破産手続開始決定後に破産管財人としても支出すべき金員であるなど破産財団に対して正当化し得る事実ないし事情がある場合は、財産散逸防止義務違反とならない余地を認め、この主張立証責任を破産申立代理人に負わせている。

(3) 実務上の検討・対応

設問では、生命保険の解約返戻金を生活費に充当しなければ生活ができないような場合には、生命保険を解約して解約返戻金を生活費として使用することはやむを得ない行為であり、破産財団に対して正当化し得る事情であると解すべきであろう。また、生活費といっても、例えば財団債権に該当し破産管財人も支払を行うと想定される費用については（破産法55条2項参照）、破産管財人としても支出すべき金員であるといえ、破産手続開始申立前に支出しても問題は生じないと解される。

具体的には、電気・ガス・上水道の使用料は、破産手続開始申立ての日の属する期間内の給付に係る場合は財団債権（同法55条2項）となるから、これに対する支払は、実質的にみて破産財団を毀損したことにはならないと考える。この場合の金額については、実務上自由財産の範囲として認められる額（99万円以下。破産法34条3項1号、民事執行法131条3号、同法施行令1条）が考慮されるべき要素となるものと考える。このほか、生活費が破産手続開始時から6か月前に生じた日用品供給に対する支出として優先的破産債権（破産法98条1項、3項、民法306条4号、310条）に該当する場合においても、具体的事情の下で破産財団に対して正当化し得る支出と認められないかを検討することが考えられる。

このような事情や金額につき一定の合理性が認められる場合には、破産申立代理人としては、債務者が保険契約を解約した経緯や事情、解約返戻金を当てた生活費や教育費の内容、金額の合理性などを債務者から聴取して破産管財人に合理的に説明できるよう対応する必要があると考える。

〔岡　伸浩〕

Q14 清算価値の減少

　法人の再生手続開始決定を得ましたが、事業継続により赤字が膨らんでおり、回復の目途が立ちません。再生手続は早くあきらめた方がよいのではないかと思い、代理人から破産手続に移行した方がよいと説明したのですが、社長は事業継続にまだまだ意欲を持っており、「最後まで頑張りたい」といいます。どのように対応すべきでしょうか。

1　再生手続を継続する余地はないか

(1)　はじめに

　再生手続開始を申し立てて、再生手続開始決定を得たが、その後事業を継続しても赤字体質改善の目途が立たない場合でも、依頼者である再生債務者の代表者に事業継続の意思と意欲があるのであれば、申立代理人としても、確かに再生手続を断念しなければならないのか、慎重に検討してみる必要がある。弁護士は、事件の処理に際して、委任の趣旨に関する依頼者の意思を尊重することが原則だからである（弁護士職務基本規程22条）。

(2)　再生手続を継続する可能性

　その場合、事案によって様々であるが、例えば以下のようなことが検討され得る。

① スポンサーを募ってその事業協力を得ることにより、売上げの拡大・仕入原価や経費の削減・その他によって利益率の改善を図ることができないか

② 再生債務者が遂行する事業のうち赤字体質の深刻な部門を閉じて、事業を残部に集中することにより、事業規模を縮小しても事業を継続する型の再生計画案を策定する余地はないか

③ 一部事業を他に譲渡して換価することにより弁済資金を得つつ、残りの事業を維持する方向での再生計画案を策定する余地はないか

(3)　清算型の再生計画を策定する余地はないか

　さらに、上記のような検討をしてもやはり事業継続型の再生計画案を策定する

Q14　清算価値の減少　　137

見込みがない、あるいは極めて困難と判断される場合でも、直ちに事業を閉じて破産手続に移行すべきかは、なお慎重に検討しなければならない。

　再生手続を開始し、その後事業を継続してきたのであれば、申立時以降に発生した事業継続に基づく共益債権があり、支払期の関係で未払いのものが多く残っているはずである。それにもかかわらず、即座に事業を停止し破産に至るということは、再建に期待し協力して取引を継続した取引先や支援資金を融資した債権者、雇用を継続した労働者など、多くの関係者の債権について、支払に不安をもたらし、あるいはその期待を裏切ることになりかねない。したがって、いったん再生手続を開始したのであれば、それを断念することは慎重に検討される必要がある。

　他方で、再建の目途も立たないのに、いたずらに決断を遅らせることは、このような関係者に対するいわば二次被害を拡大することになるので、慎まなければならない。また、それは、破産に至った場合の清算価値を減じてしまうことになる。

　このような二律背反する要請を検討していく必要がある。

　そのような検討をするなかで、即座には事業停止せずに、すでに発生した共益債権について約定に基づく支払を進めながら、ソフトランディングを図って徐々に事業停止にもっていき、二次倒産に基づく被害をできるだけ少なくできるように、資金繰りをにらみながら慎重に検討する事案もあり得よう。そのような場合、清算型の再生計画を組んで、状況を債権者に説明し、その理解を得て、その可決認可を目指すという事例もあり得る。

　ただし、再生計画の可決認可に至るまでの期間、事業が継続すると、さらに経費等が支出され、また共益債権が増加して、結果的に再生債権の弁済率が悪化し、清算価値がさらに減ってしまうこととなるし、既発生の共益債権の返済資金も減るようだと、これらの関係者の理解を得ることは簡単ではない。

　その意味で、ソフトランディングを図るといっても、多くの利害関係人に説明した際に理解を得られるような方針とスケジュールの下に遂行される必要がある。時間をかけてソフトランディングすることにより、関係者に対して、即座に事業継続を断念して破産に至るよりも有利なメリットを与え得る事案でないと、理解は得られまい。例えば、一部事業の譲渡の見込みがあって、その譲渡代金を

138　第2章　Q&A編

得ることにより、共益債権や再生債権への弁済資金の増加を来すことができ、そのために一定の時間をかけて事業譲渡を行い、その後に残った事業を停止して清算する方が、その時点で直ちに破産するよりも結果的には清算価値を増大させ得るとか、仕掛中の業務を残りわずかの作業で完遂し納品することができ、これによる代金回収によって即時に破産するよりも弁済率を高めることができる、といった場合でないと、債権者やその他の関係者の理解を得ることは難しかろう。

(4) 監督委員や裁判所への報告及び債権者への説明等

いずれにしても、監督委員が選任されている場合には、早めに監督委員に状況を報告して協議をし、また随時裁判所とも協議して、方針とスケジュールを定めていく必要がある。加えて、事案に応じてではあるが、大口の共益債権者や再生債権者などとも協議をし、理解を得られるようにする必要もある。

2 破産手続への移行

(1) 再生債務者の納得

前述のような検討を経ても再生計画案策定の目途が立たない場合には、申立代理人としては、再生債務者の社長等の関係者と協議して、再生手続の継続を断念し、破産手続に移行するしかない。すなわち、そのまま事業を継続すると、再生債務者の資産をいたずらに減らすこととなり、結局は破産手続に至った場合の清算価値を減じ、弁済率を下げることとが避けられないとなれば、再生債務者としては、再生手続の続行を断念せざるを得ない。再生債務者は、債権者に対して公平誠実義務を負い、誠実に再生手続を追行するものとされているが（民事再生法38条2項）、上記のような決断をすることも、その一環と理解することができる。

しかし、再生債務者は、長年維持してきた事業を継続し、従業員らの雇用を維持したいと希望して、再生手続の断念に踏み切れないことも多い。その場合、専門家である申立代理人の立場から、再生債務者の社長ら経営陣に対して、そのまま手続を進めることによる事案の道行きを説明し、メリットとデメリット、関係者に与える影響や迷惑、そして再生債務者の関係者にとってもどちらが望ましい方策なのか、といったことを諭して、その決断を促すことも、申立代理人の大切な役回りである。

再生債務者の経営陣からすれば、申立代理人は自身の頼んだ代理人であるか

ら、その説得になかなか首肯しない場合もあろう。しかし、再生手続を継続することによってかえって大きな混乱を来したり、関係者の損害を増してしまったりする場合には、その継続を断念する方が、かえって経営陣本人にとっても長い目では得策であり、その利益に資する場合があろう。そのような場合に、申立代理人だけの説得で困難であれば、監督委員や裁判所とも情報を共有し、監督委員などとともに再生債務者の経営陣に説明し、説得するのが得策な場合もあり得よう。

なお、その場合、申立代理人は、依頼者に対して秘密保持義務を負っているから（弁護士職務基本規程23条）、依頼者である再生債務者の同意なくして、裁判所や監督委員に秘密に属する事項を開示して相談することはできない。そのため、このような再生手続の継続について大きな支障を来し得る事実を裁判所や監督委員に開示することについて、再生債務者を説得してもどうしても同意しないときには、申立代理人が板挟みのような立場に置かれることもあり得る。その場合、民事再生法上再生債務者の負う公平誠実義務（38条2項）を後退させても、守秘義務の遵守が絶対といえるかについては、様々な見解があり得よう。弁護士職務基本規程23条は、「正当な理由なく」秘密を漏らしてはならないと規定している[1]。

そこで、このような場合に備えて、申立代理人としては、再生手続において再生債務者の負う公平誠実義務を尽くすために正当な理由がある場合には、裁判所と監督委員に対する関係においては依頼者に対する守秘義務が解除される旨を、最初の依頼を受ける際の委任契約に規定しておくとともに、あらかじめその旨をよく説明しておくのがよいという見解もある[2]。ただ、これにより法的な義務は解除され得るとしても、このような大きな決断に関係する事項について、再生申立前という慌ただしい時期に得た同意に依拠して、危機の迫る時期に至って本当に依頼者の反対を押し切ってまで裁判所等に秘密を開示してよいか、依頼者とのトラブルのもとにもなり得るため、事案に応じた事務上の工夫として、よくよく

---

1 「正当な理由」については、日本弁護士連合会弁護士倫理委員会編著『解説弁護士職務基本規程［第2版］』55頁以下（2012年）を参照。
2 **本書Q20**〔小林信明〕を参照。また、守秘義務との関係については、**Q7**〔髙井章光〕の脚注7も参照。

説得と説明に努めて、その同意を得つつ進めるのがよい場合もあり得よう。

(2) 再生手続廃止決定の上申

こうして、再生手続の継続を断念することとなった場合には、裁判所と監督委員に状況を報告し、これを受けて、裁判所は職権で、「決議に付するに足りる再生計画案の作成の見込みがないことが明らかになった」場合に該当するとして、再生手続廃止の決定をすることになる（民事再生法191条1号）。

再生手続廃止決定がされたときは、再生債務者は破産手続開始の申立てをすることができる（民事再生法249条1項）。また、廃止決定が確定したときは、裁判所は、職権で破産手続開始決定をすることができる（同法250条1項）。多くの場合、裁判所は、職権で破産手続開始決定をしている。そのため、再生債務者には、再生手続が廃止された場合には、後に破産手続に至ることを説明しておく必要がある。

裁判所は、再生手続廃止決定がされた場合に、必要があると認めるときは、保全管理命令を発令して、再生債務者について保全管理人による財産管理を命ずることができる（民事再生法251条1項、破産法91条）。

3 再生債務者の理解が得られない場合

(1) 辞任の検討

このような説明と説得活動をしても、再生債務者の社長ら経営陣の理解が得られず、事案の方針について意見が一致しない場合、弁護士たる申立代理人と依頼者である再生債務者との信頼関係、協力関係を維持することが困難な事態が出来したと解さざるを得ない。

様々な事案において、事件処理について依頼者と意見が異なる場合に、依頼者意思を尊重しつつも（弁護士職務基本規程22条）、弁護士として依頼者に対して自由かつ独立した立場から事案を検討した上で（同20条）、依頼者と協議をしながら意見をすり合わせ、事案の代理を進めていくことは多い。しかし、弁護士は、受任した事件について依頼者との間に信頼関係が失われ、かつその回復が困難なときは、その旨を説明し、辞任その他の適切な措置をとらなければならない（同43条）。

しかるところ、前述のような様々な検討を経ても再生手続を継続することを相

Q14 清算価値の減少 　141

当とする方策が見当たらず、そのまま経過するときは清算価値も害することとなって、再生債務者として民事再生法38条の定める公平誠実義務にも反することが明らかな場合において、再生手続を継続するのか断念するのかという最も中心的な点について、依頼者と代理人が意見を異にするようになってしまうと、事態は深刻だといわざるを得ない。

代理人としては、依頼者と意見が異なっても早計に辞任すべきではないが、上記のように事案についての十分な検討を経た結果について、依頼者に対する説明と説得をしてもその理解が得られなければ、それ以上代理関係を継続しても、事件処理の基本方針について差がある以上、依頼者との信頼関係を維持することは困難であり、辞任を検討せざるを得まい。

(2) 辞任する場合の配慮

辞任する場合、その旨を監督委員・裁判所に報告することになろう。

また、辞任する場合には混乱防止のために事後策を検討し、対応を練って、再生債務者に対して最適なアドバイスをしておく必要があろう。

さらに、辞任する以上は、債権者に対して辞任の通知を行う必要があるが、その際に、辞任の理由を軽々に明らかにすることは、依頼者との守秘義務に反する場合があり得るし、また、代理人を失ってさらに困難に見舞われると予想される再生債務者に対する配慮にも欠けることになる。そのため、その理由は明らかにせず、辞任した事実のみを記載した通知を発せざるを得ない場合が多かろう。その場合、その後の問い合わせ対応の必要等について、再生債務者に対して説明をしておくことも考えられる。

〔伊藤　尚〕

7　破産管財人への引き継ぎまでの管理

Q15　申立ての遅延

　会社の破産手続開始申立てを受任しました。従業員も解雇していますが、裁判所に提出すべき添付資料を収集するために時間がかかっており、なかなか申立てができません。事業を廃止していますので、受任通知を送付していますが、このまま申立てが遅れても、特に問題はないでしょうか。

1　早期に開始決定を

　法人の場合、事業停止から破産手続開始の申立てまで、長期間に及ぶことは相当ではない。

　事業を行っていた法人の場合、事業停止に伴って、清算事務として処理すべき事項は多岐にわたることが通常である。適正な清算のためには、これらを適正に処理することが求められるが、倒産状態に陥った法人代表者にこれを期待することは困難である。事業停止後の混乱状態を整理するためには、速やかに中立公平な第三者である破産管財人を選任し、法人を破産管財人の管理下に置くことが求められる[1]。

　本設問では添付資料の収集に時間を要するとのことであるが、確かに、個人で同時廃止を求めるような場合には、申立代理人において詳細に調査を尽くす必要がある。しかし、法人の場合、破産管財人が選任され、最終的には破産管財人によって調査がなされる。したがって、申立段階で求められるのは、正確な数値ではなく、概括的な全体像の説明と、破産管財人が取り急ぎ管理しなければならない事項の説明である。これができれば、早期に申立てをし、破産管財人による管理下に置くべきである。

　資料収集に時間を要することによって、破産手続開始申立てが遅れ、破産管財人による管理が遅れるようでは本末転倒である。

1　日本弁護士連合会倒産法制等検討委員会編『倒産処理と弁護士倫理』57頁〔佐藤順哉〕（金融財政事情研究会、2013年）、日本弁護士連合会倒産法制等検討委員会「中小規模庁裁判所における法人破産事件処理の在り方」金法1982号9頁（2013年）。

2 申立てが遅れることによる弊害

事業停止の後、破産手続開始の申立てが遅延すると、以下のような弊害がある。

(1) 資産価値の劣化

典型的には生鮮食品等であるが、それに限らず、服飾関係等でも時機を失うと売れなくなるものもある。売掛金債権も、事業停止後時間が経つと、第三債務者側の事情で回収が困難になることもある。

(2) 債権者からの権利行使のおそれ

債権者による個別の権利行使がなされるおそれがある。特に、公租公課庁による滞納処分がなされる危険性は大きい。

(3) 旧従業員の協力が得にくくなる

清算業務を行う上で、破産者の旧従業員の協力が必要な場面は多い。売掛金の請求・回収、在庫の処分、財務会計処理等々である。

しかし、当然のことながら旧従業員にも自身の生活があるから、事業停止後時間が経過すると、新しい就職先をみつけて就業したり、引っ越してしまったりといった理由から、破産管財人に協力することが困難になる。

(4) データや資料等の散逸

事業停止後、時間の経過とともに、事務所内の各種データや資料の保管が困難になり散逸しがちである。事業所の明渡しなどをすればいっそうである。

(5) 財産減少行為がなされる危険性

事業停止後申立てまでに時間が経過すると、その間の財産の保全が困難になる。場合によっては、債務者代表者らによって、財産減少行為がなされてしまうこともまれではない。申立てが遅れれば遅れるほど、こうした危険な状態が継続することになる。

3 期間制限

また、申立てが遅れると、法律上・制度上できなくなることもある。

(1) 未払賃金の財団債権該当性

破産法149条1項は「破産手続開始前3月間の破産者の使用者の給料」を財団債権としている。よって、申立てが遅れ、開始決定が遅れると、決定前3か月の

期間の未払給料のみが財団債権となり、それ以前のものは優先債権でしかなくなる。

本件では、従業員は解雇済みとのことだが、労働債権（解雇予告手当・給料）の弁済はどうなっているのであろうか。もし、未払給料がある場合、上記のように申立てが遅延すると、財団債権でなくなる。正当な理由なくこの期間を経過し、財団債権でなくなったため従業員への弁済金が減少した場合、申立代理人の責任問題となることがある。

(2) 未払賃金立替払制度

未払給料がある場合、独立行政法人労働者健康安全機構に対する未払賃金立替払制度を利用することが考えられる。

しかし、そのためには、労働者の要件として、破産手続開始等の申立日の6か月前の日から2年間の退職者であることが必要である（賃金の支払の確保等に関する法律施行令3条1号）。よって、退職から申立てまでに6か月を経過してしまうと、この制度を利用できなくなる。正当な理由なくこの期間を経過し、同制度を利用できなくなった場合、申立代理人の責任問題となることがある。

現に、「未払賃金立替払制度の利用期間の徒過」を理由に、元従業員から債務者代理人に対し損害賠償請求がなされ、330万円が認容された例がある[2]。

(3) 相殺禁止・否認権

該当行為時から申立てまで1年を経過すると、支払停止を理由とする相殺禁止、否認権の行使ができなくなる。

ア　相殺禁止について、破産法71条2項3号、72条2項3号は、債務負担（ないし債権の取得）が、「破産手続開始の申立てがあった時より1年以上前に生じた原因」による場合には、これを適用しないと定めている。

典型的なのは、銀行預金への売掛金の入金である。支払停止について銀行を悪意にしておけば、その後の預金への入金分は相殺できない（破産法71条1項3号）。そのために、受任通知を送付するのである。ところが、支払停止から1年を経過してしまうと、この相殺禁止が適用されなくなってしまう。

イ　否認権について、破産法162条（特定の債権者に対する担保の供与等の否認）

2　全国弁護士協同組合連合会『弁護士賠償責任保険の解説と事例［第5集］』49頁（2014年）。

3項は、「支払の停止（破産手続開始の申立て前1年以内のものに限る。）があった後は、支払不能であったものと推定する」とし、同法166条（支払の停止を要件とする否認の制限）は、「申立ての日から1年以上前にした行為（…）は、支払の停止があった後にされたものであること又は支払の停止の事実を知っていたことを理由として否認することができない」としている。

前記と同様に、支払停止から1年を経過してしまうと、否認対象行為があっても否認できなくなる。

ウ　以上の条文を知らなかった、という実例は少なくない。これらを看過し、正当な理由なく申立てが遅延して、相殺禁止・否認権行使ができなくなった場合、申立代理人の責任問題となるおそれがある。

4　申立てに当たって必要な情報

以上、法人の場合、事業停止から日を置かずに早期に申立てをし、開始決定を得て破産管財人の管理下に置くことが求められる。

この申立てに当たり、申立段階で完全を期す必要はない。端的にいえば、①破産手続開始原因が疎明でき、②法人の清算に当たっての資産・負債の全体像を提示でき、③破産管財人が早期に着手すべき事項が何かが分かれば足りると考えられる。しかも、これらも不足する部分は、後に追加することで足りる。

(1)　破産手続開始原因

事業を行っていた法人の場合、事業を停止し、債務の弁済を停止した事実があれば、支払停止といえる。支払停止は支払不能を推定する（破産法15条2項）から、破産手続開始原因となる。

(2)　資産・負債の全体像

破産原因があるといっても、その法人の清算業務の全体像が分からないことには、想定される管財業務の見当もつかないから、適切な破産管財人を選定することもできない。よって、この全体像を示すことは必要である。

しかし、それは個別の数値の正確さまでを要求するものではない。負債については、後に破産管財人が債権調査を行うのであるから、負債の正確な数字まで確定する必要はない。もとより、仕入債務など締め日に締めた後でないと正確な数字は出せない。

個人の場合、申立段階で債権調査票を送付して債権調査を行うのは、負債について正確な情報を有していないことも多いからである。これに対し、法人の場合は会計帳簿が存在するのが通常であるから、直近の試算表に従って資産・負債の概要を説明すれば足りるのである。

(3)　破産管財人が早期に着手すべき事項

　むしろ、必要なのは、破産管財人が就任直後から急いで取り組まなければならない事項である。管理しなければならない物件、テナント物件、仕掛かり工事、双方未履行契約、否認対象行為等々、これらについては、できるだけ正確かつ適切な情報が求められるところである。

(4)　小　　括

　いずれにしても、事業を行っていた法人が突然事業停止した場合には、早期に申立てを行い、破産管財人の管理下に置くべきである。資料は、必要に応じて追加すればよいのである。破産管財人（ないし候補者）への引き継ぎの過程で、追加を要するものについて協議することも可能である。資料が不足しているとして、いたずらに申立てが遅延することは、かえって前記のような弊害をもたらす。

5　申立てが遅延した場合の責任

(1)　代理人弁護士自身の責任

　破産手続開始申立てを受任した弁護士が、正当な理由なく申立てを遅延した場合、弁護士自身が責任を問われる場合がある。

　「未払賃金立替払制度の利用期間の徒過」を理由に、元従業員から債務者代理人に対し損害賠償請求がなされた例があることは前述のとおりである。

　売掛金債権が消滅時効にかかってしまい回収できなくなった場合や、前述のとおり支払停止から１年を経過してしまったために相殺禁止・否認権行使ができなくなった場合なども、破産財団を毀損したものとして代理人が損害賠償義務を負うことがあり得る。

　破産申立受任後の対応をめぐって、懲戒処分がなされた例も散見されるが、多くの場合申立ての遅延が絡んでいる。主なものとして、①事務処理を事務員に任せたまま十分な指導監督を行わなかったため、申立てが長期間にわたって遅延し

た事例、②申立てが遅延している状態で、債権者からの問い合わせに誠実に回答
しなかった事例、③依頼者や債権者からの問い合わせに対し、申立てが遅延して
いることを隠すために、（弁護士ないし事務員が）裁判所の受理票等を偽造してし
まった事例、④（依頼者が個人の場合であるが）申立てが遅延している間に、過払
金返還請求権が消滅時効にかかってしまった事例等がある。

(2) 債務者の財産保全上の問題

また、受任から申立てまでの間に時間を要する場合、債務者の財産保全に問題
が生ずることが多い。

時間がかかればかかるほど、財産保全は困難となる。代理人が自ら財産の管
理・保全を行うことができれば別だが、実際には法人の資産すべてを代理人が管
理することは困難であり、一部の資産の管理・保全を代表者らに委ねなければな
らないことも多い。

こうして代表者に資産管理を委ねていたところ、代表者らが資産を散逸してし
まった場合に、代理人の責任が問われることがある。この代表例が、東京地判平
21.2.13（判時2036号43頁）であり、破産管財人からの損害賠償請求に対し、破
産管財人に対する不法行為責任が認められた事案である。この判決の評価につい
ては**本書判例評釈6**〔籠池信宏〕に譲るが、受任から申立てまでに時間を要す
るほど、このような事態が発生する危険は増大する。

なかには、代理人に対し、必要な資料提供に応じなかったり、虚偽の説明をし
たりする債務者もないではない。東京地判平27.10.15（判タ1424号249頁）は、受
任通知の送付後、申立てが行われないまま辞任するまでの間に行われた債務者所
有不動産の売却について、これを阻止できなかったことに関し、債権者から弁護
士に対し不法行為及び債務不履行を理由に損害賠償請求がなされた事案である
（判決では、責任は否定された）。同判決に対する評価も**本書判例評釈5**〔服部敬〕
に譲るが、申立てまでの間に時間を要することは、こうした弁護士の責任を問わ
れるリスクが増大することにつながる。

6 遅延の理由と対策

他方、申立てを急ぐべきというが、杜撰な申立てでは、裁判所から多くの点に
ついて補正の指示がなされるだけであり、結局申立前の段階で、ある程度詳細な

調査をせざるを得ない、との指摘もある。

確かに、本来開始決定後に破産管財人が調査すれば足りるような事項についてまで、決定前に破産裁判所から申立代理人に対し補正を求められている例がなかったとはいえない。

破産裁判所にも、同時廃止とするために申立代理人側で詳細な調査が求められる個人破産の事案と、早期に破産管財人の管理下に置くことが求められる法人破産とでは、スピード感をはじめとする多くの感覚が異なることを理解してもらう必要があると思われる。そして、この点は、本来、事前相談を行うことで、申立人側と破産管財人候補者及び破産裁判所とが協議し、申立人側で準備すべきことと、それを踏まえて決定後に破産管財人側が対応することの別を検討すれば足りる問題と思われる。

また、いわゆる少額管財の場合、申立人側に一定の事項の処理を要求している庁もある。もちろん、少額管財は申立代理人が事前に十分な調査を尽くし、破産手続に協力することへの信頼を前提に、少額の予納金で足りるとする制度であるから、これはある意味で当然である。しかし、その運用も上記の趣旨に沿ってなされるべきものである。要件の運用が硬直的になされ、そのためにいたずらに申立てが遅延してしまうようでは、本末転倒のように思われる。例えば、今後の換価回収業務により相応の破産財団の形成が見込まれる事件については柔軟に対応し、最低限の予納金で早期に開始決定を行い、早期に破産管財人の管理下に置くことが望まれる[3]。

〔石岡隆司〕

---

3 日本弁護士連合会倒産法制等検討委員会・前掲注1（金法）・13頁。

Q16 通帳や印鑑の保全

事業をしていた個人の破産手続開始申立てを受任しました。事業はすでに廃止しています。受任した弁護士としては、必ず依頼者の預金通帳、実印、登記済証、手形小切手帳などを預かるべきでしょうか。預かった方がよい場合があるとすれば、それはどのような場合でしょうか。法人破産の場合で、事業をまだ継続している場合も、同じでしょうか。

---

1 「必ず預かるべき」か「預かった方がよい」か

破産手続開始申立てを受任した申立代理人として、預金通帳、実印、登記済証、手形小切手帳などを必ず預かるべきかと問われると、それは義務であるのか、仮に預からなかった場合に義務違反が認められ、損害賠償責任につながるのかという問題になりかねない。

この点、実務上、申立代理人は、財産保全のために、基本的にはこれらの資料を預かっており、預かることが推奨されている[1]。これは、「預かった方がよい」というレベルの話である。

とはいえ、債務者の属性や事案に応じて、また、個別の資料に応じて、申立代理人として預かる場合もあれば、預からない場合もある。さらには、預かること以外に関係者に通知するなどの対応も行うことがある。

そこで、まず、①何のためにこれらを預かるのか、という点から検討を始め、次に、②債務者の属性と個別の資料ごとに検討し、その上で、③必ず預かる義務があるのか、につき検討したい。

2 預かる目的は何か

預金通帳、実印、登記済証、手形小切手帳などを預かる目的は、端的にいえば、財産保全、もう少し進んでいえば、預金の出金、不動産の売却、担保提供、

---

1 野村剛司編著『法人破産申立て実践マニュアル』316頁（青林書院、2016年）には、預り品チェックリストがあり、いずれも記載されている。

150 第2章 Q&A編

手形小切手の振出しといった行為を破産者や破産会社の代表者らができることで発生しかねない財産隠匿、否認対象行為（詐害行為、偏頗行為）、新たな債務負担行為などを防止し、これらの各種資料を破産管財人に引き継ぐことによって、破産管財人がスムーズに破産財団の占有、管理、換価作業に入れるようにし、破産財団の維持・増殖を図ることにある。また、個人の場合は、免責不許可事由（破産法252条1項各号）の発生を防止する意味合いもある。

　申立代理人が申立てを受任した段階では、まだ実際に申立てを行っているわけではなく、特にいわゆる密行型で破産手続開始を申立て、即日破産手続開始決定を受けるという事案を除き、通常は、申立ての準備を行い、実際に申立てがなされ、裁判所による破産手続開始決定を受けて初めて破産手続開始決定の効果が及ぶことになり、いわゆるオープン型においては、どうしてもタイムラグが生じてしまうわけである。ここで、将来破産財団となる債務者の財産として何があるかを確認し、その財産の価値を減少させないよう維持を図ることが求められ、財産保全の手段のひとつとして、各種資料を預かることが出てくることになる[2]。申立代理人として各種資料を預かる場合、当然その前提として、依頼者に対する説明が必要であり、適切な助言をすることになる。

3　すでに事業を廃止した個人の場合

(1)　預金通帳

ア　事業に使用していた預金口座の場合

　個人事業者の場合、預金といっても、事業に使用していた預金口座と現在の生活に使用している預金口座が存在するであろう。前者の事業に使用していた預金口座は、債権者である金融機関に開設された預金口座であれば、債務者の破綻により金融機関に口座をロック（預金拘束）され、強制解約、相殺されるのが通常である。その意味では、預金通帳を預かるか、預からないかに影響しないようにも思われる（過去の取引履歴を知るためには、実際上預金通帳を預かることになるが）。ただ、当該口座に売掛金が入金される場合、破綻後の時期にもよろうが、申立代理人の受任通知により相殺禁止を明確にし、後日の破産管財人による回収

2　債務者の財産の確認、保全の重要性につき、野村編著・前掲注1・38頁以下〔野村剛司〕参照。

を容易にすることになる。

また、債権者ではない金融機関に開設された預金口座については、出金が自由であり（相談時にはすでに出金されてしまっているであろうが）、自動引落しもされている可能性があるので、財産保全としては、預金通帳を預かるだけでなく、当該金融機関に通知し、自動引落しを停止するなどの措置も講じることになる[3]。出金ができなければ、預金通帳を預からずとも財産保全が図れることになる。

イ　現在の生活に使用している預金口座の場合

これに対し、現在の生活に使用している預金口座の場合、後日の破産手続における自由財産拡張が認められる範囲であれば、その管理は依頼者である債務者本人に委ねることが多く、通常は預金通帳を預かるのではなく、その写しを求めることで確認することになる。

その範囲を超える場合は、超過部分を出金し、申立代理人の預り金口座で保管して財産保全を図ることになる。

ウ　キャッシュカード、ネットバンクにも注意

本設問では、預金通帳が問われているが、預金通帳のほかにキャッシュカードが発行されていることが多く、出金が容易であることから、預金通帳とともにキャッシュカードも預かることになる。

また、最近はインターネット専業銀行（ネットバンク）等を中心に紙の通帳のない預金口座も多くなってきており、単に預金通帳を預かるという話ではなくなってきていることに注意を要する。

(2)　実印、登記済証

個人の経済生活において実印が必要な場面はそれほど多くはなく、不動産を所有しているのであれば、登記済証や登記原因識別情報とともに使うことで売却等の処分行為を行うことができることから（無担保や担保余剰がある物件の場合が特に問題となる）、受任の際、これらを預かることが望ましい。

ただ、実印は改印することができ、また登記済証等がなくとも登記名義を移転することは可能であることから、単にこれらを預かることだけでは、前述した財産保全の目的を達することはできない。実際上、説明と助言の方が大切となって

3　相殺禁止・自動引落停止依頼書につき、野村編著・前掲注1・322頁参照。

152　　第2章　Q&A編

こよう（**本書Q12**〔鬼頭容子〕も参照）。

(3) 手形小切手帳

すでに事業を行っていないことから、振り出した手形小切手は不渡りとなっている場合が多く、債権者の金融機関から当座預金口座が強制解約され手形小切手帳は無価値となっているであろうが、これを悪用して、債務者が手形や小切手を振り出すおそれがある。また、受任した後には当該金融機関から手形小切手帳の返却を求められることが多く、いずれにしても、実務上は、手形小切手帳を預からない理由はない。

前述の実印に関連し、手形小切手を振り出す際に押印する印鑑を預かっていれば、一定の防御策にはなろう（もちろん、悪用する者は他の印鑑を用いるであろうが）。とはいえ、この点も説明と助言が大切であろう。

4 事業継続中の法人の場合

(1) 預金通帳

ア 相談段階

個人の場合と異なり、法人の場合、すべてが事業用の預金口座となる。事業継続中の法人の破産手続開始申立てについて相談を受けた場合、当然、法人はその時点では事業を継続しており、平常どおり営業されているわけであり、加えてまだ申立ての委任契約を締結していない段階であることからしても、預金通帳を預かることはできない。

イ 密行型の場合

密行型の破産手続開始申立てで、申立てをした即日に破産手続開始決定を受ける事案であれば、破産手続開始決定の効果がすぐ及ぶことから、債権者である金融機関も債権者でない金融機関も申立代理人からの通知により、いったん口座をロックすることで、財産保全は図られることになろう。このような場合、預金通帳を預かる行為があってもなくても対応できるともいえるが、預かった方が望ましいことに変わりはない。

ウ オープン型の場合

事業停止、受任通知後、申立てまでにタイムラグが生じるオープン型の場合[4]、財産保全のために、実務上は預金通帳を預かっている。相殺禁止を明確に

Q16 通帳や印鑑の保全 153

し、自動引落しを停止するための通知を行う点などは、個人事業者について指摘したところと同様である。

エ　キャッシュカード、インターネットバンキング

預金通帳の他にキャッシュカードがある点は個人事業者について指摘したところと同様である。

また、事業者向けインターネットバンキング（EB）を行っている場合も多くなっており、預金通帳を預かったり、金融機関に対する通知をしたりしたとしても、送金がなされてしまうおそれがある。やはり、説明や助言が大切になってくる。

(2)　実印、登記済証

この点は、前述した個人の場合と同様であり、破産手続開始の申立てを受任したのであれば、預かることが望ましい。

(3)　手形小切手帳

この点も、前述した個人の場合と同様であり、申立てを受任したのであれば、預かることが望ましいだけでなく、申立てを検討しているのであれば、基本的には、新たな手形小切手の振出しは控えるよう説明や助言をすることが望ましい姿となろう。

5　必ず預かるべき義務があるのか

ここまで、財産保全のために、各種資料を預かった方がよい場合を検討してきたが、そのなかで、債務者や法人の代表者らが各種資料を悪用することのないよう説明や助言することにも触れてきた。本設問は、預金通帳等を預かるべきか、預かった方がよいかを問うものであるが、実務上重要であるのは、説明、助言も含めた依頼者との信頼関係や、関係者に対する通知を行う等の預かるという行為以外の対応も含めた財産保全である（**本書Q8**〔籠池信宏〕も参照）。

前述したとおり、例えば事業継続中の法人の預金通帳ひとつをとった場合でも、相談を受けた弁護士は、その相談段階で通帳を預かることはできない。また、申立てを受任した場合であっても、法人の規模や事業所の数によっては、直

4　密行型に対比してのオープン型のイメージについては、野村編著・前掲注1・23、29頁以下〔野村〕参照。

154　第2章　Q&A編

ちに預金通帳を預かることは事実上困難であるし、法人代表者らが申立代理人に任意に提出しない限り、通帳を預かることはできない。もちろん、決算書等で申立代理人が預金口座を認識できている場合は、別途、当該金融機関に対し前述した通知をすることで出金を停止し、財産保全を図ることは可能であるが、申立代理人として預金口座を認識できていないと通知も不可能である。

そこで、実務対応としては、必ず預かるべき義務という観点ではなく、申立代理人として通常望まれている行動を知り、これを実践することで財産保全を図り、債務者又は法人代表者らが財産隠匿や否認対象行為を行う機会を減らすべく、早期の申立てを心がけることであろう。

ただ、近時の裁判例として、東京地判平25.2.6（判時2177号72頁。**本書判例評釈2**〔野村剛司〕参照）は、申立代理人は財産散逸防止義務を負い、相談時の説明から一定の資産が存在する事実が確認できた場合、善管注意義務として、委任契約後の破産会社の資産管理は原則として申立代理人が行うことなどの説明を行い、また、委任契約後には財産散逸防止義務として、上記説明に加え、破産会社の預金通帳等を申立代理人において預かること、あるいは申立代理人の開設に係る破産会社の財産管理用の預り金口座に預貯金、現金等の入金を行うことなどの具体的な指示説明を行う必要があったなどと判示している（なお、東京地判平27.10.15判タ1424号249頁は、通帳等を提出させ、管理する義務を否定している。**本書判例評釈5**〔服部敬〕参照）。

この裁判例については、疑問も多々あるところであるが、現に裁判例として公表されており、注意を要する。

〔野村剛司〕

8 財産保全のノウハウ

Q17 受任通知に関する留意点

破産手続開始申立てにおける受任通知は、どのような場合に、どの範囲に、どのような方法で送ることが適切でしょうか。また金融機関に受任通知を送るに際して留意しておくべき点があるでしょうか。

---

1 受任通知とそのメリット・デメリット

(1) 受任通知の意義・効果

受任通知は、債権者に対し、①依頼者が近く破産手続開始申立てを予定していること、②弁護士がその代理人に就任して破産手続開始申立てを受任したこと、を通知するものである。

受任通知には次のような効果が期待される。まず、代理人弁護士が今後窓口となる旨が通知されることで、債権者から依頼者に対する問い合わせや追及が収束する点である。

次に、受任通知においては、債務を一般的に支払えない旨を表示することで、支払停止に該当するので[1]、支払不能と推定され（破産法2条11項、15条2項）、受任通知の到達後に債権者が取得した債権や負担した債務による相殺は相殺禁止に抵触することとなり（同法71条1項3号、72条1項3号）、受任通知到達後の弁済受領や回収行為が否認の対象になり得る（同法162条1項1号、3項）。なお、一言に受任通知といっても、支払不能状態にあることの表示が曖昧であると支払停止の効果を得られない可能性がある。支払停止の効果を確実に得るには、債務者が債務を一般的に支払えない旨を明確に示しておくべきである[2]。

(2) 受任通知のデメリット

以上から、受任通知によって、結果的に、債権者による個別の回収行為が抑制

---

1 単なる債務整理開始通知や再建計画を策定する方向での債務整理の通知等と支払停止の関係の考察を深めるについては最二小判平24.10.19（判時2169号9頁）が参考となる。
2 東京弁護士会倒産法部編『破産申立マニュアル［第2版］』51頁〔進士肇〕（商事法務、2015年）。

156 第2章 Q&A編

され、依頼者を疲弊した状況から救済する効果が認められるケースはある。ただし、債務者に対する直接請求行為の停止について法律の規制を受ける貸金業者やサービサー[3]、金融庁事務ガイドライン等により同様の対応が期待されていると考えられる金融機関は基本的に受任通知を尊重した対応をするが、その他の債権者については受任通知の要請に従うとは限らない。受任通知によって債権者の個別の回収行為そのものが完全に禁止されるわけではないし、相殺禁止や否認の制度を正確に理解していない債権者も存在する。したがって、申立代理人としては、受任通知の送付の要否を判断するに当たって、受任通知が常に債務者の窮境を改善するとは限らず、支払停止を明らかにしてしまうことでかえって回収行為を誘発し、混乱に拍車をかける危険があることにも留意しなければならない。

また、受任通知は、個別の回収行為を抑制する効果と引き換えに、破産管財人に引き継がれるまでの間は「弁護士たる申立代理人が債務者の財産を適切に管理するとともに、債権者を平等に扱うはず」というある種の期待を債権者に生じさせる。これが申立代理人の財産散逸防止義務を中心とした責任論に影響を与えているのは事実であろう。

受任通知がなされたことのみによって、申立代理人が債権者に対して損害賠償を負担し得る義務を当然に負うのかといえばそれは難しいと考えられる[4]。行為規範として、申立代理人は、破産手続開始申立てを受任した場合に、破産法の趣旨に沿って債務者の財産を平等に債権者へ分配できるように債務者に説明指示するべきといえようが、結局財産の管理処分権は債務者本人に属するし、説明指示の内容も画一的ではなく、個々の事例においてまったく異なるからである。

ただし、実際には既述したような受任通知の効果がある以上、受任通知送付後に破産者の財産減少が認められる場合には、それ以前の財産減少に比べて申立代理人の対応が問題とされやすくなろう。個別具体的な申立代理人の対応内容に

---

3 貸金業法21条1項9号、同法47条の3。債権管理回収業に関する特別措置法18条8項。
4 中森亘「法人破産の申立代理人の役割と法的責任〈特集2 破産手続申立代理人の権限とその責務をめぐる諸問題〉」自正2017年3月号57頁参照。
　　なお、債権者に対する責務から生じる損害賠償が、債権者の申立代理人に対する損害賠償請求権としてではなく、財団を構成するものとして破産管財人から請求される根拠については今後もなお議論が必要であるが、個々の事案において受任通知の送付とその後の申立代理人の具体的な対応内容が、申立代理人の責務の判断において重要な要素とされている現実に留意すべきである。

よっては、委任契約に基づく善管注意義務違反や不法行為[5]が成立し得るとの考えもある。財産減少行為は原則として行うべきではないし、仮になされる場合でも、詐害性や同時交換性などを踏まえて、破産法の趣旨を害していないことについて合理的な理由の存在を確認する必要があるといえる。

　また、受任通知送付後に生じる問題を極小化する最大の方法は申立てを早期に完了することにあるので、受任通知の送付後はいっそう準備を急ぎ、正確な情報収集に努めつつも、精緻さに拘泥して申立てが遅れるという本末転倒が生じないように留意しなくてはならない。

2　受任通知の送付の要否、送付時期など

　受任通知自体は破産手続開始申立てにおいて必須とされているものではない。その意義やメリット・デメリットを考慮し、事案によって通知の要否、範囲、内容を検討する必要がある。以下、個人（消費者）と法人・個人事業者とに分けて一般的に論じるが、決して画一的に定まるものではなく、基本的には、事案ごとに諸要素を考慮して判断する必要があることを忘れてはならない。

　なお、受任通知送付の際に債権調査票を添付することが一般的になっており、債権調査票の送付や回収が受任通知の目的と誤解されている案件も散見される。受任通知の第一義的な目的は債務者の生活の平穏回復や混乱の終息、相殺禁止や否認の適用による財団となるべき財産の保全にあり、債権調査票の取得ではない。そもそも、債権調査票は破産手続開始申立てに必須とされるものではない。受任通知とともに送付した債権調査票について全債権者からの回答を待つことで結果的に申立てが遅れたり混乱が増加したりするのであれば本末転倒である。逆に時間の経過により債務者の財産減少の危険が高まり、受任通知後の財産散逸義務違反が問題とされかねないので、速やかな申立てを第一に準備を進めるべきである。

5　髙木裕康「受任通知と申立代理人の責任〈特集2　破産手続申立代理人の権限とその責務をめぐる諸問題〉」自正2017年3月号38頁参照。例えば、故意としては債務者の意向に沿って財産を散逸させた場合、過失としてはあまりに債務者に対する指示説明や申立てに向けた資産の管理・チェックがずさんなまま、長期間放置するなどして、申立代理人が知らないうちに債務者が財産を散逸させているようなケースである。

158　第2章　Q&A編

(1)　個人（消費者）の場合

　一般的に、個人（消費者）の破産の場合、金融機関や貸金業者、信販会社等が債権者である。これらの債権者は受任通知前の段階で債務者の窮境をある程度把握していることが多く、また、弁護士が介入した後の直接請求行為を行わないよう法律上あるいは金融庁事務ガイドライン等で要請されていること、受任通知の効果（相殺禁止や否認）を通常理解していることから、受任通知によって混乱を惹起する危険や、回収行為が激化するようなケースは少ない。加えて、個人（消費者）の場合、めぼしい資産がすでになくなっており、受任通知後に資産が散逸する危険が低いケースが多い。

　よって、受任通知に、今後代理人弁護士が窓口になること、依頼者本人やその他関係者への直接請求行為を控えることを記載して、債権者の直接請求行為を止めることで依頼者個人の生活の平穏回復を優先することが原則となる。

　受任通知を送付するとの判断をした場合、債権者を精緻に把握することに時間をかけるよりも、まずは依頼者から確認できた債権者に早期に受任通知を送付し、そのほかの債権者は判明次第に追って送付する、という対応となる。

(2)　法人・個人事業者の場合

ア　送付の要否

　法人や個人事業者の破産手続開始申立ての場合は、個人（消費者）と異なり債権者の数も多く（特に消費者相手の事業者の場合）、金融債権者のほか、買掛先、下請先、消費者、従業員など利害状況が異なる様々な債権者が存在する。また、売掛金、在庫、設備機械類等、将来破産財団を構成すべき相応の価値を有する財産を多く保有しており、その種類も様々であることが常である。加えて、先に述べたとおり、受任通知が届いたからといって、相殺禁止や否認制度についてすべての債権者が正確に理解して行動するとは限らない。

　そのため、法人や個人事業者の場合、受任通知等によってひとたび情報が漏れれば、商事留置権が行使されたり、買掛先から強引な商品回収行為を受けたり、取引先や顧客から問い合わせが殺到するなど様々な問題が一気に噴出し、深刻な混乱状態に陥る危険が個人（消費者）破産の場合に比べて格段に高いといえる。公租公課の滞納があれば滞納処分を受ける危険も生じる。よって、破産手続開始前の混乱防止、破産財団を形成すべき財産の確保・管理、現場の保全、といった

観点からは、法人や個人事業者の破産の準備は密行性が求められ、破産を最終決定するまで受任通知を発送することなく申立てを行い、破産手続開始申立直後に、破産を申し立てたことの通知を送る、という対応が基本となろう。

なお、逆に受任通知を送り、相殺禁止規定や否認の効力を及ぼすことで財産保全が図られるケースもある。ただし、相殺禁止や否認の要件に該当する行為が実際になされ、破産手続開始後に解決する場合は相当な時間と労力を要し、破産管財事件の円滑な進行の妨げになる。よって、申立てにおいてはまず、否認対象行為等が発生しないよう混乱回避に重点を置き、不用意な受任通知の送付は絶対に避けなければならない。

もちろん、法人や個人事業者の破産においても、申立費用（報酬や予納金）の準備に時間を要する、といった理由で受任通知を送付せざるを得ないケースはある。また、すでに破綻状況が知れ渡り各所で混乱しているような場合や、事業廃止から長期間が経過していてめぼしい財産もなくなっている場合などにおいては、受任通知の送付によって混乱が惹起・拡大する危険がなく、むしろ、債権者とのコンタクトがとれることで情報の収集や事態の鎮静化ができるメリットがあることから、受任通知を送付すべき、との判断に至るケースも存在する。

イ　送付時期

法人や個人事業者の破産において受任通知を送付する場合、受任通知送付後に事業を継続することで否認や財産散逸の指摘を受けかねない問題が生じる危険があること、一方で事業停止後は対外的に債務者の破綻状況が明らかになり相殺禁止や否認に該当する事態の発生を回避する要請が高まること、といった観点から、送付時期は事業停止のタイミングとすることが一般的である。

ウ　送付先について

法人や個人事業者の破産において受任通知を送付する必要があると判断した場合、事業停止後の現場の混乱を避けるという観点からは、把握し得る債権者全般に送付することが一般的であろうし、債権を有しているか否かにかかわらず、利害関係人に対する受任通知（あるいは事業停止のお知らせなど）の送付の要否も併せて検討する必要がある。

ただし、受任通知による混乱の回避や財産保全の観点から送付先を限定するケースもあろう。例えば、申立てにしばらく時間を要するようなケースで、債権

者全体に送付すれば混乱が避けられないが、一方で債権者である金融機関の口座に売掛金の入金が引き続き発生し[6]、相殺禁止による財産保全の観点から当該金融機関に限って送付する必要があるような場合である。

しかし、一部であれ受任通知を送付すれば、いずれ送付先から情報が伝播したり、調査会社の情報に掲載されたりするなどして、公租公課やその他の債権者にも伝わる危険があることには留意しておくべきである。特に公租公課は、時間を要さずに滞納処分をすることができるし、破産手続開始の決定は滞納処分の続行を妨げない（破産法43条2項）。よって、申立て準備の情報が伝われば、瞬く間に滞納処分によって財団を構成すべき資産を失う危険が高いので、公租公課庁には受任通知を送付しないことが原則である[7]。

3 金融機関に受任通知を送るに際して留意しておくべき点

⑴ 送付の要否や時期の慎重な判断

金融機関に受任通知を送付すると、受任通知は支払停止及び銀行取引約定に基づく期限の利益喪失[8]に該当するため、破産者が預金口座を有している金融機関が債権者の場合、口座が凍結されその時点の預金が当該金融機関の貸付債権と相殺される。また、様々な決済が停止することになるため、破産の申立てを準備しているとの情報が対外的に拡散しやすく、結果的に混乱惹起につながる。

そのため、金融機関に対する受任通知送付の必要性や時期は慎重に検討するべきといえ、これまで述べてきたことからも分かるとおり、口座の凍結や相殺を回避することを考えると、借入れのある金融機関に対しては、破産の申立てまで受任通知を送付しないことが基本かと思われる。しかし、例えば支払停止が対外的に広まり混乱が必須と思われる状況で、当該金融機関への売掛金等の今後の入金を回避する余裕もない場合などにおいて、相殺禁止の効力を及ぼすために、受任通知と同時に相殺禁止を伝え、金融機関債権者に支払停止を明確に認識させる必

---

6 例えばクレジットカード会社からのカード売上入金口座が変更できない場合である。
7 公租公課については、資金繰りに窮した債務者が公租公課庁に納付方法等の相談を行った際に、決算書等を提出させられて、その資産状況を一般債権者よりも早期に把握されているケースも多いことに留意すべきである。公租公課の滞納処分があり得る状況の場合は特に申立て準備を急ぐ必要がある。
8 旧銀行取引約定書ひな形では5条1項1号。

要がある。

(2) 通知すると判断した場合の留意点

借入債務のある金融機関に受任通知を送付する必要があると判断した場合、債務者の財産等の適切公平な清算（破産法1条）という目的のため、送付前に借入債務のない金融機関の預金口座や代理人弁護士の預り口座に資金を移動するなど適切な方法で財産を保全しておくべきである[9]。また、受任通知の到達と同時に保証人の口座も凍結され、預金を保証債務と相殺されるおそれも高いため、保証人についても同様に財産を保全しておくべきである。

しかし、資金移動を急に行ったり、その頻度が高かったりすると、逆に破産の準備を察知され、口座凍結の上で相殺される危険性がある（申立ての準備をする法人はすでに期限の利益を喪失し、いつでも口座凍結が可能なケースも多い）。よって、債務者と金融機関の交渉状況の切迫度合いや今後の入金の頻度や規模、ほかに今後の入金を確保する方法の有無、資金移動にとり得る手法の容易性（EBなど迅速に送金対応できる手法が可能か等）、移動すべき資金の規模や資金移動を行える期間・頻度など、諸般の事情を考慮し、資金移動のタイミングや方法を検討することになる[10]。

(3) その他の留意点

金融機関への受任通知においては相殺禁止を伝えるほか自動引き落としの停止依頼も行う必要がある。

債権者ではない金融機関の預金口座については、一時的な資金移動先として利用することはあるが、取引先に振り出した約束手形が当該金融機関に取立てにまわることで相殺されるおそれがあり、また、自動引き落としが設定されている場合がある。よって資金移動の必要性や、受任通知を行う場合に相殺禁止や自動引き落とし停止の依頼をかける必要性は、債権者である金融機関に対する場合と同様である。

---

9 東京弁護士会倒産法部編・前掲注2・117頁〔蓑毛良和〕。資金移動等の財産保全ができなかったからといって、当然に申立代理人の法的責任が問われるものではないが、債務者の財産等の適切公平な清算（破産法1条）のため可能な限りの保全を試みるべきである。

10 難しい判断であるが、諸般の事情から資金移動が困難といった場合には、相殺禁止の効果を得るため、準備の密行性をあきらめ、金融機関に受任通知を送付せざるを得ないケースもある。

なお、受任通知はファクシミリなど早期に到達する方法をとった上で、念のため郵送による通知も行うことが一般的であろう。なお、ファクシミリは到達時間も記録され、後日、相殺と支払停止認識時点の先後関係が問題になる場合に重要な資料となる。

〔野城大介〕

9 破産管財人との役割分担

Q18 破産管財人への協力の範囲

　破産手続開始申立て（自己破産）を代理したのですが、その後、破産管財人が売掛金回収のための帳簿の整理や賃借物件の明渡しなど、様々な事務への協力を指示してきます。どこまで協力するべきでしょうか。また、破産会社の代表者に対する破産管財人の調査に、破産会社の申立代理人はどこまで関与する必要がありますか。

1　申立代理人の役割

⑴　破産手続の目的・理念と申立代理人の役割

　破産法は、その第１条で「この法律は、支払不能又は債務超過にある債務者の財産等の清算に関する手続を定めること等により、債権者その他の利害関係人の利害及び債務者と債権者との間の権利関係を適切に調整し、もって債務者の財産等の適正かつ公平な清算を図るとともに、債務者について経済生活の再生の機会の確保を図ることを目的とする」と定めており、破産手続は、破産者の財産の適正かつ公平な清算による弁済の実現、債権者間の平等性・公平性の確保を含む利害関係人の権利関係の適切な調整、及び、債務者の経済生活の再生の機会の確保をその理念としている。

　このような破産法の理念の実現に向けて、破産手続の対象となる破産者は、破産法に定められた義務（破産法37条による居住地に関する義務、同法40条による説明義務、同法41条による重要財産開示義務、同法250条２項による免責調査への協力義務など）を遵守することが求められ[1]、特に、債務者が自らについて破産法の適用を求める自己破産の場合には、破産管財人に対して、破産債権及び破産財団に属する財産の状況に関する資料の提出又は情報の提供その他の破産手続の円滑な進行のために必要な協力をすべきことが求められる（破産規則26条２項）。

　そして、破産者から破産手続に関する法律事務を受任した弁護士は、法律の専

1　これらの破産者の義務の違反は、免責不許可事由（破産法252条１項８号）や、刑事罰の対象（同法268条１項、269条）となり得る。

164　第２章　Q&A編

門家でない破産者が破産法に定められる義務を遵守できるよう助言・援助をするとともに、代理人の立場で、破産手続を通じて依頼者である破産者が受けられる利益[2]を最大限とするための注意義務を負うことは当然であるが、さらに、弁護士として業務を行うという観点からは、破産法の理念の実現という社会的・公共的な目的のために、信義に従い誠実かつ公正に職務を行うという義務（弁護士法1条2項、30条の2第2項、弁護士職務基本規程5条）を負っているといわれている[3]。このように、自己破産の申立代理人となる弁護士は、依頼者である破産者の権利や正当な利益の実現のみを図るのではなく、破産法の理念の実現に向けて積極的に協力する役割を担っているといえる。

(2) 破産管財人と申立代理人の協働関係

破産手続の手続主体となる破産管財人と申立代理人は、当該破産手続が適正かつ円滑に遂行されるために、専門家として互いにその役割を果たしていく必要があり、破産法の理念の実現という点では、協働関係にあるといえる。

特に、実務上の運用として広がりをみせている、いわゆる少額管財手続（同時廃止が相当でない事案について、予納金を比較的低額とすることにより管財事件として受理するとともに、破産管財人の負担を管財手続費用に見合った簡素かつ迅速なものとする運用）は、申立代理人である弁護士が破産者の資産、負債、権利関係、破産手続に至る事実関係などについて十分な調査を行っていることや、破産手続開始後においても破産管財人が申立代理人からの協力を得られることを前提としている[4]。このような少額管財手続においては、申立代理人が、申立てから手続開始までの間にとどまらず、手続開始後も、破産手続が終了するまでの間を通じて、破産管財人の管財業務に協力をすること、すなわち破産者をしてその破産法上の義務の履行をさせ、又は、破産者に代わり説明や情報開示、財産の引渡しその他の義務の履行をすることが強く求められているといえる。

2　ただし、弁護士は、依頼者の不当な利益の実現に協力してはならない（弁護士職務基本規程21条、31条）。
3　中山孝雄＝金澤秀樹編『破産管財の手引［第2版］』14頁（金融財政事情研究会、2015年）。
4　中山＝金澤編・前掲注3・3頁。

2　申立代理人の説明義務

破産法40条1項2号は、破産者の代理人の説明義務を定めており、この代理人には破産手続の申立代理人も含まれると解されている[5]。この代理人の説明義務は、破産者の義務を間接的に代理人が履行するのではなく、代理人そのものが負っている義務である。

破産に関し必要な説明をする義務とは、口頭で説明をする義務であるが、必要な書類を提出する義務も付随的に含まれていると解されている[6]。他方で、この説明義務の対象となる情報は、義務を課された身分に関して知っている情報に限られるとされており、弁護士は職務上の守秘義務を負っていることから、守秘義務による正当な説明拒絶は説明義務違反の違法性が阻却されると解される[7]。

3　個人破産における免責と申立代理人の協力

個人の債務者の自己破産においては、免責許可決定を得ることが手続申立ての重要な目的のひとつとなっていることが一般的である。そして、破産者は、破産管財人が行う免責調査について協力すべき義務（破産法250条2項）を負っており、申立代理人も免責調査に積極的に協力すべきことは当然である。

また、免責不許可事由が存在する場合には、申立代理人としては破産者の利益を図るために裁量免責の許可（破産法252条2項）を得るべく最善の努力をすべきである。そして、裁量免責の判断要素となる「破産手続開始の決定に至った経緯その他一切の事情」には、破産手続開始後の事情として、破産者の破産手続に対

5　伊藤眞ほか『条解破産法［第2版］』331頁（弘文堂、2014年）。

6　伊藤ほか・前掲注5・333頁。

7　伊藤ほか・前掲注5・1823頁は、正当な説明拒絶に該当するかどうかは、守秘義務と破産法上の説明義務とを衡量して、守秘義務の方がより高いないし同価値の義務と評価される場合かどうかによるとし、その判断は、「総合的相対的判断」がなされるべきであり、当該守秘義務の根拠・性質、守秘義務違反に対する制裁の有無・内容、訴訟法上の証言拒絶権の有無・内容、当該秘密の内容、当該秘密の破産手続における必要性・重要性・公益性などを個別具体的に総合判断することが必要であるとする。しかし、代理人弁護士の守秘義務について、このような「総合的相対的判断」の枠組みが適切であるかについて疑問がある。守秘義務の存在が依頼者の弁護士に対する信頼の基礎となっていることを鑑みれば、基本的には守秘義務の優先性はより高いというべきではないだろうか。ただし、破産の申立てについての委任契約の具体的な解釈として、明示に又は黙示に依頼者との関係で守秘義務が解除されている場合には、守秘義務を理由とする説明拒絶は許されないといえるだろう。**本書Q14**〔伊藤尚〕、Q20〔小林信明〕参照。

166　　第2章　Q&A編

する協力状況も含まれると解されるので[8]、破産者のみならず、申立代理人も、破産管財人の管財業務に積極的に協力をして、裁量免責を得られるように努めるべきである。

4 申立代理人による破産管財人への協力の限界

破産手続開始後の破産手続の手続主体は破産管財人であり、破産財団に帰属する財産の管理処分権や契約関係の処理権限は破産管財人に専属しているのであるから、申立代理人は自らが主体となって破産管財業務をする立場にはないし、その権限もない。したがって、申立代理人による破産手続開始後の管財業務への協力は、あくまで破産管財人からの要請に基づいて、その要請の範囲内で行うものというべきである。

他方で、申立代理人が、破産管財人から要請された事項のすべてについて対応して協力しなければならないというものではない。そもそも、申立代理人は破産者の代理人であって、破産管財人の代理人ではないのであるから、破産管財人とはおのずと立場を異にするものである。説明義務の点においても、申立代理人には弁護士としての守秘義務が存することからすれば、守秘義務に基づく正当な説明拒絶をすることなく破産管財人に情報開示をすることは、依頼者である破産者との間で問題を生じさせることとなる。

また、申立代理人は、破産管財人から、説明・情報開示にとどまらず様々な作業の依頼を受けることがあるが、前述した少額管財手続の運用を前提とすると、申立代理人としては、これにできる限り応ずることが望まれる。ただし、少額管財手続では予納金が比較的低額であることとの関係で申立代理人には破産管財業務への協力が強く求められるものの、申立代理人の協力の程度も、申立代理人自身が受けた報酬とのバランスがとれた内容であるかという限界があるというべきであり、申立代理人が事案の内容に比して高額の報酬を得ている場合には、積極

8　伊藤ほか・前掲注5・1669頁。東京地裁破産再生実務研究会編著『破産・民事再生の実務［第3版］〈破産編〉』575頁（金融財政事情研究会、2014年）では、裁量免責の許可が得られやすくなる傾向がある場合のひとつとして、「破産管財人に対し、破産財団に属する財産に係る情報を開示し、あるいは破産財団に属する財産である不動産や貸金・売掛金債権等の処分・回収などの管財業務に協力的であるなど破産財団の増殖に協力をした場合」があげられている。

的に破産管財人から求められた作業をすべきであるといえるし、逆に、申立代理人の報酬が僅少である場合には、破産管財人からの要請であったとしても、申立代理人が過重な作業を負担する義務はないというべきであろう。

5　本設問への具体的なあてはめ

(1)　「売掛金回収のための帳簿の整理」と「賃借物件の明渡し」への協力

「売掛金回収のための帳簿の整理」は、破産財団に属する資産についての説明の一部であるといえるから説明義務・協力義務の対象となり、破産財団の増殖にも関係することなので、特に、帳簿が整理されておらず第三者たる破産管財人では整理が難しい場合は、申立代理人が破産者に事実関係を聴取するなどして、破産管財人に説明すべきであろう。

「賃借物件の明渡し」については、賃貸人との間の明渡条件の交渉の場面と、事実行為としての残置物等の撤去作業の場面がある。前者については、破産管財人の権限に基づいて行うべきことであるので申立代理人が破産管財人に代わって行うのは適切ではない。後者については、説明義務の対象ではない事実行為であるものの、裁量免責許可を得る必要がある場合や申立代理人の報酬が事案に比して高額であった場合などは積極的に協力すべきであるが、そのような事情がなければ、破産管財人では残置物の撤去等を行うことが困難である等の特段の事情がない限り、申立代理人が協力すべき義務があるという性格のものではないであろう[9]。

(2)　破産会社の破産管財人による破産会社代表者への調査と、破産会社の申立代理人の関係

破産会社の破産管財人が、役員責任の追及などの目的で破産会社代表者への調査を行うに当たり、破産会社の申立代理人に協力を求める場合がある。

この場合、破産会社の申立代理人として負う説明義務は、あくまで「会社の代理人」という身分で知り得る情報についての説明義務であるので、破産会社にお

9　破産裁判所の運用によっては、自己破産の破産申立代理人に対して、破産開始前に破産者の賃借物件の明渡しを完了しておくことを求める場合があり、そのような運用を前提とすると、破産開始後に破産管財人が行う賃借物件の明渡作業について破産申立代理人の積極的な協力が求められる場合があるだろう。

168　　第2章　Q&A編

ける当該代表者の経営実態や会社財産の管理実態についての説明義務はあるが[10]、破産会社の代表者の個人資産の内容についての説明義務はないというべきである[11]。

〔上野　保〕

10　弁護士としての守秘義務との関係で、破産管財人に対して説明をすべきか又は説明を拒絶すべきかということは、別問題である。
11　伊藤ほか・前掲注5・334頁は、破産管財人が役員責任追及の対象となった取締役に対して、回収可能性を調査するために、個人資産の有無内容について説明要求をしても、破産法40条に基づく説明義務の対象とならないとする。

Q19 個人破産者の自宅の必要性

個人破産の申立てに際し、債務者から「学校に通う子供がいるので自宅不動産にできる限り住み続けたい、破産管財人から退去を求められても直ちには退去したくない」と相談されました。

代理人として、どのようにすればよいでしょうか。

1 破産財団に属する財産の引渡義務

自己破産の申立てについて相談を受けた弁護士として、相談者が自宅不動産を残したいと強く希望した場合、破産手続開始申立てだけを検討するのではなく、個人再生や任意整理についても可能性を検討するべきことが多いだろう。多額の住宅ローンが残っている場合であっても、個人再生の場合には住宅資金特別条項を利用することで担保権の設定された住宅を処分せずに確保することが可能であるし、資産、負債、収入、生活費等の状況によっては任意整理により債権者との話し合いで住宅を残すことも考えられる。

これらの手段をとり得ない場合、破産手続の申立てを検討することになる。破産手続が開始され、破産管財人が選任されると、破産財団に属する財産である自宅不動産の管理処分権は破産管財人に専属し（破産法78条1項）、その反面、破産者は管理処分権を失う。破産管財人は、破産財団に属する当該不動産を少しでも高額に換価し、また換価代金から破産財団への組入れを実現するため、当該不動産を任意に売却するよう努めることになるだろう。ところが破産者が当該不動産に居住を継続すると任意売却に支障が生じることになる。このような事態に対処するため、現行法は、破産管財人の申立てにより、裁判所が決定で、破産者に対して破産財団に属する財産を破産管財人に引き渡すべき旨を命じることができるとした（破産法156条1項）。破産手続が開始されただけでは破産者は所有権を失わない（その意味で居住の継続が当然に不法占拠になるわけではない）が、破産手続のなかで破産財団の換価を進めるべきであるため、民事執行法83条による引渡命令をいわば前倒しするものとして破産管財人に引渡命令の申立権を認めたもので

170　第2章　Q&A編

あり、その効果は、破産手続開始決定の効力の延長上にあるものと位置づけられている（なお、旧法下でも破産宣告を債務名義として引渡しの執行ができるかが議論されていた）。

破産管財人としては、遅くとも任意売却の目処がつけば、その時点で破産者に対して自宅不動産の引渡しを求めてくるであろう。

2　相談への対応

(1)　破産法156条による引渡命令の可能性

さて、本設問で、依頼者は「破産管財人から退去を求められても直ちには退去したくない」と希望している。しかし、それはできない相談である。

仮に退去を拒絶しても、前述のように、破産管財人から引渡命令の申立てが行われ、命令が確定すれば執行される可能性があるからである（なお、引渡命令の決定手続では、破産者の審尋を必ず行わなければならず（破産法156条2項）、破産者には即時抗告権がある（同条3項）。また、引渡命令は確定しなければ効力を生じない（同条5項））。自宅不動産の所有権は破産者にあり、居住の継続が直ちに不法占拠と評価されるものでない（それゆえに居住を継続するだけで賃料相当の損害賠償義務を負担するわけではない）としても、破産管財人の管理処分権を害する態様による居住の継続は違法評価を招きかねず、少なくとも引渡命令が確定してもなお居住を継続するならば、引渡しが実現するまでの間の占有について破産財団に対する不法行為と評価されるおそれも否定できない[1]。さらに、個人破産者の場合、免責が事後の生活との関係で極めて重要な意味をもつが、破産管財人等に対する不正な手段による職務妨害行為は免責不許可事由になっている（同法252条1項9号）ことにも十分な注意が必要である。

(2)　破産管財人との協議

ただし、申立代理人として、依頼者側の事情を斟酌しつつ、破産管財人と折衝し、可能な範囲でその希望を実現するように働きかけることは、破産法の目的の

1　あるいは引渡命令の確定を待つまでもなく、破産管財人が任意売却の履行の必要などから適法に引渡しを求めた場合はそれ以降の破産者による占有（引渡しの拒絶）は不法行為になると解する余地もある。なお、金銭を対象とするものであるが、引渡命令後に行われた費消を捉えて不法行為の成立を認めたものとして、最一小判平28.4.28（民集70巻4号1099頁。**本書判例評釈9**〔小畑英一〕）参照。

ひとつが「債務者について経済生活の再生の機会の確保を図る」（破産法1条）にあることを踏まえれば、相当な対応であろう。

　破産者においては、手続開始後の収入が安定しないこともあり得るし、同居家族の就学上の事情や健康上の事情など、直ちに転居することが難しいことも十分にあり得る。そもそも売却可能性が乏しい場合や任意売却できても組入金が僅少である場合には、破産管財人において当該不動産を破産財団から放棄することもあり得るところであり、申立代理人としては、まずは破産管財人に対して換価の方針を問い合わせることが行われてよい（もちろん破産財団から放棄されたとしても、担保権の設定された不動産についてはその後に担保権の実行があり得ることは当然であり、早期に明け渡さないならば、買受人から民事執行法83条による引渡命令が申し立てられることになる）。

　また、破産管財の実務上、破産者の親族において不動産買取り（その後の破産者に対する使用許諾）の意向が示された場合に適正価額であればこれに応じ、あるいは、破産者に不動産明渡しの意思があるものの転居費用等が工面できないため直ちに明渡しができないような場合、当該不動産の売却代金から明渡しに要する費用（転居のための運送費だけでなく、転居先を賃借するための敷金や仲介手数料なども含む）を支出することで早期の明渡しを受け、任意売却を実現するなどということも行われている[2]。特に相場の把握しやすい不動産について早期に適正価額以上の換価が見込まれるならば、破産管財人としては必ずしも競争入札を経て換価する必要はないし、明渡費用を負担してでも破産者の任意の協力を得て適時の売却を実現する方が結果として破産財団の拡充に資するならば、そのような実務を否定すべき理由もないだろう。当該不動産に担保権を有している債権者においても、そうすることにより早期に高額な換価が可能になるならば理解を示すことが多い。さらに一定時期までどうしても居住を継続する必要があるのであれば、破産管財人と折衝して、当該時期まで自由財産から賃料相当額を破産財団に支払うことを申し出て、明渡時期を遅らせてもらうように交渉することもあり得るだろう。

2　全国倒産処理弁護士ネットワーク編『破産実務Q&A200問　全倒ネットメーリングリストの質疑から』153頁〔錦織秀臣〕（金融財政事情研究会、2012年）。

3　申立代理人や破産管財人の職責との関係

　個人破産者は債務を負担する主体であるとともに、生活の主体でもある。いうまでもなく自宅不動産は生活の本拠であり、破産者は従前、自宅を中心に地域コミュニティーに参加し、あるいは社会との関係を形成している。支払不能に陥り、破産手続が開始した以上、換価価値のある資産である自宅不動産が換価され、担保権者への弁済や配当財団の形成に充てられることはやむを得ないが、破産手続が単に清算だけを目的としていないこと、個人破産者は破産手続後も同じように生活の主体であり続けることに思いをいたすならば、生活環境の大きな変更をもたらすことになる自宅不動産の処分については、破産者自身の予定や意向も尊重しながら行われることが望ましいだろう（なお、破産法78条6項）。

　申立代理人としては、破産者がなにゆえに居住の継続を希望するのか、客観的な必要性に焦点を当てて事情の聴き取りを行い、破産管財人に伝えるとともに、破産管財人による換価の必要性と担保権者の動向などを破産者に説明し、利害や権利関係の調整に努めることになる。破産管財人もそのような申立代理人の役割とその困難性に意を配りながら、適切に情報を発信し、場合によっては自ら破産者との対話を図りながら説得や明渡費用の負担などの支援を申し出るなどして、積極的に破産者の経済生活の再生に努めるべきであろう。

　関係者が協働して職責を果たすことで、はじめて破産手続の目的が達成されることになる。

〔服部　敬〕

Q20 後に発見された財産の処理

個人債務者について破産手続開始の申立てをし、破産手続開始決定を受けた後、破産者から申告していない財産があることを知らされました。

破産者からは、「破産管財人が調査をして知られることになった場合には仕方がないけれども、申立代理人から破産管財人に積極的に知らせることはしないでほしい」といわれています。このまま黙っていてもよいでしょうか。

---

1 破産管財人に説明する必要性

⑴ 破産管財人が破産者の財産を把握する必要性と申立代理人の役割

破産制度は、基本的に、破産者総財産をもって総負債に対し公平に分配するというものであり、破産手続開始時点の破産者の財産は、基本的に破産財団を構成し、これについて、破産管財人が財産管理処分権を専有することになる。例外として、自由財産として破産者が引き続き管理処分権を有する財産もあるが、これに該当するとしても、破産管財人はそれらにつき調査する必要がある。そのため、破産管財人としては、破産者のすべての財産（自由財産を含む）を知り、それらの状況を把握する必要がある。

そして、申立代理人は、破産手続が適正にかつ迅速に追行されるように、破産管財人に必要な情報提供をするなど協力をし、破産者にも協力させるべき役割・職責を担っている。

⑵ 破産管財人が破産者の財産を把握する方法

ア 破産手続開始の申立ての際の申告

破産管財人が破産者のすべての財産を把握するためには、まず破産手続開始申立書を精査することが重要である。破産者が破産手続開始申立てをする際に、破産手続開始申立書に資産目録を添付し、破産者の財産関係については裁判所及び破産管財人に申告することとされているからである。

申立代理人としては、破産手続開始の申立ての際には、破産者から事情を聴取し、かつ関係資料を精査して、破産者の財産について、裁判所及び破産管財人へ

174　第2章　Q&A編

の申告に漏れがないように留意しなければならない。

イ　破産手続開始後、破産管財人が財産関係を把握する方法

破産手続開始後、破産者が破産管財人に申告していない財産を発見した場合には、破産者としては、速やかに、自ら又は申立代理人を通して破産管財人にその旨を知らせるべきであり、申立代理人としても破産者をそのように指導すべき役割・職責があるといえる。しかし、破産者が自発的に対応しない場合もあり得るので、破産管財人が破産者の財産関係を把握する方法として、破産法は、次の規定を置いている。

① 破産者は、破産管財人に対し、破産に関し必要な説明をしなければならず（40条1項1号。以下、同項に定める義務を「説明義務」という）、かつ重要財産の記載した書面を裁判所に提出しなければならない（41条。以下、同項に定める義務を「重要財産開示義務」という）。破産者がこれらの義務に違反した場合には、免責不許可事由となり（252条1項11号）、また、刑罰を受けるおそれもある（268条1項、269条）。

② 破産者の代理人など（この代理人には、申立代理人も含まれると解されている）も、破産管財人に対し、破産に関し必要な説明をしなければならず（40条1項2号～5号）、申立代理人がこれに違反すれば刑罰を受けるおそれもある（268条2項）[1]。

③ 破産管財人は、破産法40条が規定する説明義務を負う者に対し、同条の規定する説明を求め、又は破産財団に関する帳簿、書類その他の物件を検査することができる（83条1項）。前段は、破産管財人に対する説明義務を破産管財人の権限として規定したものであり、その意味で注意的・確認的な意味合いをもつ規定である。後段は、破産管財人に物件調査権を認めた創設的な規定である。

④ 郵便物等は、破産管財人に送られ、破産管財人はこれを調査することができる（81条、82条）。

1　ただし、弁護士の場合には、後述の職業上の秘密保持義務を負っている場合において、同義務に基づいて説明を拒絶する場合には、違法性が阻却されると解されている。伊藤眞ほか『条解破産法［第2版］』1822頁（弘文堂、2014年）、田原睦夫＝山本和彦監修『注釈破産法（上）』283頁〔鶴巻暁〕（金融財政事情研究会、2015年）参照。なお、拒絶をせずに、虚偽の説明をした場合には、違法性は阻却されない。

破産管財人としては、上記規定を利用して、破産者の財産関係について把握することになる。本設問で問題になるのは、破産者及び申立代理人の「説明義務」である（本設問の申告していない財産が重要財産開示義務の対象となっている場合には、「重要財産開示義務」についても、「説明義務」と一部共通する問題が生じる）。

ウ　破産者及び申立代理人の説明義務

　破産者及び申立代理人の「説明義務」は、破産管財人の説明請求があったことが要件とされている（破産法40条1項1号、2号）。この説明請求は、書面でなくとも口頭でも足りると解されている。破産管財人から、申告していない破産者の財産の有無について質問（説明請求）があった場合には、破産者及び申立代理人としては、これを説明する義務を負うことになる。

　破産管財人から申告していない財産の有無について質問があり、その時点では、破産者又は申立代理人が申告していない財産の存在を知らなかったものの、その後これを知った場合はどうか。

　この点、破産者又は申立代理人が申告していない財産の存在を知った時点で、破産管財人がその質問（説明請求）を撤回したと考えられる特段の事情がない限り、破産管財人の説明請求は引き続き有効であると考えられるから、破産者又は申立代理人は、申告していない財産について破産管財人に説明する義務を負うと解される。

　本設問では、「申立代理人は、破産手続開始決定を受けた後、破産者から申告していない財産があることを知らされた」とのことである。

　通常の実務どおりに、破産管財人が破産者及び申立代理人に対し、申告していない財産の有無を質問している場合には、破産者及び申立代理人は、申告していない財産の存在を知った段階で、破産管財人にこれを説明する義務を負うと解される。

　したがって、申立代理人は、破産者及び自らの説明義務を果たすためにも、破産管財人に対し、申告していない財産の説明をするように努めるべきである。しかし、この場合、**2**で後述する秘密保持義務の問題が生じる。

176　　第2章　Q&A編

2 申立代理人としての秘密保持義務

(1) 秘密保持義務の根拠

　弁護士法23条は、「弁護士又は弁護士であった者は、その職務上知り得た秘密を秘匿する権利を有し、義務を負う」と規定し、これを受けて、弁護士職務基本規程23条は、「弁護士は、正当な理由なく、依頼者について職務上知り得た秘密を他に漏らし、又は利用してはならない」と規定して、弁護士の秘密保持義務を定めている。この秘密保持義務は、弁護士が依頼者との信頼関係を築くために必要・不可欠なもので、職業上本質的に負っている最も基本的な義務と位置づけられている。また、弁護士は、正当な理由なく、業務上取り扱ったことについて知り得た他人の秘密を漏らした場合には刑事責任を負うおそれもある（刑法134条1項の秘密漏示罪）。

　本設問では、申立代理人は、破産者からの委任により、「破産手続開始申立てを行い、その後、破産者から申告していない財産の存在を知らされた」のであるから、それは職務上知り得た秘密に該当し、弁護士として秘密保持義務を負うことになる。

　もとより、職務上知り得た秘密であっても、申立代理人が破産管財人に対する報告をすることについて、「正当な理由」があれば、それは秘密保持義務に違反することにはならない。この「正当な理由」としては、①依頼者たる破産者が承諾する場合、②弁護士の自己防衛の必要がある場合、③公共の利益のため必要がある場合があげられている[2]。①については、本設問では、「申立代理人から破産管財人に積極的に知らせることはしないでほしい」とされており、依頼者である破産者は、秘密保持義務の遵守を求めており、依頼者の承諾は認められないと考えられる。②については、申立代理人が説明義務違反として刑事訴追されるおそれがあり、その防衛のために必要な場合には、弁護士の自己防衛の必要性が検討されるが、前述のとおり、弁護士として秘密保持義務に基づいて説明を拒絶する場合には、違法性が阻却されると解されるので、この必要性は認められないと考えられる。③については、公共の利益は厳格に解されており、「依頼者の犯罪行為の意図が明確で、その実行行為が差し迫っており、犯行の結果が重大で秘密の

2　日本弁護士連合会弁護士倫理委員会編著『解説弁護士職務基本規程［第2版］』55頁（2014年）。

開示が不可欠な場合」に秘密の開示が許されるとされているから[3]、破産手続の趣旨や目的の要請や、説明義務の実行を根拠としてはこの必要性は認められないと考えられる。

(2) 破産者に対する説得

破産者の意向は、申立代理人に秘密の保持を求めていたとしても、破産管財人には物件調査権（破産法83条1項）があることからすれば、破産管財人は、結局は、申告していない財産の存在を知ることになると考えられるところ、破産者が申告していない財産について、破産管財人に説明しなければ、「説明義務」違反となり、免責という重要な効果を得られなくなるおそれがある。したがって、破産者の利益の観点からしても、申立代理人としては、破産管財人が発見する前に破産管財人に説明すべきであること（申立代理人が説明することを許容すること）を真摯にかつ粘り強く説得すべきである。

(3) 委任契約上の工夫

申立代理人の破産者に対する、上記のような説得が困難な場合もあり得る。他方、1で前述のとおり、申立代理人としては、破産管財人や裁判所に対し、破産者の財産関係の情報を提供するべき役割・職責を担い、またそれをすることが破産者の利益にも適うことは、受任前から十分に認識しているところである。そこで、実務上の工夫として、破産手続開始の申立てを受任する委任契約において、申立代理人は、破産者の財産関係について、裁判所や破産管財人の関係では秘密保持義務を負わない旨を明記することが考えられる。このような条項は、上記の申立代理人の役割からすれば、合理的な内容であり、その契約上の効力は有効であると考えられる。したがって、委任契約上、このような条項が記載されていれば、本設問のような場合に、申立代理人が破産者の意向に反して、申告していない財産を破産管財人に説明をしても、依頼者たる破産者に対し、秘密保持義務違反とはならないものと解される。

次に、委任契約にこのような明文の記載がない場合であっても、申立代理人の上記役割・職責からすれば、破産管財人や裁判所に対し、破産者の財産関係の情報を提供することが予定されているから、委任契約の合理的解釈上、依頼者が黙

3　日本弁護士連合会弁護士倫理委員会編著・前掲注2・57頁。

示的に上記に関しては秘密保持義務を解除していると解することができないかが問題となる。破産管財人や裁判所に対し破産者の財産関係の情報を提供することは、破産手続の趣旨・目的から破産者に最も要請される事項であることを重視すれば、この見解もあり得るところである。他方、弁護士にとって秘密保持義務は、その職業上最も基本的な義務であることを考えれば、このような委任契約の解釈は、基本的には困難であるとの見解も有力であると思われる。このように見解の対立があることからすれば、申立代理人としては、争いを避けるためにも委任契約に明示しておくべきである。

3 義務の衝突と実務上の解決

⑴ 義務の衝突

2で前述のとおり、①申告していない財産が存在することを破産管財人に説明することについて、破産者が承諾するか、②委任契約上それが許容されるとすれば、申立代理人は、破産管財人に申告していない財産の存在を説明することができるので、申立代理人としては、その役割・職責を果たすためにも、積極的に破産管財人にその旨を説明するべきである。

それでは、①・②のどちらもない場合には、申立代理人としてはどうすべきか。

1で述べたとおり、申立代理人としては、その役割・職責上、破産管財人に必要な情報を提供することが要請されているし、破産法上「説明義務」を負っているが、他方で、**2**で述べたとおり依頼者たる破産者に「秘密保持義務」を負っているので、いわゆる「義務の衝突」が生じることになる。どのように考えるべきか。

再生手続の申立代理人については同種の議論が活発になされている。すなわち、再生手続の申立代理人は、民事再生法59条1項2号により監督委員に報告義務を負うが、他方で、委任契約上、依頼者である再生債務者に秘密保持義務を負い、そこに、「義務の衝突」が生じることになるので、再生手続の申立代理人はどうすべきかという議論である。

この点、再生債務者が再生手続で管理処分権を保有するものの、その行使には公平誠実義務を負う以上（民事再生法38条1項、2項）、その反映として、申立代

理人においても公平誠実に職務を行うべきであり、その観点からは、再生債務者の秘密であっても、公平誠実に職務を行うのに必要な事項は、監督委員に対して説明することができるとの見解もある[4]。しかし、秘密保持義務が弁護士としての職業上最も本質的な義務であることを考えれば、申立代理人は積極的に告知すべきではないという見解が有力である[5]。

破産手続において、このような議論は、あまり活発ではなかったが、申立代理人は、弁護士が担う公益的役割として、債務者の財産を適正かつ公平な清算を図る目的に向けて、破産手続を公平・公正・透明に進めるべき役割を担っており、それを重視する立場からは、破産管財人に対する説明義務を優先すべきであるとの見解があり得る[6]。

しかし、秘密保持義務は弁護士としての本質的な義務であることを考えると、依頼者である破産者の意向に反して、申立代理人が積極的に破産管財人に説明することは否定的に解する見解が有力である[7]。そのように考えれば、積極的に説明をすべきではないことになる。

ただし、破産管財人からの質問請求に対して、「申告しない財産はない」との虚偽の説明はすべきではない。虚偽の説明は、秘密保持義務の範囲を超えるからである。

(2) 実務的解決

申立代理人の実務的な解決方法としては、破産者に対し、申告していない財産の存在を破産管財人に説明する（又は申立代理人が説明することを許容する）ように、説得することが重要である。この説得としては、破産法の制度趣旨や目的からくる必要性に加えて、いずれ破産管財人の調査において知れてしまうこと、その場合には破産者は免責をされなくなるおそれが生じるなど、破産者個人の利

4　才口千晴＝伊藤眞監修『新注釈民事再生法(上)［第2版］』343頁〔石井教文〕（金融財政事情研究会、2010年）。

5　伊藤眞ほか編『民事再生法逐条研究　解釈と運用〈ジュリスト増刊〉』53〜60頁〔深山卓也発言ほか〕（有斐閣、2002年）、門口正人ほか編『会社更生法・民事再生法〈新・裁判実務大系21〉』325頁〔小林信明〕（青林書院、2004年）など。

6　田原睦夫＝山本和彦監修『注釈破産法(下)』814頁〔桐山昌巳〕（金融財政事情研究会、2015年）。

7　伊藤眞「破産者代理人の地位と責任——「破産管財人に対する不法行為」とは何か。補論としてのDIP型破産手続〈特集　破産申立代理人の地位と責任〉」債管155号11頁（2017年）。

益の観点をも含めて、真摯かつ粘り強く行うべきである。

　しかし、それでもなお、破産者が承諾しない場合には、申立代理人としては、その役割・職責を十分に果たすことができないので、辞任をすることが考えられる[8]。再生手続においては、再生手続申立後においても申立代理人の業務は広範でかつ複雑な判断を要する事項が多いため、その辞任により再生手続が頓挫するおそれもあり、辞任することに躊躇を覚える場合がある。しかし、破産手続においては、すでに破産管財人が選任されており、申立代理人が辞任したとしても、破産手続に大きな支障が生じるということはないので、申立代理人としては、辞任の決断に大きな躊躇を覚えることは少ないと思われる。

〔小林信明〕

8　伊藤・前掲注7・11頁、民事再生につき門口ほか編・前掲注5・326頁〔小林〕。なお、申立代理人は辞任しても、破産法上の説明義務を引き続き負い、他方で秘密保持義務も負うことになり、その意味で「義務の衝突」は存在するが、申立代理人として要請される役割・職責は免れることができる。

Q21 破産財団への帰属の有無について 法的解釈に争いが予想される場合の処理

　債務者から破産手続開始申立ての相談を受けましたが、ある財産について債務者に帰属すると解すべきかどうか——すなわち将来の破産財団に帰属するものであるのか、それとも第三者に帰属するのかについて、法的にはいずれの解釈もあり得るといえる場合（最高裁判例がない、下級審で判断が分かれている、直接的に論じた文献が乏しいなど）、後々破産申立代理人としての義務違反を問われないようにするためにはどのように処理すべきでしょうか。

　債務者から、複数の解釈があり得るのであれば、破産財団に帰属するのではなく、債務者の親族に財産が帰属する方の解釈をしてほしいなどと求められた場合、どのように対応すべきでしょうか。

1　財産の帰属に関して解釈が分かれている場合に、破産申立代理人が留意すべき点

(1)　はじめに

　破産手続開始申立てを検討するに当たって、特定の財産（ないしその換価価値）が債務者に帰属し、破産手続開始決定後は破産財団に属する場合、すなわち、破産管財人に引き継ぐべきものであるのかが問題となる例は、以下の2つの場合であると考えられる。

　1つ目は、法解釈が確立していないことから、債務者と第三者との間で財産の帰属をめぐって争いが生じ、当該第三者が、債務者に対し権利主張をしているような場合である。

　例えば、特定の動産について第三者が所有権を主張し、破産手続開始決定後に取戻権が認められるか否かが問題となっているような場合で、取戻権の成否（所有権の帰属）につき法律上の解釈が確立していないことから、解釈いかんで結論が分かれる場合が想定される。

　このような場合、申立代理人としては、現状のまま破産管財人に引き継ぐことになるであろうし、それにより、申立代理人の責任が問われるような事態は想定

182　第2章　Q&A編

し難い。

2つ目は、法解釈が確立していないことから、債務者とその親族等との間で財産の帰属が不明確となり、債権者との間で争いが生じる場合である。

本設問のように、債務者から、自己の親族等への帰属を前提とした処理が求められるような場合には、申立代理人にとって難しい選択を迫られる場合がある[1]。

債務者とその親族等との間で財産の帰属が不明確となり、破産者がした財産処分行為が後に否認され、申立代理人の財産散逸防止義務違反が問題となったケースとして神戸地尼崎支判平26.10.24（金判1458号46頁。**本書判例評釈8**〔上野保〕）が参考になる。

(2) 神戸地尼崎支部平成26年10月24日判決の概要

事案は、破産者Z及びその長男であるY$_1$（以下「破産者ら」という）の共有に属する土地建物全体について、抵当権（破産者らが連帯債務者となっている被担保債権を担保）が設定されていたところ、破産者らは、当該不動産の任意売却を行い、被担保債権を弁済した後の剰余金のすべてをY$_1$に取得させたところ、破産管財人が、これを承認した申立代理人Y$_2$及びY$_3$に対して、財産散逸防止義務違反（不法行為）に基づく損害賠償請求を行ったというものである。

同事案では、同時に、Y$_1$に対する詐害行為否認の成否も争われていたが、判旨は、共有不動産全体に共有者を連帯債務者とする被担保債権のための抵当権が設定され、これを任意売却した場合の処理は、民法392条を類推して「破産者の持分とY$_1$の持分の価額に応じて、被担保債権の負担を按分すべき」と解し、剰余金のうちZの持分に相当する部分の限度で、詐害行為否認を肯定している。

問題は、これを承認した申立代理人Y$_2$及びY$_3$の責任であるが、判旨は、共有不動産全体に共有者を連帯債務者とする被担保債権のための抵当権が設定され、これを実行した場合の処理について、明確に判断した最高裁の判例はなく、Y$_2$及びY$_3$がY$_1$に対し剰余金の取得を容認したのは「法的見解の相違に基づく」ものであることなどから、「故意又は過失があるとまでは認められ」ないとして、Y$_2$及びY$_3$への請求を棄却した。

---

1 破産手続開始申立てを検討している債務者が、直前になって離婚及び配偶者への多額の財産分与を希望するような場合も同様の問題が生じる。

(3) 申立代理人としての対応

　財産の帰属に関して法解釈に争いがあり、確立した最高裁判例や学説がない場合に、申立代理人たる弁護士が、債務者にとって有利な解釈に依拠した判断をし、事後的にこれが否定されたとしても、相応の理論的裏付けをもった主張である限り、法的責任が生じることはない。債務者の代理人として当然の責務だからである。

　この点は、破産管財人の担保価値維持義務に関し、善管注意義務違反が問題となった最一小判平18.12.21（民集60巻10号3964頁）の判示内容からも、導かれるところである[2]。

　もっとも、破産手続開始申立てを視野に入れた債務者に関して、財産の帰属に複数の解釈があり得る場合には、申立代理人は、原則として、速やかに申立てを行い、破産手続において解決を図ることが重要となる。

　また、申立代理人が、債務者にとって有利な解釈に依拠した判断を行う場合であっても、当該資産について、でき得る保全措置をとった上で破産管財人との交渉を行う必要があり、結果として判断が事後的に覆ったとしても、財団毀損と評価されない対応が求められる。

　この点に関して、破産手続開始決定後の処分行為に関するものであるが、破産手続開始決定後に具体化した保険金請求権に基づく保険金が破産者の自由財産に帰属するとの解釈を前提に、破産者に対して費消を許容した破産者代理人の責任が肯定された最一小判平28.4.28（民集70巻4号1099頁。**本書判例評釈9**〔小畑英一〕）の検討が重要となる。

　破産手続開始決定後に具体化した保険金の帰属に関する解釈の相違によって代理人の責任が肯定された事案であるが、破産裁判所及び破産管財人が、破産者代理人の主張する法解釈を否定し、引渡命令が発令されたにもかかわらず、保険金の費消を容認した点に特色がある。

　当該財産について保全措置を一切とらずに、破産財団を不可逆的に毀損したと

2　破産債権者のために破産財団の減少を防ぐという破産管財人の職務上の義務と質権設定者が質権者に対して負う義務との関係をどのように解するかが重要な論点であったが、当時この点について論じる学説や判例が乏しかったこと、破産管財人は本件行為につき破産裁判所の許可を得ていたこと等を理由として破産管財人の善管注意義務違反を否定した。

184　第2章　Q&A編

いう特段の事情が存することで、破産者代理人の責任が肯定されたものと考えられ、このような特段の事情がない場合にまで申立代理人の責任を認めることは相当ではない。

2 債務者への対応

　破産手続開始申立ての段階において、財産の帰属に関して、破産者の自由財産となる、あるいは、親族への所有権帰属が認められる余地がある場合に、債務者が、申立代理人に対し、破産財団への帰属を回避する処理を望むことはある意味当然の心情といえよう。

　破産手続開始申立ての委任を受けた代理人において、調査検討の上で、そのような解釈に依拠することについて理論的な裏付けが得られたのであれば、前述のとおり、かかる解釈を前提とした処理方針をとることについて、法的責任が問われることはないと解すべきである。弁護士の使命である「依頼者の権利及び正当な利益を実現」に資することとなるからである[3]。

　ただし、対象となる資産の費消を認めるべきかについては、依拠した当該解釈が事後的に覆る可能性がある以上、理論的な裏付けの問題とは別に慎重に検討する必要がある。破産管財人との間で見解が対立するのであれば、財産の帰属について訴訟等の法的手続によって解決を図るべきであり、その間、資産を毀損しないよう、破産者代理人においてでき得る保全を図る必要がある

　他方で、当該処理方針について、債務者あるいは親族との間で認識を共通にし、理解を得ておかなければ紛争が生じることになりかねない。

　そのため、債務者らに対しては、以下の点を十分に説明する必要があろう。

① 財産の帰属について解釈が分かれており、財産が破産財団に帰属するとの判断がなされる可能性があること
② その場合、当該資産を破産財団に引き渡す必要があること
③ その間、当該資産を保全する必要があり、それを怠った場合には損害賠償責任が生じる場合があること

〔小畑英一〕

3　弁護士職務基本規程20条。

第 3 章　判例評釈編

1．最三小判平25．4．16

2．東京地判平25．2．6

3．東京地判平23.10.24
　　神戸地伊丹支決平19.11.28

4．東京地判平22.10.14

5．東京地判平27.10.15

6．東京地判平21．2．13

7．東京地判平26．8．22

8．神戸地尼崎支判平26.10.24

9．最一小判平28．4．28

10．青森地判平27．1．23

11．千葉地松戸支判平28．3．25

評釈 1

債務整理に係る法律事務を受任した弁護士が、特定の債権者の債権につき消滅時効の完成を待つ方針をとる場合において、上記方針に伴う不利益等や他の選択肢を説明すべき委任契約上の義務を負うとされた事例

最高裁判所 平成25年4月16日第三小法廷判決
（平成24年㈹第651号・民集67巻4号1049頁）

---

1 事案の概要
(1) 事実経過

本件は、依頼者（亡A：承継人X）を委任者とし、弁護士Yを受任者とした委任契約に基づく善管注意義務（民法644条）に基づく説明義務違反（原審までは事務処理懈怠も含む）を理由とする債務不履行による損害賠償請求訴訟である。

亡Aは、日本弁護士連合会の支援を受けた公設事務所として設立された事務所の初代所長として、弁護士業務を行っていた弁護士Yに対し、平成17年6月30日に複数の消費者金融業者から合計約250万円の債務を抱えているとして、債務整理を相談した。すると、Yは、亡Aらと初回1度面談した上で、亡Aから債務状況等の事情聴取を行い、過払金が発生している可能性があること、取り戻した過払金で債務整理を行うこと、弁護士報酬について①債務整理費用は30万円であること、②過払金回収報酬は回収額の3割であること等を説明した後、亡Aとの間で、委任契約を締結した。

その際、Yは、Yの債務整理の提案に対し金融業者が応じない場合には、消滅時効を待つ「いわゆる時効待ち」の整理方法をとることや、法律扶助制度については説明していない。なお、Yは、亡Aと直接面談したのは初回の相談時のみであり、事後、直接面談は行っていない。

その後、Yは、亡Aの代理人として、平成17年9月27日までに、3社に対し過払金返還請求訴訟を行い、合計約160万円の過払金を回収した。そして、上記の債務整理と過払金回収報酬を控除した残金で、残りの消費者金融との間で、債務

整理を行ったが、プロミスは、Ｙの提案した債務整理案に同意しなかった。なお、この際、Ｙが預かっていた亡Ａの過払金は、約48万円であり、プロミスが主張していた分断計算によると同社の亡Ａに対する債権は遅延損害金を含まず約30万円であって、一括での清算が可能であった。しかし、Ｙは、同社に対し、Ｙが行った一連計算では、約12万円であり、この8割を一括して支払うという債務整理案を提案したところ、同社はこの債務整理案による解決を拒否した。そこで、平成18年7月31日頃、Ｙは、亡Ａに対し、電話で、債務整理の経過や、プロミスとの間では和解できなかったため、5年間の消滅時効を待つという「いわゆる時効待ち」の方針をとることを説明し、プロミスから連絡があったら、Ｙが所属する公設事務所に連絡するように伝えた。

なお、その際、Ｙは、プロミスが裁判を起こす可能性は低く、同社に対する支払原資を確保する必要性があることや、裁判を起こされた場合に遅延損害金のついた敗訴判決を受けたり、差押えを受けるおそれがあったりすることについては説明していない。

その後、Ｙは、亡Ａの代理人としてプロミスとの間で、和解交渉をせず、公設事務所の任期が終了したため、別の事務所で弁護士として活動していた。

Ｙの後任として公設事務所に赴任したＸの代理人が、Ｙに対し、債務整理を放置したことを理由として、複数の訴訟を提起した（鹿児島地名瀬支判平21.10.30判時2059号86頁、鹿児島地名瀬支判平22.3.23判時2075号79頁等）。亡Ａは、この報道により、Ｙに対し、現在の債務整理の状況を確認したが、12万円程度の資金を用意するようにとの連絡を受けたにとどまった。そこで、亡Ａは、平成21年6月15日に、Ｙに対し解任通知を送るとともに、鹿児島地裁名瀬支部に対し、債務不履行に伴う損害合計金455万円（内訳：経過利息相当額15万円、慰謝料400万円、弁護士費用40万円）の請求を行った。訴訟係属中にＡが死亡したことから、その妻であるＸが本件訴訟を承継した。

(2) 訴訟経過

第一審判決（鹿児島地名瀬支判平23.8.18金判1418号21頁）は、Ｙのプロミスに対する時効待ちの方針についての説明義務違反を認め、併せて債務整理の事務処理懈怠についても認め、損害として慰謝料20万円、弁護士費用2万円の合計22万円の賠償義務を認めた。

この控訴審判決（福岡高宮崎支判平23.12.21金判1418号17頁）は、債務整理の方針についての説明義務違反の有無について、亡Aが、Yから時効待ち方針をとることなどの説明を受け、Yのとる債務整理の方針に異議を述べず、その方針を黙示に承諾したと認められることなどからすれば、Yが説明義務に違反したとは認められないと判断して、Xの控訴を棄却した。

これに対し、Xが上告したのが本件判決である。

2　判　　旨

最高裁判所第三小法廷は、以下のように述べて、原判決を破棄して、福岡高等裁判所に差し戻した。

まず、Yがとった時効待ちという方針について、

「プロミスが亡Aに対して何らの措置も採らないことを一方的に期待して残債権の消滅時効の完成を待つというものであり、債務整理の最終的な解決が遅延するという不利益があるばかりか、当時の状況に鑑みてプロミスが亡Aに対する残債権の回収を断念し、消滅時効が完成することを期待し得る合理的な根拠があったことはうかがえないのであるから、プロミスから提訴される可能性を残し、一旦提訴されると法定利率を超える高い利率による遅延損害金も含めた敗訴判決を受ける公算が高いというリスクをも伴うものであった」とし、さらに、亡Aの過払金48万円があったことから、プロミスに対して一括弁済による債務整理が可能であったとした。

その上で、弁護士が、時効待ちという債務整理方針をとった場合の依頼者に対する説明義務に関し、

「債務整理に係る法律事務を受任したYは、委任契約に基づく善管注意義務の一環として、時効待ち方針を採るのであれば、亡Aに対し、時効待ち方針に伴う上記の不利益やリスクを説明するとともに、回収した過払金をもってプロミスに対する債務を弁済するという選択肢があることも説明すべき義務を負っていたというべきである」として、本件ではこの説明義務に違反したとして、原判決を破棄し、さらに損害の点を審理させるために原審に差し戻した。

なお、本件には、債務整理の依頼を受けた弁護士の説明・報告義務、受任事務の遂行に係る善管注意義務、「時効待ち」手法の選択と善管注意義務に関する田

190　第3章　判例評釈編

原睦夫裁判官の補足意見、弁護士職務基本規程（以下「基本規程」という）のうち、違反が懲戒対象となる規定は、受任契約の解釈において適用されるとする大橋正春裁判官の補足意見がある。

また、差戻しを受けた福岡高判平25.10.3（判時2210号60頁）は、慰謝料20万円、弁護士費用2万円の損害を認め、Yの控訴を棄却している。

3 評　釈

結論には賛成する。

(1)　問題の所在

本件は、専門職であり、事件処理について高度な裁量権を有する弁護士が、事件処理を受任した場合の法律関係とその具体的義務は何かが問題となった事例である。

そして、本判決は、弁護士と依頼者との間の法律関係について、委任ないし準委任契約であることを前提とし[1]、その善管注意義務（民法644条）に基づく説明義務違反を理由として、弁護過誤を認めた初めての最高裁判決であり、その実務的な意味は大きい。したがって、本判決で示された弁護士と依頼者との間の契約上の義務を分析することで、弁護士が依頼者から法律事務の処理を依頼された場合、どのような権限と責任を負っているのかを分析していく必要がある。

(2)　弁護士と依頼者との間の法律関係

弁護士は、高度な専門性を有する職業であり、同時に弁護士法1条に示されている基本的人権擁護や社会正義の実現を図る使命があることから、業務の公共的性格を有することになる。このため、弁護士と依頼者との受任契約が、民法上の委任によるとしても、その規律は以下の点で修正されると解される[2]。①弁護士の職務の専門性から、一定の裁量権を有し、依頼者の明示の指示がある場合にはこれに従うことが必要であるが、依頼者が不当な目的を有している場合については、翻意させることが必要な場合もある[3]。②依頼者の請求（民法645条）がなく

1　渡部佳寿子「弁護士の依頼者に対する損害賠償責任」判タ1431号42頁（2017年）、加藤新太郎「弁護士の責任」川井健＝塩崎勤編『専門家責任訴訟〈新・裁判実務大系8〉』57頁（青林書院、2004年）によると、委任契約と解するのが通説とのことである。

2　渡部・前掲注1・42頁。

3　加藤・前掲注1・59頁。

とも受任事務の遂行状況について適時に適切な報告・説明をする義務がある。③無報酬の原則（同法648条）は適用されない。④職務の専門性から、委任の解除の自由が制限される。

そして、弁護士は、委任契約による善管注意義務（民法644条）を負っているところ、この善管注意義務は、弁護士が国家資格を付与された専門家であり、その職務についての専門性や公共的性格から、平均的弁護士の技能水準を前提とした高度の注意義務を負う。そして、依頼者との間の信頼関係に基づく裁量権を適切に行使して、依頼者の正当な利益を図るべき義務を負うと同時に、受任事務に密接に関連する事務を行う義務を負うと解される。

(3) 弁護士の説明義務の法的根拠

本件判決は、債務整理を受任した弁護士の依頼者に対する説明義務違反を認めたものであり、「法律事務を受任したYは、委任契約に基づく善管注意義務の一環として」説明義務を負うと判示している。したがって、本件判決は、説明義務の根拠を受任者の善管注意義務（民法644条）に求めている。

同時に、受任者は、民法上報告義務（645条）を負担していることから、同条の報告義務から説明義務が導かれるとする考え方もあり得る。しかし、「説明」と「報告」の違いがあること、民法645条は、委任者の請求がある時に報告することを要求していることから、報告義務から、上述の説明義務が認められるとすることは適切ではないと解される[4]。

(4) 弁護士の説明義務の具体的な内容

弁護士の善管注意義務による説明義務の具体的内容は、どのように考えるべきであろうか。この点、上述のとおり、本判決の大橋正春裁判官の補足意見では、基本規程の一部は、受任契約の解釈において適用されるとされているから、弁護士法のみならず、日弁連の内部規定である基本規程や「債務整理事件処理の規律を定める規程」（以下「債務整理規程」という）も解釈指針としての規範性を有するといえよう。

そこで、債務整理を含む倒産事件の依頼を受けた弁護士について、善管注意義務による説明義務はどのようなものがあるかを、田原睦夫裁判官の補足意見も踏

---

4 谷村武則「判解」『最高裁判所判例解説 民事篇［平成25年度］』211頁。

まえて概観したい。

ア　受任時における説明義務

弁護士は、相談を受けた依頼者の状況を踏まえて、適切と認められる法的手続（例えば破産、個人再生、特定調停、私的整理等）について、依頼者の資力や依頼者自身の対応能力等に応じて適切な説明をなすべき責任を負う。これは、基本規程21条（正当な利益の実現）、同22条（依頼者の意思の尊重）、同29条（受任の際の説明等）、同31条（不当な事件の受任）、同33条（法律扶助制度等の説明）において、具体的な規律として規定されているところである[5]。

以上からすれば、この説明義務の内容は、単に法的手続の概要のみならず、その手続の依頼者の利益と不利益、各手続を選択した場合に依頼者が負担すべき義務の内容、弁護士費用と法律扶助制度についての説明といった極めて具体的な内容に及ぶものである。

イ　受任後の説明義務

上述のとおり、受任者は、民法上も報告義務を負担している（645条）。しかし、弁護士の業務については、高度の専門性があり、これにより業務遂行上は、広範な裁量権が認められている。したがって、途中経過についての報告義務を免除するなどの特段の合意がない限り、委任契約における善管注意義務の一環として、適宜に受任事務の遂行状況について報告し、説明すべき義務を負うと解される。これは、基本規程では、36条（事件処理の報告及び協議）として規定されているところである[6]。

ウ　受任事務の遂行に係る善管注意義務

弁護士は、業務遂行上の裁量権が認められているが、同時に、平均的弁護士の技能水準を前提とした高度の注意義務を前提としたものである。したがって、「その行使の際に専門家として通常考慮すべき事項を考慮せず、あるいはその行使の内容が、専門家たる弁護士が行うものとして社会的に許容される範囲（それは、弁護士倫理上許容される範囲と必ずしも一致するものではない。）を超え、その結果依頼者外の関係者の権利を侵害するに至る場合には、善管注意義務違反が問われる」（田原補足意見）となる。

5　同時に、債務整理規程4～6条に詳細な説明内容が規定されている。
6　債務整理規程17条。

基本規程上も事件処理の規律（35条）、法令等の調査（37条）等として規定されているところである。

(5)　弁護士の説明義務はどのような場合に義務違反となるか

以上のとおり、弁護士の受任契約とその善管注意義務に基づく依頼者に対する説明義務の内容を概観した。これを前提として、倒産事件処理を依頼された弁護士が、どのような説明義務を負うのかについて検討したい。

ア　倒産事件における債務者の義務の説明

倒産手続などの債権者に対して法的に債権の減免等の負担を求める手続を依頼する依頼者に対し、弁護士は、上述のとおり、その手続上の債務者の義務を説明する必要がある。

したがって、この債務者が株式会社である場合には、具体的な相談をしている取締役については会社法423条により役員等が負う株式会社に対する損害賠償責任の規定の存在を説明する必要がある。同法上の賠償義務は、取締役の業務執行に係る任務懈怠がある場合に、役員等に賠償義務を課すものである。そして、会社が窮境に陥ると、役員等の経営判断についての裁量権の認定も厳格に解されることや、取締役が、個人的な目的で資金を流用すると利益相反取引に当たることを説明することが必要である。加えて、会社債権者との関係では、会社法429条による役員等の第三者に対する損害賠償責任を説明することが必要である。

さらに、倒産手続上は、上述の会社法423条の損害賠償請求を実効あらしめるために、決定手続による損害賠償請求権の査定手続（破産法178条、民事再生法143条、会社更生法100条）や、保全処分の制度が設けられていることを説明する必要がある。

一方、自然人の場合、免責不許可事由（破産法252条）の具体的な内容を説明し、この免責不許可事由該当行為を回避するように指示する義務があると考えられる[7]。

イ　弁護士の報酬について

弁護士は、債務者に対し、弁護士報酬について説明を行うことが必要である。ただ、申立代理人が債務者から受領する弁護士報酬は、本来破産手続開始決定後

7　黒木和彰「個人破産の申立代理人の権限と責務—免責決定の意味を再度考える—〈特集2　破産手続申立代理人の権限とその責務をめぐる諸問題〉」自正2017年3月号46頁以下。

194　　第3章　判例評釈編

には、破産財団を構成すべき資産から費出されているものであり、かつ、弁護士の債務者に対する報酬請求権は破産債権（破産法2条5号）と解される（**本書Q4**〔桶谷和人〕、**Q5**〔髙木裕康〕）。よって、債務者が弁護士に破産手続開始決定前に支払う弁護士報酬の支出が正当化されるためには、破産制度の目的を実現するために有用であることが必要であると解される。

ウ　事件処理の着手時期について

弁護士と債務者との受任契約は、委任契約であることから、善管注意義務（民法644条）として、迅速な事件処理が要請される。基本規程35条でも、弁護士が受任した後は、速やかに着手し、遅滞なく処理することが義務づけられている。

(6)　田原睦夫裁判官の補足的意見

本件判決では、田原睦夫裁判官は、Y弁護士が、選択した「時効待ち」手法と善管注意義務について、この「時効待ち」手法は、「対象債権者との関係では、時効期間満了迄債務者を不安定な状態に置くこととなり、その間に訴訟提起された場合には、多額の約定遅延損害金が生じ、又債権者が既に債務名義を取得している場合には、給与債権やその他の財産に対する差押えを受ける可能性がある等、債務者の再生に支障を来しかねないのであって、原則として適切な債務整理の手法といえず」「受任弁護士の債権者に対する不誠実な対応の結果、債権者との関係が悪化し通常の対応がなされていれば適宜の解決が図れたのにも拘ずその解決が遅れ、その結果、依頼者がその遅延に伴い過分な負担を負うこととなった場合には、当該弁護士は依頼者に対して債務不履行責任を負うことがあり得る」という補足意見を述べている。

この田原判事の「時効待ち」手法に関する補足意見は、本件事件では、Y弁護士の説明義務違反の有無が損害賠償請求権の存否をめぐる主要な争点であるので、判決内容には直接関係しない、いわゆる補足的意見と考えることができる。この補足的意見における「時効待ち」手法は、いわゆる債務整理において、クレジット・サラ金処理の東京三弁護士会統一基準[8]（以下「三会統一基準」という）

8　①貸金業者より取引履歴の完全開示を受けること、②利息制限法に基づき充当再計算を行うこと、③最終取引日における残元金額をもって残債務額として確定し、債権者に提示する和解案には遅延損害金や将来利息を付さないこと（第一東京弁護士会消費者問題対策委員会編『クレジット・サラ金事件処理マニュアル［08新版］』（新日本法規出版、2008年）などを参照）を意味する。

を前提として弁護士が、将来利息や遅延損害金を付さない条件での和解案を提示したところ、この和解案による合意を拒否する一部の債権者との間で用いられていた。すなわち、債権者が、三会統一基準による和解を拒否するのであれば、その後の交渉を放置し、債権者が法的手続をとらない場合には、時効期間の満了を意図するというものである。

田原判事の補足意見は「時効待ち」の様々な問題点を指摘しているが、「債権者と連絡がとれず交渉が困難であったり、債権者が強硬で示談の成立が困難であり且つ当該債権者の債権額や交渉対応からして訴の提起や差押え等債務者の再生の支障となり得る手段を採ることが通常予測されない等、特段の事情があると認められる場合」を例外としてあげていることから、この手法を全面的に否定したとまでは解せないであろう。ただ、補足意見の指摘する問題点は否定できず、仮に、やむを得ず「時効待ち」の手法を採用するのであれば、少なくとも依頼者に対しては、詳細な説明と書面等による明示的同意を得ることが必要であると解されよう。

⑺ **本件における損害について**

本件の差戻審である福岡高等裁判所は、Yの説明義務違反により早期解決の機会を奪われ、その後約2年9か月に渡って不安定な法的地位に置かれたという不利益な結果はすでに生じていることなどを理由に、前述のとおり慰謝料20万円、弁護士費用2万円の損害を認めている。

本件の場合、説明義務違反が問題となったのであり、損害として慰謝料のみが認められたというのは妥当な判断であると考えられる。

4　最後に

本件判決は、上述のように、弁護士と依頼者との法律関係を委任契約であるとした上で、善管注意義務による説明義務の存在とともに、責任規範として、説明義務違反が損害賠償義務を発生させることを認めたものであって、弁護士の業務を遂行する上で極めて重要な判決であると考えられる。そして、仮に、依頼者が弁護士に対し善管注意義務違反による損害賠償請求権を有しており、依頼者が破産手続開始決定を受けると、その管理処分権は、破産管財人に専属する（破産法78条1項）以上、破産管財人によって、この損害賠償請求権を行使されるという

結果につながる[9]。

　よって、今後は、弁護士の善管注意義務としての説明義務も含む義務内容を検討してことが必要である[10]。

〔黒木和彰〕

9　伊藤眞・本書理論編32頁。
10　渡部・前掲注1は、本判決をもとに、倒産事案以外の様々ないわゆる弁護過誤に関する判例を分析しており、貴重な論考となっている。

Comment
最三小判平25.4.16について

1 任意整理の選択について

　本件は、任意整理の依頼を受けた弁護士の依頼者に対する説明義務違反を認定した最高裁判決である。

　周知のとおり、債務整理事件の処理手段としては破産・個人再生・特定調停とともに私的整理としての任意整理がある。債務者の資産（特に居住用不動産の有無）・収入や保証人の有無、免責不許可事由の有無、それぞれの手続に要する費用や債務者の意向等により、裁判所の関与がない状態で行われる任意整理が選択される場合がある。本件では、消費者金融3社から約160万円の過払金の返還を受けており、弁護士費用等を精算した後の預り金残額は、プロミスを含む2社に対する残債務（利息制限法に基づく充当計算を行った法律上有効な債務。ただし、過払発生後の再貸付に対する充当（一連計算）を否定するプロミスの見解に基づく残債務）を上回るものであり、債務超過の状態ではなかったことになるから、任意整理を選択すること自体は正当であったと考えられる（特定調停という選択肢はあり得る）。

2 任意整理と「東京三弁護士会統一基準」

　ところで、かつて任意整理において、貸金業者のなかには、貸金業法43条のみなし弁済の適用を主張したり、取引履歴の全面開示を拒絶したりするなど、債務者が法律上有効な債務を把握し適正な任意整理案を提示することを妨害する者が少なくなかった。また債務者の支払能力を超える過剰貸付をあえて行った貸主には、貸手責任により、請求権（の一部）が信義則上制限されるべきとの考え方も存するところであった。

　そこで、日弁連や各単位会は、いわゆる東京三弁護士会統一基準（東京法律相談連絡協議会平成8年7月「クレジット・サラ金処理の東京三弁護士会統一基準」）に基づく任意整理を行うことを、弁護士会の多重債務相談窓口等を介して任意整理を受任した弁護士に求めてきた。そして、多重債務問題に取り組む弁護士は同基

198　　第3章 判例評釈編

準に基づかない債権者に対しても、安易に妥協をするのではなく、同基準に基づく示談に応じるよう粘り強く交渉を続けることにより、同基準は任意整理における実務慣行となり、簡易裁判所における特定調停や公益財団法人日本クレジットカウンセリング協会（JCCO）が行うあっせんにおいても、これに沿う解決基準が概ね採用されるに至っていると認識している。

　任意整理の遂行に当たっては、自己の法的見解に固執する貸金業者とのせめぎ合いのなかで、東京三会基準等の任意整理のルールが確立してきた歴史を踏まえる必要がある。貸金業法の適用を受けない銀行カードローンによる多重債務が増加しつつある昨今、東京三会基準等に基づく解決を図るべく、受任弁護士には債権者との厳しい交渉が再び求められる可能性がある。評釈において指摘されているとおり東京三会基準等に基づく解決まで本判決が否定する趣旨ではないと理解すべきであろう。

3　「過払い」をめぐる最高裁判例法理の確立と一連計算の成否をめぐる攻防

　ところで、平成16年以降、最高裁は貸金業法43条の厳格解釈（最二小判平16.2.20民集58巻2号475頁）や取引履歴の開示義務（最三小判平17.7.19民集59巻6号1783頁）、過払金発生後の再貸付と充当（最二小判平20.1.18民集62巻1号28頁）、過払金に対する悪意の受益者（最三小判平19.2.13民集61巻1号182頁）等に関する判決を示し、利息制限法を超過する金利（いわゆるグレーゾーン金利）をめぐる司法判断が概ね示されるに至っている。

　もっとも、過払金発生後の再貸付と充当、いわゆる一連計算が認められるか否かについては、一連の最高裁判決が示された後の現在でも個別事情により判断が分かれる状況にある。本件では、プロミスの債務については一連計算では約9万4000円、プロミスの主張（充当（一連計算）を否定する計算）では約30万円の残債務がある事案であったようである。判決文からは貸付の経過などが不明であるため、一連計算が認められると判断するのが合理的かは明らかではないが、平成18年ないし21年当時の充当をめぐる判例が過渡期にあった情勢下において、債務者側代理人弁護士が一連計算を主張し、これに基づく解決を求めること自体は不合理ではないし、仮に返済資金がある場合であっても、一連計算による充当の可能

性を主張せずに、プロミスが主張する分断計算による残債務をそのまま鵜呑みにすることにも問題はあろう。また、一連計算の上でさらに8割の和解案を提示することは、債権者には厳しい和解案と思われるかもしれないが、一括弁済による解決を提示していることや貸金業者の過剰融資責任を考慮すれば必ずしも不合理ではないし、現にプロミスとは別の債権者はこれに応じている。受任弁護士としては判例や任意整理実務の一般的な基準を踏まえつつ、債務者にとって有利な解決を提示する必要があり、貸金業者の主張に安易に妥協することは望ましい姿勢ではない。

4 貸金業者と見解が分かれた場合の対応と「時効待ち」手法

　もっとも、貸金業者側との間で法的見解に相違があり、交渉が平行線をたどる場合がある。この場合も、判例や任意整理の実務水準を踏まえながらも、安易に貸金業者の主張に妥協せず、債務者により有利となる解決（一連計算に基づく解決）の実現に努めるべきであり、その結果として和解が成立せずに消滅時効期間が経過することもあろう。また、貸金業者に妥協を引き出すための一事情として消滅時効の援用権を留保している旨を示すこともあり得よう。

　本件は「時効待ち」手法という言葉が際立つところがあり、特に本件の受任弁護士は正面から時効完成を待つ旨を依頼者や債権者に示しているところに特徴がある。しかし、貸金業者とのせめぎ合いのなかでは、一連充当計算に基づく解決を目指すことが不合理ではない事案においては、提示する和解案に応じない場合には時効期間が経過することも辞さない旨を債権者に対して示すこと自体は必ずしも異例な対応ではない。

5 本件における依頼者に対する説明義務についての検討

　問題は、以上の方針とそれに伴うリスクについて、依頼者に対して説明義務を果たしているかである。訴訟提起の可能性やその場合の判決の見通し（一連計算が認められるか否か）、判決に至った場合には高額の遅延損害金が付されること、強制執行のリスク等については依頼者に丁寧に説明をする必要がある。また、法律上有利な解決といえるかはともかく、依頼者の資力や生活状況、意向に照らし、貸金業者の主張する残債務を弁済することにより早期に解決を図ることが可

200　　第3章　判例評釈編

能であることも選択肢としては示すべきである。平成18年ないし21年頃と異なり、近時は一連計算に抑制的な判断を示す判決も散見されるところである（最二小判平24．6．29判時2160号20頁、最三小判平24．9．11民集66巻8号3227頁、最一小判平26．7．24判時2241号63頁等参照）。また、本件では一連計算をしても債務が残る事案であり、これに対する遅延損害金が発生すること、最終的には後任の弁護士が約50万円を分割弁済するという結果となっており、一連計算が困難と判断されるおそれも少なくない事案であったと見受けられる。

　そうだとすれば、一連計算が否定されるおそれもあることを前提に、例えば異議をとどめつつプロミスの主張する残債務を一度支払った上で過払金返還請求をするか、少なくとも一連計算に基づく残債務をプロミスに弁済する（あるいは供託をする）ことにより、遅延損害金の負担を軽減するなどの選択肢も存したものと思われる（もっとも、消滅時効の援用権は喪失することになろう）。これらの選択肢の存在について説明を行わず、12万円程度の資金を用意しておけば対応ができると伝え、結果として3年ほどの遅延損害金も付加された約50万円を分割弁済することとなったことに鑑みれば、結論としては説明義務違反に基づく損害賠償責任が認められたことについてはやむを得ないと考える。そして、説明義務違反の判断要素として職務基本規定等が踏まえられることは評釈において指摘されているとおりである。

　なお、本件では任意整理受任時はプロミスを含む債権者5社に対して受任通知を発送し、取引履歴の開示を求め、その結果、3社に対する過払金返還請求とそれを原資とする2社に対する一連計算後の8割を弁済するという和解案提示に至ったと見受けられる。任意整理の具体的な和解案の提示は、受任時ではなく、取引履歴の全面開示と引き直し計算後に初めて可能となる場合がある。さすれば、受任時のみならず過払金回収後の2社の債権者に対する和解案提示の段階で、提示する和解案の内容と、それが債権者側に受け入れられる見通し、和解案が拒否された場合の対応、そのリスク等について依頼者との面談を含めて説明を行うべきであったと思われる。また、仮にある時点において「時効待ち」の方針に依頼者が同意をしていたとしても、その後の時的経過とともに遅延損害金の累積を回避したいと考える場合もあることから、継続的に依頼者の意向を確認する必要もあったと思われる（「時効」の完成が確実であると依頼者が誤解をする危険性

（コメント）最三小判平25．4．16について　　201

もある）。

　受任弁護士の説明義務違反が、任意整理受任時以後どの時点で認められるに至るかについて、債権者とのせめぎ合いと妥協が必要となる任意整理実務においては、事案の概要や、依頼者の置かれた状況や意向などを踏まえて具体的に考える必要があり、なお検討する余地があるようにも思われる。

〔辰巳裕規〕

法人の破産手続開始申立ての委任を受けた弁護士が、当該法人の代表者が保証金の返金を受け、役員報酬4か月分を受領し、個人債務の弁済に費消した場合において、財産散逸防止義務を負うものとされた事例

東京地方裁判所 平成25年2月6日判決

（平成24年(ワ)第6179号・判時2177号72頁）

---

1 事案の概要
(1) 事案の概要
　本件は、破産会社Aの破産管財人Xが、申立代理人Yに対し、Yの過失により、破産会社の財産散逸防止義務に違反して、破産財団を構成すべき破産会社の財産を散逸させたとして、不法行為に基づく損害賠償を請求した事案である（請求額515万5920円）。
(2) 事実関係
　事実関係（特に委任契約の締結時期）については争いがあるが、認定された事実は、大要次のとおりである。
ア　相談から受任、破産手続開始決定
　破産会社Aは、平成18年3月10日に設立され、有名ブランドの洋服等を中心に、店舗販売及びインターネットによる全国的な通信販売業を行っていたが、業績不振等の理由により、平成23年8月22日に事業を停止した。
　破産会社Aの代表者Bは平成23年8月25日、Yに対し、破産会社の事業内容、資産及び負債の状況等を説明し、B個人の事情も説明した。
　Yは、Bの説明を聞き、Bに対し、少額管財事件として受任することになる見通しである旨の説明し、破産会社の残務整理等はBが行うことになること、債権者への支払をしてはいけないことを説明し、出納帳をつけるよう指示をしたが、破産会社の預貯金、現金をYの預り金口座にて管理すること、委任契約後、同口座に破産会社の預貯金、現金を入金すること等の説明は行っていない。

Bは、Yに対し、自分の給料の受領の可否について確認したところ、Yは、破産会社の残務整理もあるし、あなたにも生活があるだろうからとの説明をしたが、役員報酬を受領することは原則として認められないなどの説明は行っていない。

Bは、Yの説明を聞き、破産会社の破産手続開始の申立てをYに依頼した。また、B個人の負債については自分で処理する旨告げ、B個人の破産手続開始申立ての依頼はしなかった。

Bは、平成23年8月30日、Yに破産会社の破産手続開始の申立てを委任する旨の委任状を作成し、同月31日、Yは、破産会社の債権者に対して、受任通知を送付した。

その後、破産会社Aは平成23年11月18日、東京地方裁判所に破産手続開始申立てを行い、同年12月7日に破産手続開始決定を受けた。

イ　破産会社財産の散逸

Bは、取引先からの保証金の返金等として、平成23年8月24日から同月29日にかけて合計698万円の入金が破産会社の口座にあった後、現金出金した上（筆者注：委任契約締結時には預金口座から出金されており、預金通帳を預かることで財産保全が図られる事案ではなかったと思われる）、9回に分けて合計322万3000円をB名義の口座に入金し、B個人のクレジットカードの引き落とし及びB個人の車のローンの引き落としとして費消した。

Bは平成23年11月2日、ローンを組んで購入していた自己所有のフェラーリの処分を行い、4か月分の役員報酬515万5920円のうち上記のとおり入金した残額を、フェラーリの売却清算差額に充当した。

ウ　委任契約の成立時期

以上から、平成23年8月25日時点で、破産会社とYとの間で、破産会社の破産の申立てに関する委任契約が成立したものと評価するのが相当である。なお、委任状は同月30日に作成されているが、破産会社の破産申立手続に関する契約内容自体は委任状作成以前の同月25日に確定、合意されており、契約書の作成が後日となったに過ぎないものと解されるから、委任状の作成日は上記判断を左右しない。

2　判　旨

　東京地裁は、次のように述べて請求を認容した（認容額515万5920円）。

　「債務者との間で同人の破産申立てに関する委任契約を締結した弁護士は、破産制度の趣旨に照らし、債務者の財産が破産管財人に引き継がれるまでの間、その財産が散逸することのないよう、必要な措置を採るべき法的義務（財産散逸防止義務）を負う。また、正式な委任契約締結前であっても、依頼者と弁護士の関係は特殊な信頼関係に立つものであるから、委任契約締結後に弁護士としての職責を全うし、正当な職務遂行をなすため、依頼者の相談内容等に応じた善管注意義務を負う」。

　「本件では、平成23年8月25日にBが行った説明によって破産会社には一定の資産が存在する事実が確認できたのであるから、Yとしては、上記善管注意義務として、委任契約後の破産会社の資産管理は原則としてYが行うこと等の説明を行い、また、委任契約後には財産散逸防止義務として、上記説明に加え、破産会社の預貯金通帳等をYにおいて預かること、あるいは、Yの開設にかかる破産会社の財産管理用の預り金口座に預貯金、現金等の入金を行うこと等の具体的な指示説明を行う必要があった。

　また、Yは、同日、破産会社の代表取締役であるBから、同人の給与の受領の可否について問われているところ、取締役の役員報酬請求権は一般の破産債権であって原則として役員報酬の受領が認められないこととなるのであるから、上記善管注意義務としてその旨の説明を行い、また、委任契約後には財産散逸防止義務として、上記説明に加え、破産会社の破産申立てまでの間にBが行った具体的労務の内容を把握し、労働債権性を有する部分の判定、労働債権性を有する部分の支払の可否等の判断を適切に行い、必要かつ妥当な範囲での支払を行う等の対応をとる必要があった。

　しかし、上記認定事実のとおり、YはBに対して上記のような説明を行っておらず、かつ、破産会社の財産を適切に管理するための方策もとっていない。

　したがって、Yには財産散逸防止義務違反が認められる」。

　「Bには破産手続を申し立てる会社の代表者がとるべき対応として不適切、不十分な点が存在したことを窺わせる事情が認められ、破産手続開始決定後のBの経済活動を裏付ける証拠も存在する。しかしながら、上記のとおり、Yにおいて

財産散逸防止義務を履行した事実が認められない以上、Bの上記対応は、Yの責任を減免する事情とはならないというべきである」。

3 評　釈

判旨には疑問がある。

(1) 問題の所在

端的にいえば、受任後2年間破産手続開始申立てを行わず、財産が散逸した事案において申立代理人の損害賠償責任を認めた東京地判平21.2.13（判時2036号43頁。**本書判例評釈6**〔籠池信宏〕参照）から始まる一連の財産散逸防止義務の根拠を、どこに求めるかにある。

この点、実務上、申立代理人による不適切な処理が問題となり、何らかの根拠をもってその責任を追及せざるを得ない面があることも確かなことであり、それを報酬否認の範囲にとどめるのか、今回のような財産散逸防止義務といった義務違反をもって申立代理人が得た報酬額を超えてまで損害賠償責任を認めるべきかの問題となる（他にも弁護士倫理の問題として、場合によっては懲戒を受けることもあり得るところである）。

ただ、申立代理人は、依頼者である債務者（後の破産者）から破産手続開始の申立てを委任され、委任契約の受任者としての善管注意義務を負う立場である（民法644条）が、対破産管財人、対債権者との関係で、いかなる義務を負うのか、それを「財産散逸防止義務」というかは別としても、その根拠は何かという点が問題となる。

この根拠論については、本書の各論文、評釈等においても縷々述べられているところであるが（基本的に消極的といえよう）、申立代理人の損害賠償責任を認めるべしとの結論ありきの立論となることはくれぐれも避けなければならない（本判決では、財産散逸防止義務の存在については争いになっておらず、穿った見方をすれば、結論ありきのなかで、その結論を導くための事実認定がされたようにも思えてしまうところである）。

しかし、個別具体的な事案の処理においては、極めて例外的ではあるが、申立代理人の損害賠償責任が認められるべき場合を想定せざるを得ない場面も生じてこよう。それは、破産管財人の立場からすると、申立代理人がなすべき財産保全

が図られておらず、債権者との関係で看過できない事案に遭遇し、是正を求めざるを得ない場合がときにあるという実務感覚に基づくものであろう。ただ、その場合であっても、前述したとおり、基本的には報酬否認の範囲内で解決されるべきかもしれないし、筆者の経験としても、申立代理人が得た報酬の範囲内で一定程度の財団組入れをもって是正する処理を行ってきた。

このような問題状況のなか、「財産散逸防止義務」という、ややマジックワード的なテーゼが先行している感があり（飛びつきやすい言い回しともいえる）、危険な状況にあるといえよう。

(2) 根拠を破産制度の趣旨に求めるか

この点、東京地裁民事第20部（破産再生部）は、破産手続の目的（破産法1条）と申立代理人の公正（公平）誠実義務（弁護士法1条2項、30条の2第2項、弁護士職務基本規程5条）から、「破産事件を受任した弁護士は、債務者の代理人としてその利益を実現するのみならず、公正誠実義務の遂行として、破産手続の上記目的のため、債務者が偏ぱ弁済や財産の不当処分などの債権者の利益・平等を損なう行為を行わないように指導するとともに、債務者が破産財団を構成すべき財産を不当に減少・散逸させて債権者に損害が発生しないように財産保全に努め、可及的速やかに破産手続開始の申立てを行って、財産を損なうことなく破産管財人に引き継ぐことが求められるといえます」とした上で、「これらは、法令上明文の規定に基づく要請ではありませんが、上記の破産制度の趣旨から当然に求められる法的義務というべきで、道義的な期待にとどまるものではありません。その意味で、破産事件の申立代理人も、また、公平誠実義務を負うということができます」とする[1、2]。

---

1 中山孝雄＝金澤秀樹編『破産管財の手引［第2版］』14頁以下（金融財政事情研究会、2015年）参照。本判決については、同20、27、85頁で紹介され、注意を促している。併せて、東京弁護士会倒産法部編『破産申立マニュアル［第2版］』4頁〔小林信明〕（商事法務、2015年）も参照。

2 本判決を紹介する判例タイムズの匿名コメントには、野村剛司ほか『破産管財実践マニュアル』46頁（青林書院、2009年。当該部分の記述は同書第2版（2013年）においても同じ）が並列的にあげられているが、「破産手続開始決定と同時に選任される管財人が速やかに管財業務に取り掛かれるようにスムーズに、かつ、適切に、保全した財産や資料の引継ぎをすることが大切です」と、申立代理人の行動として望ましい姿を述べているのであって、法的義務を述べたものではない。

実務をリードする必要がある東京地裁民事第20部としては、申立代理人に適正な行動を求めるためにかかる説明をすることになろうが、申立代理人の義務・責任がむやみに拡大することのないよう歯止めも必要である。

(3) 望ましい姿との違いに留意すべき

申立代理人の不適切な処理につき、是正を求めるためには、望ましい姿との対極にある、絶対に行ってはならない一線を越えてしまった場合に、申立代理人の損害賠償責任を認める根拠として、極めて例外的ではあるが、破産制度の趣旨や信義則（民法1条2項）を用いることはやむを得ないところであろう。もちろん、極めて例外的な場合であって、破産管財人としては謙抑的であることが望まれよう。

どのような場合に申立代理人の損害賠償責任が認められるのかは、個別の事案によるとしかいいようのないところであるが、この議論は、どうしても、申立代理人が法的責任を問われる義務のラインがどこまでか、申立代理人として望まれているライン（工夫や力量といったいわばサービスの面）はどこまでかの境界が曖昧となり、力点の置き方次第で後者が前者の義務につながっていくおそれがあるので、この点に留意すべきである[3]。

筆者は、常に、よりよい実務の実現を呼びかけ、破産管財人と申立代理人は、両者が敵対ではなく、協働・連携できるようにすべきであり、前提となる義務の面は大切なことではあるが、普通のことを普通にやっていれば問題が生じることは基本的にないのであって、その感覚の共有を図りたいと考えているところである[4]。

(4) 普通にやっていれば

本判決の認定事実を前提とすれば、破産会社Ａは、平成23年8月22日に事業を停止し、法人代表者Ｂは、その3日後である同月25日に申立代理人Ｙに法律相談して、破産会社の破産手続開始申立てを委任したことになる。事業継続中ではなく、すでに事業停止しているが、まだ破綻直後であり、事業継続中に破産の法律相談を受けた場合に準じた状況といえよう。

3　野村剛司編著『法人破産申立て実践マニュアル』11頁〔野村剛司〕（青林書院、2016年）参照。

4　野村編著・前掲注3・7頁〔野村〕参照。

208　第3章　判例評釈編

法人の破産手続開始申立てを普通にやっていれば[5]、相談時には決算書等の必要資料を持参してもらい[6]、資金繰り表（日繰り表）[7]を確認し、資産・負債の状況等を確認し[8]、Xデーを定め、現預金等の財産・資料の保全を図り[9]、早期に破産の申立てを行うことになる（預金通帳等を預かるべきか、預かった方がよいか、につき**本書Q16**〔野村剛司〕参照）。

あくまで認定事実を前提とすればであるが、申立代理人Yの一連の行動は、現金の保管を預り金口座で保管せず代表者Bにその保管を委ねたり、役員報酬の支払につき指導管理しなかったりと脇が甘いと思われるところがある（ただ、取引先からの保証金の返金については知らされていなかった可能性があろう）。とはいえ、当然のことながら、行為者である法人代表者Bが非難されるべき事案である。

(5) 法人代表者の行為との関係

この点、本判決は、申立代理人の財産散逸防止義務を肯定し、損害も法人代表者Bが出金した役員報酬4か月分全額を認定している。しかし、本来、破産会社Aの破産管財人Xとしては、財産減少行為の行為者である法人代表者Bに対し、否認権の行使や役員責任の追及により法人から流出した財産の復帰を図るべきである。本判決では、かかる事情については触れられていない。結局、Bも破産したであろうことから、Bに対する追及がなかったのかもしれないが、非難されるはBであり、Bが破産したことで破産債権となったのであれば（役員責任の追及では、非免責債権となる可能性もあろうが）、その範囲での問題であって、申立代理人にその全額を補塡させる問題ではないのではなかろうか。

(6) 委任契約締結前の善管注意義務を定立する必要があったのか

本判決は、前述のとおり、「また、正式な委任契約締結前であっても、依頼者と弁護士の関係は特殊な信頼関係に立つものであるから、委任契約締結後に弁護士としての職責を全うし、正当な職務遂行をなすため、依頼者の相談内容等に応じた善管注意義務を負う」とするが、本件において、委任契約締結前の善管注意義務まで定立する必要があったのか疑問である。

5　野村編著・前掲注3・314頁の申立代理人の準備・確認事項参照。
6　野村編著・前掲注3・311頁の相談時必要資料リスト参照。
7　野村編著・前掲注3・15頁以下〔野村〕、313頁の日繰り表参照。
8　野村編著・前掲注3・312頁の相談時事情聴取メモ参照。
9　野村編著・前掲注3・38頁以下〔野村〕、316頁の預り品チェックリスト参照。

本件では、委任契約の締結時期が激しく争われているが、判決では、最初の相談の日である平成23年8月25日に委任契約が締結されたと認定されており、この事実認定を前提とした場合、相談の最初から委任契約締結までの間は、おそらく数十分程度のことと推測される。このような短時間につき、かかる規範定立を行う必要があったか疑問であるし、そもそも、申立代理人が委任契約締結前の段階で、破産管財人や債権者に対する義務を負うのか、の点から疑問である。かかる余事記載が他の案件の処理に影響を及ぼすことがあるとしたら、極めて問題である。

(7) 終わりに

本判決の情報に接したときの最初の感想は、「申立代理人Yは気の毒だなあ」であった。法人代表者Bの行動がよくないなか、破産管財人Xが、申立代理人Yに対し、Yの得た申立代理人の報酬を超えてまで責任追及する意味があるのか、極めて疑問であったからである。

今回、評釈の機会を得、改めて検討したが、Yの申立代理人としての対応は認定された事実をもとにした場合、脇が甘いといえよう。ただ、だからといって、破産管財人がここまでの責任追及をすべきだったのか、については、疑問が残るところである。

本判決は一事例判決に過ぎないと理解したいが、このような下級審裁判例の一種心地よい言い回しが独り歩きしないよう注視しておきたい。

〔野村剛司〕

Comment
東京地判平25.2.6について

1 本判決と破産申立準備における実務感覚とのずれ

本判決に接したとき、代表者が破産会社の資産を代表者個人の高級車ローン（原告主張によれば父親が保証人となっていた）等に費消したという行為の悪質性から、破産財団を回復すべしとの判断が先にあり、破産した代表者に代わり、申立代理人に、代表者の悪質な行為に対処しきれなかった[1]責任をとらせたのではないか、との感が否めない。

本判決において、申立代理人が行う必要があったと指摘された事項は野村評釈の判旨にまとめられているとおりであり、破産の申立準備における一般論として本判決が求めている対応を否定するものではないし、原告の主張事実をそのまま読む限りでは申立代理人の対応に甘さがあったのかもしれない。しかし、申立代理人の法的責任を認めるとなれば、事実認定として本判決の認定したもので足りるのか、実務感覚とのずれを感じざるを得ない。

(1) 資産の管理について

破産手続開始申立ての実務として、預金や印鑑などを預かることは絶対ではない[2]。申立代理人は破産管財人とは異なり、破産者の財産に対する直接の管理処分権限はなく、預託を強制できない。しかも、破産手続開始申立ては急な受任が多く、受任直後では状況把握も依頼者との信頼関係構築も不十分であって、スムーズに預託を受けられないケースもあろう（本件のように、破産者が申立代理人の指示に従わない傾向にある場合はなおさらである）。かかる事情は、弁護士預り口座の口座番号や預入れ時期等について具体的に指示説明をしようとしまいと変わ

---

1 確かに、会社について破産手続開始申立ての依頼がありながら、保証債務で破産状態と推測できる代表者個人の破産についてあえて依頼がない場合に、行為規範として、会社代理人の立場から代表者の行為を注視しておくべきではあろうが、法的責任まで負うかという点は別途検討が必要である。

2 **本書Q16**〔野村剛司〕参照。資産の管理状況や取引先との関係等によっては、破産の申立準備や売掛金回収などを円滑に進めるために、受任後もある程度の期間は預金その他の資産の管理を債務者に任せざるを得ないケースがあることも否定できない。

（コメント）東京地判平25.2.6について 211

るものではない。

本判決は善管注意義務の前提として「一定の資産が存在する事実が確認でき
た」ことを指摘しているが、廃業して長期間が経過しているような事例でもない
限り法人について破産の申立ての相談を受けたときには何らかの資産が存在する
であろう。「一定の資産が存在する事実が確認できた」という抽象的な前提だけ
をもって、行為規範を飛び越えて善管注意義務違反が発生するかのような判示に
は違和感を抱かざるを得ない。

(2) 役員報酬について

役員報酬に関し、破産申立準備を円滑に進めるために代表者の生活収入を確保
してその協力を得るケースもあろう。しかし、適正な金額を算出する単純な計算
式があるわけではなく、実務的には、会社や代表者個人の資産・家計状況、親族
の支援の可否、従業員の給与水準やその支払状況、差押禁止財産や雇用保険の考
え方などを含めて良識的な範囲を総合的に判断しアドバイスするしかない。

本判決は、「労働債権性を有する部分」の支払を許容する姿勢を示しつつ、特
に本件特有の事情を認定することなく、申立代理人が「必要かつ妥当な範囲での
支払を行う等の対応をとる必要があった」と指摘する。管理処分権限を有さず、
委任契約の当事者に過ぎない申立代理人に法的義務としてそこまで要求するのは
酷ではないか。

本判決で認定されている「あなたにも生活があるだろうから」という申立代理
人の発言は、最低限の生活に配慮した対価の受領を示唆したともいえ、発言内容
が、即時に評価規範に触れる問題になるとは思われない。そして、認定事実にお
いて役員報酬の支払に前向きととれる申立代理人の発言はこれのみであり、その
後の事実経過では、過大な役員報酬を受領した代表者との間で、辞任を示唆する
やりとりすらなされている。行為規範のレベルを超えて、義務違反として損害賠
償を認めるのであれば、せめて根拠となる認定事実の積み重ねが必要であったの
ではなかろうか。

(3) 小　括

本判決は申立代理人に管理処分権限がないことへの配慮なのか、「管理すべ
き」と断言する表現はなく、「具体的な指示説明をする必要があった」「財産を適
切に管理するための方策も取っていない」などと一歩引いた表現で判示してはい

る。しかし、破産手続開始申立てを受任したという事実を前提として、申立代理
人は当然に「破産会社の資産を直接管理すべき」「代表者の行動を管理すべき」
との発想が見え隠れし、本判決は、総じて財産散逸防止義務違反の前提としての
十分な根拠事実の認定のないままに、申立代理人の責任を認めた感が否めない。

2 代表者自身の行為に対する責任

(1) 申立代理人という立場の限界

本件の代表者の行為は破産会社の資産の私的流用といえ、専門家の指示や説明
がなくても規範に直面してしかるべき行為である。申立代理人が、依頼者の意向
に沿わなくとも、かかる行為をいさめ、破産法の趣旨に従った適切な行動をとる
ように指示説明をすべきか、と問われれば、行為規範としてはすべきであろう。
破産管財手続においていかに扱われるかを注意・指導し、聞き入れられなければ
最後は辞任をも考える。しかし、これらの対応は依頼者への心理的抑制たり得て
も、強制的に結果を回避することまではできない。結局、依頼者本人次第であ
る。

規範に直面すべき依頼者が義務違反行為をしたといえる場合に、それに直接関
与していない申立代理人のあるべき指示説明を論じて、その責任を損害賠償責任
にまで高めるとすれば、相応の根拠事実が必要かと思われる[3]。本件では、申立
代理人が代表者の財産減少行為について積極的に共謀したり是認したりしたと評
価できる事実は認定されていない[4]。

(2) 代表者への責任追及

野村評釈にもあるとおり本件で第一に問題とされるべきは破産会社の代表者の
行動であり、役員責任査定や否認による追及がなし得た事案と思われるが、この
点について本判決では特に触れられていない。

3　そのように考えなければ、懲戒処分については格別として、弁護士の業務活動すべてに不
　明確な根拠で損害賠償責任の問題が拡散しかねない。
4　原告（破産管財）は、申立代理人が会社処理のため10月くらいまでは報酬をもらってよ
　いと答えた旨を主張しているが、本判決では「あなたも生活があるだろうから」との説明を
　した、との認定があるのみである。抑止効果の観点から申立代理人が十分対応したか、とい
　う視点から、結局依頼者の意思に適合してしまったという意味で広義での共謀要素は認めら
　れ得るかもしれない。

（コメント）東京地判平25.2.6について　　213

破産管財人が、同じ財産減少による損害の回復を図る手段として、役員責任査定、否認請求、申立代理人に対する損害賠償請求のいずれを選択するか、一概に先後関係や択一関係があるとはいえないが、破産財団の回復のために破産法上で明確にされた破産管財人の権能たる役員責任査定や否認を横に置いて、法的根拠・主体・客体・因果関係などあらゆる論点が煮詰まっていない申立代理人の責任追及という手法で安易な解決を図ることは、破産管財業務のあるべき姿とは思われない[5]。

3　因果関係及び損害について

(1)　代表者自身の行為が介在する場合の因果関係

　本判決では代表者が役員報酬として破産会社に支払わせた4か月分の役員報酬すべてについて損害として認めている。

　しかし、本件の認定事実のみでは申立代理人に会社財産の減少と直接因果関係のある行為[6]が認められない。具体的な指示説明をしなかったことが、非常識な代表者の行動によって生じた会社財産の減少という結果といかなる因果関係にあるのか、本判決はその点の検討が不足しているといえよう。会社の財産減少を回避すべく、適切な指示説明をしていれば当然代表者がそれに従ったといえるのか、代表者の行為を専門家が是認したと誤信するような指示説明がなかったのか、申立代理人に代表者の財産減少行為を容易にするようなミスはなかったか。会社の財産減少という損害に直接つながる代表者自身の義務違反行為が歴然と存在しているにもかかわらず、申立代理人の行為（あるいは不作為）と会社の財産減少額すべてとの間に因果関係を認めるのであれば、詳細な事実認定が必要ではないか。本件の認定した事実関係のみでは、野村評釈の指摘するように代表者の行為が何より問題であって、申立代理人の行為（あるいは不作為）と会社の財産減少という損害との間の因果関係は遮断されていると思わざるを得ない。

5　破産者に義務違反が認められる損害（減少した財産）と同一の損害について、申立代理人にも損害賠償を認めるのであれば、損害の確定をどう捉えるのか、申立代理人の破産者に対する求償等をどう取り扱うのか、といった議論も残る。

6　申立代理人がすでに預かっている破産会社資産を流出した、代表者と共謀して流出させた、その他容易に財産流出行為を抑止できる状況にあったことなど。

214　第3章　判例評釈編

(2) 何が損害となるのか

委任契約に基づく善管注意義務の客体は依頼者（破産者）である一方、損害を財産減少とすると被害者は本質的に債権者であることから、なぜ善管注意義務違反による損害賠償を負うのか、という問題も生じよう。法人の場合は財産が減少した依頼者（法人）と行為者（代表者）が異なるので、代表者やそれに関係した申立代理人に対する善管注意義務違反に基づく損害賠償請求権が法人の破産財団に帰属すると考え得る[7]。しかし、個人破産のように依頼者と行為者が同じ場合、なぜ依頼者の代理人たる申立代理人が、自ら加害行為を行った依頼者本人に対し依頼者が減少させた財産を損害とする損害賠償を負うのかという議論になる。申立代理人が独自の責任を破産者に対して負うとすれば、財産の減少による損害とは別個の損害、例えば適切な指示説明をしなかったことにより、破産者が破産管財手続において非難を受けることによる慰謝料（？）程度になってしまうのではないか。

4 最後に

本判決について、申立代理人にここまでの責任追及をすべきであったか、役員責任査定や否認など他の方策はとり得なかったのか、本判決の結論に至るに当たって認定すべき事実が足りていたのか、疑問が残る事案と考える。

申立代理人が専門家として、破産制度の趣旨に照らし、弁護士としての職責をまっとうし正当な職務遂行をなすべきことは一般論として当然である。しかし、このような聞こえのよい価値観が先走りして「望ましい業務処理」（行為規範）と「法的義務」（評価規範）とが不分明となれば、申立代理人に過度な責任負担のリスクが生じ、業務遂行における予測可能性が失われる。それが受任回避につながり、なされるべき倒産手続が放置される事態を招来しないか。「破産制度の趣旨」や「財産散逸防止義務」という、それ自体はごもっともなフレーズがマジックワードとなることに危惧を覚える点において野村評釈と考えは一である。

〔野城大介〕

---

7 中井康之・本書はじめに9頁以下参照。ただし、このように考えても、申立代理人が代表者の行為に加担していない場合や、会社財産の流出を回避する術をもたない場合に、なぜ法的責任を負うのかという議論は残る。

過払金返還請求及び自己破産の申立てについて、破産者から報酬の支払を受けた代理人弁護士に対する破産管財人からの否認権行使を認めた事例

①事件…東京地方裁判所　　　　　平成23年10月24日判決
②事件…神戸地方裁判所伊丹支部　平成19年11月28日決定
（①事件…平成22年(ワ)第47622号・判時2140号23頁）
（②事件…平成19年(モ)　第23号・判時2001号88頁）

1　事案の概要

　①事件及び②事件とも、過払金回収及び自己破産申立てに関する弁護士報酬に対する否認権行使の可否が問題となった事案である。ここでは、いずれも過払金回収に関する弁護士報酬の問題を中心に紹介する。

　①事件は、破産管財人が、破産者から過払金返還請求を含む破産事件処理の依頼を受けてこれを受任した弁護士法人に対し、破産者が弁護士法人に対して過払金返還請求訴訟事件及び自己破産申立事件の報酬として支払った金員について、上記訴訟事件の報酬のうち適正金額を上回る24万4615円及び上記破産申立事件の申立報酬に当たる21万円は無償行為否認の対象となると主張して、これらの合計額である45万4615円及び遅延損害金の支払を求めた否認訴訟の事案である。

　②事件は、破産管財人が、破産手続申立前に破産者が依頼した過払金返還請求交渉及び自己破産申立事件について弁護士に対して支払った弁護士報酬のうち、適正金額を上回る部分や支払義務がないものがあり、それらについて支払う旨の合意や支払行為を破産法160条1項1号や同条3項に基づき否認権を行使する旨を主張して、合計247万8000円及び遅延損害金の支払を求めた否認請求の事案である。

2　判　　旨

⑴　①事件について

否認権行使の可否及び要件について、①事件の東京地裁は、以下のように述べた。

「弁護士による過払金返還請求訴訟の提起及び自己破産申立てに対する報酬の支払行為は、その報酬額が客観的にみて高額であっても、破産者と当該弁護士の間では、契約自由の原則に照らし暴利行為に当たらない限り有効というべきである。しかし、破産債権者との関係においては、その金額が、支払の対価である役務の提供と合理的均衡を失する場合、破産者はその合理的均衡を欠く部分については支払義務を負わないといえるから、当該部分の支払行為は、破産法160条3項の「無償行為」に当たり、否認の対象となり得るというべきである」。

「そして、具体的な報酬の額が支払の対価である役務の提供と合理的均衡を失するか否かの判断は、客観的な弁護士報酬の相当額との比較において行うのが相当であり、その判断に当たっては、日本弁護士連合会の弁護士の報酬に関する規程第2条を基準として、当該事件の「経済的利益、事案の難易、時間及び労力その他の事情」を総合考慮すべきである」。

その上で、「過払金返還請求事件の報酬について、客観的に相当と認められる報酬の額は、被告（筆者注：受任した弁護士法人）がインターネットで広告する報酬基準に記載の回収額の25パーセント（合計41万6011円）を上回ることはないというべきである」との規範を立て、「41万6011円を超える部分は、役務の提供と合理的均衡を失するものであり、債権者を害するものとして、否認の対象となる」として、弁護士法人が受領した報酬52万4174円のうち上記41万6011円を超える部分である10万8163円について、不当利得に基づき返還すべき義務を負うと判断した。

また、この①事件では、自己破産申立事件の申立報酬についても否認の対象となると判示されたが、紙幅の制約により本稿での評釈の対象からは除外する。

⑵　②事件について

②事件の神戸地裁伊丹支部は、以下のように述べた。

「破産申立代理人が破産者から支払を受けるべき弁護士報酬は、共益費にあたる部分のみが財団債権になると解され、破産手続開始前に支払を受けた弁護士報

酬についても、共益費相当額を超える部分は否認の対象となると解されているところ、弁護士による債務者の責任財産の保全活動としての任意整理ないし過払金返還請求や自己破産の申立てに対する着手金ないし報酬金の支払行為も、その金額が役務の提供と合理的均衡を失する場合、合理的均衡を失する部分の支払行為は、破産債権者の利益を害する行為として否認の対象となりうるというべきである」。

「そうすると、本件において、相手方（筆者注：受任弁護士）が破産者から支払を受けた報酬金等が、破産者から受任した事件についての着手金及び報酬金として合理的均衡を失するものであるかどうかを判断する必要があるところ、本件のような報酬支払行為の否認事件においては、弁護士と依頼者の意思にかかわらず、他の破産債権者を害する限り報酬金等の支払いを相当と認めることはできないのであるから、弁護士報酬の相当額を判断するにあたっては、弁護士が依頼者を相手方とする弁護士報酬請求事件において当事者の意思が報酬額算定における重要な要素の一つとなるのと異なり、客観的な相当額を算出する必要があるというべきである」。

「そこで、上記のような観点から、相手方が破産者から受任した事件について着手金及び報酬金等の相当額を、事件の難易、弁護士が費やした労力及び時間、その成果等の諸般の事情を総合考慮し、さらに、廃止前の報酬規程や弁護士会の報酬規定（これらの規程等は廃止前においても法的拘束力を有していたものではないが、現在においてもなお十分に弁護士報酬の客観的基準の一つとなりうるものであると解される。）も参照した上で算出し、それを基準として、否認権行使の対象となるかどうかを判断する」。

その上で、相手方である受任弁護士は、破産者から、任意整理の着手金として受領した10万5000円、貸金業者1社に対する過払金返還請求の弁護士報酬として受領した166万9500円のうち86万6725円、別の貸金業者に対する過払金返還請求事件の中途解約による報酬清算金として受領した21万円、破産者の自己破産申立ての中途解約による報酬清算金として84万円のうち67万2000円、自然人2名の自己破産申立ての中途解約による報酬清算金として受領した21万円の合計206万3725円を返還すべき義務があると判断した。

以下の評釈では、過払金返還請求事件を中心に言及する。

3 評　釈

　結論には賛成し、理由づけも当該事案の解決のための判断であると理解できるが、なお検討の余地があると考える。

(1) 過大な弁護士報酬の否認

　破産手続開始申立てに関する弁護士報酬及び過払金返還請求に関する弁護士報酬はいずれも否認の対象となるというのが一般的な理解だと思われる。①事件及び②事件とも、破産管財人の請求を一部認め、申立代理人に対し弁護士報酬の一部の返還を認めた。これらの事案において、いずれも結論は事例判断としては妥当であり賛成である。しかし、その理由づけには一般化すべきでないものも含まれ、なお検討の余地があると思われる。

　本評釈においては、両裁判例の判断のうち、財産処分行為の一部否認を認めた点と、詐害行為否認ではなく無償行為否認を認めた点について検討する。

(2) 財産処分行為の一部否認

ア　裁判例が示した結論

　①事件及び②事件とも、申立代理人が受領した過払金返還請求に関する事件の弁護士報酬のうち不当に高額である部分について無償行為否認を認めた。具体的には、それぞれの裁判例における「客観的な弁護士報酬の相当額」（①事件）あるいは「相当と認められる報酬額」（②事件）を裁判所が認定し、その「合理的均衡を欠く」（①事件）あるいは「合理的均衡を失する」（②事件）部分について、否認対象となると判断した。

イ　財産処分行為の一部否認

　両裁判例は、過払金返還請求事件に関する弁護士報酬という委任契約における合意に基づく報酬支払の一部を否認する判断を示した。

　報酬支払の一部を否認するということは、破産者の財産処分行為の一部を否認することである。しかし、一般的には、財産処分行為の一部のみを破産法160条3項の無償行為否認の対象とすることはできないと解されている[1]。これは、対価的均衡を欠く代物弁済の詐害行為否認の場合に、同法160条2項が詐害行為否認としては同条1項1号及び2号の否認のみを認めていることとの対比がその理由である。

　財産処分行為の一部を無償行為否認の対象とすることは、結果論で判断するこ

とになりかねない。財産処分行為の適否の判断は、無償行為否認ではなく詐害行為否認として、その該当性を判断するべきである。この点については後述する。

　実質的にも、弁護士報酬に限らず、破産者の財産処分行為について、裁判所が事後的に客観的相当額を算定し、それを超える部分は否認対象行為になると判断されるなら、時間的制約のある破産の申立てにおいて、破産者及び申立代理人は、報酬額の決定のみならず、申立費用の捻出のために必要な最小限の財産換価[2]ですら無償行為否認のリスクにさらされることになることも理由となり得る。また、そもそも、裁判所が弁護士報酬の客観的相当額を算定することが可能か、可能であるとしてもいかなる事実に基づいて算定するのかという問題もあろう。

ウ　実務上の対処

　もっとも現実問題としては、弁護士報酬の客観的相当額を算出せずとも、破産管財人、裁判官及び裁判所書記官の経験に基づき、多少割高な程度の弁護士報酬であれば、これを否認対象行為とすることはせず、あるいは、割高な弁護士報酬であったとしても、弁護士報酬の一部を任意に返還させて破産財団に組み入れる和解的解決を選択するであろう[3]。そのため、この問題が顕在化することは多くはないと考えられる。

　しかし、これらの裁判例の規範である「客観的相当額を算出して無償行為該当性を判断する」が独り歩きすると、当該事件における申立代理人の弁護士報酬の客観的相当額を常に算出することが求められることにもなりかねない。現時点においては杞憂であろうが、将来的にそれが現実化しないとは言い切れない懸念がある。

1　田原睦夫＝山本和彦監修『注釈破産法(下)』108頁〔上野保〕(金融財政事情研究会、2015年)、伊藤眞ほか『条解破産法［第2版］』1078頁 (弘文堂、2014年)、東京地判平9．3．25 (判時1621号113頁)、東京地判平22.10.14 (判タ1340号83頁。**本書判例評釈4** 〔髙木裕康〕参照)

2　そもそも、申立代理人は、申立費用の確保のためなど特段の事情がなければ財産換価をせず、1日でも早く申立てを行うべきである。中山孝雄＝金澤秀樹編『破産管財の手引［第2版］』27頁 (金融財政事情研究会、2015年) には「申立代理人による資産換価については、その必要性と適正性を検討し、慎重に対応することが求められる」との記述がある。

3　和解的解決が望ましいこととその解決手段について、全国倒産処理弁護士ネットワーク編『破産実務Q&A200問　全倒ネットメーリングリストの質疑から』205頁〔野村剛司〕(金融財政事情研究会、2012年)。

⑶　無償行為否認と詐害行為否認

　②事件では、その請求のうち委任契約の中途解約による報酬精算金部分について破産法160条１項１号による否認（詐害行為否認）を認めたが、①事件及び②事件とも、過払金返還請求事件の弁護士報酬については同法160条３項による否認（無償行為否認）を認めたのが特徴である。

　これらの判断については、無償行為としてではなく詐害行為として否認すべきでなかろうかという疑問も呈されている[4]。

　刊行物に公表された範囲でしか判断できないが、原告となった破産管財人が訴訟物として詐害行為否認でなく無償行為否認だけを選択して訴訟提起したのであったなら、裁判所はその主張についてのみ判断せざるを得ない。両事件において、裁判所が無償行為として請求の一部を認容したことは、当事者の主張を前提とした判断としてはやむを得ない。

　もし、これらの事案で、破産管財人が詐害行為否認を主張し、財産処分行為の一部否認を認めない立場を採用した場合、破産管財人の主張が認められると、申立代理人は自らが得た弁護士報酬全額を破産管財人へ返還することを求められ、申立代理人が有する報酬請求権は破産債権となるというのが論理的帰結であろう。このため、両事件が採用した法律構成（無償行為否認と財産処分行為の一部否認）の方が、より柔軟な解決を導くことを可能にするとも考えられる。しかし、①柔軟な解決を図るには和解的解決の方法があり、詐害行為否認であっても破産管財人と申立代理人による話し合いで柔軟な解決は可能であるし、②否認権行使の効果はすべての行為に共通であって、申立代理人の弁護士報酬だけを無償行為否認の対象として扱うことは他の破産債権者（特に、同一破産事件の他の否認請求の相手方）の理解を得にくいと考えられる。したがって、筆者は詐害行為否認を主張すべきとの考えをとるが、それぞれの弁護士によって考え方が分かれるところであろう。

⑷　弁護士費用の客観的相当額

　仮に両事件の原告であった破産管財人が訴訟物として詐害行為否認を選択していたとしても、当該事件における弁護士報酬の客観的相当額を算出して主張・立

4　伊藤ほか・前掲注１・1079頁脚注12。

証する必要があることに変わりはない。また、破産管財人が過大な弁護士報酬を不法行為に基づいて損害賠償請求したとしても、その主張・立証が必要なことに変わりはない[5]。したがって、申立代理人の弁護士報酬の適正額の範囲については、倒産処理に関わる弁護士及び裁判所として、和解的解決の目安としても何らかの共通認識を有しておく必要性は肯定されよう。

①事件及び②事件の後である平成23年2月に、日弁連は「債務整理事件処理の規律を定める規程」を制定した。これは、債務整理事件における弁護士報酬の上限を定めるなどして、過払金返還請求事件における弁護士報酬の額を適正化することを目的に制定されたものである。

今後、同種の事件が発生した場合、この日弁連規程が過払金返還請求事件における弁護士報酬の客観的相当額を算定する目安になろう。

①事件及び②事件の発生当時には、この日弁連規程は未制定であった。そのため、両事件において、平成16年に廃止された日弁連の旧報酬等基準規程を用いて判断したことは、それ以外の適切な判断基準も見当たらなかった以上、やむを得なかったと考えられる。ただし、この日弁連規程には、過払金返還請求事件及び任意整理事件に関する弁護士報酬の定めはあるが、自己破産申立てに関する弁護士報酬の定めはないことに注意が必要である。

〔桶谷和人〕

5　不法行為に基づく損害賠償請求を認めた事例として、千葉地松戸支判平28.3.25（判時2337号36頁。**本書判例評釈11**〔斉藤芳朗〕）がある。

Comment
東京地判平23.10.24、神戸地伊丹支決平19.11.28について

1　評釈の視点
　評釈は、結論には賛成するものの理由に検討の余地があるとしており、その内容は、各裁判例が財産処分行為の一部否認を認め、しかも無償行為否認（破産法160条3項）を認めている点について、当事者の主観を考慮しないという結果責任が問われる点などに検討を要するとしている。

　私見は、各裁判例の結論に賛成するという意味では評釈と同様の立場であるが、申立代理人の行動は、破産債権者の共同利益を図るという大前提の下に制約されることからすれば、無償行為否認を中心に検討するのが妥当と考えており、そのような視点から補足を行いたい。

2　申立代理人の報酬請求権を否認する実質的意味
(1)　破産申立代理人が報酬を取得できる理由
　そもそも、破産申立代理人が破産債権者や破産管財人に先立って破産手続開始申立てのための弁護士費用を取得できる理由は、上記②決定でも示されるように、当該弁護士費用が破産債権者の共同の利益に資する費用といえるからである。

　すなわち、破産申立代理人によって破産の申立てを行うことは、破産債権者等の利益に資するものであって、そのための弁護士費用も同様に破産債権者のための費用というべきだからである。

(2)　申立代理人の報酬が過大な場合
　かかる理由からすると、破産申立代理人の報酬請求権が過大な場合、破産管財人は破産申立代理人から過大な報酬相当部分の回収を図るのが望ましいことはいうまでもないし、この点に否認権を行使できるとすることは誰も否定しないであろう。

3 裁判例の判断基準について

上記各裁判例は、否認権を行使し得るかについて、報酬額が申立代理人の役務提供と合理的均衡を失するかどうか旧日弁連報酬規程等を基準として判断しており、これを超える部分について無償行為否認の対象としている。

もっとも、申立代理人が破産管財人や破産債権者に優先して報酬を得られる理由が破産債権者の共同利益に資する費用であることからすれば、申立代理人側の視点である役務提供との合理的均衡という点だけでなく、破産債権者側の視点である債権回収及び破産財団確保等の債権者の共同利益に資する費用といえるかという点も重要視するべきである（債権者の利益といっても、直ちに「1円でも多く配当する」という意味に解するのではなく、債権者の経理処理や債権回収秩序の安定、債権者間の公平等の広い意味での利益を想定すべきであろう）。

このような債権者側の視点を考慮するのであれば、破産者にとっての経済的利益がないこと（言い換えれば、破産債権者にとってメリットのないこと）、すなわち無償性を基準とする無償行為否認の制度を用いて解決する裁判例の発想が合理的であると思われる。

なお、財産処分行為の一部のみを無償行為否認することは、破産法160条2項が例外的に規定していること等から困難であるとの見解が通説的であるが、同法160条3項単体では特に制限はないことから、同条項をもって財産処分行為の一部を否認できないと解釈せざるを得ないかどうかは、さらなる検討が必要と思われる。

4 一般的な債務整理との関係

なお、本件を検討するに当たっては、破産申立代理人の責務と一般的な任意整理代理人の責務とで異なった側面の問題もあることから、この点を付言しておきたい。

まず、平成23年に日弁連債務整理事件の処理の規律を定める規程が導入され、特に過払金回収にかかる報酬等の上限が定められた点についてである。

この規程は、一般的な債務整理事件における過払金等の処理を念頭に置くものであって、破産申立代理人の責務を規定したものでなく、当然に破産申立費用についても規程が定められていない。したがって、この規程をもってしても、破産

申立代理人の職務内容には直結せず、その過大報酬にかかる否認権行使の判断にも影響はないといわざるを得ない。

また、これに関連して1つ付言すべきことは、当初は任意整理の方針で事件に着手したものの、その後方針変更により自己破産を申し立てることとなった場合は、方針変更後（明らかに破産しか選択肢がなくなった状態以降も含む）にのみ、前述の否認権行使の判断基準が妥当するといえることである。このような状況に至って、破産法の破産債権者の共同利益を図るべきとの要請が格段に強化されると考えられるのがその理由である。

5 裁判例の基準との異同

本件各裁判例は、報酬額が申立代理人の役務提供と合理的均衡を失するかどうかという申立代理人側の事情を無償否認対象とするかどうかの基準としている。

一方、破産債権者側の視点である債権回収及び破産財団確保等の債権者の共同利益のための費用といえるかという点を基準としても、これを債権者の経理処理や債権回収秩序の安定、債権者間の公平等の広い意味での債権者の利益と想定すれば、実質的には申立代理人の役務提供と合理的均衡が問題となるのであって、いずれの基準を検討しても、実際の結論に差異は生じないものと思われる。

6 原則論として留意すべきこと

そもそも、申立てに直結しない業務（過払金の回収等）は原則として破産管財人が行うものであって、例外的に破産申立費用や予納金の確保等の例外的事情がある場合に限って、申立代理人に許されるに過ぎない[1]。

また破産管財人が過払金回収を行ったとしても、旧日弁連報酬規程と比較して、同程度の管財人報酬が加算される運用ではない（すなわち、破産管財人報酬の場合の方が低額であろう）と思われることからすれば、一般論ではあるが破産管財人が過払金を回収した方が破産債権者にとって多くの配当が見込めるケースが多いと考えられる。

そのような意味で、申立代理人が報酬を得ることは基本的に謙抑的であるべき

---

1 中山孝雄＝金澤秀樹編『破産管財の手引［第2版］』27頁（金融財政事情研究会、2015年）。

（コメント）東京地判平23.10.24、神戸地伊丹支決平19.11.28について　　225

であり、そのひとつの判断基準として、本件各裁判例の意義は重要であると考えられる。

〔木野村英明〕

自己破産の申立てを受任した弁護士法人が破産会社から支払を受けた報酬294万円のうち適正報酬額126万円を超える部分につき、役務の提供と合理的均衡を失するものであり、詐害行為否認に当たるとして、破産管財人による否認権行使が認められた事例

東京地方裁判所 平成22年10月14日判決

(平成21年(ワ)第35331号・判タ1340号83頁)

1 事案の概要

破産会社は、栃木県 a 市に本店がある医薬品の販売等を業とする株式会社であったが、平成21年1月28日、弁護士法人である被告に対し、自己破産の申立てを委任し、弁護士費用として、189万円を支払う旨合意した。

その後、被告は次の業務を行った。

① 代表者から要請のあった、リース物件の早期引上げの督促、破産会社事務所を訪れた売掛金債権者に対する電話対応
② 代表者が計算した給与等の確認、違法な取引の相手先Aに対する売掛金の一部の回収、在庫商品売却に係る契約書案の作成
③ 代表者から照会のあった、費用支出の可否、在庫商品の売却手続の適否、事務所賃貸人からの要請への対応などについての指示
④ 代表者から預けられた金銭の管理及び費用等の出金手続
⑤ 債権者に対する受任通知の送付、破産申立書及び添付資料の作成と裁判所への提出

被告は、現地には1度も赴かず、代表者に対する指示は、必要な範囲で弁護士の指示を受けた担当の司法書士が電話かメールで行った。

他方、代表者は、被告の指示に基づき、現地での債権者等への対応、破産会社資産の売却、破産会社事務所の明渡し、原状回復工事の業者の選定、従業員の給与・解雇予告手当の計算、社会保険組合、健康保険組合に対するレセプトの作成、保険料の請求等を行った。なお、代表者は、売掛金の回収が済んだとして、

被告の了解の下、違法な取引の相手先であるＡに対する売掛金の原資料を処分した。

　被告は、３月下旬から破産会社の破産原因、資産について本格的な検討を開始し、５月15日頃、東京地方裁判所に対して、破産手続開始の申立てを行った。債権者数は26名、債務総額が4689万円余である。

　破産手続開始の申立前に、被告が代表者に「回収が思ったより進んだので、費用の増額をお願いしたい」と要請し、弁護士費用の額を294万円と変更する旨合意した（以下「本件新合意」という）。

　５月27日、破産会社は破産手続開始決定を受け、原告が破産管財人に選任された。被告は、預かっていた1436万円余から弁護士費用294万円等を控除した残金1044万円余を原告に引き渡した。

　被告が預かっていた1436万円余のうち428万円余は代表者からの預貯金の引き継ぎ、821万円余は代表者が払戻手続を行った健康保険組合からの保険料支払、145万円余は代表者による動産の売却換価代金である。39万円余は被告が行ったＡからの売掛金の回収であるが、未収となった部分に係る資料は破棄されてしまっている。

　以上の状況において、破産管財人である原告が、破産会社が被告に支払った報酬のうち、適正金額63万円を上回るとする部分の支払行為を否認し、その返還を求めた。

2　判　　旨

　裁判所は次のように述べて、破産管財人による請求の一部を認容した。

　①　「弁護士による自己破産申立てに対する着手金ないし報酬金の支払行為も、その金額が、支払の対価である役務の提供と合理的均衡を失する場合、その部分の支払行為は、破産債権者の利益を害する行為として否認の対象となり得る」。

　②　「ところで、日弁連が全ての弁護士を拘束するものとして定めた本件規程（筆者注：日弁連が定めた「弁護士の報酬に関する規程」）によれば、適正な弁護士報酬額を算定するに当たって、経済的利益、事案の難易、時間及び労力その他の事情を考慮するとされており、これらの要素は、破産申立適正報酬額の算出におい

228　　第３章　判例評釈編

ても同様に考慮されるべきである…」。

③　「…破産申立てを受任し、その旨を債権者に通知した弁護士は、可及的速やかに破産申立てを行うことが求められ、また、破産管財人に引き継がれるまで債務者の財産が散逸することのないよう措置することが求められる」。

④　「…申立代理人弁護士による換価回収行為は、債権者にとって、それを行われなければ資産価値が急速に劣化したり、債権回収が困難になるといった特段の事情がない限り、意味がないばかりか、かえって、財産価値の減少や隠匿の危険ないし疑いを生じさせる可能性があるのであるから、そのような事情がないにもかかわらず、申立代理人弁護士が換価回収行為をすることは相当でなく、換価回収行為は、原則として管財人が行うべきである。…ましてや、申立代理人弁護士が、相当高額な弁護士報酬を得る目的で、安易な換価回収行為を優先して行い、資産、負債等に関する十分な調査をせずに迅速な破産申立てを怠るようなことは、破産制度の意義を損なうものというべきである」。

⑤　「破産申立適正報酬額の算出においては、申立代理人弁護士が行った事務処理が以上の観点に照らして適正であったか否かが、本件規程にいう「事案の難易、時間及び労力その他の事情」として当然考慮されるべきである」。

⑥　「…本件申立てに係る経済的利益は、必ずしも大きなものではなく、事案も平均的な法人破産の内容となっており、本件申立てに係る時間及び労力その他の事情については、法人の破産申立てに必要とされる事務は一応行われているものの、弁護士が直接面接をしたのは、依頼当初の1回だけで、その他は、必要な範囲で弁護士の指示を受けた担当の司法書士が破産会社代表者とメール等による連絡をとるに留まって、現地には1度も赴かず、申立代理人弁護士に求められる迅速な申立てというよりも、無用な換価回収行為を優先させ、適正な換価回収行為に努めたともいい難い内容となっており、適切でない指示も出している」。

⑦　「そうだとすると、その他の事情として、被告の事務所維持費を最大限考慮するとしても、本件申立てに係る破産申立適正報酬額は、126万円（消費税込み）を上回ることはないとするのが相当である」。

⑧　「よって、本件新合意の内、126万円（消費税込み）を超える部分は、役務の提供と合理的均衡を失するものであり、債権者を害するものとして、破産法160条1項1号の否認の対象となり、被告は、受領した報酬294万円のうち126万

円を超える部分である168万円について、原告に対して、不当利得に基づき、返還すべき義務を負う」。

3　評　釈

⑴　破産申立てに関する弁護士報酬は否認の対象になるか

本判決は、判旨①のとおり判示し、破産手続開始申立てに関する弁護士報酬は否認の対象となり得るとしたが、是認できる。

破産者が、例えば、適正な対価が1000万円である物品又は役務について、破産債権者を害することを知りながら、2000万円で提供を受ける合意した場合、この合意は詐害行為として否認し得る（破産法160条1項）。破産申立報酬についても同様であろう。申立ての報酬が支払われる場合、破産者も申立代理人も近い将来の破産手続開始を認識しているから、破産申立報酬が過大であれば、その分他の債権者が害されることを認識していると考えられる。したがって、その場合は詐害行為として否認し得る。もっとも、申立てがすでに実行されている場合には、その役務は原状に復することはできないから、否認権行使の効果としては、適正な対価を超えた部分の返還を求めることとなる（破産法168条4項）。以上のことは、申立ての報酬だけではなく、例えば申立前になされた過払金返還請求の報酬についても当てはまる。

破産手続開始申立てとは関係のない場面であっても、弁護士が依頼者を相手方とする弁護士報酬請求事件においては、相当な報酬額が算定される。その場合は、当事者の意思が報酬額算定における重要な要素のひとつとなる。これに対して、報酬支払に対する否認事件においては、弁護士と依頼者の意思にかかわらず、報酬が過大であることにより他の破産債権者を害するのであれば、否認対象となり得る。

この判決にいう「合理的均衡を失する」とは、適正価格をわずかでも上回っていれば該当するわけではなく、相当程度上回っている場合を指すと考えられる。この点、東京地判平9.3.25（判時1621号113頁）は、実際の報酬の額が適正な額を6％超えている程度では、「役務の提供と合理的均衡を失するものとまでは認めら」れないと判示しており、正当である。

(2)　破産申立ての適正な弁護士報酬とは何か

　日弁連が定める弁護士の報酬に関する規程２条では「弁護士等の報酬は、経済的利益、事案の難易、時間及び労力その他の事情に照らして適正かつ妥当なものでなければならない」と定められている。本判決（判旨②）を含む同種の裁判例（後記(4)）では、弁護士はこの規程の適用を受けるから、弁護士が行う申立報酬につき適正な額を判定する場合、この規程によるものとしている。そのこと自体異論はないものと考えられる。

　しかし、この規程では具体的な基準がないので、この規程そのものから何が適正な額かを決めることは難しい。具体的な額が表れているものとして、以下のものが参考になる。

ア　個人破産について

　日弁連が2008年に公表した弁護士報酬に関するアンケート結果において、個人破産の申立てに関するものが記載されており、着手金では最多回答は30万円（回答総数の49％）、次いで20万円（同37％）、報酬金については最多回答は０円（同66％）、次いで10万円（同14％）である。このあたりの額が個人破産の申立てに関する弁護士報酬の平均的な額と考えられる。

イ　事業者破産について

　倒産処理のエキスパートとして知られた故池田靖弁護士は、破産申立代理人の報酬は「おおむね予納金と同額程度であると思われる」と述べている[1]。当時少額管財のような制度はなく、ここでいう予納金は、そのような制度を前提としていない。負債総額に応じて予納金の額を定めていた当時の東京地裁の方式を前提とするものである。現在これに相当する東京地裁の予納金の基準は【別表】のとおりである。

　上記は倒産処理のエキスパートである弁護士の見解であり、妥当性があるものと信じる。ちなみに、筆者も原則的に上記の池田弁護士の見解に従い【別表】の予納金額を基準に破産申立報酬を決めてきた（東京地裁における少額管財事件であっても、【別表】を基準に決めてきた）。もっとも破産者の手持資金が少額の場合、破産申立報酬を上記原則どおりにもらうと、破産管財人への引継金が破産申

1　池田靖「倒産処理手続の選択(中)」NBL485号46頁（1991年）。

【別表】

負債総額（単位：円）	法　人	自然人
5000万未満	70万円	50万円
5000万〜1億未満	100万円	80万円
1億〜5億未満	200万円	150万円
5億〜10億未満	300万円	250万円
10億〜50億未満		400万円
50億〜100億未満		500万円
100億〜250億未満		700万円
250億〜500億未満		800万円
500億〜1000億未満		1000万円
1000億以上		1000万円以上

立報酬を下回ってしまうことがあり、それは破産管財人に申し訳ない気がしたので、その場合は、破産申立報酬が破産管財人への引継金を超えないようにした（これは適正額の問題でなく、個人的なポリシーの問題である）。

　最終的には、経済的利益、事案の難易、時間及び労力その他の事情に照らして適正かつ妥当な額を算定することになり、妥当な額はある程度幅をもって考えざるを得ないが、上記見解はひとつの参考ではある。もっとも、例えば、負債総額に比べて債権者数が非常に多い案件、営業所、工場等が多く保全等の現場対応をする場所が多い案件、消費者被害の案件等、特別に労力を要する場合には、別途考慮が必要なこともあろう。

⑶　申立代理人が換価回収行為を行うことの評価

ア　本判決の考え方

　本判決は、換価回収行為の位置づけにつき判旨③、④のとおり判示し、その観点に照らして申立代理人弁護士の事務処理が適正であったか否かを、破産申立適正報酬額の算出において考慮すべきとしている（判旨⑤）。

　そして、換価回収行為に関する以下の事情を勘案し、破産開始前に換価回収が行われたことを積極的には評価していない。

　①　申立代理人が確保した資金の大半は、破産会社代表者の作業の結果等であって、申立代理人は、実質的な労力をかけていない。

232　　第3章　判例評釈編

② 動産の売却は、破産申立前にこれらをしなければならないような特段の事情の存在は見受けられず、債権者にとって無意味な行為というべきである。しかも、動産売却の手続は、すべてを代表者が行っており、申立代理人が適正な換価回収に努めていたとはいい難い。加えて、被告は、破産会社の在庫商品のうち、未開封のものについても売却を指示しているが、債権者である納入業者に引き取らせて債権届出を取り下げてもらう方が、配当率上昇につながる場合もあり、拙速な指示と考えられる。

③ 申立代理人は、Aからの売掛金の一部を回収しただけで、破産会社に原資料の破棄を認めたことは不適切な指示というべきである。

④ 申立代理人が申立ての準備を本格的に開始したのは3月下旬からであって、その頃には、換価回収行為を終えている上、本件新合意に先立つ同年5月上旬頃、被告所属の弁護士は、破産会社代表者に対して、「回収が思ったより進んだので、費用の増額をお願いしたい」などと要請しているのであるから、被告の事務処理は、迅速な申立てというよりも、換価回収行為を優先させる内容となっているといわざるを得ない。

イ 私 見

一般的に、破産手続開始申立てを迅速に行うことは破産債権者の利益に資する。申立てが早ければその分破産手続開始決定も早くなり、より確実に資産の保全ができ、破産管財人による公正な処分が期待できるからである。また、早く開始された分、配当も早く得られる。債権の貸倒処理も早くできる。このような破産債権者の利益を軽視し、特段の理由もなく換価回収行為を行い、破産の申立てを遅延させることは適切とはいえない。申立報酬を算定するに当たっては、破産の申立ての目的に反する行為を積極的に評価すべきでないことは、当然であろう。したがって、本判決の事案に関する限り、上記判示は是認できる。

しかし、破産の申立てに伴い換価回収が必要な場合もあるので、上記判示が一般的に当てはまるとはいい難い。例えば、申立代理人により換価回収作業がある程度できていることを前提に、同時廃止を認めたり、低額の予納金による管財事件としたりする運用を行っている庁がある場合、そのような運用に沿って申立代理人が換価回収業務を行うことは正当であろう。

その他、例えば次のような場合には、開始前に換価回収行為を行うことに理由

があると考えられ、その場合、適正報酬額が増額される方向に考慮されるべきと考える。

① 申立てに要する費用がない場合に、その費用を捻出するために換価回収行為を行う場合

② 破産申立後開始決定までに時間がかかる場合において、資産保全のために開始までの間に売掛金の回収等の換価回収を行う場合

③ 生鮮食料品等劣化が著しい動産を処分する場合

④ 破産手続開始決定後よりも開始決定前の方が事業譲渡を実施しやすい場合に、開始決定前に事業譲渡する場合

⑤ 適正な額の買い手が現に存在し、換価回収行為を実行してもさほど申立てが遅れない場合

⑥ 当初私的整理を実施する予定であり、その一環として換価回収が行われ、その後債権者の同意が得られないなどの事情により破産に移行した場合（横浜地判平23.12.22金判1442号37頁参照）

⑦ 破綻直前に仕入れた商品等破産財団に帰属させるとトラブルが予想される場合の返品

⑷ 破産申立ての弁護士報酬等に対する否認が問題となった事例（参考）[2]

ア 東京地判平9.3.25

任意整理が先行したが、失敗。任意整理、破産手続開始申立ての報酬等3737万円余につき、否認を認めなかった。

イ 神戸地伊丹支決平19.11.28（判時2001号88頁）

過払金返還請求の報酬、解任されるまでの破産手続開始申立ての報酬が否認された。

ウ 東京地判平23.10.24（判時2140号23頁）

過払金返還請求及び自己破産申立ての報酬が否認された。上記イ及び本判決の詳細は**本書判例評釈3**〔桶谷和人〕参照。

エ 横浜地判平23.12.22

債権者申立ての破産に先立つ債務整理の報酬の否認が問題になった事例。「相

---

2 本文記載のほかに、適正額を超える弁護士報酬の受領を不法行為と認定したものとして、千葉地松戸支判平28.3.25（判時2337号36頁。**本書判例評釈11**〔斉藤芳朗〕）がある。

当性を欠くとはいえない」として消極。

オ　東京高判平24．8．30（金判1442号26頁）

上記エの控訴審。「破産会社に帰属する金員から支払がされたものではない」として消極。

カ　東京地判平26．8．22（判時2242号96頁）

負債11億円超の会社につき760万円を超える部分（500万円）の否認を認めた。詳細は**本書判例評釈7**〔佐藤昌巳〕を参照。

キ　神戸地尼崎支判平26．10．24（金判1458号46頁）

申立前の換価処分を無益と評価。積極。詳細は**本書判例評釈8**〔上野保〕参照。

〔髙木裕康〕

Comment
東京地判平22.10.14について

1 評釈意見の要旨

比較的高額な報酬とは思われるが、債権者を害するとして否認権行使の対象とされるべき金額であるとすることには疑問を大いに感じる。以下、論点ごとに私見の要旨を述べる。

(1) 破産申立代理人との取引についての否認権行使の該当可能性について

本裁判例は、「弁護士による自己破産申立てに対する着手金ないし報酬金の支払行為も、その金額が、支払の対価である役務の提供と合理的均衡を失する場合、その部分の支払行為は、破産債権者の利益を害する行為として否認の対象となり得る」と判示するが、この前提についてはあまり異論はないのではないかと思われる。そのとおりと考える。

(2) 破産申立代理人の財産散逸防止義務等について

本裁判例は、破産申立代理人に対して、「可及的速やかに破産申立てを行うことが求められ、また、破産管財人に引き継がれるまで債務者の財産が散逸することのないよう措置することが求められ」「これらは、法令上明文の規定に基づく要請ではないが、破産制度の趣旨から当然に認められる法的義務というべき」と判示しており、いわゆる財産散逸防止義務を論じているが、財産散逸防止義務の是非や内容等については、研究者・実務家において見解に争いがあり、疑問も多い論点と思われる[1]。

(3) 破産申立代理人の換価回収行為について

本裁判例は、「申立代理人弁護士による換価回収行為は、債権者にとって、それを行わなければ資産価値が急速に劣化したり、債権回収が困難になるといった特段の事情がない限り、意味がないばかりか、かえって、財産価値の減少や隠匿の危険ないし疑いを生じさせる可能性があるのであるから、そのような事情がないにもかかわらず、申立代理人弁護士が換価回収行為をすることは相当でなく、

1　破産申立代理人の財産散逸防止義務について、**本書Q13**〔岡伸浩〕参照。

236　　第3章　判例評釈編

換価回収行為は、原則として管財人が行うべきである」と判示するが、これは、申立代理人の役割を極端に狭く解している上に、否認権を論ずるにおいて、例えば、申立人が申立代理人に対して、破産手続開始申立前に特定の契約関係を優先して解消することを依頼するなど、申立人と申立代理人との間における契約内容によっては上記判示のような一義的な評価が相当ではない場合があり、本判示はこれらの実務を斟酌することなく判断しているものであり、適切な判断とはいい難いものである。

⑷　本裁判例が認めた判断（結論）について

本裁判例における最終的な結論の当否については、一義的な判断が難しいところであるが、委任事務を適切に行わず、さらに委任契約における債務不履行が認められるような場合であるのであれば、否認権行使を認めることについて相当と思われるが、委任事務の一部が相当な対応でなかったに過ぎない場合には、特にその不適切な対応による損害が生じているわけではないことからすれば、否認権行使を認めることは行き過ぎであるという評価もあり得るのではないかと考える。

2　破産申立人と代理人間の委任契約

⑴　委任契約の内容

判示によれば、申立人と代理人との間では、「自己破産事件」について委任契約が締結され、さらに、申立人は代理人に対し、①代理人において金融機関への対応、②代理人において破産会社事務所賃貸人への対応、③代理人において商品の納品業者への対応を行うよう依頼し、早期に破産手続開始の申立てを行うことを依頼した。単なる債権者等への対応に過ぎないのか、事務所明渡しなどの具体的な事務を行うことまでが契約の内容となっていたか判示からは不明な点があるが、申立人代表者と申立代理人との間において、その後に事務所明渡しや商品販売等の事務作業がなされていることからすれば、これらも委任契約の内容となっていたものと思われる。そして、弁護士報酬として189万円を支払う旨の合意を当初行った上で、その後、換価が進んだことを理由として弁護士報酬を294万円とする改訂合意がなされている。

(2) 委任契約の当否

　本裁判例は、前述のとおり、そもそも「申立代理人が換価回収行為をすることは相当でなく」と判示していることから鑑みると、申立代理人の換価回収行為については否認権の判断における弁護士報酬額の相当性判断の基礎から除外しているものと考えられる。

　しかしながら、当該委任契約の内容が、その後の破産管財業務の支障となったり、債権者を害する行為となったりする場合でない限りにおいては、契約自由の原則において否定される理由はないはずであり、現実においても、例えば事業継続が難しいことは明白とはなっているものの、すぐに破産しなければならないような切迫した状況にはないなかで、これまでお世話になった取引先に対しては自らの手で契約解消を行った上で破産手続開始の申立てをしたいという要望の下、申立人が申立代理人に対して、破産手続開始申立前に相手方との契約解消事務を依頼することもあり、その依頼を受けて対応することについて、申立代理人が非難されるいわれはないはずである。申立人において、申立代理人に対し、例えば所有車両の売却を破産手続開始申立てに先行して実施することを依頼した場合に、本裁判例の判示によった場合には、破産管財人の仕事であり申立代理人の仕事ではないことを理由として断らねばならない、という不合理な結論に至ってしまう。

　また、会社の廃業・清算の仕方においても、特別清算・特定調停等の手続も多く利用されている現状においては、これらの私的整理等が先行した上での破産となるケースも少なからず生ずることであり、このような場合には単に迅速に破産手続開始申立てを行うという作業以上の対応を行わねばならない事情が生じていることも少なくない。

　したがって、「資産価値が急速に劣化したり、債権回収が困難になるといった特段の事情がない」場合であっても、申立人において債権者以外の利害関係人への対応等の事情から、一定の事務内容を申立代理人に委任することは相当な行為と認められるべきである。

(3) 本件における委任契約の当否

　本件においては、(1)に述べたとおり、①代理人において金融機関の対応、②破産会社事務所賃貸人への対応、③商品の納品業者への対応が委任契約の内容と

238　　第3章　判例評釈編

なっている。

　これらの事務内容は特段破産管財業務を害したり、又は債権者が不利益を被ったりすることもなく、むしろ破産手続を円滑に進めるためのものであって、委任契約の内容は相当である。なお、判旨では明確ではないが、破産者は許認可を得て医薬品を販売しているものと考えられることから、破産手続開始後において、医薬品の在庫を通常どおり売却処分できる状況であったか否かは大きな問題となる。そのため、破産手続申立前に在庫を処分することにつき高度の必要性が認められていた事案である可能性もあるものと思われる。

　これらの事務を含む法人破産申立事務の対価として、189万円ないし294万円が相当な価額ではなく、破産法160条1項1号に規定する詐害行為と評価されるべきであるかが問題となるが、具体的事情を掘り下げた上での詳細な評価を実施せずに一概に詐害行為と判断することには、問題があると考える。

⑷　申立代理人の契約遂行内容と否認権行使の可否

　申立代理人は、金融機関への対応、事務所賃貸人への対応、商品納入業者への対応を一定程度は実施しているが、主に申立代理人の指示を受けた司法書士が連絡等を実施していた。なお、当該司法書士に対して別途に報酬が発生していたかは不明であるが、本判決の文脈からすると申立代理人の履行補助者に過ぎず、別途報酬が発生していたものではないと思われる。

　また、そのほかの事務については、申立代理人（から指示を受けた司法書士）の指示によって、ほとんどを申立人代表者が作業を行っている。しかし、会社事務所閉鎖作業を申立代理人自らがその手で実施しなければ申立代理人の委任事務の履行と評価できない、とすることは相当ではなく、申立代理人としては、委任契約の内容を遂行するにおいて、適切な方法を選択して実施すればよいはずである。そして、本件において会社代表者が行ったとされる事務所閉鎖作業等についても、ほとんどは申立代理人（又はその補助者）からの指示・了解を得て実施されているのであり、不適切な対応とまで評価されねばならないかは疑問を感じる。

　本裁判例における認定事実からは明確ではないが、必要な換価作業等が一段落し破産手続開始申立てをすることができた時期について、平成21年3月10日に申立代理人が破産者代表者に伝えたところである同月末もしくは4月初旬と考えた

（コメント）東京地判平22.10.14について　　239

場合、実際の申立ては5月15日であるため、当初の約束より約1か月から1か月半遅くなったものとも考えられる（委任契約を締結した1月28日を基準としても申立てまで約3か月半に過ぎない）。

しかしながら、たとえ1か月から1か月半遅くなったとしても、それによって特に財団財産が毀損されるような事情が生じているわけではなく、それをもって、申立代理人の債務不履行とみなし、又は否認権行使の対象として報酬を減額すべき要因であるとすべきなのか、非常に疑問である。

本裁判例は、そもそも申立代理人が財産換価処分行為を行うこと自体が相当ではなく、申立代理人には、迅速に破産手続開始の申立てを行い、財産散逸を防止する法的義務があるとしていることから、委任契約の内容との関係において、本件申立代理人がどのような契約違反行為もしくは契約にて規定された報酬を減額すべき事由があるかの判断をしていない（もしくは不十分である）。全体の事情からは、申立代理人において、報酬を減額すべき事情に至る相当ではない行為（不作為）が認められることもありそうであるが、不明確な点が多い。

3　申立代理人報酬基準について

最後に、破産申立代理人報酬について検討する。

すでに事業活動を停止し、単にその時点において存在する資産及び負債の内容を調査して、破産申立書に記載し、裁判所に提出するだけであれば、申立代理人報酬を一定額の範囲内にて容易に決定・評価することが可能である。しかしながら、事業活動が直前まで停止していない状態のなかで、一定の対応を行う必要がある場合には、ケースによってその内容は大きく異なり、また契約締結後の事情も当初の想定とは異なる事情が生じ得る。

さらに、申立代理人は、本裁判例の判示するところとは異なるが、申立後においても一定の調査等の事務作業を負うことが少なくなく、事案においてはその負担がかなり大きなものとなることもある。

このような諸事情をすべて考慮した上で、申立代理人の報酬額の相当性を一義的に判断することは困難であり、一定の相当性の枠のなかで判断することにならざるを得ないと考える。その場合、筆者が破産管財人として経験した管財事案においても、本件と同等の規模（債権者数16名、負債総額4570万2995円、申立前に回

収した残高1436万538円）の破産事件の申立費用として、200万円ないし300万円が支払われていたことがあり、このようなケースは決して珍しいことではないように思われる[2]。

したがって、報酬が比較的高額であるとは思われるが、債権者を害するとして否認権行使の対象とされるべき金額であるとすることには大いに疑問を感じる。

〔髙井章光〕

2　破産手続開始申立ての費用については、**本書Q4**〔桶谷和人〕参照。

弁護士による破産手続開始申立ての受任通知の送付後、同申立てが行われないまま辞任するまでの間、債務者自身によりその所有不動産が売却された場合に、これを阻止しなかったことなどに関する弁護士の不法行為責任及び債務不履行責任が否定された事例

東京地方裁判所 平成27年10月15日判決

（平成26年(ワ)第25665号・判タ1424号249頁）

---

1 事案の概要

　本件は、多重債務者に対する債権者の１人が、当該債務者から破産手続開始申立ての依頼を受けていた弁護士に対して、債務者による不動産換価行為を防止し、又は換価代金を自ら管理した上で、速やかに破産手続開始申立てを行うべき義務があったのにこれを弁護士が怠ったため損害を被ったとして、不動産換価代金相当額等の損害賠償を請求した事案である。

　債務者Aは、平成25年秋頃に債務の整理を検討するようになり、同年12月26日に弁護士であるY$_1$に法律相談を受けた。ところがその直後である同年12月29日にAの母親が亡くなり、Aは母親の所有していた不動産（以下「本件不動産」という）を相続により取得することになった。平成26年２月上旬に行われた打ち合わせにおいて、Y$_1$、Y$_2$がAから依頼を受けて、Aと同人が代表を務める複数の法人について破産手続開始申立てを受任することになったが、その際にAは母親名義の本件不動産があること、母親においても本件不動産を相続により取得しているところ、母親とほかの相続人との間で取得について争いがあり、その解決を司法書士に依頼していることをYらに説明した。これを受けてYらはAに対して本件不動産の現状を維持するように指導したが、Aの実印や本件不動産の登記識別情報の所在を確認し、これらを預かることまではしていなかった。Yらは平成26年３月15日に本件の原告となった債権者Xの代理人弁護士に対してファクシミリで受任通知を送信した。受任通知には、Aについて現在判明している限りで総額約３億1000万円の債務を負担していて支払不能であり、Yらにおいて破産する

方向で検討を進めていること、今後はA本人や保証人その他の関係者に対する直接請求をしないように要請することなどが記載されていた。同年3月17日に、X代理人がY₂に電話で問い合わせをしたところ、Y₂は破産の申立時期が5月頭になる見込みであること、本件不動産についても破産財団に組み込まれるであろうことなどを説明した。同年3月20日、AはYらに相談することなく、相続を原因として本件不動産の名義を母親からAに移転登記し、さらにこれを同年3月31日に不動産会社に1300万円で売却して同日売買を原因として同社に所有権移転登記手続をし、売却代金についてはYらに秘匿しているA名義の口座に入金した。その後もAとYらは打ち合わせを重ねたが、Aは本件不動産売却の事実や売却代金を取得している事実をYらには告げず、さらにYらの弁護士費用や破産手続申立費用を準備しなかったため、同年5月26日の打ち合わせにおいてYらはAに対して同月28日までに費用を準備するように催促し、またX代理人からの問い合わせに対して、Aにおいて費用の準備ができておらず申立てが遅れている旨を回答した。その後、同月27日にX代理人からYらに対して本件不動産の名義が移転していることが指摘され、これによりYらは初めてAにより本件不動産が売却されている事実を知った。Yらの問い合わせに対してAは、売却代金は司法書士が管理している旨の虚偽の説明をしている。同月28日までにAは弁護士費用や破産申立費用の準備ができず、同日、Yらは辞任することを決め、同月29日にX代理人に辞任を通知した。なお、同日、Y₂はAに対して売却代金を預かり保管している司法書士の連絡先を教えるように求めたが、Aはこれに応じなかった。その後、XはAに対して給付訴訟を提起し、同年8月8日には勝訴判決を得ている。

このような事案の下、Xは、Yらが本件不動産の換価を防止し、あるいは換価代金の入金された預金に係る通帳を預かり保管等していれば、本件不動産又は預金債権を仮差押えするなどして債権の回収が可能であったのに、Yらがこれを怠ったために回収不能になったなどとして、不法行為及び債務不履行（受任通知により債権者との関係で契約責任が生じるとする）を原因として本件不動産の売却代金相当額である1300万円及び弁護士費用130万円の損害賠償をYらに求めて提訴した。

2 判　　旨

本判決は、以下のように述べて請求を棄却した。

（1）まず、破産手続開始申立てを受任した弁護士に課される一般的な規範として、「債務者破産の申立てを受任した弁護士がその旨を債権者に通知するなどした場合、破産制度の趣旨目的に照らし、破産財団を構成すべき財産が不当に減少、散逸することを防止するために必要な方策を講じるとともに、可及的速やかに破産申立てを行うべき法的義務を負うものと解される。そして、当該弁護士が上記義務に違反したことにより債務者財産の減少等が生じた場合、通常は、破産手続開始決定後に破産管財人が当該弁護士に対する損害賠償請求等をすることにより破産財団の減少部分の填補が図られることになる。もっとも、当該弁護士が受任通知の送付により債権者の権利行使を制約しておきながら合理的な理由もなく破産申立てを行わず、その間に債務者の責任財産を不当に減少させて債権の実現を困難ならしめたような場合については、債権者が当該弁護士に対して直接損害賠償請求をすることを否定すべき理由はなく、そのような場合、当該弁護士は個別の債権者との関係においても上記義務を負うことがあるものと解される」。また、特に不動産の換価について、「不動産の換価は債務者財産の散逸を容易にし得る行為であるから、破産申立てを受任した弁護士としては、当該不動産の状況、客観的に処分が容易なものであるか否か、債務者がこれを処分する意思を有している可能性がうかがわれたか否か、当該方策の実効性及びこれにより生じ得る不利益の有無、程度等の要素を総合考慮の上、合理的に必要と認められる範囲で換価を防止するための方策を講じるべき義務を負うものと解される」と判示した上、本件では、換価行為防止義務について、債務者Ａが秘密裏に本件不動産を換価しようとしていることがうかがわれるような状況にはなく、「被告らがＡの実印及び本件物件の登記識別情報を預かっていたとしても本件所有権移転を完全に阻止することはできない一方、一定の経済的、社会的活動を継続せざるを得ない自然人破産事案において受任当初から実印を預けさせることにより債務者に不利益が生じる可能性は否定できないこと」などから、「被告らが、Ａに対して本件物件を売却しないよう指示することに加えて、実印及び登記識別情報の所在を確認してその交付を指示し、これを預かり管理するべき法的義務を負っていたものとは認められない」とした。

(2)　また、売却代金管理義務については、「被告らは受任当初からAに対して預貯金通帳等を持参するよう複数回にわたり指示をしていたにもかかわらずこれが実現しておらず、Aに対してその提出を強制する方策もなかったこと」などから「Aに預貯金通帳等を提出させることにより本件所有権移転の事実を把握し、売却代金を管理すべき義務を負っていたとは認められない」とした。

　さらに破産手続開始申立遂行義務については、「破産手続費用及び弁護士費用の支払のめどが立たなかったこと」「Aによる必要資料の準備が遅れていたこと」などの事情から、原告が主張する時期に破産手続開始申立てをすべき義務を負っていたものとは認められないとし、さらに「Aが被告らの指示に反して本件所有権移転を行ったことが発覚したことにより、Aと被告らとの信頼関係は完全に破壊されたものと考えられるから、被告らが破産手続開始申立てを行うことなく辞任したのはやむを得ない」とし、申立遂行義務違反を否定した。

3　評　釈

　結論には賛成するが、その理由づけには疑問がある。

(1)　問題の所在

　本件は、破産管財人との関係ではなく債権者との関係で、破産手続開始申立代理人の責任の有無が問題となった事例である。破産管財人が原告となって行われる責任追及の事例は複数のものが公刊されているが、債権者自身が原告となって提起された本件のような事案は前例が少なく、判例雑誌においても、やや特殊な類型と評されている。

　さて、判旨は、受任弁護士について受任通知をした後は、「①破産制度の趣旨目的に照らし、破産財団を構成すべき財産が不当に減少、散逸することを防止するために必要な方策を講じる」とともに、「②可及的速やかに破産申立てを行う」べき法的義務を負うとする。そして、これら法的義務に反して債務者財産の減少等が生じた場合、「通常は、破産手続開始決定後に破産管財人が当該弁護士に対する損害賠償請求等をすることにより破産財団の減少部分の填補が図られることになる」としながら、同時に、「受任通知の送付により債権者の権利行使を制約して」いることを背景に、その後「合理的な理由もなく破産申立てを行わず、その間に債務者の責任財産を不当に減少させて債権の実現を困難ならしめた

ような場合については、債権者が当該弁護士に対して直接損害賠償請求をすることを否定すべき理由はな」いとし、結局のところ債権者との関係でも前記①及び②の義務を認めている点に特徴がある。確かに、破産管財人を原告とし、申立代理人を被告とする損害賠償請求事件で、申立代理人に前記①及び②の義務を認めつつ、責任の有無を論じる裁判例が近時多く現れているところであり、判旨は、これら一連の裁判例を踏まえつつ、受任通知が債権者の権利行使を制約する側面のある点を捉えて債権者を原告とする場合にも申立代理人に同様の義務を認めたものといえるだろう。

　しかしながら、そもそも「破産管財人との関係」で前記①及び②の義務を認めることが正当か、受任通知を契機にそれを「債権者との関係」にまで及ぼすことに合理性があるのか、弁護士がその職業倫理規範として負う義務と判決が述べる義務との関係はどうかなど、様々な疑問が生じ得る。そこで本稿では、まず破産管財人との関係で前記①及び②の義務が認められるのか（そのなかで適宜、委任者たる債務者との関係に触れる）を検討し、次いで債権者との関係で同様の義務が認められるのかを検討することにしたい。以下では、①を財産散逸防止義務、②を早期申立義務と呼んで、論じることにする。

(2) 「財産散逸防止義務」論に根拠はあるか

　前述のように破産管財人を原告とする申立代理人に対する損害賠償請求権の有無が問題となった事案において、一般論として申立代理人に財産散逸防止義務等を認める裁判例は多い。しかしながら、これが誰に対する関係で、何を根拠に認められる義務なのかを分析的に論じるものは少ないように思われる。破産管財人を原告とする場合、破産管財人は次のような立ち位置から賠償を求めていることが考えられる。すなわち、①破産者の財産管理処分権者としての立場、②破産債権者の利益を代表する立場、そして③破産管財人独自の立場である。

　このうちまず、①破産者の財産管理処分権者としての賠償請求についてみると、これは破産者、すなわち依頼者に権利があることを前提にしていることになる。依頼者が弁護士に破産手続開始申立てを依頼するに際して、自らの財産の散逸防止をも依頼し、弁護士がこれを受任しているのであればその義務を認めることは容易である。受任した弁護士がその義務に違反し、依頼者の財産を散逸させた場合、依頼者は弁護士に損害賠償請求することができ、これを管理処分する破

産管財人が賠償を求めることはあり得る構成だろう。しかしながら、一般論として、破産手続開始申立てを依頼する依頼者が、自らの財産散逸防止をも弁護士に依頼し、弁護士がこれを受任することは通例のこととして想定し難いのではないか。破産手続開始前の依頼者は自己の財産を自ら管理処分することができるのであり、これを散逸させるも散逸させないも依頼者自身が本来的にコントロールできる事柄である。仮に第三者により財産が侵害されようとしているという事情があるとしても、その防止を図るという事実行為について、警備を専門とするわけでない弁護士が受任することは通例でない。受任弁護士として、将来の破産財団を構成することになる財産を依頼者自ら散逸しないように依頼者を指導し、必要に応じて警備を依頼することなどを指導すべき義務は認められるであろうが、依頼者の財産を直接に管理処分する権限を有しない弁護士に破産手続開始申立てを受任したことから導き出すことのできる義務はせいぜいそこまでであろう[1]。さらにそれに反したとしても、依頼者に財産上の損害が発生しているといえるかどうかはまた別問題である。依頼者が不動産を換価したとしても依頼者は換価代金を取得しているし、換価代金を費消したとしてもその費消の対価的利益を得ていることが通例である。そうすると依頼者に生じた損害といっても、債権者らに対して適正な財産の配当を指向していたのにそれが実現できなかったという精神的損害（？）程度であろうし、それも依頼者自身による財産散逸であるならば過失相殺の法理を待つまでもなくほとんど認められる余地がないだろう。

　次に、②債権者らの利益を代表する立場についてみると、そもそも法的な意味で破産管財人は債権者らの利益を代表しているといえるのかに疑問がある。破産管財人は、債務者財産を管理処分し、債権者らへの配当を主宰する立場にあるが、これは破産法上の職責として債権者の利益を図っているに過ぎず、債権者の利益を直接的に管理処分する立場にはない。債権者の破産者に対する債権は破産債権としてその行使が制限されるが、申立代理人に対する損害賠償請求権は何ら制限されることなく行使可能であり、破産管財人が債権者に代わって（債権者の

1　もちろん、仮に依頼者が破産手続開始申立ての依頼に加えて、その申立てまでの間、現預金を預かってほしいと依頼し、弁護士がそれを引き受けたといった場合、弁護士は善管注意義務をもって当該現預金を預かり保管しなければならないのであり、これを弁護士自らが費消し、あるいは依頼者の意思に反して偏頗弁済に用いるなどすれば、当然ながら破産管財人から責任追及されることがあり得る。

評釈5　東京地判平27.10.15　　247

権利行使を制限しつつ）行使することが当然に是認されるものでもない。

このように考えると、破産管財人を原告とする損害賠償請求は、結局のところ、③破産管財人が破産財団の管理処分権者として独自の立場で破産財団に生じた損害の賠償を求めて行っていると解さざるを得ない。この点、平時においては債務者に財産管理処分権がある以上、債務者（あるいはその代理人）による財産減少行為は原則として適法であり不法行為を構成することはないだろう。ただ、債務者が倒産手続の利用を具体的に予定するに至った場合、手続開始前といえども債務者には倒産法上の信義則（破産法13条が準用する民事訴訟法1条2項）に従った行動が要請されるというべきではないだろうか。そしてこれに反して財産減少行為が行われ、その後に現に倒産手続が開始された以上、倒産財団との関係限りで当該財産減少行為を不法行為と評価する余地が生じるというべきではないだろうか[2]。法人格のない倒産財団（しかも財産減少行為の時点では将来の倒産財団）を債務者とは別の法主体とし、これに独自の損害を観念することができるのかについてはなお慎重な検討が必要である[3]が、倒産手続も広義の裁判手続の一つとして信義則の適用があること、倒産財団が債権者の引当財産として固有の目的を帯びるに至っていることに思いをいたすならば、いささか実験的ではあるものの、このような法的構成を肯定し得る余地はあると思う。

(3) 受任通知の意義と効果

さて、判旨は、いわゆる受任通知を媒介に債権者に対する関係でも申立代理人

---

2 実体法上の信義則ではなく手続法上の信義則に反するものとして、当該手続内において当該手続が維持されている限りで、倒産財団を被害者とする不法行為を認めるものである。このような考え方は奇異に映るかもしれないが、手続法が要請する規範の保護という意味では客観的処罰条件を維持している詐欺破産罪等も同様の構造を有しているといえる。

3 この点、伊藤眞・本書理論編23頁では、破産管財人の法的地位に関する現在の多数説である管理機構人格説の立場から「相当の検討が必要である」と指摘される。また山本和彦・本書理論編55頁では、「その損害の実態は、結局、各破産債権者の配当の減少であり、それは破産手続開始前の各債権者の回収減の損害の延長線上にある。仮にすでに生じている債権者の損害とは別個に破産財団に損害が生じているとすると、破産手続開始後、（損害を受けている）破産債権者と破産管財人は別個にそれぞれの請求権を行使できることになるが、それが不当である」、また同53頁では「申立代理人が仮に全破産債権者（ないし将来の破産財団）との関係でこのような義務を負担するとすれば、その報酬は（共益性を有することになり）財団債権として扱われるのが筋」と指摘されている。いずれも法理として隙がなく、説得力に富む。しかしながら、例えば詐欺破産に該当する行為を申立代理人が債務者と共謀したようなケースで、委任契約の枠内でのみその責任を論じることにより結論の現実的妥当性を確保できるかはなお疑問が残る。本文で「実験的」と述べるゆえんである。

に財産散逸防止義務を認めている。確かに、破産手続開始申立てを受任した弁護士から受任通知が債権者に送られた場合、債権者としては個別執行を差し控えるであろうし、包括執行による早期かつ適正な配当の実現（通知が行われた時点における債権の清算価値の実現）を期待することが許されてよいということができるかもしれない。本件で行われた受任通知の内容は先にみたとおりであり、一般的な受任通知と大差ない内容といってよい。受任通知が行われた場合、債権者が貸金業者の場合には原則として債務者に直接請求することが禁止される（貸金業法21条1項9号）が、その趣旨は個人債務者の生活の平穏等を保護しつつ、直接請求が行われることにより一部の取立ての厳しい債権者に対してだけ弁済が行われるなど倒産法秩序に反した事態が招来するのを防止し、債務の処理を円滑適正に行わせることにあると解される。本件受任通知はさらに貸金業者でない債権者に対しても債務者等への直接の請求行為などを控えるように要請する内容になっているが、そのような要請自体は同様の趣旨から首肯できるところである。ただし、貸金業法や同旨を定める債権管理回収業に関する特別措置法の下でも受任通知は債権者が債務者代理人に対して交渉に及ぶことを禁止するものでなく、また訴訟提起など債務者本人に対して法的手続を通じて請求を行うことを制限しない。さらに債権者として債務者に対して破産手続開始申立てを行うことも自由である。受任通知は債権者の権利実現手段の一部（任意の直接請求）を制限するに過ぎず、権利の実現自体を制限するわけでないことに注意する必要がある。現実問題として申立代理人に債務者財産の管理処分権が与えられるわけでないことも考慮すると、受任通知による制限の代償として申立代理人に債務者財産の散逸防止義務まで課すことはあまりにも過大な要求ではないか。

　また、上記はあくまでも受任通知により直接的に債権者に認められる正当な期待を反映した義務論であり、破産管財人が原告として申立代理人に対して行う損害賠償請求とは直接の関係がなく、ましてそこでの義務論が受任通知を媒介に拡大したものでもない点に注意する必要がある。先に触れたように、破産管財人が原告となって行われる損害賠償請求は、仮にこれが認められるとしてもその独自の立場から行われるものとしてのみ肯認され得るというべきである上、債権者が行う損害賠償請求とは保護法益も塡補の対象になる損害もまったく異なるからである。結局のところ、受任通知により債権者に認められる正当な期待を反映した

申立代理人の義務としては、依頼者との信頼関係を背景に（倒産法の利用を予定
する）依頼者に対して倒産法の趣旨に従って財産の散逸を防止するように指導す
る義務（もちろん、すでにそのことを了解している依頼者であれば改めて指導する必
要はないだろう）と合理的な時期までに申立てを行う義務にとどまるというべき
であろう。そしてその義務違反が直ちに債権者の損害に結びつくか、申立代理人
の賠償義務に結びつくかは別問題であり、そのためには次項に述べる債権侵害の
不法行為の成立要件を充たす必要があるというべきだろう。

⑷　責任財産減少による不法行為（債権侵害）の成立要件との関係

　さて、このように申立代理人の債権者に対する義務論が破産管財人に対する義
務論を淵源としないとすれば、その義務の違反が損害賠償にまで結びつくかは、
これにより申立代理人が債権者の債権を違法に侵害したといえるか否かにかかっ
てくるだろう。第三者による債権侵害が不法行為を構成することのあり得ること
は当然として、債務者の責任財産を第三者が減少させた場合に一般債権者との関
係で不法行為を構成するか否かについては、その要件論をめぐってすでに多くの
議論がある[4]。そこでは、一般に、当該第三者の行為が事実行為か法律行為かに
よって区別され、法律行為による場合には債権者取消権による保護と重なるた
め、もっぱら債権者取消権による保護に委ねるべきとされ、事実行為による場合
は不法行為法による解決が図られるが、一般債権者に対する侵害としては間接的
であることから加害行為に強度の違法性があり、また加害者に債権侵害の故意
（単に債務者の責任財産が減少する事実を認識し認容するだけでなく、それにより債務
者が債務超過に陥り、あるいは債務超過が拡大して債権者の債権の満足が害される事実
を認識し認容している必要がある）がある場合に限って不法行為の成立を認めてい
る。加害行為が法律行為か事実行為かによってこのような差異を設けることがど
こまで合理的なのかは疑問もあるが、それにしても単なる過失で不法行為が成立
することを肯定する考え方はほとんど支持を得ていないことに留意しておく必要

4　債権侵害の不法行為については、伝統的には我妻榮『新訂債権総論〈民法講義Ⅳ〉』77頁
　（岩波書店、1964年）があり、伝統的通説を批判するものとして吉田邦彦『債権侵害論再考』
　（有斐閣、1991年）が現れ、議論が深化している。その後の代表的な体系書における議論とし
　ては潮見佳男『不法行為法Ⅰ［第2版］〈法律学の森〉』109頁以下（信山社出版、2009年）、
　内田貴『民法Ⅲ〈債権総論・担保物権〉［第3版］』177頁以下（東京大学出版会、2005年）の
　ほか、これら各書に多数の文献が引用されている。

がある。債権の責任財産への摑取権能は外部からは認識することが不可能であり（公示性の欠如）、しかも責任財産は債務者の経済活動を通じて常に増減するものであること（損害論における自由競争原理の尊重）を考慮すると、無限定に不法行為責任を認めるわけにはいかない。

　本件では、受任通知の後に（したがって、申立代理人においては債務者の債務超過を認識している状況といってよい）債務者が法律行為により不動産を売却し、加えて売得金を費消したが、申立代理人がこれに関与したものでなく、むしろ債務者に対しては現状を維持するように指導していたというのであり、法律行為による責任財産の減少について仮に不法行為が成立し得るとの考え方を採用するとしても、本件で申立代理人に不法行為の成立を認めることは無理というべきである。

(5)　弁護士倫理（依頼者の主観的利益と適正な清算の要請との衝突）との関係

　なお、債務過多に陥った依頼者が法的倒産手続を検討しつつ、その責任財産の隠匿、確保等を求める場合、弁護士としてはそのような依頼を受けるべきでない。弁護士としては依頼者に対して倒産手続の趣旨や目的を説明し、理解を得るよう努めるべきであるし、それにもかかわらず隠匿等が行われた場合、依頼者の意思に反しても申立後の手続機関の求めに応じて事実関係を説明するなどして、倒産手続の適正な遂行が回復するよう努めるべきである[5]。ただし、これは裁判手続に関与する職業人としての倫理の問題であり、これが直ちに債権者や破産管財人に対する法的義務をもたらすものではない（その違反は基本的には懲戒の問題であって損害賠償の問題ではない）。そのような債務者に債権を有するに至ったのは多くは債権者の選択の結果であるし、そのような債務者の財産を清算するのが破産管財人なのであり、申立代理人はそのような債務者を身元保証する関係にはないからである。

　また、依頼者が表面的には指導に従う姿勢をみせている場合であっても、隠れ

5　弁護士倫理の観点から、「依頼者の意思に反しても」ということを言い切ってよいかは議論のあり得るところである。しかし、弁護士が適正な受任をし、法の趣旨に沿った指導をしているにもかかわらず、依頼者があえてこれに反したことを行っている場面では、すでに依頼事由の枠外で依頼に係る信認関係を超える事態が生じているといえるのであり、破産法40条に基づく説明義務を前に守秘義務に基づく正当な説明拒絶を導くことは困難というべきではなかろうか。

て財産を隠匿等する危険が払拭できないならば、申立代理人としては単に指導するにとどまらず、より積極的に実印や登記識別情報、預金通帳等を預かるなどして、その危険を少しでも低くするよう努めることが考えられてよい。場合によっては辞任することも考えられる。ただし、これは依頼者との信頼関係が高いとまでいえない場合に、依頼者や弁護士自身が後に問題に巻き込まれないように実践することが望ましい個々の弁護士の業務上の工夫、ノウハウであって、倫理や法的義務とは別次元の問題である。一般的には信頼関係を背景に、受任弁護士は依頼者が弁護士の指導を守ることを信頼することが許されるといってよい。

依頼者が財産隠匿などを企図していることがうかがわれるのに、受任弁護士が適切な指導をせず、実印などを預かることをしないことはもちろん、さらに積極的に財産隠匿等に協力していると評価できるような事案（前述した責任財産減少の不法行為として債権侵害の故意を認定できる事案）に限って損害賠償責任の有無が論じられるべきなのであり、これら倫理やノウハウが実践されていないからといって直ちに損害賠償義務を論じるのは、論理に飛躍があるといわざるを得ない。

〔服部　敬〕

Comment

東京地判平27.10.15について

1 債権侵害を問うべき事案

　本判決が、結論として、破産手続開始申立てを受任した債務者代理人の債権者に対する、所有不動産の売却を阻止するために実印や登記識別情報を預かる義務、売却代金を管理すべき義務又は破産手続開始早期申立義務のいずれも否定したことは正当であろう。服部評釈は、結論は支持するものの、判決が破産制度の趣旨目的から申立代理人に財産散逸防止義務や早期申立義務を認め、その義務違反に対して破産管財人が損害賠償請求できることを前提に、受任通知を媒介として債権者に対しても同様の義務を負うことがあり得るとした一般論を批判する。確かに、本件は、直截に、申立代理人の債権者に有する債権侵害の不法行為の成否を論ずれば足り、従来の債権侵害論からすれば、不動産売却前後の事情に照らして、債務者代理人の責任を問うことはできない事案といえよう。債務者代理人として、債権者の債務者に対する債権が害されることを知って財産減少行為に加担するか、財産減少行為を容易に阻止できたのに阻止しなかったというような特段の事情がない限り、債務者代理人が責任を問われることはないであろう。実際にも、債務者代理人が債務者から破産手続開始申立てを受任しても、債務者財産の管理処分権は債務者本人に帰属し、代理人の裁量で自由に管理できるわけではないから、債務者の行為を阻止することを代理人の義務とすることは極めて慎重でなければならない。実際、そのように解さなければ、弁護士が、危機状態にある債務者から破産手続開始申立てを受任することは著しく困難となりかねない。

　債務者代理人が破産手続開始申立てを受任した場合に、破産手続開始までに、財産が減少したりした場合に、債務者代理人に何らかの義務違反があり、損害賠償義務を負うことがあるとしても、誰に対する義務か、義務違反に基づく損害賠償請求権は誰に帰属するのか、誰が権利行使できるのか、その法的根拠は何か、という極めて難解な問題が存する。服部批評では、破産管財人が申立代理人に損害賠償を求める際の基礎となる破産管財人の立ち位置として3つの見解のあり得ることを前提に、「破産管財人独自説」を支持するようである。この点は引き続

き検討が必要であるので留保しつつ、債務者代理人つまり受任者としての注意義務について若干の留意点を述べておきたい。

2 法人破産の受任者としての委任契約上の注意義務

　まず、法人破産と自然人（個人）破産では、受任弁護士と委任者との関係に照らして法的構造が異なる点に留意すべきであり、その法的構造を看過すると議論が混乱するように思われる。

　債務超過にある会社の代表者が、会社財産を減少させて会社ひいては会社債権者を害する行為をしたとき、会社は代表者に対して取締役としての善管注意義務違反を理由に損害賠償請求ができる。これと同様に、会社から破産手続開始申立ての委任を受けた弁護士も、会社との委任契約に基づき善管注意義務を負い、それに違反した場合は会社に対する債務不履行責任を負う。例えば、申立ての委任後に、会社代表者がその権限を濫用して会社財産を流出させようとした場合に、受任弁護士が、会社代表者の行為に加担し、また、それを容易に阻止できたのに阻止しなかったときは、会社に対する委任契約上の善管注意義務違反が肯定される場合もあろう。このとき、会社は代表者に対する損害賠償請求権と同時に、受任弁護士に対する損害賠償請求権を取得し、破産手続開始により破産管財人がこれを行使することになる。

　服部評釈における、「一般論として、破産手続開始申立てを依頼する依頼者が、自らの財産散逸防止をも弁護士に依頼し、弁護士がこれを受任することは通例のこととして想定し難いのではないか」という説示は、もっぱら個人破産を想定しているように思われる。法人破産の申立てを権限のある者から受任した場合、受任弁護士は、通常、会社財産を保全しながら申立ての準備を行い、会社財産を破産管財人に適切に引き渡すべき委任契約上の義務を負うと解されよう。受任後に、会社代表者が、会社財産を毀損ないし減少させる行為をしようとする場合に、受任弁護士としては、かかる行為をやめるように説得すべきであるし、たとえ会社代表者がかかる行為を実行しようとする場合であっても、委任契約は会社と成立している以上、代表者の行為に加担したり、それを積極的に許容したりすることは、会社に対する委任契約上の善管注意義務違反を構成するおそれがある。

254　　第3章　判例評釈編

3　個人破産の受任者としての注意義務と受任弁護士による債権侵害

　これに対して、個人から破産手続開始申立てを受任した場合は、会社からの受任と同様に考えることはできない。一般論としては、個人破産の場合でも、法人破産と同様に、委任契約の内容として、受任時の個人財産は、自由財産を除き、債権者の引当財産として破産管財人に引き渡すべき注意義務を認めることができよう。そして、個人の場合も、受任後に本人の意思で財産減少行為を行おうとするときは、受任弁護士としてかかる行為をやめるように本人を説得すべきことは、法人の場合と同様であるが、受任弁護士が、本人の行為に加担したり積極的に容認したりしたとしても、法人の場合とは異なり、そのことが直ちに委任者である個人との関係で委任契約上の義務違反を構成するとはいい難い。権利の帰属者自らが財産減少行為をしている以上、その代理人に過ぎない受任弁護士がそれに加担し容認したからといって、依頼者本人に対する委任契約上の義務違反を認めることはできないからである。

　かかる場合、債権者には、債務者自身による財産減少行為によって減少した財産の範囲内で、回収不能額が増加したことによる損害を認め得る。それが、同時に債務者代理人による債権侵害と評価されるときは（債権侵害と評価されるのは相当に限定されることは上記のとおり）、債務者代理人は債権者に対して損害賠償義務を負うことになるが、かかる債権侵害の要件を充足しないのに、破産手続を受任したことや受任通知を発したことを理由に、受任弁護士に対する賠償義務が認められることはないであろう。

　債権侵害を理由に個々の債権者が受任弁護士に対して損害賠償請求ができる場合に、債務者個人に破産手続が開始したとき、当該請求権の帰趨が次に問題となろう。開始後も、債権者は、破産債権に基づく手続参加とは別に、受任弁護士に対して損害賠償請求を個別に行使できるのか、破産手続が開始したときは、各債権者の損害賠償請求権の個別行使が禁止され、破産管財人のみが破産財団の減少を理由に、総債権者のために受任弁護士に対する損害賠償請求権を行使できるのか、各債権者の個別権利行使は禁止されないが、破産管財人も総債権者のために損害賠償請求権を行使できるのか、見解が分かれるように思われる。

〔中井康之〕

評釈 6

会社から自己破産の申立てを受任した弁護士が2年間申立てを放置した場合において、破産財団の損害につき弁護士の不法行為責任が肯定された事例

東京地方裁判所 平成21年2月13日判決
（平成20年(ワ)第19528号・判時2036号43頁）

---

1 事案の概要

　本件は、破産会社Aの破産管財人であるXが、当該破産事件の申立代理人であるYは、破産財団を構成すべき財産の管理を著しく怠り、破産財団に損害をもたらしたと主張して、Yに対し、不法行為に基づく損害賠償請求を行った事案である。

　Aの代表者であったBは、平成17年11月25日、Yの事務所でAの倒産処理について相談し、同年12月2日、Aの事業を廃止するとともに、Yに対しAの自己破産の申立てを委任した。Yは、同日、各債権者に対し、「債務整理開始通知（破産申立予定）」と題する書面を発信し、YがAから債務整理を受任したことを通知するとともに、A及びその関係者に対する取立行為をしないようになどと依頼した。

　Yは、上記受任から2年を経過した平成19年12月、Aの代理人として破産手続開始を申し立て、Aは平成20年1月16日午後5時、破産手続開始決定を受けた。

　Yは、受任に際して、Aから印鑑や通帳を預からず、Aの預金口座について何らの措置も講じなかったところ、AがYに破産手続開始の申立てをするよう委任し、Yがその受任通知を債権者に発信した後、Aの破産手続開始決定までの間に、Aの預金口座から、合計金1017万4472円が支出された（以下「本件差額」という）。

　Xは、YはAから自己破産の申立てを受任し、債権者に受任通知を発送しながら印鑑や通帳類を預かることもせず、2年間申立てを遅延させ、Aが財産を私消し偏頗弁済をするに任せて破産財団を構成すべき財産を減少させたとして、Yに

対し、本件差額から元従業員に対する賃金・退職金の支払金366万7600円と否認権行使による偏頗弁済金の回収金154万6045円を控除した残額496万827円の損害賠償を求めて提訴した。

2 判　旨

　東京地裁は、次のように述べて請求を認容した（以下ⓐ～ⓔの記号及び下線は筆者による）。

　「破産手続は、債務者の財産について、債権者による個別の請求・執行を禁止し、債権者に対し法律上の優先順位に従った平等な配当を行うための手続であり、その目的のために、ⓐ債務者は、破産手続開始とともに破産財団を構成することとなる財産について、破産手続開始の前後を問わず、債権者のために保全することが求められ、偏頗弁済等、債権者の平等を害する行為が禁じられる（破産法160条以下の否認権に関する規定、同法265条以下の罰則規定を参照）。したがって、ⓑ債務者から破産申立てを受任した弁護士は、債務者が負担するこのような責務を果たすべく指導するとともに、債務者に代わりこれらの責務を遂行することにより、早期に債務者をその負担から解放し、もって債務者の利益を実現すると同時に、上記のような破産手続の目的実現に協力するという公益的責務を遂行する者であり、このような立場から、債務者の財産を保全し、可及的速やかに破産申立てを行い、その財産を毀損することなく破産管財人に引き継ぐことが求められるのである。その際、破産申立てという財産的危機状況にある債務者は、債権者の弁済要求の強弱や債権者との人間関係の濃淡などから、得てして偏頗弁済を行いがちであり、また、財産隠匿や私消の誘惑にかられるものであるから、破産申立てを受任した弁護士は、これらの不当な財産処分が行われることのないよう、細心の注意を払うことが求められる。

　一方、ⓒ破産申立てを受任した弁護士からその旨の通知を受けた債権者は、個別の請求・執行を差し控えることとなるが、もしも、弁護士が破産申立ての受任通知を発しながら破産申立てを長期間せず、債務者の財産の散逸も防止しないという事態が許容されることとなれば、債務者としては、破産申立てを弁護士に委任して受任通知を発送して貰いさえすれば、債権者から請求・執行を受けることなく、財産の自由処分を引き続き行い得ることとなって、債権者を害すること著

しいし、そのような事態が常態化すれば、受任通知を受けた債権者は、それを信頼することができず、個別の請求・執行を自制することができなくなり、早い者勝ちの無秩序と混乱を避け難い結果となり、倒産法制を設けた趣旨を没却することにもなりかねない。

　以上のとおりであるから、ⓓ破産申立てを受任し、その旨を債権者に通知した弁護士は、可及的速やかに破産申立てを行うことが求められ、また、破産管財人に引き継がれるまで債務者の財産が散逸することのないよう措置することが求められる。これらは、法令上明文の規定に基づく要請ではないが、上述の破産制度の趣旨から当然に求められる法的義務というべきであり、道義的な期待にとどまるものではないというべきである。そして、破産申立てを受任した弁護士が故意又は過失によりこれらの義務に違反して破産財団を構成すべき財産を減少・消失させたときには、破産管財人に対する不法行為を構成するものとして、破産管財人に対し、その減少・消失した財産の相当額につき損害賠償の責めを負うべきものと解する。

　しかるところ、ⓔYは、Aの破産申立てを受任し、その旨を債権者に通知しながら2年間もその申立てをせず、受任時に存在した金員及び受任時から破産手続開始決定時までの間に入金された金員の大半が残存しないという事態を招来したのであるから、上記の義務に著しく違反し、破産管財人に対し本件差額相当額の損害を与えたものというべきであり、その間におけるAの支出が破産開始決定後に破産管財人としても支出すべき金員であるなどこれを破産財団に対して正当化しうる事実ないし事情があると認められない限り、その賠償義務を免れないというべきである（「Aの支出が破産財団に対して正当化しうる事実ないし事情のあること」は、上記不法行為に対する損益相殺若しくは違法阻却事由又はこれらに類似するものとして、Yがその主張立証責任を負担すべきものと解する）。

　なお、Yは、A代表者であるBに対し、偏頗弁済や私消しないようになどと注意を与えていたというのであるが、上記のとおり財産的危機状況にある債務者は、偏頗弁済や私消を行いがちなものであるから、注意を与えた程度ではこれらが行われるおそれは解消しないのであり、Yがそのような状態を放置したまま受任通知を発信した後2年間も破産申立てを遅滞したことに重大な過失があることは明白であって、Yの上記主張は、上記賠償責任を免れさせるものとは認められ

ない」。

3　評　釈

結論には賛成するが、その理由づけには疑問がある。

(1)　債務者の財産散逸防止義務

本判決は、債務者から破産手続開始の申立てを受任した代理人弁護士（以下「債務者代理人」という）の責務の前提として、まず、債務者が負担する責務について言及し、「債務者は、破産手続開始とともに破産財団を構成することとなる財産について、破産手続開始の前後を問わず、債権者のために保全することが求められ、偏頗弁済等、債権者の平等を害する行為が禁じられる」と判示する（下線ⓐ部分）。この判示部分は、債務者が財産散逸防止義務を負担していることを明らかにしたものとして注目される。

本判決は、債務者の財産散逸防止義務の根拠として、破産法160条以下の否認権に関する規定、同法265条以下の罰則規定を掲げているが、個人債務者の場合、同様の規定として、同法252条1項の免責不許可事由に関する規定もあげられる。

平時であれば、もとより債務者の財産処分は自由であり、財産毀損行為や偏頗行為を行ったとしても法的には問題はない。しかし、債務者が債務超過に陥っている場合、これらの行為は、責任財産の減少を通じて債権者の利益を害することとなる。それゆえ、前掲の各規定は、危機時期における一定の類型の偏頗行為等について法的規制を課したものであり、かかる法的規制の理論的前提として債務者の財産散逸防止義務を措定することができる。

(2)　債務者代理人の財産散逸防止義務

本判決は、債務者の財産散逸防止義務を示唆する上記(1)の判示に続けて、「債務者から破産申立てを受任した弁護士は、債務者が負担するこのような責務を果たすべく指導するとともに、債務者に代わりこれらの責務を遂行することにより、早期に債務者をその負担から解放し、もって債務者の利益を実現する」「このような立場から、債務者の財産を保全し、可及的速やかに破産申立てを行い、その財産を毀損することなく破産管財人に引き継ぐことが求められるのである」と判示する（下線ⓑ部分）。

この判示からは、本判決は、債務者代理人の財産散逸防止義務の基礎を「債務者が負担する財産散逸防止義務」に求めるとともに、「債務者に代わって」当該義務を遂行することを、債務者代理人が負う財産散逸防止義務の内実として位置づけているものと理解される。

　ここで検討を要するのは、①債務者代理人の財産散逸防止義務の法的根拠と、②債務者が負担する財産散逸防止義務を、債務者代理人が「債務者に代わって」遂行することの法的な意味合い（「債務者の財産散逸防止義務」と「債務者代理人の財産散逸防止義務」の位置づけ）である。

(3) 債務者代理人の財産散逸防止義務の法的根拠

　債務者代理人の財産散逸防止義務の法的根拠については、㋐債務者と債務者代理人との間の委任契約に求める見解[1]、㋑弁護士の公益的役割や破産制度の趣旨を基礎とする債務者代理人の公平誠実義務に求める見解[2]、㋒総債権者に対する信義則上の義務に求める見解[3]、等がみられる一方、㋓債務者代理人の財産散逸防止義務を否定する見解[4]も有力である。

　先にみたとおり、本判決は、破産申立ての受任という委任関係を基礎として、債務者が負担する財産散逸防止義務を「債務者に代わって」遂行することを、債務者代理人の責務として位置づけていることから、基本的には、㋐の見解に依拠しているものとみられる。他方、本判決は、債務者代理人の責務に関して、「破

1　伊藤眞・本書理論編26頁は、受任者たる債務者代理人は、委任事務の本旨に従い、債務者が破産手続の利用によって期待する利益、すなわち、破産手続開始時の自らの総財産を総債権者に対し公平に分配し（公平分配利益）、併せて破産免責を取得する利益（免責利益）を実現するように努める義務を負うとする。松下祐記「再生債務者代理人の地位に関する一考察」伊藤眞先生古稀祝賀『民事手続の現代的使命』1071頁以下（有斐閣、2015年）は、委任契約に基づいて、債務者代理人は、委任者たる債務者の利益を図る義務に加え、倒産手続の主たる受益者たる債権者に対しても直接信認義務を負うとする。松下教授の見解は、債権者に対する義務を認める点において特徴を有するが、債務者との委任契約を根拠とする点では、㋐の分類として位置づけられる。

2　加藤新太郎「破産手続開始申立代理人の財産散逸防止義務〈Legal Analysis 4〉」NBL1079号118頁（2016年）は、弁護士法1条2項の誠実義務は、倫理的規範にとどまらず、第三者に対する関係でも法的義務と解するのが相当であるとする。なお、松下・前掲注1・1074頁も、債権者に対する信認義務の論拠として、弁護士に課せられる誠実義務に言及する。

3　桶谷和人（司会）ほか《パネルディスカッション》法人破産における申立代理人の役割と立場〈特集　破産申立代理人の地位と責任〉」債管155号22頁〔服部敬発言〕（2017年）。同21頁〔髙木裕康発言〕は、債務者代理人が受任通知を発した後は、債権者との関係においても、財産の散逸を防ぐ措置を講じる義務が生じるとする。

産手続の目的実現に協力するという公益的責務を遂行する者」であると説示したり、財産散逸防止義務について、「法令上明文の規定に基づく要請ではないが、破産制度の趣旨から当然に求められる法的義務というべき」であると説示したりしており、これらは、⑦の見解を部分的に取り入れたものといえる。また、本判決は、債務者代理人から受任通知を受けた場合に債権者が被る不利益についても言及するが（下線ⓒ部分）、この点は、⑦の見解を部分的に取り入れたものといえる。このように、本判決は、⑦の見解に従い委任契約関係を基礎としつつも、⑦、⑦の見解も折衷的に採用することによって、債務者代理人の財産散逸防止義務を肯認したものと評することができる。

⑷ 各見解の検討

以下、⑦～⑪の見解について若干の検討を試みたい。

⑪の否定説については、破産手続開始申立ての委任を受けた債務者代理人が、債務者の財産保全に関して何らの義務も負わないとするのは、率直な法感覚として疑問がある。危機時期においては財産散逸のリスクが高く、破産手続開始申立ての実務処理上も、債務者財産の保全は、債務者代理人がまずもって注意を払うべき重要性の高い任務だからである。債務者代理人が当然なすべき適切な措置を怠ったことによって財産散逸が生じてしまった場合には、善管注意義務違反による委任契約上の法的責任を生ずべき場合があるというべきであろう。

他方、⑦の見解については、損害賠償義務を伴わない行為規範としてであればともかく、弁護士の誠実義務（弁護士法１条２項）から直ちに損害賠償責任を根拠づけるに足る具体的な責任規範としての財産散逸防止義務を導くことは困難であるといわざるを得ない。また、⑦の見解についても、明文の根拠なく、契約関係のない債権者との関係で、財産散逸防止義務のように一定の作為義務を伴う内容の法的義務を認めることには疑問が残る[5][6]。

4　田原睦夫＝山本和彦監修『注釈破産法(上)』114頁〔小林信明ほか〕（金融財政事情研究会、2015年）は、破産手続の趣旨・目的といった抽象的な理念や弁護士の誠実義務から、依頼者である債務者だけではなく、債権者（破産財団）に対して、財産散逸防止措置を講ずる法的義務を負っていると解することには議論の飛躍があるとする。ただし、その一方で、受任通知を発したような場合については、その対象となる債権者に対して、誠実かつ衡平に対応すべき信義則上の義務を負う場合があると考えることもできるとしており、部分的には⑦の見解を採用している。

これに対して、⑦の見解によれば、委任契約に基づく義務として、無理なく債務者代理人の財産散逸防止義務を導くことができる。⑦の見解に対しては、債務者の意思に沿った財産散逸行為については、債務者代理人の責任を追及し得ないのではないかとの疑問が呈されている[7]。しかしながら、たとえ債務者の意思に沿っていたとしても、当該行為が破産犯罪や免責不許可事由に該当することにより、客観的には債務者の利益擁護につながらない場合においては、当該行為は債務者の合理的意思に反するものと評価することができ、債務者代理人の善管注意義務違反を認めることは可能であると思われる[8]。したがって、債務者代理人の財産散逸防止義務は、基本的には、債務者との委任契約関係にその根拠を求めるべきであると解する。

　しかして、債務者代理人に財産散逸防止義務違反があった場合、債務者は債務者代理人に対して債務不履行ないし不法行為に基づく損害賠償請求権を取得するところ[9]、当該請求権は破産手続開始決定に伴って破産財団に帰属し、破産管財

5　債権者の財産権（債務者に対して有する債権）に対する積極的侵害行為については、不法行為責任（債権侵害不法行為）を追及することで事足り、あえて財産散逸防止義務違反として構成する必要はないと思われる。

6　⑦の見解は、財産散逸防止義務の発生契機として受任通知の発出を重視するが、受任通知は常に発出されるわけではない。また、債務者代理人選任の事実についての債権者の知・不知にかかわらず、債務者代理人による財産散逸防止義務違反を認めるべき場合があると考えられることからすると、債務者代理人に対する債権者の信頼を基礎とする⑦の見解の合理性にはやや疑問が残る（栗原伸輔「自己破産申立てを受任する等した弁護士の債務者財産保全に関する義務」新・判例解説Watch2016年4月号193頁も同旨）。本判決においても、受任通知の発出による債権者の権利行使の制約に言及するが（下線ⓒ部分）、この点と財産散逸の結果との合理的関連性は判然とせず、傍論としての位置づけにとどまっている。

7　桶谷ほかパネルディスカッション・前掲注3・21頁〔髙木発言〕。

8　類似の論点として、取締役が会社利益の拡大を図る目的で法令違反行為をした場合に任務懈怠責任を負うかという問題があるが、すべての法令を遵守して経営を行うことが株主の通常の合理的意思であることを理由として、取締役の任務懈怠責任の肯定するのが通説である（神田秀樹『会社法［第19版］〈法律学講座双書〉』259頁（弘文堂、2017年））。委任契約を基礎とする信頼関係においては、受任者の専門性を背景として、委任者の受任者に対する依存度が高くなることから、受任者は、委任者の合理的意思に沿ってその最善の利益を守ることを内容とする善管注意義務（信認義務）を負うものと解される。このような信頼関係の下では、仮に委任者の指示が不適切であった場合、受任者は、委任者の客観的利益を擁護すべく、当該指示を是正する義務を負うのであって、委任者の指示に盲従することで善管注意義務違反（信認義務違反）を免れるわけではない。したがって、破産法265条以下の罰則規定に抵触する債務者の違法行為に加功したと評価されるような場合には、債務者代理人は責任を免れ得ないと解される。

人の管理処分権に服することになると解される[10]。

(5) 本判決が採用する判断枠組みとその内容についての疑問点

本判決は、前記(2)のとおり、債務者の負担する財産散逸防止義務を「債務者に代わって」遂行することが債務者代理人の責務である旨判示しており、その法的意味合いが検討されなければならない。

本判決は、本件事案における債務者代理人の過失判断に当たり、下線ⓒ部分のとおり判示する。同判示によれば、債務者代理人固有の具体的な責任原因としては、破産手続開始の申立てを受任しながら2年間も申立てをしなかったという点が指摘されるにとどまる。確かに、かかる所為それ自体は重大な不作為であるとはいえるものの、債務者財産の毀損（本件事案における財産毀損の大半は債務者本人の偏頗弁済によって生じている。詳細は判決文を参照されたい）に直接結びつく具体的な過失評価根拠事実が摘示されていない点や、債務者代理人の当該不作為と債務者財産の毀損との間の因果関係にかかる事実が詳らかに認定されていない点は、疑問が残る。

また、本判決は、受任時から破産手続開始決定時までの間に生じた債務者財産の減少額について、支出を正当化し得る事情の反証なき限り、債務者代理人は同額の損害賠償義務を免れないとする旨の判断枠組みを採用しているが、この点についても違和感がある。

このようなフレームワークに従えば、債務者が負う財産散逸防止義務に関して、あたかも債務者代理人が保証人の地位にあるかの様相を呈することになるが、自身に固有の責任原因がない限り、債務者代理人が法的責任を課されるべき理由はないはずである。

---

9 債務者代理人の財産散逸防止義務違反は、債務不履行責任と不法行為責任のいずれを構成するかという問題がある。債務者代理人が負う契約上の義務は、いわゆる手段債務であり、委任の本旨に従い合理的な行動をとることが義務づけられることから、その義務違反は、合理人の能力・特性等を規準とする不法行為上の過失（抽象的過失）判断をも基礎づけることとなる（潮見佳男『不法行為法Ⅰ［第2版］〈法律学の森〉』8頁（信山社出版、2009年））。このように、契約上の善管注意義務と不法行為の成立要件である過失が意味するところの「抽象的過失」を同一のものとして捉える現在の判例通説（窪田充見編『新注釈民法(15)〈債権8〉』559頁以下〔手嶋豊〕（有斐閣、2017年）、田中豊「判解」『最高裁判所判例解説 民事篇［平成7年度］〔下〕』564頁）に従えば、債務者代理人の財産散逸防止義務違反があった場合、医療過誤事案などと同様に、債務不履行責任と不法行為責任は競合するものと解される。

10 伊藤・本書21頁。

上記判示を読む限り、本判決は、債務者本人と債務者代理人を同視し、債務者が負担する財産散逸防止義務と同一内容の義務を債務者代理人に課しているようにうかがわれる。しかしながら、後記(6)のとおり、「債務者の財産散逸防止義務」と「債務者代理人の財産散逸防止義務」は、内実を異にしており、決して同視されるべきものではない。

(6) 「債務者の財産散逸防止義務」と「債務者代理人の財産散逸防止義務」の位置づけ

先にみたとおり、債務者の財産散逸防止義務は、否認権規定（破産法160条以下）や罰則規定（同法265条以下）等を根拠に、これらの禁止規範（消極的義務）の直接の名宛人として負担する本来的義務である。

これに対し、債務者代理人の財産散逸防止義務は、債務者との間の委任契約を根拠に、債務者が上記の禁止規範に抵触して財産散逸防止義務違反に問われることのないよう適切に指導し、あるいは代理行為等を通じて債務者の利益を図るべく措置する義務（積極的義務）を内実とするものであり、あくまで本来的義務者である債務者の利益擁護を目的とする第二次的義務として位置づけられるものに過ぎない。

このように、同じく財産散逸防止義務といっても、債務者の負う義務と、債務者代理人の負う義務とは、内実等を大きく異にするものであり、当然ながら、同義務違反の有無の認定に当たっても、債務者の義務違反と、債務者代理人の義務違反とでは、認定の在り方を異にするものといわなければならない。

本判決が判示する「受任時から破産手続開始決定までの間の財産減少額について、支出を正当化しうる事情の反証なき限り、賠償義務を負う」との無過失責任的な責任判定のフレームワークは、禁止規範の直接の名宛人であり財産散逸防止義務の本来的義務者である債務者の場合には妥当するかもしれないが、債務者の利益擁護のための第二次的義務を負うに過ぎない債務者代理人の場合に妥当するものではない。

債務者代理人の負う財産散逸防止義務は、行為義務（積極的義務）であるから、その義務違反の有無及び責任の範囲は、債務者代理人自身の固有の責任原因、すなわち財産散逸の結果に関する予見可能性・結果回避可能性の有無・程度を踏まえて、個別具体的に判定されなければならない。

この点付言すれば、債務者は、もとより保全対象たる財産の帰属主体として、すべての財産情報を知悉する立場にあり、財産管理処分権の行使主体でもあるのに対し、債務者代理人は、債務者から情報開示を受けなければ、必ずしもすべての財産情報を把握できるわけではなく、債務者の承認なくしては財産に対する保全・管理の措置を講じ得る立場にもない。このように、債務者代理人は、債務者本人と比べて情報・権限ともに大きな制約を受ける立場にあり、そのコントロールの及ぶ範囲は限定的であることも、その過失判断に当たっては留意されなければならない。

　少なくとも、かような情報・権限の制約が存する等の事情によって、債務者代理人自身に予見可能性・結果回避可能性が認められない場合には、その過失責任は否定されなければならない。自己の支配可能領域外の事象について法的責任を負ういわれはないはずだからである[11]。

　本件事案においては、財産毀損の大部分は債務者本人の偏頗弁済行為によって生じたものであることから、当該偏頗弁済行為に関する債務者代理人自身の予見可能性・結果回避可能性の有無に係る具体的事実を踏まえた上で、債務者代理人の責任原因の有無及び責任の範囲が判定されるべきであったと考える[12]。

11　谷口知平ほか編『新版注釈民法（10-2）〈債権1〉』109頁〔北川善太郎＝潮見佳男〕（有斐閣、2011年）は、役務給付における債務不履行に関して、債権者（本文の「債務者」に該当する）による債務者（本文の「債務者代理人」に該当する）の具体的行為に対するコントロールの可能性を重視すべきであるとし、「債務者が従属的である場合には、債権者の危険支配領域内で債務者がみずからの技能を展開するという状況が認められるため、役務給付を目的とする債務の履行過程で債務者の負う具体的行為義務の判断に際しては、債権者による指揮管理、さらには債権者の危険領域への債務者の配置の可能性が考慮に入れられることになり、債務者が責任を負う範囲がそれだけ狭められるとともに、債務者固有の危険支配領域以外の領域に由来する危険について債務者がこれを原因として債務不履行責任を負うということも、原則として否定される結果となる」とする。

12　伊藤・本書27頁は、「破産者が破産者代理人の説明を無視し、又は説得に従わず、財産を散逸するなどの行為をしたときは、自ら公平分配利益や免責利益を放棄したものとみなされるから、破産者代理人が破産者に対して債務不履行責任や不法行為に基づく損害賠償責任を負うことはなく、また、それを破産管財人から追及されることもあり得ない」とする。松下・前掲注1・1078頁注14は、「本人による取引が否認権行使の対象となる場合、それ以上に代理人個人の責任を問われることはないと解する」とし、同注15は、「代理人の意向を無視して債務者が行為を行い、その結果が債務者本人の信認義務違反となるとき、代理人はその個人の信認義務違反の責任を問われないのが原則である。代理人個人が負う信認義務は、債務者がその信認義務違反行為をしないよう、監視し適切な措置を取る義務であり、その義務が履行されれば代理人個人は責任を追及されることはないと考える」とする。

以上の検討のとおり、本判決については、「債務者の財産散逸防止義務」と「債務者代理人の財産散逸防止義務」を同視している点に疑問があり、その判示に係る債務者代理人の責任判定のフレームワークも一般化することができないものであると思料する。

〔籠池信宏〕

Comment
東京地判平21.2.13について

1 本件の位置付け

本件は、破産管財人による申立代理人の責任追及事案として、リーディング
ケースと呼ぶべき著名な事案である。

本件は、その後、東京地裁破産実務研究会による『破産管財の手引』にも取り
上げられ[1]、「破産申立てを受任し、その旨を債権者に通知した弁護士は、可及的
速やかに破産申立てを行うことが求められ、また、破産管財人に引き継がれるま
で債務者の財産が散逸することのないよう措置することが求められる。これら
は、法令上明文の規定に基づく要請ではないが、上述の破産制度の趣旨から当然
に求められる法的義務というべきであり、道義的な期待にとどまるものではない
というべきである」とのフレーズは、申立代理人に対する警鐘として、各書に引
用された[2]ほか、弁護士等の各種研修会でも利用され、全国に知られるところと
なった。

2 本件の背景

本件の背景に、いわゆる過払金問題があったことは間違いないものと思われ
る。

最高裁は、平成17年7月19日、貸金業者の取引履歴の開示義務を認める判断を
し（最三小判平17.7.19民集59巻6号1783頁）、さらに平成18年1月13日、利息制限
法所定の制限を超える約定利息の支払を遅滞したときには当然に期限の利益を喪
失する旨の特約下での制限超過部分の支払の任意性を否定する判断を示した（最
二小判平18.1.13民集60巻1号1頁）。これらによって、貸金業者に対する過払金
返還請求権の存在が一気に顕在化するようになった。

こうして、消費者の破産手続開始申立てに当たっては、貸金業者の取引履歴を

1　中山孝雄＝金澤秀樹編『破産管財の手引［第2版］』14頁（金融財政事情研究会、2015年）。
2　例えば、日本弁護士連合会倒産法制等検討委員会編『倒産処理と弁護士倫理』46頁〔石岡
　隆司〕（金融財政事情研究会、2013年）。

調査し、過払金返還請求権の有無を確認することが当然のこととなった。法人でも、小規模事業者の場合など、商工ローン等からの借入れがあることもまれではない。こうして、法人であっても、消費者の場合と同様に、破産手続開始申立てを受任した弁護士は、まず受任通知を出し、債権調査を行ってから申立てを行う、という風潮が生まれてしまった[3]。

さらに、過払金返還請求事件を多数取り扱う弁護士のなかには、過払金が存在した場合、交渉による和解的解決を望まず、訴訟を提起して全額の回収を求める者も少なくなかった。この場合、当然、回収までには時間を要することになる。こうして、過払金回収のため、受任から申立てまでの期間はどんどん長くなり、申立代理人によっては、受任から1年、2年を経過することも珍しくなかったというのが実情である。

本件は、平成17年12月に受任し、申立てがなされたのが平成19年12月であるから、まさに、上記の最高裁判決が相次いで示され、過払金をめぐる状況が一挙に動いた時期である。

本件の判決文上、過払金についての言及はなく、本件について過払金回収という問題があったのか、そのために2年を費やしたか否かは不明である。ただ、当時の背景として、上記のような事情・風潮があったこと、ある意味で異常な時代であったことは無視できないと思われる。

本判決の「これらは、法令上明文の規定に基づく要請ではないが、上述の破産制度の趣旨から当然に求められる法的義務というべきであり、道義的な期待にとどまるものではないというべきである」とのくだりには、こうした背景に対する裁判所の憤りが含まれているとみるのは、穿ち過ぎであろうか。

3　財産散逸防止義務の根拠

いずれにせよ、本判決が、法的義務としての財産散逸防止義務を肯定し、以後こうした見解が広まっていく。

籠池評釈は、この財産散逸防止義務の根拠を、債務者と債務者代理人との間の

3　こうした風潮に対し、法人の場合、消費者破産と異なり債権調査票の送付などは不要であり、迅速な申立てをすべきとしたものとして、日弁連倒産法制等検討委員会「中小規模裁判所における法人破産事件処理の在り方」金法1982号9頁（2013年）がある。

268　　第3章　判例評釈編

委任契約に求める。債務者の意思に沿った財産散逸行為についても、「当該行為が破産犯罪や免責不許可事由に該当することにより客観的には債務者の利益擁護につながらない場合においては、当該行為は債務者の合理的意思に反するものと評価することができ、債務者代理人の善管注意義務違反を認めることは可能である」とする。

確かに、基本になるのは委任契約であり、これを基礎に考えるのは正統なアプローチと思われる。ただ、債務者が明確な意思をもって偏頗行為・詐害行為を行った場合についても、「債務者の合理的意思に反する」と説明し切れるのかは疑問である。また、破産者が法人の場合は免責不許可事由も問題にならないし、破産犯罪といっても実際の立件数の少なさを考えると、この該当性を根拠に「債務者の合理的意思に反する」と評価することにも違和感がある。

私は、債務者代理人が受任通知を発し、債権者に衡平な清算への期待を生じさせた場合に、誠実かつ衡平に対応すべき信義則上の義務を負う、という見解[4]にシンパシーを感ずる。倒産という有事においては、債務者が置かれる状況も、代理人との関係も一律ではない。こうした流動的な状況下で債務者代理人の責任を問う場合には、かえって信義則のような概念を用いた方が、柔軟な解決が図れるように思われる。

また、確かに、法人破産の場合、受任通知は必須のものではないが、事業停止の即日に破産の申立て・開始決定に至るという、いわゆる「密行型」の事案では、そもそも財産散逸防止ということが問題にならない。これが問題となるのは、事業停止の後、受任弁護士による受任通知がなされ、申立てまで一定の日数を要するという、いわゆる「オープン型」の場合である。この場合、債権者に個別執行の停止を求め、衡平な清算への期待を抱かせながら、財産保全をしないというのでは、債権者からの信頼を裏切る行為である。こうした考えは、我々一般実務家の感覚とも合致するように思う。

4 債務者代理人の過失責任

そして、籠池評釈は、「債務者の財産散逸防止義務」と「債務者代理人の財産

---

4 田原睦夫＝山本和彦監修『注釈破産法[上]』117頁〔小林信明ほか〕（金融財政事情研究会、2015年）。

散逸防止義務」とは峻別されるべきとし、後者は債務者を適切に指導し、あるいは代理行為等を通じて債務者の利益を図るべく措置する義務であると説く。そして、「その義務違反の有無及び責任の範囲は、債務者代理人自身の固有の責任原因、すなわち財産散逸の結果に関する予見可能性・結果回避可能性の有無・程度を踏まえて、個別具体的に判定されなければならない」とする。

論旨に賛成する。

確かに、本判決によれば、「債務者の財産散逸防止義務」と「債務者代理人の財産散逸防止義務」は、ほとんど同一視されるかのようである。しかし、債務者代理人といえども、債務者の行為全般に責任をもてるわけではない。代理人としての注意義務違反の根拠が明確にされるべきというのは、正鵠を射た指摘である。

ただ、本件において、判決文でもこの点が明確でないのは、被告側の対応にも問題があったためと思われる。この点に関する被告の主張は、判決文による限り「訴外会社代表者である丁原に対し、偏頗弁済や私消をしないようになどと注意を与えていた」との点しかない。

代表者にこの程度の注意しかせず、預金通帳の入出金も管理しないまま、代表者が各種弁済をするに任せていた、というのでは、申立代理人として債務者の財産保全にはまったく関心を払っていなかったといわれてもしかたがない。

本件は、このように申立代理人が債務者の財産保全に関心を払わないまま2年間放置したということが明らかな事案であったため、申立代理人の過失・注意義務違反の有無について、さしたる議論もなされないまま、判決に至ったものと思われる。

事案の結論としては、やむを得ないものであったと思われる。しかし、これはあくまで事例判断に過ぎないというべきである。本判決の示す判断枠組みについて一般化されるべきでないという、籠池評釈に賛成する。

〔石岡隆司〕

評釈 7

破産手続開始申立てを受任した弁護士が、破産財団となるべき財産の散逸防止義務に反して、申立前日に否認対象行為である支払を行ったことが不法行為を構成するとされた事例

東京地方裁判所 平成26年8月22日判決
(平成24年(ワ)第16147号・判時2242号96頁)

---

1 事案の概要

　本件は、破産管財人が、破産会社から破産手続開始申立てを受任し、同社の代理人として申立てをした弁護士らに対し、同弁護士らが、財産の散逸防止義務に反して、破産会社の取締役又は従業員であった者らに否認対象行為である支払をしたとして、共同不法行為に基づく損害賠償請求をした事案である（なお、本件では、弁護士報酬の否認も争われているが、紙幅の関係上同論点の評釈は割愛する）。

　Y法律事務所の代表弁護士であるY₁は、平成23年2月8日、破産会社との間で、破産手続を含む倒産処理手続の利用も視野に、業務内容を同社の債務整理等とする委任契約を締結した。

　同年3月6日に破産会社の代表取締役が死亡した。これにより、破産会社は、同年3月15日、約9970万円の保険金を受領し、同日中にY法律事務所名義の預り金口座に送金した。他方、同年3月11日、破産会社の工場が東日本大震災により被害を受け、破産会社の事業継続の見込みがなくなった。同年3月14日、破産会社は、全従業員を解雇した。

　Y₁及びY法律事務所所属弁護士Y₂は、同年3月15日、上記金員を原資として、破産会社を代理して、①破産会社の就業規則、退職金規程に基づき、破産会社の取締役であったA及びBに対し、基本退職金（2人合計120万円）、特別功労加算金（同2000万円）、解雇予告手当（同110万円）及び給与（同約100万円）を支払うとともに、②破産会社の従業員であったCに対し、給与・調整手当（合計70万円）を支払った。

　破産会社は、同年3月16日、Y₁及びY₂らを代理人として破産手続開始を申し

立てたところ、同日、破産手続開始決定がなされるとともに、Xが破産管財人に選任された。

破産管財人Xは、A、B及びCを被告として、A及びBに対する上記基本退職金等の支払ならびにCへの調整手当の支払について、無償行為又は詐害行為に該当するとして否認請求訴訟を提起した。そして、その確定した認容判決に基づき、A、B及びCに対する強制執行を行い、支払われた金員の一部を回収したが、残金約2344万円が回収できなくなったとして、Y₁及びY₂に対し、共同不法行為に基づき同額の損害賠償及びこれに対する遅延損害金の支払を求めて提訴した。

2 判 旨

本判決は、否認対象行為性（詐害性）が問題とされた各支払に関して、Aについて労働者性を認めず、基本退職金、特別功労加算金、解雇予告手当及び日割計算超過分の給与（報酬）のいずれの支払についても詐害性を肯定する一方、Bについては労働者性を認めて、基本退職金及び解雇予告手当の支払及び日割計算超過分の給与（報酬）の一部の支払につき詐害性を否定したが、取締役の報酬としての性質を有する特別功労加算金の支払については詐害性を肯定し、さらにCに対する調整手当について支払の根拠がないとして詐害性を肯定した。その上で、以下のように述べて、Xの請求を一部認容した。

「債務者との間で同人の破産申立てに関する委任契約を締結した弁護士は、破産制度の趣旨に照らし、破産財団となるべき破産会社の財産が破産管財人に引き継がれるまでの間、その財産が散逸することのないよう、必要な措置をとるべき義務を負い、ことに預り金口座等に破産会社の現金を受け入れ、破産会社の財産を管理する状況となった弁護士は、財産が散逸しないようにする義務を負うというべきである。それゆえ、かような弁護士は、破産手続開始決定後に財団債権となるべき債権など、それを弁済することによって他の債権者を害しないと認められる債権を除いては、これにつき弁済をしないよう十分に注意する義務がある」。

「Y₂は、Y法律事務所において破産会社に関する業務を担当し、破産手続開始の申立ての代理を委任されており、そのような事務を担当した弁護士として、Y₁とともに、上記と同様の義務を負っていたと認められる」。「Y₁が代表を務め

272 第3章 判例評釈編

る法律事務所に所属する弁護士に過ぎなかったとしても、弁護士として上記業務を担当し、上記の各支払に当たった以上は、責任を免れ、あるいは軽減されることはない」。

「上記の各支払が、破産手続開始の申立ての前日になされ、申立ての当日には破産手続開始決定及び破産管財人の選任がなされていることからすれば、上記各支払の時点で、その翌日には申立てをすることが予定されており、かつ、この時点で、破産管財人への会社財産の引継ぎの準備が相当程度進んでいたことが強く推認される。かかる状況に鑑みれば、支払の適否が問題となる債務については、原則として弁済をすべきではなく、破産手続の中における判断に委ねるべきであるから、この時点で、他の債権者を害するような債務弁済を行った場合、原則として、Y1らには注意義務違反があったというべきであり、それにもかかわらず、Y1らがその責任を免れるのは、他の債権者を害しないとの確信を有するに至ったことについてやむを得ないといえる事情がある場合などに限られると解される」。

Y1らが、破産財団となるべき破産会社の財産から、A、B及びCに対して上記各支払を行ったことで、「同額分の破産財団を毀損し、同額の損害を生ぜしめたことが認められる」。「Y1らがその注意義務に反して破産会社の財産から財産を逸失させた場合、破産管財人による回収の可否如何に関わらず、原則として、その逸失した金額が破産財団の損害となると解すべきであり、その後の回収はその損害が塡補されたに過ぎないというべきである」。「実質的に見ても、少なくとも回収できていない金額については、破産財団の損害は財産が逸失した時に発生したと認められる」。

「Y1らは、その過失により、破産財団を毀損し、破産会社に2259万6954円の損害を与えたと認められるから、破産会社に対し、連帯してその損害を賠償する責任を負う」。

3　評　釈

結論に賛成するが、その理由づけには疑問がある。

(1)　問題の所在

債務者から破産手続開始申立てを受任した弁護士は、委任契約上依頼者の利益

を擁護実現すべき義務を負うことはもちろんであるが、これに加え、破産手続は債権者その他の利害関係人の利害や債務者と債権者との間の権利関係を適切に調整することによって、債務者の財産等の適正かつ公平な清算を図ることを目的とする手続である（破産法１条）から、依頼者である債務者以外の多数の利害関係人の利害や権利関係を適切に調整する役割を担っており、破産手続の目的の実現に寄与するように行動する責務を負うものと考えられる[1]。このような破産申立代理人弁護士の責務は、法的な義務にまで高まる場合があるとされ、近時破産申立代理人弁護士の財産散逸防止義務を認める裁判例が相次いで現れている（例えば、東京地判平21.2.13判時2036号43頁・**本書判例評釈6**〔籠池信宏〕、東京地判平25.2.6判時2177号72頁・**本書判例評釈2**〔野村剛司〕、東京地判平26.4.17判時2230号48頁など）。

　本件は、債務者から破産手続開始の申立てを受任した弁護士が、破産財団となるべき財産の散逸防止義務に反して、申立ての前日に、その管理下にある破産会社の財産を原資として否認対象行為となる支払をしたことが不法行為を構成するとして、破産管財人の損害賠償請求を認容した裁判例である。本判決は、申立ての前日時点では「破産管財人への会社財産の引継ぎの準備が相当程度進んでいたこと」に鑑み、「支払の適否が問題となる債務については、原則として弁済をすべきではなく、破産手続の中における判断に委ねるべきである」と判示し、破産申立代理人の行為規範を明示している点でも特徴的である。

　本稿では、本判決の判示に沿って、①財産散逸防止義務の法的根拠について検討を加えるとともに、②本件の事実関係の下で否認対象行為となる支払を財産散逸防止義務違反と認定し、不法行為の成立を認めた判断の枠組みを中心に考察する。

⑵　財産散逸防止義務の法的根拠

ア　財産散逸防止義務の内容、位置づけ

　前述の破産申立代理人の役割と責務を踏まえると、破産手続開始の申立てを受任した弁護士には、依頼者である債務者が偏頗弁済や財産の不当処分等の債権者の利益・平等を損なう行為をしないように指導し、破産財団を構成すべき財産が

1　伊藤眞ほか『条解破産法［第2版］』156頁（弘文堂、2014年）参照。

債務者の行為により不当に減少して債権者に損害が発生しないように財産保全に努め、可及的速やかに破産手続開始の申立てをして財産を損なうことなく破産管財人に引き継ぐことなどが求められる[2]。「財産散逸防止」の役割と職責を期待されているわけである。

しかしながら、破産申立代理人の役割と職責に鑑みて期待される「財産散逸防止」の措置とその不履行は、法的責任（損害賠償責任）の根拠となる財産散逸防止義務とは必ずしも一致するものではなく、両者は峻別して検討されなければならない[3]。そして、後者の財産散逸防止義務の法的根拠については、「破産制度の趣旨」とする見解[4]や、公平誠実義務の発現として[5]、あるいは債務超過状態にある債務者は、自己の資産を保全し、債権者を平等に取り扱うことが債権者に対する信認義務として課されることを前提に債務者代理人も債権者に対して直接の信認義務を負うと解するとともに弁護士法1条2項に実定法上の根拠を求める見解[6]などがあるが、必ずしも見解の一致があるわけではない。他方、明文の規定の根拠もないこと等から一般的に財産散逸防止義務が認められることを否定する見解もある[7]。

イ　本判決における財産散逸防止義務の法的根拠

本判決は、財産散逸防止義務及びその法的根拠に関し、「債務者との間で同人との破産申立てに関する委任契約を締結した弁護士は、破産制度の趣旨に照らし、破産財団となるべき破産会社の財産が破産管財人に引き継がれるまでの間、その財産が散逸することのないよう、必要な措置を取るべき義務を負（う）」と判示した。「破産制度の趣旨」に法的根拠を求め[8]、申立てに関する委任契約を締

2　田原睦夫＝山本和彦監修『注釈破産法(上)』112頁〔小林信明ほか〕（金融財政事情研究会、2015年）

3　中井康之・本書はじめに5頁。

4　中山孝雄＝金澤秀樹編『破産管財の手引［第2版］』14頁（金融財政事情研究会、2015年）参照。

5　伊藤眞『破産法・民事再生法［第3版］』186頁注1（有斐閣、2014年）参照。

6　松下祐記「再生債務者代理人の地位に関する一考察」伊藤眞先生古稀祝賀『民事手続の現代的使命』1073頁（有斐閣、2015年）参照。

7　山本和彦・本書理論編54頁、田原＝山本監修・前掲注2・115頁〔小林ほか〕参照。ただし、後者の見解は、個別具体的な事情の下で、破産申立代理人において債権者に対して誠実にかつ衡平に対応すべき信義則上の義務を負う場合があると考えており、かかる信義則上の義務として財産が散逸することのないよう必要な措置を講ずべき義務が生じ得ることを否定していない。

結した弁護士は、一般的に財産散逸防止義務を負担するとの見解に立つものと考えられる。

　しかしながら、「破産制度の趣旨」の意味は必ずしも明らかではない。破産法１条が定める「債務者の財産等の適正かつ公平な清算を図る」破産制度の目的を意味すると解するとしても、かかる抽象的な目的規定から、その違反が不法行為に基づく損害賠償責任を生じさせる一般的な法的義務（財産散逸防止義務）を導き出すことにはいささか疑問がある。そもそも、依頼者である債務者の意思に反した行為をすることはできず、また依頼者である債務者の財産管理処分権の行使を制限する権能も有しないにもかかわらず、破産申立代理人が、依頼者である債務者本人も負担していないような独自の法的義務を負担すると解することは不合理である。さらに、破産申立代理人は、誰に対して財産散逸防止義務を負担しているのか（債務者か、（破産）債権者か、破産管財人か）、義務違反時には存在しない破産管財人が、否認権のような明文の定めがないにもかかわらず、当該義務違反を理由として不法行為に基づく損害賠償請求権を取得することをどのように理論的に整理するか、といった点も判然としない。財産散逸防止義務については明文の規定がなく、また上記のとおり理論的に成熟しているとはいい難いことや、破産申立代理人の受任や事件処理への萎縮的効果を考慮すると、「破産制度の趣旨」を根拠として「債務者との間で同人の破産申立てに関する委任契約を締結した弁護士」は一般的に財産散逸防止義務を負うとの見解は妥当ではない。

　また、公平誠実義務や信認義務、弁護士法１条２項を根拠に一般的に財産散逸防止義務を認める見解についても同様の観点から妥当性を欠くと思われる。

　これらの見解のように破産申立代理人が一般的に財産散逸防止義務を負うと考えるのではなく、具体的な事案における個別・具体的な事情を総合的に考慮したとき、破産申立代理人において、申立てに係る事務処理の遂行に当たって信義則上、誠実かつ衡平な対応を要請される場合があり、かかる信義則上の義務の具体的内容として、財産散逸を防止する措置を講ずべき義務を負う場合があると解する（以下「信義則説」という）のが妥当である[9]。

8　財産散逸防止義務違反に関する上記先行裁判例（東京地判平21.2.13、東京地判平25.2.6、東京地判平26.4.17）も同様の判示をしている。
9　田原＝山本監修・前掲注２・115頁〔小林ほか〕参照。

276　　第３章　判例評釈編

⑶　本判決における否認対象行為となる支払が財産散逸防止義務違反による不法行為責任（損害賠償責任）を判断した枠組み

ア　破産会社の財産の管理者としての注意義務

　本判決は、「預り金口座等に破産会社の現金を受け入れ、破産会社の財産を管理する状況」となった弁護士には、財産散逸防止義務の一態様として、「破産手続開始決定後に財団債権となるべき債権など、それを弁済することによって他の債権者を害しないと認められる債権を除いては、これにつき弁済をしないように十分に注意する義務がある」と判示した。

　本判決が、「破産会社の財産を管理する状況」となった場合に、破産申立代理人はその管理する会社財産を原資として否認対象行為となる弁済をしない注意義務が発生すると判断した基礎には、破産申立代理人は当該破産会社の財産を受領し管理する状況となったときは、総債権者のために当該財産を管理する信託の受託者ないしこれに類する地位に立つとの考えがあるように思われる[10]。本判決が、破産申立代理人によってなされた各支払が破産者の指示や相談のもとに行われたか否かについて事実認定をせず、また、後述のとおり破産申立代理人を名宛人とした行為規範を提示し、さらに否認対象行為となる弁済が免責される例外につき破産申立代理人の認識等を問題としながら、破産者の意思・意向や行為を問題としないことも、このことをうかがわせる。

　しかしながら、破産手続開始の申立てに関する委任契約と破産者財産の管理の事実のみで信託関係ないしこれに類する関係が成立すると解するとすれば、当事者の意思からあまりに離れた解釈である。破産者の意思・意向を度外視し、破産申立代理人が破産者の意思・意向どおりに行為をした場合にまで、破産申立代理人に対して破産者財産の減少を損害とする賠償請求を一般的に容認するような考

10　最一小判平15.6.12（民集57巻6号563頁）は、債務整理事務の委任を受けた弁護士が委任事務処理のため委任者から交付を受けた金員を弁護士の個人名義で開設した口座で預り管理していた事案において、当該預り金につき、民法649条の前払費用として「交付の時に、委任者の支配を離れ、受任者がその責任と判断に基づいて支配管理し委任契約の趣旨に従って用いるものとして、受任者に帰属するものとなる」と解したが、さらに補足意見は、「会社の資産の全部又は一部を債務整理事務の処理に充てるために弁護士に移転し、弁護士の責任と判断においてその管理、処分をすることを依頼するような場合」には、信託法の規定する信託契約の締結と捉える余地もあり、場合によっては、委任と信託の混合契約の締結と解することもできるとした。

え方は妥当とは思われない。

　もっとも、本判決は、各支払時点では、「その翌日には申立てをすることが予定され」かつ「破産管財人への会社財産の引継ぎの準備が相当程度進んでいたことが強く推認され」「かかる状況に鑑みれば、支払の適否が問題となる債務については、原則として弁済をすべきではなく、破産手続の中における判断に委ねるべきである」。「この時点で、他の債権者を害するような債務弁済を行った場合、原則として…注意義務違反があったというべき」と判示し、実際には、申立て及びこれに伴う破産管財人への破産者財産の引き継ぎが時的に近接していたことを踏まえ、破産申立代理人の注意義務違反の有無を問題としている。しかし、この点は、むしろ、申立て及びこれに伴う破産管財人への破産者財産引き継ぎが近接した段階では、破産申立代理人は、引き継ぎ対象となる破産者財産の財産管理者として当該財産を適切に維持保全する役割と責務を客観的に期待されることになると考え、委任契約と破産者財産の管理の事実に加え、破産者財産引き継ぎの時的近接性を要件として、この時点で信義則上の注意義務が発生すると考える方が妥当なように思われる。

イ　破産申立代理人の注意義務違反について

　本判決は、破産申立代理人に対し、①「その翌日には申立てをすることが予定され」かつ「破産管財人への会社財産の引継ぎの準備が相当程度進んでいたことが強く推認され」る状況では、「支払の適否が問題となる債務については、原則として弁済すべきではな（い）」旨の行為規範を提示するとともに、②この時点で、「他の債権者を害するような債務弁済を行った場合」には、原則として、注意義務違反が認定される旨の評価規範を明示した。そして、③例外的に免責されるのは、「他の債権者を害しないとの確信を有するに至ったことについてやむを得ないといえる事情がある場合などに限られる」とし、本件では「やむを得ない事情」がなかったことを認定し、被告らの過失（注意義務違反）を認めた。いずれの規範も破産申立代理人に向けられ、破産者と破産申立代理人との関係（破産者による指示や相談の有無を含む）を問題としていない点で留意が必要である（なお、後述する信義則説によった場合には、破産者と破産申立代理人との関係性について考慮することになると思われる）。

278　　第3章　判例評釈編

ウ 小 括

以上の判示内容によれば、本判決は、財産散逸防止義務違反の有無を一般的・抽象的に審理するのではなく、個別事案における個別・具体的な事実関係に即して、上記で指摘したような本件特有の注意義務の内容を特定した上、当該注意義務違反を構成する判断の枠組みを定立し、これに関連事実を当てはめて結論を導き出したと考えられる。本判決の結論に賛意を表するほか、当該事案における個別・具体的な事情を総合的に検討している点で共感を覚えるものの、注意義務違反の要件及び法的根拠に関する判示については疑問が残る。

⑷ 「使用人兼務取締役」に対する基本退職金等の支払と「支払の適否が問題となる債務の弁済」

本判決は、「使用人兼務取締役」に対する基本退職金等の支払に関し、「支払の適否が問題となる債務については、原則として弁済すべきではなく、破産手続の中における判断に委ねるべきであるから、この時点で、他の債権者を害するような債務弁済を行った場合、原則として、Y_1らには注意義務違反があった」として、破産申立代理人がこのような弁済をした場合には原則として過失が認められるものとする。

もっとも、「使用人兼務取締役」については、労働者性が認められる場合が少なくないことや、実質的に従業員の最上位に位置する者であることを踏まえ、破産会社の事業廃止に当たって協力を求め、あるいは破産管財人が事業清算の残務処理その他破産管財業務への協力を円滑に確保できるようにするため、破産申立代理人において破産申立前に労働者性が認められる部分に照応する債務額を弁済することとなるケースも想定され得るところである。このような「使用人兼務取締役」に対する支払に必要性・相当性が認められる場合があるとすれば、実務に萎縮効果をもたらさないよう、当該支払が「支払の適否が問題となる債務」に該当するか否かについて慎重に検討がなされるべきである。その意味で、本判決の事例判断としての結論に特段の異論はないものの、この判示が抽象化され、「使用人兼務取締役」に対する基本退職金等労働債権の支払一般に判示が及ぶと解されるべきではない。

⑸ 本件が受任通知の発送事案ではないこと

財産散逸防止義務違反が問題となった先例である東京地判平21. 2 .13や東京地

判平26.4.17などでは、いわゆる受任通知を発送して債権者に個別的権利行使を控えるよう要請した破産申立代理人に対し、財産散逸防止義務を認めている。

　破産制度の趣旨あるいは弁護士法１条等を根拠として一般的に財産散逸防止義務を認めることを否定し、具体的な事案における個別具体的な事情を総合的に考慮して、破産申立代理人の誠実かつ衡平な対応をすべき信義則上の義務の有無を検討すべきとする信義則説においても、破産申立代理人が受任通知を発した場合には、その対象となる債権者に対して誠実かつ衡平に対応すべき信義則上の義務を負う場合があるとし、その一態様としての財産散逸防止義務を負う余地を認めることは可能である[11]。確かに破産申立代理人が債権者による債権取立てを防止させる意味を有する受任通知を発送することは、債権者に対して破産者の衡平な清算への期待を生じさせると考えられ、破産申立代理人が債権者に対して誠実かつ衡平な対応をすべき契機となり、財産散逸防止義務発生の重要なメルクマールということができる[12]。

　しかしながら、信義則説によれば、破産申立代理人が誠実かつ衡平な対応をすべき信義則上の義務を負うか否かは、具体的事案における個別具体的な事情を総合的に考慮して判断されるべきであって、特定のメルクマールにかかる事実の有無によって一律に結論づけられるものではない。本件のような破産申立代理人による破産者財産の管理が問題となる事案では、受任通知発送のいかんにかかわらず、委任者から委任者財産の交付を受け管理することになった受任者は、当該財産を委任の趣旨に沿って管理する信託の受託者ないしこれに類する地位に立つものと解され得ること（前記最一小判平15.6.12参照）を基礎として、当該事案における個別具体的な事情を総合的に考慮して、破産申立代理人に誠実かつ衡平な対応をすべき信義則上の義務として財産散逸防止義務が認められる場合があるとの判断はあり得るものと考えられる。

　本件は、かかる観点から、破産手続開始の申立てに係る委任契約の締結、破産申立代理人による破産者財産の管理、ならびに申立て及びこれに伴う破産管財人への破産者財産引き継ぎの時的近接性を踏まえ、破産申立代理人が自らその管理する財産を原資として否認対象行為となる支払を行ったことをもって破産申立代

11　田原＝山本監修・前掲注２・117頁〔小林ほか〕。
12　田原＝山本監修・前掲注２・116頁〔小林ほか〕。

理人に財産散逸防止義務としての注意義務違反の事実認定をしたが、信義則説によっても破産申立代理人に財産散逸防止義務としての注意義務を認める余地はあるというべきである。

(6) 損害の認定

Y_1らが、破産管財人が否認権行使より回収不可能であることが立証されていないから、損害が発生しているとはいえない旨主張をしたのに対し、本判決は、破産管財人による否認権行使による回収の可否を問わず、会社財産から逸失した金額が破産財団の損害となると解した。

また、本判決は、破産財団の損害の発生時期について財産が逸失した時と判示し、損害の客体である破産財団が観念される破産手続開始決定より前に破産財団に損害が発生したと認定している。

もっとも、なぜ、破産財団が法的に観念される破産手続開始決定より前の時点で破産財団に損害が発生したといえるのか、義務の名宛人は誰であり、なぜ当該義務違反と相当因果関係にある損害を「会社財産から逸失した金額」といえるのか、については明らかにされておらず、これらの点を理論的にどのように整理するかについては、さらなる検討を要するように思われる[13]。

(7) 勤務弁護士の責任

本判決は、勤務弁護士であるY_2の責任について、勤務弁護士に過ぎなかったとしても、弁護士として破産の申立業務を担当し、否認対象行為となる各支払に当たった以上は、責任を免れ、あるいは軽減されることはない旨を判示している。理論的に異論はないように思われるが、勤務弁護士にとっては厳しい判示内容であり、実務上留意すべきものと思われる。

〔佐藤昌巳〕

13　山本・本書54頁以下参照。

Comment
東京地判平26．8．22について

1 評釈の視点

　評釈は、「破産制度の趣旨」を根拠として、あるいは弁護士の公平誠実義務（弁護士法1条）を根拠に、一般的に法的義務としての財産散逸防止義務を認める見解を批判ないし否定する立場から、具体的な事案における個別具体的な事情を総合的に考慮したとき、破産申立代理人が信義則上、誠実かつ衡平な対応を要請される場合があり、その具体的内容として、財産散逸を防止する措置を講ずべき義務を負う場合があるとの見解をとり（評釈者は「信義則説」という。同評釈3(2)イ）、本判決が申立代理人の否認対象行為となる支払について財産散逸防止義務違反を認めた法的根拠及び判断の枠組み（不法行為責任としての注意義務の具体的な内容（要件）、効果）について、検討している。

　評釈の見解は、破産申立代理人に期待される財産散逸防止の役割と職責（行為規範）と法的責任（損害賠償責任）の根拠となる財産散逸防止義務（責任規範）とを、峻別して検討すべきであることを指摘した上で、申立準備段階において申立代理人が置かれている状況が種々様々であることを踏まえ、具体的な事案において、破産申立代理人の誠実かつ衡平な対応として財産散逸を防止する措置を講ずべき注意義務が生じる場面を具体的に検討しようとするものである。私も、評釈のこうした視点に基本的に賛成するも、以下、若干の検討をしたい。

2 申立代理人が否認対象行為となる支払を行った場合の責任

(1) 判示と評釈について

　本判決は、①破産手続開始申立てに関する委任契約を締結した弁護士は、破産制度の趣旨に照らし、財産散逸防止義務を負うことを認めた上で、②預り金口座等に破産会社の現金を受け入れ破産会社の財産を管理する状況となった弁護士は、財産散逸防止義務の具体的内容として、財団債権となるべき債権など弁済により他の債権者を害することがない債権を除き、弁済をしないように十分注意する義務がある、と判示し、さらに、③翌日に破産手続開始申立てが予定され、か

282　　第3章　判例評釈編

つ、破産管財人への会社財産の引き継ぎの準備が相当程度進んでいる状況では、支払の適否が問題となる債務については、原則として弁済すべきでない、と判示している。

破産手続開始申立てに関する委任契約の締結（判示①）により、直ちに、法的責任の根拠となる財産散逸防止義務を負うものではないことは、評釈が指摘するとおりである。判示が、一般的な財産散逸防止義務を認めるにとどまらず、申立代理人が破産会社（債務者会社）の財産を管理し得る状況下における注意義務の内容を、申立準備の進展状況を踏まえ具体的総合的に検討していること（判示②・③）には、評釈と同様賛意を表する。しかし、評釈も指摘するように、本判決が、破産会社（債務者会社）と申立代理人との関係を考慮していない点は疑問である。

評釈は、判示③の段階（会社財産引き継ぎへの時的近接性の要件が認められる時点）に至ってはじめて信義則上の注意義務が発生し、法的責任を負う（責任規範・評価規範）としている。判示③の段階で法的責任が認められることには賛成するも、会社財産を申立代理人の預り金口座における管理に委ねるということは、少なくとも当該財産については当該財産を預けた時点で債務者会社（依頼者）と申立代理人との関係性が強化されたとみることができ、申立代理人の責任は、委任契約に基づく責任として考えることができるのではなかろうか。少し検討してみたい。

(2) 委任契約に基づく責任の検討

ア 委任契約に基づく責任

破産手続開始申立てを委任する場合、申立代理人がなすべき事務処理の内容は多岐多様にわたることが予想され、事務処理における義務的内容を個別具体的に当事者が合意することは少ないと思われるから、時間の経過のなか、個別具体的な事情の下で、委任契約の趣旨に照らして、申立代理人にどのような法的義務が認められるかを検討する必要がある[1]。

申立代理人が、預り金口座等に債務者会社（依頼者）の財産を受け入れた場合、当該預り金口座の財産を管理するという事務処理を、破産手続開始の申立準

1　中井康之・本書はじめに7頁。

備の一環として委任されたと考えられ、これに基づき、申立代理人は、預り金について、委任の趣旨に従った管理をするという善管注意義務を負うと考えられるのではなかろうか。そして、破産手続は債務者会社の財産等の適正かつ公平な清算を図ることを目的とするものであるから、申立代理人は、善管注意義務の一態様として、預り金を原資として否認対象行為となる支払をしてはならないという注意義務を負うと考えられるのではなかろうか。

　もっとも、委任契約締結から申立てに至るまで、状況は刻々と様々に変化するものであり、上記注意義務の具体的内容や程度も、申立準備の進行状況によって異なり得ると考えられる。また、債務者会社の申立代理人の預り金口座による会社財産の管理委任の趣旨も、具体的場面に応じて様々なものがあり（例えば、事業継続中ないし廃業後の残務処理として、支払事務を依頼しそのための原資を預ける場合、破産管財人への引き継ぎ事務の準備として預ける場合、信託財産とする場合など）、これによっても、注意義務の具体的内容は異なり得る。そして、申立代理人は、何が債務者会社のこうした委任の趣旨に沿う適切な管理であるかについて、その時点における具体的な事情に即して、幅のある選択肢のなかから諸般の事情を考慮して判断する広い裁量を有していると考える。

　また、預り金を原資とする支払は、通常、会社代表者等からの指示（指示の態様は様々である）に基づいてなされる場合が多いと思われるところ、申立代理人が会社代表者等の指示に基づいて支払を行った場合、依頼者の指示に従った行為であるとして、申立代理人は責任を負わないのではないか、との疑問もある。しかし、自然人である個人とは異なり、会社（法人）では、代表者が会社（法人）に対して責任を負う場合があり、会社の代理人も会社代表者とともに会社（法人）に対して委任契約上の責任を負う場合がある[2]から、会社代表者の指示であっても否認の対象となり、会社の利益を害するような支払を申立代理人が実施した場合（預り金口座からの出金や支払には、申立代理人の行為（押印）が必要である）には、責任を問い得るのではなかろうか。

イ　本件の場合

　(i)委任契約、(ii)預り金口座における管理に加えて、(iii)申立日前日であって破産

2　中井・本書9頁以下。

管財人への財産の引き継ぎへの時間的近接性がある場合（判示③の段階）は、申立準備の最終段階であり、債務者の資産及び負債の状況は概ね把握され、破産管財人に引き継ぐべき財産の概要も定まってくるから、債務者会社（依頼者）との関係において、申立代理人が現に管理している財産を保全し、破産管財人に引き継ぐことが委任の趣旨として要請されているといえ、預り金を原資とする支払が否認対象行為となるか否かの判断における申立代理人の裁量の範囲も狭まり、善管注意義務の内容として、原則として否認対象行為となる危険性のある支払はすべきでない、との注意義務（判示③の注意義務の内容と同じ）が認められると考える。申立代理人が、当該支払が否認の対象とはならないと判断したことにつき、やむを得ない事情が認められる場合には、責任を免れると考える。

3 使用人兼務役員に対する基本退職金等の支払

　使用人兼務役員の労働者性については、経営関与、労働内容（担当する具体的な職務の内容や代表者の指揮命令の下で職務を行っていたか否かなど）、報酬額の相当性等から判断され[3]、その具体的な当てはめに迷う事案も少なくないものの、労働者性を認め得る場合も少なくない。

　また、破産手続開始決定により財団債権、優先的破産債権となる債権に対する破産手続開始決定前の弁済が、偏頗行為、あるいは詐害行為として否認権行使の対象とならないか、については、将来破産財団となるべき財産の形成額によっても異なってくるため、多額となることの多い退職金等の支払は、財団の形成が相当程度進んだ財産引き継ぎへの時間的近接性のある時点で行われることも少なくない。

　そして、評釈が指摘するように、事業清算の残務処理その他破産管財業務への協力を円滑に確保できるようにするため（同人の協力が、破産財団に属する財産の回収・換価等に資する場合もある）、破産手続開始申立前に労働者性が認められる部分に照応する債務額を弁済するケースなど、支払の必要性・相当性が認められる場合もあり得る。

　とすれば、財産引き継ぎへの時間的近接性のある時点での使用人兼務役員に対

3　全国倒産処理弁護士ネットワーク編『破産実務Q&A200問　全倒ネットメーリングリストの質疑から』318頁〔伊藤みさ子〕（金融財政事情研究会、2012年）など。

する支払であっても、(i)「支払の適否が問題となる債務」の該当性について、慎重に検討がなされるべきであるし（評釈に賛成する）、また、(ii)申立代理人が責任を免れるかどうか、すなわち、申立代理人が当該債務の弁済が他の債権者を害しない（否認対象行為とはならない）と判断したことについて「やむを得ない事情」があるといえるか、の検討に当たっても、当該支払を行った当時の諸事情に照らし、支払の必要性相当性等を総合的に考慮して慎重に検討すべきである。

4　損害の認定及び否認権と申立代理人に対する損害賠償請求権との関係

　本判決は、不法行為に基づく損害賠償請求における損害の認定について、①その発生時期を、将来破産財団となるべき破産会社の財産から、財産が逸失した時と判示している。しかし、評釈が「(6)　損害の認定」で指摘するように、破産財団が法的に観念される破産手続開始決定より前の時点で破産財団に損害が発生したと認定し得るのかとの疑問がある。この点、責任の根拠を委任契約に基づく債務不履行責任と考えた場合、依頼者である会社に対する損害として考えることになる。

　また、本判決は、②破産管財人による否認権行使による回収の可否を問わず、会社財産から逸失した金額が破産財団の損害となると解している。本判決の事案は、退職金等の受領者（受益者）に対する否認請求訴訟による回収の後に、申立代理人に対する損害賠償請求がなされているものであるが、上記判示は、否認権行使による受益者に対する原状回復請求と申立代理人に対する不法行為に基づく損害賠償請求について、優先順位をつけていない。両請求権は並存し、破産管財人は、いずれを行使することも可能である。

　理論的に、否認権を先行すべきである、とまではいえないとしても、否認権は、破産手続開始決定前になされた破産者の行為又は破産者の行為と同視される行為のうち、破産財団となるべき財産の減少を招く行為等の効力を覆滅する形成権として、破産財団の原状回復を図るために、破産法が、特別に破産管財人に与えた権能であること[4]、そのため、破産法において否認の要件を詳細に規定し、破産手続において効力を否定すべきものを類型化し、破産債権者に対する配当原

4　田原睦夫＝山本和彦監修『注釈破産法(下)』88頁〔上野保〕（金融財政事情研究会、2015年）。

資の確保と転得者等の取引の安全との調整を図っていることなどからすれば、申立代理人が預り金を原資として否認対象行為となる支払をした場合も、破産管財人としては、まず、否認権行使により破産財団への回復を図るべきではなかろうか[5]。

損害賠償請求権の法的根拠を、委任契約に基づく債務不履行責任と考えた場合、破産管財人は、債務者会社（破産会社）が有していた損害賠償請求権を行使し得るのであり、否認権とは並存するが、上記不法行為に基づく損害賠償請求の場合と同様に、否認権行使を先行させるべきではなかろうか。

5　勤務弁護士の責任

本判決は、申立業務を担当し、否認対象行為となる各支払を行った勤務弁護士に、代表弁護士と同等の責任を認めており、勤務弁護士であっても、それだけでは責任を免れ、又は軽減されることはないと判示する点で、破産申立業務に携わる勤務弁護士に対し、専門家としての責任の自覚を促す厳しいものとなっている。

当該勤務弁護士の関与には、様々なかたちがあり、担当した具体的な業務内容や否認対象行為への具体的な関与の度合い、態様いかんによっては、勤務弁護士の責任の軽減が検討される余地があってもよいのではないかと思う。

〔鬼頭容子〕

5　千葉地松戸支判平28.3.25（判時2337号36頁。**本書判例評釈11**「(2)ウ　否認権行使の原則」〔斉藤芳朗〕、**同コメント**「(1)　はじめに」〔伊藤尚〕参照。

評釈 8

破産手続開始前に、破産者が破産者の子と共有する不動産を任意売却して売却代金から被担保債権を弁済した後の破産者に帰属する余剰金を破産者の子が取得することを承認したことにつき、破産手続開始の申立てを受任した弁護士の財産散逸防止義務違反が否定された事例

神戸地方裁判所尼崎支部 平成26年10月24日判決

（平成25年(ワ)第962号・金判1458号46頁）

1 事案の概要

　本件は、破産手続開始前に、破産者が共有持分を有する不動産を任意売却して、売却代金を被担保債権への弁済に充てた後の余剰金のうち、破産者に帰属すべき余剰金を他の共有者が取得した場合に、破産申立代理人である弁護士がこれを破産者に帰属させるべきことを教示せず、他の共有者が取得することを容認したことについて、同代理人に対して財産散逸防止義務違反の不法行為による損害賠償請求がなされた事案である。なお、本件では、破産者に帰属する余剰金を他の共有者が取得することを破産者が承認したことに対する破産管財人の否認権（破産法160条1項1号）行使の可否（積極）と、破産手続開始申立てを受任した弁護士の受けた報酬に対する破産管財人の否認権（破産法160条1項1号）行使の可否（積極）も、論点となっているが、本稿ではこれらの論点は取り上げない。

　個人事業主である債務者AとAの長男であるBは、平成24年11月25日、弁護士Y₁及び同Y₂との間で、Aの自己破産の申立代理業務、Aの自己破産の申立てに関連する連帯債務・連帯保証債務の処理、これらに付随して合理的に必要とされる法律事務を委任し、A及びBが連帯してその委任事務に対する報酬として140万円（税別）を支払うこととする内容の委任契約を締結した。Y₁及びY₂は、同年12月10日に、Aの債権者に対し受任通知を発送した。

　AとBは、不動産甲（土地・建物）を、Aの持分が5分の3、Bの持分が5分の2の割合で共有していたが、甲には独立行政法人住宅金融支援機構（以下「機

構」という）を抵当権者とし、A及びBを連帯債務者とする抵当権が設定されていた。A及びBは、平成25年4月7日に第三者である買主との間で、甲を1880万円で売却する旨の契約を締結し、Bは、同日、手付金として100万円の支払を受け、さらに同年5月27日、残代金1780万円の支払を受けた。

Bは、平成25年5月27日に、甲の売買代金1880万円につき、抵当権者に対する弁済等として合計1536万0733円を支払い、また、甲の売買契約に基づく売主の瑕疵修補義務としての工事代金10万2900円の支払義務を負った。その結果、甲の売買代金からこれらを控除した残額は333万6367円（＝1880万円－1536万0733円－10万2900円）となり、その5分の3相当額は200万1820円（以下「本件余剰金」という）となった。

Aは、Y₁及びY₂が申立代理人となり、平成25年6月19日、神戸地方裁判所尼崎支部において破産手続開始の申立てをした。

Aは、遅くとも破産申立時までには、Bが本件余剰金を取得することを承認し、Y₁及びY₂は、Bが本件余剰金を取得したことを認識していた。Y₁及びY₂は、Aの破産手続開始申立書の財産目録に本件余剰金を記載していない。

Aは、平成25年7月3日、破産手続開始決定を受け、Xが破産管財人に選任された。

Xは、債務者との間で同人の破産申立てに関する委任契約を締結した弁護士は、破産制度の趣旨に照らし、債務者の財産が破産管財人に引き継がれるまでの間、その財産が散逸することのないよう、必要な措置を講ずべき法的義務（財産散逸防止義務）を負うにもかかわらず、Y₁及びY₂は、A及びBに対し、本件余剰金がAに帰属する資産であり、将来選任される破産管財人に引き継ぐべき資産であることを教示せず、Bが本件余剰金を取得するのを容認したと主張し、財産散逸防止義務違反の不法行為に基づく損害賠償として、Y₁及びY₂に対し、各自本件余剰金相当額200万1820円及びその遅延損害金を支払うよう請求した。

Y₁及びY₂は、債務者との間で同人の破産手続開始申立てに関する委任契約を締結した弁護士が財産散逸防止義務を負うことは認めたが、甲に設定された抵当権の被担保債権であるA及びBの連帯債務について、AとBとの間にはAがその全責任を負う旨の負担合意（以下「本件負担合意」という）があり、本件負担合意から、甲を売却した場合には、当然にAの持分の売却純収入（甲の売却代金から

登記費用、測量費用及び仲介費用を控除した残額の5分の3）をBの持分の売却純収入より先に債務の弁済に充てる旨の合意（以下「本件支払合意」という）をし、本件支払合意に基づきAの持分の売却純収入が債務の弁済に充てられ、不足額がBの持分の売却純収入から弁済されたので、本件余剰金はBに帰属し、破産財団を構成しないと主張した。

2　判　旨

神戸地裁尼崎支部は、次のように述べて請求を棄却した。

(1)　まず、本件余剰金の帰属に関して、「破産申立前に担保物件を売却し、その売却代金をもって抵当権者に弁済することが詐害性を有しないとされるのは、抵当権者は破産手続開始後も抵当権に基づいて競売の申立てができ、一般債権者に優先して担保物件から被担保債権の弁済を受けられるからである。

したがって、売買代金から仲介手数料、別除権者への弁済金等の諸経費を控除した余剰金は破産債権者の共同担保となり、破産者が余剰金を減少させる等の行為をした場合には、破産債権者の共同担保を害するものとして詐害行為否認の対象となるというべきであるし、余剰金の帰属は、競売手続によった場合と同様に解するのが相当というべきである」。

「そこで、競売手続によった場合の余剰金の帰属について検討するに、本件では、AとBの持分は同時に売却されている。

この点、共同抵当権が同時に実行され、同時に配当がなされる場合につき、民法392条1項は「債権者が同一の債権の担保として数個の不動産につき抵当権を有する場合において、同時にその代価を配当すべきときは、その各不動産の価額に応じて、その債権の負担を按分する」と規定する。

同項の「不動産」には不動産の持分も含まれるが、本件各不動産に設定された抵当権は、AとBが各別にそれぞれの持分につき設定した訳ではなく、両名が一緒になって本件各不動産の全体につき設定したものであるから、「数個の不動産」としてのAの持分とBの持分とをそれぞれ目的とする共同抵当権が設定されたものと解することはできない」。

「しかしながら、本件のような場合にも、民法392条1項が類推適用され、Aの持分とBの持分の価額に応じて、被担保債権の負担を按分すべきと解すべきであ

る。なぜなら、民法392条1項の趣旨は、割付主義を採用することで、後順位抵当権者間に不公平が生じるのを回避し、かつ、抵当権設定者をして各不動産の残担保価値を有効に利用させる点にあるところ、不動産の共有持分に各別に抵当権が設定された場合のみならず、共有に係る不動産全部に抵当権を設定した場合にも、各持分の後順位抵当権者の不公平を回避したり、各持分の残担保価値を有効に利用するという民法392条1項の趣旨は妥当するからである。

なお、共同抵当権の目的たる数個の不動産のうちにいわゆる物上保証人に属するものがある場合において同時配当がなされた場合に民法392条1項の適用があるかは争いのあるところであるが（大阪地方裁判所平成22年6月30日判決・判例タイムズ1333号186頁、東京地方裁判所平成25年6月6日判決・判例タイムズ1395号351頁）、AとBはいずれも抵当権の被担保債権の債務者（連帯債務者）であり、仮に、連帯債務者間におけるBの負担割合がB主張のように存在しなかったとしても、Bが債務者であることに変わりはないから、民法392条1項が類推適用されるという結論は左右されない」と述べた。

そして、以上の理由により、甲の売買代金のうち、Aの持分に相当する価額（売却代金の5分の3）から、抵当権者等への弁済金等のうちAの持分価額に相当する額（弁済金等の5分の3）を控除すると、Aに帰属すべき余剰金は200万1820円となると認定した。

(2) 次に、破産申立代理人の財産散逸防止義務違反の点について、「債務者との間で同人の破産申立てに関する委任契約を締結した弁護士は、破産制度の趣旨に照らし、債務者の財産が破産管財人に引き継がれるまでの間、その財産が散逸することのないよう、必要な措置を採るべき法的義務（財産散逸防止義務）を負うことは当事者間に争いがない。」

証拠及び弁論の全趣旨によれば、「甲の査定額は2119万円であり、オーバーローン物件ではなかったにもかかわらず、Y_1及びY_2は、前記1の当裁判所の判断とは異なる法的解釈に基づき、A及びBに対し、本件余剰金がAに帰属する資産であり、将来選任される破産管財人に引継ぎすべき資産であることを教示せず、Bが本件余剰金を取得するのを容認したと認められる。

債務者が危機状態に陥った後は、破産制度の趣旨に照らし、破産管財人に換価処分を委ねるのが原則であり、破産申立前の換価処分は、それを行わなければ資

産価値が急速に劣化する等の事情のある場合に限られ、特に本件のように法的見解に相違があり得ることが予想される場合には、より一層速やかに破産申立てを行い、破産管財人の判断に委ねるのが相当であることはいうまでもないが、前記のとおり、Y₁及びY₂がBに対し本件余剰金の取得を容認したのは法的見解の相違に基づくものであり、本件のように共有不動産全体に共有者を連帯債務者とする被担保債権とする抵当権が設定され、当該抵当権が実行された場合の処理につき明確に判断した最高裁の判例はなく、この点を意識的に論じた文献も必ずしも十分でないこと、破産申立前に破産申立代理人に対し換価処分が求められることは稀とはいえず、本件でも、Aの援助者であるBからその旨の希望があったことなどを考慮すると、Y₁及びY₂が、A及びBに対し、甲の処分を容認し、Bが本件余剰金を取得するのを承認したことに故意又は過失があるとまでは認められないから、Y₁及びY₂は、財産散逸防止義務違反の不法行為に基づく損害賠償責任を負わない。」と判示した。

3 評 釈

判旨には疑問がある。

(1) 本件余剰金の帰属について

判旨は、破産申立前になされた甲の任意売却によって生じた余剰金の帰属について、当該余剰金がAの破産債権者の共同担保となることや、Aが余剰金を減少させる等の行為をした場合には詐害行為否認の対象となるべきというべきであり、余剰金の帰属は競売手続によった場合と同様に解するのが相当であると論じ、A及びBのそれぞれに帰属する余剰金の額の算定に際して、民法392条1項の類推適用を認めて、割付主義を適用している。

しかし、本件は、競売により甲について抵当権の実行がなされた事案ではなく、破産申立てがされる前に、甲の共有者であるA及びBが合意により甲の任意売却を行い、抵当権者への被担保債権全額の弁済によって抵当権が抹消されている事案であり、A及びBの各持分について後順位担保権者も存在しないと認められる（少なくとも甲はオーバーローンとなっていないことが認定されているので、後順位担保権者がいたとしても全額弁済を受けたものと認められる）。民法392条1項の趣旨については、判旨も述べるとおり、共同抵当の対象となっている各不動産の

後順位担保権者間の不公平を回避し、抵当権設定者として各不動産の残担保価値を有効に利用させる点にあるとされている[1]が、本件のように共有者全員の合意により任意売却を実施し、後順位担保権者が存在しない（少なくとも債務の割付けの仕方によって不利益を受ける後順位担保権者は存在しない）事案にあっては、債務者と抵当権設定者の間の合意の効力を否定してまで、民法392条1項による割付主義の適用を強制する必要性は乏しいと思われる。

　本件では、A及びBは、甲の取得費用合計4448万3675円のうち、約5分の3をAが手持資金や機構からの融資により調達した資金で負担し、約5分の2をBが自己資金で負担することとなったことから、AとBの共有持分割合を5分の3と5分の2としたもので、本件負担合意により、Bの負担部分はなかったと主張している。かかる主張に対して、裁判所は本件負担合意の存否について明確な事実認定をしていないが、仮に本件負担合意が存在したと認定できるのであれば、甲を任意売却した際に本件負担合意を否定して392条1項の割付主義を類推適用する実質的な必要性は認められないというべきである。すなわち、本件負担合意が存在するのであれば、甲の抵当権の被担保権債権への弁済は、まずAの持分の売却純収入から充てられ、それでも不足する場合にBの持分の売却純収入から充てられるべきこととなるので、本件余剰金を含む余剰金の全額がBに帰属すべきことになる。このことは、本件負担合意が存在したのであれば、Aが危機時期でないときに甲の任意売却が行われた場合を想定すると、本件余剰金が被担保債権の全部について責任を有するAに帰属するとすることは合理性を欠くといえることからも明らかであり、本件余剰金がAに帰属するのか、Bに帰属するのかの結論は、本件負担合意の有無が判断の基準となるべきである。仮に、本件負担合意の存在が認められないのであれば、判旨のとおり民法392条1項の類推適用により、本件余剰金はAに帰属することになろう。したがって、判旨が、本件負担合意の有無について明確な認定を行わないまま、本件余剰金の帰属を判断したことは問題があると考える。

　なお、判旨が、本件負担合意の有無に頓着せずに、甲の任意売却による債務の弁済に関して392条1項の類推適用をして、結果として、本件余剰金については

1　柚木馨＝高木多喜男編『新版注釈民法(9)〈物権4〉』614頁〔高木多喜男〕（有斐閣、1998年）。

Aの資産となると判断した背景には、Aによる自己破産申立てが差し迫っている時期に甲の任意売却が実行され、本件余剰金がAの資産から失われ、結果としてAの債権者のための責任財産が減少させられたという外観が存在しており、このような外観からすればAの債権者のためにAの責任財産を回復する必要があるという判断があったのではないかと推測される。

　しかし、本件負担合意の存在は、不動産の共有持分と異なり公示の方法がなく、外観からは分からないものではあるものの、実体的な権利の帰属という点からは無視できないというべきであるから、本件負担合意の有無を判断することなく、本件余剰金がAの責任財産か否かを判断することには疑問がある。また、仮に、Aが危機時期となる前にすでに本件負担合意が存在していた場合であっても、Aの危機時期後にAB間の本件支払合意により、甲の任意売却の際にAが本件余剰金を実際にBに取得させた（Bが実際に取得することを容認した）行為を、危機時期後の債務返済とみて偏頗行為否認の行使を論ずる余地はあったと考える。

　ただし、この点は、本事案におけるXのBに対する本件余剰金の支払請求が、本件余剰金の取得についての詐害行為否認（破産法160条1項1号）という法律構成をとっていたことに影響された可能性もあると思われる。

(2) 破産申立代理人の財産散逸防止義務

　本件では、「債務者との間で同人の破産申立てに関する委任契約を締結した弁護士は、破産制度の趣旨に照らし、債務者の財産が破産管財人に引き継がれるまでの間、その財産が散逸することのないよう、必要な措置を採るべき法的義務（財産散逸防止義務）を負うことは当事者間に争いがない」と判示しており、審理のなかで「財産散逸防止義務」の法的根拠、発生要件、義務の内容、義務違反の場合の効果等について具体的な主張や判断がなされた形跡は認められない。

　訴訟当事者間で代理人弁護士の財産散逸防止義務の存否・内容について争われなかった事情は、判旨からは明確に読み取れないが、Y$_1$及びY$_2$が、本件余剰金の帰属に関する法的解釈を争っていることからすれば、代理人弁護士に抽象的に財産散逸防止義務があること自体は争いがなかったとしても、本件で具体的に財産散逸防止義務に違反していたことまで争われなかったとはいえないだろう。

　そうであれば、仮に抽象的に代理人弁護士の財産散逸防止義務があることが当

294　　第3章　判例評釈編

事者間に争いがなかったとしても、具体的に財産散逸防止義務に違反する行為があったかどうかについては、Y₁及びY₂の関与について明確な事実認定が必要であったと思われる。しかし、判旨を読む限り、Y₁及びY₂の関与の具体的な内容についての認定にもブレがみられる。すなわち、争いのない事実としては、「Y₁及びY₂は、Bが本件余剰金を取得したことを認識していた（争いなし）。Y₁及びY₂は、Aの破産手続開始申立書の財産目録に本件余剰金を記載していない」と認定しているのに対し、財産散逸防止義務違反の不法行為の有無をめぐる争点の前提となる事実認定のなかでは「裁判所の判断とは異なる法的解釈に基づき、A及びBに対し、本件余剰金が破産者に帰属する資産であり、将来選任される破産管財人に引継ぎすべき資産であることを教示せず、Bが本件余剰金を取得することを容認したと認められる」と認定し、最終的に財産散逸防止義務違反の不法行為の有無をめぐる判断に際しては「A及びBに対し、甲の処分を容認し、Bが本件余剰金を取得することを承認したこと」を前提として判断しており（引用中の傍点はいずれも筆者による）、Y₁及びY₂が、甲の任意売却やBが本件余剰金を取得した経緯のなかで具体的にどのような関与をしたのかについては、必ずしも明確な認定がされていない。本事案では、抽象的な財産散逸防止義務の存否が争点になっていなかったとしても、Y₁及びY₂の関与の具体的な内容を明確に認定することが不可欠であったと思われる。

　以上のとおり、判旨の内容からは、財産散逸防止義務が、誰に対する義務であり、必要な措置とは具体的にどのような内容の措置が求められるのか、散逸したとされる場合の損害賠償義務を誰に対して負うのか、受任通知の前後によって義務内容に違いがあるのかといったことは必ずしも明らかでない。破産申立代理人の財産散逸防止義務の存否やその内容については、その点を判示した下級審での裁判例が増加しており、本書の他の判例評釈にもあるとおり、今なお議論のあるところである。

　本事案は、上記のとおり当事者間で争いなく破産申立代理人の財産散逸防止義務の存在を認めていて、財産散逸防止義務の存否や内容については審理の対象となっておらず、また、破産申立代理人であるY₁及びY₂の具体的な行為の内容も詳らかではないため、財産散逸防止義務の存否や内容に関する具体的な議論の詳細は、他の判例評釈の解説に譲ることとしたい。

評釈8　神戸地尼崎支判平26.10.24　295

しかし、本事案の判旨は、一般論として、「債務者が危機状態に陥った後は、破産制度の趣旨に照らし、破産管財人に換価処分を委ねるのが原則であり、破産申立前の換価処分は、それを行わなければ資産価値が急速に劣化する等の事情のある場合に限られ、特に本件のように法的見解に相違があり得ることが予想される場合には、より一層速やかに破産申立てを行い、破産管財人の判断に委ねるのが相当であることはいうまでもない」と指摘しており、かかる一般論は実務上の観点から必ずしも妥当なものとはいえないと考える。すなわち、「債務者が危機状態に陥った後は、破産制度の趣旨に照らし、破産管財人に換価処分を委ねるのが原則である」とするが、かかる原則が存在するといえるかは疑問である。現行の破産法は、一般的には債務者に危機時期における破産申立義務を課していない[2]。債務者は危機状態に陥ったからといって必ずしも不可避的に破産手続の対象となるものではなく、再生手続等の法的再建型手続や、私的整理による債務整理という選択肢もある。債務者が危機時期に詐害行為を行った場合であっても、当該詐害行為は、詐欺破産罪（破産法265条）に該当する場合は別としても、一般的には詐害性のみを理由に違法となるわけではなく、破産管財人が否認権行使をしてはじめて、否認の効果が生ずるに過ぎない。また、「破産申立前の換価処分は、それを行わなければ資産価値が急速に劣化する等の事情のある場合に限られ、特に本件のように法的見解に相違があり得ることが予想される場合には、より一層速やかに破産申立てを行い、破産管財人の判断に委ねるのが相当であることはいうまでもない」と判示する点も、破産申立「前」の換価処分についても一律に債務者の換価権を制約して、資産価値が急速に劣化する等の事情がある場合でなければ債務者（又はその代理人）は換価できないとすることは、破産法161条が相当対価の処分行為に対する否認権行使の要件を限定的に定めていることとも整合せず、財産権への過剰な制約といわざるを得ない。さらに、法的見解に争いがある場合に、あたかも破産管財人が破産申立代理人に代わって正当な法的解釈を示すべき唯一の主体として期待されることには違和感がある（破産申立代理人

2　破産申立義務があるのは、清算法人が債務超過であることが判明した場合の清算人（一般社団法人及び一般財団法人に関する法律215条1項、会社法484条1項、656条1項）、法人が債務超過である場合の医療法人の理事（医療法55条5項）、私立学校法人の理事（私立学校法50条の2第2項）、宗教法人の代表役員等（宗教法人法48条2項）など。

もまた、法律の専門家である弁護士としての見識を有しているはずである）。

判旨のいわんとすることは、破産申立代理人は、破産申立てを受任した後にいたずらに申立てまでに時間をかけて債務者の財産を換価することや、不当な財産管理・換価により債権者の責任財産を減少させることがないようにすべきであるという観点からの指摘であるとは思われるが、過剰に債務者の財産管理権や財産換価権を制約しているものであって、一般論としては妥当でないというべきであろう。

(3) 財産散逸防止義務違反における過失

判旨は、Y_1及びY_2が、裁判所の判断とは異なる法的解釈に基づいて、本件余剰金がAに帰属する資産であり、将来選任される破産管財人に引き継ぐべき資産であることを教示せず、Bが本件余剰金を取得するのを容認したと認定しつつも、Y_1及びY_2には故意又は過失があるとまでは認められないとして、Y_1及びY_2の財産散逸防止違反の不法行為による損害賠償責任を否定した。

故意又は過失を否定した理由としては、「Y_1及びY_2がBに対し本件余剰金の取得を容認したのは法的見解の相違に基づくものであり、本件のように共有不動産全体に共有者を連帯債務者とする被担保債権とする抵当権が設定され、当該抵当権が実行された場合の処理につき明確に判断した最高裁の判例はなく、この点を意識的に論じた文献も必ずしも十分でないこと」と、「破産申立前に破産申立代理人に対し換価処分が求められることは稀とはいえず、本件でも、Aの援助者であるBからのその旨の希望があったことなど」をあげている。

しかし、前者の理由は、そもそも上述したとおり、判旨の法的見解（本事案においても民法392条1項が類推適用されるとする）の妥当性に疑問があるところであるが、一般的に、最高裁判例や文献の不存在のみを理由に法解釈の誤りについての過失を否定したり、逆にこれらの判例の存在や文献の存在だけを理由に過失を肯定したりすることは、専門家責任の在り方として疑問がないとはいえない[3]。

また、後者の理由については、破産申立代理人が依頼者である破産者からの希

3　法律解釈という行為の性格上、通説・判例と異なる主張をすることが直ちに違法となるものではなく、相応の根拠のある法律解釈であれば、仮に判決で代理人弁護士の主張と異なる解釈が示されたとしても、当該弁護士が損害賠償義務を負うべき場合というのは極めて限定されるのではなかろうか。**本書Q21**〔小畑英一〕参照。

望について可能な限り応じようとすることは十分にあり得るところであるとしても、本件では、AとBは、本余剰金の帰属をめぐって客観的には利害が対立する関係にあるにもかかわらず[4]、Aの代理人であるY₁及びY₂の義務違反の有無を論ずるに当たって、依頼者でないBの希望を考慮することは、むしろAの代理人としては適切ではないというべきであろうから、判旨がBからの希望があったことを、過失を否定する理由のひとつにあげていることは理解し難い。

　本件におけるY₁及びY₂の過失の有無を論ずるためには、財産散逸防止義務の内容が明確にされる必要があることはもとより、A及びBによる甲の任意売却や本件余剰金をBに取得させたことにY₁及びY₂がどの程度関与していたのか、本件余剰金がAの責任財産から流出することを防ぎ得る立場にあったのか、代理人として依頼者（A）の利益を図る目的で業務をしていたといえるのか、といった点の事実認定が必要となると思われる。しかし、本件では、これらの点が明確になされていないため、Y₁及びY₂に財産散逸防止義務違反の不法行為（過失）があったかどうかは判断が困難である。上述したとおり、本件負担合意の存在が認定できて、本件余剰金がそもそもBの帰属であったとすれば、Y₁及びY₂に財産散逸防止義務違反の過失を問う余地は相当に小さくなると考える。他方で、本件支払合意によって本件余剰金をBに取得させることを容認したY₁及びY₂の行為が、Bに利益を与えることを企図してY₁及びY₂の積極的な関与によりなされたとすれば、Aの破産申立代理人としてなすべき行為規範から大きく逸脱しているといわざるを得ず、Aの代理人としてAの財産についての財産散逸防止義務に違反しているという過失を認める余地が大きくなるというべきであろう。

〔上野　保〕

4　その意味では、AとBの間で本件余剰金の帰属が問題となり得るにもかかわらず、Y₁及びY₂が、AとBの双方から受任をしていることに問題の根があるのではなかろうか。

Comment
神戸地尼崎支判平26.10.24について

　私は判旨に疑問を呈する上野弁護士による評釈に概ね同調するが、次の3点に
ついては異なる視点からコメントしておきたい。

1　負担合意と民法392条1項類推適用の関係
⑴　剰余金の帰属は負担合意に基づいて決定すべき

　まず、本件剰余金がAに帰属するのかBに帰属するかについて、判旨が民法
392条1項を類推適用して割付主義によって結論を出すべきとするのに対し、評
釈は（民法392条1項を類推適用するのに先行して）当事者による負担合意を基礎と
して決するべきとする。任意売却は当事者間で合意が成立していることが大前提
であるから、当事者間の合意の有無又は内容が不明であっても画一的・安定的に
配当を実施しなければならない競売手続を前提とした余剰金の配分に関する規律
である民法392条1項とは、その前提が異なる。したがって、類推適用が当然に
適切とはいえないことは評釈が指摘するとおりである。

　そもそも利害関係者の合意が成立して任意売却が実現した場合においては、民
法392条1項とは異なる配分がなされたとしても、通常は第三者の利益が不当に
害されることはない。したがって、任意売却における余剰金の配分は、原則とし
て、当事者間の合意に委ねるべき事柄である。

⑵　危機時期における剰余金の帰属

　では、かかる負担合意に基づく剰余金の帰属の決定は、一方が危機時期に至っ
た後になってからなされたとしても有効であろうか。民法392条1項の類推適用
は任意売却時には必要ないと解する根拠が、上記のとおり、かかる合意は第三者
の利害には関係がない点にあるとすると、無担保債権者が有する債権の引当てと
なる資産が不足していることが明らかになった後については別の規律もあり得る
ところではある。

　しかしながら、現行法は（債権法改正後も）、危機時における負担合意（配分に
関する合意）についてその効力の有無を直接規律することはしておらず、破産管

財人による事後的な修正の対象とすることで債権者平等と私的自治（資産処分の自由）との調整を図っているといえる。

したがって、仮に負担合意が危機時期に至った後になされたとしても、それ自体が直ちに違法となるわけではない。

(3) 破産手続開始を申し立てることを決めた後の負担合意

(2)のとおり、負担合意が危機時期に至った後になされたとしても、それ自体を直ちに違法とすべきではない。

しかし、破産手続開始を申し立てることを決めて弁護士に委任するなどした後でも負担合意（剰余金の配分）は当事者の自由意思に委ねられるかというと、私はそうではなかろうと考える。法的倒産処理に入る方針を固めた者でも資産の処分と対価の配分は自由にできるとすると、倒産手続による保護は享受しつつ、倒産法がその核心的な価値のひとつとする債権者平等の適用は任意に回避することが可能になりかねない。破産管財人の否認権行使による事後的な巻き戻しは、取引の相手方保護との均衡を図る必要があることから、受益者の主観等の要件があり、万能ではないからである。

よって、私は、破産手続開始を申し立てることを決めた者は申立前であっても破産法が定める債権者平等を尊重する義務があり、これに反する資産処分等は債権者一般に対する義務違反が成立し得ると考える。そして、そのような義務違反となる行為を回避するよう助言しなかった弁護士についても債権者一般に対する不法行為が成立し得ると解する。また、かかる義務により保護されるのは債権者全体の利益であるから、損害賠償請求権の行使等により義務違反者の責任を追及する主体としてふさわしいのは破産管財人である。

上記のような見解に対しては、責任の有無という違法性の問題が、破産手続開始を申し立てる方針という債務者の内心の問題に左右されるのでは法的安定性を欠いてしまう、との批判もあろう。しかし、債務者による方針の決定は弁護士への委任の有無等により客観的に認定することもできる。また、義務発生時点の事実認定に困難を伴う場合があるからといって、破産手続を利用しようとする者が破産法上の重要な価値である債権者平等を没却することを許してしまう解釈は、基本的な部分において倒産法の理念に反する。

⑷　まとめ

　以上より、私は、任意売却における剰余金の帰属については民法392条１項の類推適用を必ずしも否定するものではないが、その前に当事者間の合意を尊重すべきと考える点においては評釈に同調するものの、破産手続を申し立てる方針を決めた者が、債権者平等に反する負担合意を新たにすることは違法となり得るし、そのような負担合意を知りながら放置し、又は支援した代理人弁護士の行為も違法となり得ると考える。

　もっとも、このような考えをとったとしても、評釈の対象となっている裁判例の事案における結論は変わらない（以下の論点についても同様である）。

２　危機時期における資産処分の自由

⑴　判例及び評釈の理解

　次に、判旨が、「債務者が危機状態に陥った後は、破産制度の趣旨に照らし、破産管財人に換価処分を委ねるのが原則であり、破産申立前の換価処分は、それを行わなければ資産価値が急速に劣化する等の事情のある場合に限られ、特に本件のように法的見解に相違があり得ることが予想される場合には、より一層速やかに破産申立てを行い、破産管財人の判断に委ねるのが相当であることはいうまでもない」と指摘している点について、評釈が、かかる一般論は妥当なものとはいえないと指摘する部分について検討する。

　危機状態に陥った後でも債務者には資産処分の自由が認められており、債務者による資産処分又は対価の配分が債権者平等を害する場合には破産管財人の否認権行使による事後的な巻き戻しにより調整されるのが現行法の原則であるとするのが評釈の立場と解される。私も原則としてそのような認識を共有する。

⑵　破産手続申立てを決めた後は別

　しかしながら、１で述べたとおり、危機状態に陥っているだけでなく、すでに破産手続開始を申し立てることを決めた者については、いずれ（自身の意思により）適用されることとなる倒産法における重要な原則を没却するような自由まで現行法が認めているとは解されない。

　したがって、法的整理の開始を申し立てることを決めた者が、いずれ否認権行使の対象となるような偏頗弁済や詐害行為をすることは法的義務に違反し、その

ような行為を助言し、又は換価したような代理人弁護士も責任を負うことはあり得ると考える。責任追及の主体等については前項に述べたとおりである。

3　法的見解に相違があり得る場合の破産申立前における換価処分

(1)　判例及び評釈の理解

最後に、判旨が「破産申立前の換価処分は、それを行わなければ資産価値が急速に劣化する等の事情のある場合に限られ、特に本件のように法的見解に相違があり得ることが予想される場合には、より一層速やかに破産申立てを行い、破産管財人の判断に委ねるのが相当であることはいうまでもない」と指摘する点も、評釈は、破産申立「前」の換価処分についてまで一律に債務者の換価権を制約して（資産価値が急速に劣化する等の事情がある場合でなければ）換価できないとすることは、破産法161条が相当の対価を得てした財産の処分行為に対する否認権行使の要件を限定的に定めていることとも整合せず、過剰な制約といわざるを得ないとして批判する。この点を検討する。

まず、破産申立前の換価処分について一律に債務者の換価権を制約することは過剰な制約といわざるを得ないという理解は私も共有するところである。破産手続開始申立ては、危機時期における債務者の選択肢のひとつであって唯一の手段ではないので、危機時期にあるからといって破産手続の開始を想定した処理をする必要があるわけではない。

(2)　破産手続申立てを決めた後は別

法的見解に相違があり得る場合の換価処分については、前記のとおり、原則として（危機時期といえども）制約を受けないと考える。

しかしながら、1及び2でも述べたとおり、破産手続（法的整理）の開始を申し立てることを決定した後についてはこの限りではないと考える。とりわけ、判旨の事案のように法的見解に相違があり、法の解釈適用によっては債権者の取り分に違いが生じるという場合、あえてそのうちのひとつを選択して後に紛糾するような処分を破産手続申立前にする必要はなく、裁判所の監督を受ける破産管財人の判断に委ねた方が適切な処理を期待できる。そして、前述のとおり、破産手続（法的整理）の保護を受けようとする者は、申立前であっても破産法が重視する価値である債権者平等を害するような処分権の行使はしないよう要請されると

考えても、格別、自由の過度な制約にはならない。

　むしろ、破産法上の原則を実質的に担保するためにはかかる認識の共有が必要であり、解釈上の無理はない。破産法161条の趣旨は、有害性のない行為は否認できないという当然のことを取引安全の見地から明示するところにあり、破産手続を選択することを決定した者は申立前であっても破産手続上の原則に拘束されるという解釈には、何ら矛盾しない。

　なお、もちろん、161条が予定するような有害性のない行為は、方針決定後申立前であっても適法であり、破産管財人による責任追及の対象とはならないし、そのような行為を助言した弁護士が責任を問われることもないと考える。

〔柴田義人〕

評釈 9 破産手続開始前に成立していた第三者のためにする生命保険契約に基づき破産者である死亡保険金受取人が取得する死亡保険金請求権が破産財団に帰属するとされた事例

最高裁判所 平成28年4月28日第一小法廷判決
(平成27年(受)第330号・民集70巻4号1099頁)

---

1 事案の概要

(1) 本件は、第三者のために締結された生命保険契約の保険金受取人について、破産手続開始後に保険事故が発生した場合に、これにより具体化した保険金請求権が破産財団に帰属することを前提に、破産管財人が、破産者代理人等に対して、破産者に保険金の費消は問題ない旨の助言をしたことが不法行為に該当するとして損害賠償請求等を行った事案である。

(2) 平成24年3月7日、夫婦であるY_1及びAは、Y_2を代理人として破産手続開始の申立てをし、同月14日、破産手続開始決定を受けて、同時に破産管財人としていずれもXが選任された。

Y_1及びAの子であったBは、①平成16年に、被共済者をB、死亡保険金を400万円とする生命共済契約(死亡共済金の受取人は、Y_1及びA。以下「本件生命共済契約」という)を、②平成23年に、被保険者をB、死亡保険金を2000万円とする生命保険契約(死亡保険金の受取人はY_1。以下「本件生命保険契約」という)をそれぞれ締結していたが、平成24年4月25日に死亡した。

Y_1は、平成24年5月上旬頃、本件生命共済契約に基づく死亡共済金400万円及び本件生命保険契約に基づく死亡保険金2000万円の各請求手続をし、同月中にこれら合計金2400万円について、Y_1名義の銀行口座への振込みにより支払を受け、同年6月4日までに合計2400万円全額を引き出した。

Xは、平成24年6月22日、破産裁判所に対し、Y_1を相手方として上記金2400万円の引渡命令の申立てをし(破産法156条1項)、同年8月6日、破産裁判所は、Y_1に対して、2400万円全額を引き渡すことを命じる決定をした(Y_1が、当該

決定について即時抗告をするも、同年9月12日、棄却されている）。

　Y₁は、2400万円のうち1400万円について、平成24年6月頃よりY₁らの代理人となっていたY₃（Y₃及びY₄が新たにY₁及びAの代理人となった後、Y₂は、同年6月26日付けでY₁らの代理人を辞任している。その後、Y₄は、同年10月2日付けでY₁ら代理人を辞任）の預り口座に送金し、Y₃は同年9月19日、これをXの口座に送金した。2400万円のうち1000万円については、Y₁が葬儀費用及び生活費等のために費消していたが、そのうち800万円はY₃の助言により費消されたものであった。

　(3)　かかる状況の下、Xは、①Y₁を被告として、不当利得に基づき、②Y₂、Y₃及びY₄を被告として、不法行為に基づき、それぞれ、連帯して1000万円の支払を求める訴えを提起した（Y₁は、Xを被告として、不当利得に基づき1400万円の返還を求める反訴を提起している）。

　第一審（東京地判平26.6.18金判1492号25頁）は、破産手続開始前に成立した保険契約に基づく抽象的保険金請求権が破産財団に属することを前提に、本件の死亡共済金請求権及び死亡保険金請求権がすべて破産財団に帰属することを認定し、XのY₁に対する請求を認容した。他方、XのY₂及びY₄に対する請求はいずれも棄却しつつ、Y₃に対する請求については、「（Y₁が）費消した行為は、…詐欺破産罪（破産法265条1項4号）に当たる犯罪行為となる可能性のあるものであり」「Y₁に対し、犯罪行為となる可能性のある不法行為を行うことについて、助言を求められた弁護士として、…生活費等に支出して構わないとの助言を行い、Y₁はこの助言に基づいて本件金員のうちの800万円を費消したものというべきであるから、Y₃の行為は、誠実にその職務を行う義務を負う弁護士としての注意義務（弁護士法1条2項参照）に違反するものであり、Y₁との共同不法行為を構成する」と判示して、Y₃が費消について助言した金800万円の限度でこれを認容した。

　X、Y₁及びY₃が控訴をした原審（東京高判平26.11.11金判1492号22頁）は、控訴をいずれも棄却し、原判決を維持した。

　これに対して、Y₁及びY₃が、保険金等の請求権が破産財団に属するとした原審の認定判断に法令の解釈適用の誤りがあるとして、上告受理申立てをしたのが本件である。

2　判　　旨

　最高裁は、次のように述べて上告を棄却した。

　破産手続開始前に成立していた生命保険契約（生命共済契約を含む）に基づき、破産者である受取人が有する死亡保険金請求権が破産財団を構成するか否かについて、最高裁は、

　「第三者のためにする生命保険契約の死亡保険金受取人は、当該契約の成立により、当該契約で定める期間内に被保険者が死亡することを停止条件とする死亡保険金請求権を取得するものと解されるところ（最高裁昭和36年(オ)第1028号同40年2月2日第三小法廷判決・民集19巻1号1頁参照）、この請求権は、被保険者の死亡前であっても、上記死亡保険金受取人において処分したり、その一般債権者において差押えをしたりすることが可能であると解され、一定の財産的価値を有することは否定できないものである。したがって、破産手続開始前に成立した第三者のためにする生命保険契約に基づき破産者である死亡保険金受取人が有する死亡保険金請求権は、破産法34条2項にいう「破産者が破産手続開始前に生じた原因に基づいて行うことがある将来の請求権」に該当するものとして、上記死亡保険金受取人の破産財団に属すると解するのが相当である」。

として、破産財団を構成することを明言し、本件生命共済契約及び本件生命保険契約に係る死亡共済金・保険金が破産財団に属すると判示した。

3　評　　釈

　結論に賛成する。

(1)　問題の所在

　本件は、下級審ではいくつか裁判例が出ていた論点である、破産手続開始前に成立していた生命保険契約（生命共済契約）に基づき破産者である受取人が有する死亡保険金請求権が破産財団に帰属するか否かという点が主要な争点となったものであるが、さらに、原審においては、死亡保険金請求権が自由財産に帰属するとの見解に拠って、その費消を容認する助言をした破産者代理人弁護士の不法行為責任も大きな争点となった。

　本評釈では、死亡保険金請求権の帰属に関する従前の実務・学説等を踏まえて、破産財団への帰属を肯定した本判決の妥当性を検証するとともに、被告と

なった3名の破産者代理人の各行為を踏まえ、代理人間で結論が異なることとなった原因、及びその当否に関しても検討をしたい。

(2) 死亡保険金請求権の破産財団帰属性

ア　破産財団は、破産手続開始時に破産者に帰属する財産により構成されるものであり、開始時を基準時として、それ以降に破産者に帰属することとなった新得財産はそこから除外され（固定主義。破産法34条1項）、破産者の自由財産となる。

そして、死亡保険金請求権等の保険金請求権に関しては、あくまで、保険事故が発生して初めて、保険会社に対する具体的な請求権が生じる以上、基準時である破産手続開始後に保険事故が発生した場合には、固定主義との関係でこれが破産財団に帰属するのかどうかが問題となる。

もっとも、破産手続開始前に生じていた原因に基づく将来の請求権は、破産財団に属することとされており（破産法34条2項）、この「将来の請求権」には、停止条件付債権で破産手続開始時点では条件成就がいまだ認められないものが含まれることについては異論をみない。

そうすると、保険金請求権についても、締結されていた保険契約を「破産手続開始前に生じた原因」として、保険事故という停止条件が付された停止条件付請求権とみることができるかというのが議論の出発点となる。

イ　この点に関し、本判決が引用する最三小判昭40.2.2（民集19巻1号1頁）は、養老保険の被保険者が、自己所有の全財産を包括的に遺贈したが、保険契約においては、被保険者死亡の場合の保険金受取人が「相続人」と記載されていたことから、保険契約締結と同時に「相続人」が抽象的な保険金請求権を取得しており、その裏返しとして、保険事故（被保険者の死亡）発生時点ではすでに被保険者の遺産から離脱していたのではないかが争われた事案である。

保険契約締結時点に保険金受取人として指定された者が、保険契約締結と同時に（保険事故発生前に）保険金請求権を取得するか否か、すなわち、まさに保険金請求権の発生時期が問題となったものであるが、同判決は「保険金受取人としてその請求権発生当時の相続人たるべき個人を特に指定した場合には、右請求権は、保険契約の効力発生と同時に右相続人の固有財産となり、被保険者（兼保険契約者）の遺産より離脱しているものといわなければならない」として、保険契約締

結時に保険金請求権が発生する旨判示している。

　かかる判決の結論は、保険金受取人として指定された者は「被保険者死亡前において、すでに条件附請求権すなわち一種の期待権を取得しているのであって、保険金請求権それ自体は被保険者の生存中にその遺産より離脱している」とする学説に依拠したものであると説明されている[1]。

　ウ　保険事故発生後に、具体的な保険金請求権を譲渡することができるのはもちろんであるが、保険法47条及び74条は、保険事故発生前であっても、抽象的な保険金請求権の譲渡及び質入れを肯定しており、保険契約締結と同時に抽象的な保険金請求権が発生することを前提としている。実務的にも、保険事故発生前の抽象的保険金請求権について、質権等の担保が設定されることはごく一般的に行われているところである。

　また、強制執行の場面においても、差押対象となる債権が条件付・期限付権利であることは障害とはならず、「事故発生を停止条件とする保険金請求権…も…被差押適格をもつ」とするのが通説であり[2]、執行実務もかかる見解を前提としている[3]。

　エ　以上のとおり、保険事故発生前であっても、抽象的な保険金請求権は停止条件付請求権としてすでに発生していると理解することが相当であること、及び開始時を基準として包括的差押えとしての性質を有する破産手続において、個別執行との均衡をとる必要があることからも、生命保険契約に基づき保険金受取人が有する保険金請求権は、破産法34条2項に基づき破産財団を構成すると解すべきこととなろう。

　本判決以前の下級審判決であるが、東京高決平24.9.12（判時2172号44頁）、札幌地判平24.3.29（判時2152号58頁）も同様の結論をとる。

　オ　このような結論に対しては、①保険契約者や保険契約者の債権者が保険契約を解約したり、保険金受取人指定を撤回したりすることで、保険金受取人の地位が簡単に覆されるものであるから、抽象的保険金請求権の財産的価値は低いこ

1　中島恒「最三小判昭40.2.2判批」金法408号13頁。
2　中野貞一郎＝下村正明著『民事執行法』671頁（青林書院、2016年）。
3　東京地方裁判所民事執行センター実務研究会編著『民事執行の実務〈債権執行編(上)〉［第3版］』142頁（金融財政事情研究会、2012年）。

と（したがって、債権者が責任財産として期待すべき程度は低いこと）、②偶然の事由である保険事故発生によって、保険金受取人の債権者に当初期待よりもはるかに大きな満足を与えることとなること、③破産者である保険金受取人の更生を妨げ、保険金受取人やその家族の生活に支障が生じることなどの点を指摘した上で、当該保険金請求権の財産的価値、保険金受取人の保護の必要性、保険契約者の意思等を踏まえて、個別に判断をすべきであると説く見解がある[4]。

しかし、財産的価値が低いことを根拠に、破産財団の帰属性を否定することについては理論的に難があり、また、偶然の事由である保険事故の発生により、債権者が不当に利することとなるという指摘については、保険契約の性質上やむを得ないものと考えられる。

上記③は、本判決の射程が、傷病保険等にも及ぶことを前提にする場合には、保険金請求権が破産財団に帰属することとすれば、保険金受取人たる破産者が現実の給付を受け得ず、その福祉に重大な支障を来すという指摘となるものと思われる。

もっとも、現在の破産実務においては、自由財産の拡張に関して、相当に柔軟かつ個別的な運用がなされている[5]。保険事故発生前の抽象的保険金請求権が破産財団に一律に帰属することとしつつ、保険事故発生後に、破産者が当該保険金を現実に必要とする事情等は、自由財産拡張の適否の判断過程において個別に斟酌することによって結論の妥当性を図ることが可能であり、この点でも、本判決の結論は妥当であろう。

⑶ 破産者代理人弁護士の責任について

ア 本件における訴訟物（不法行為）

破産者代理人の責任に関しては、近時、破産手続開始申立代理人の財産散逸防止義務に関する裁判例が散見され[6]、そこでは、訴訟物として、不法行為責任・契約責任のいずれであるのかが議論されることが多い。

もっとも、これら財産散逸防止義務が問題となる事例の多くは、破産手続開始

4　遠山優治「生命保険金請求権と保険金受取人の破産」文研論集123号211頁（1998年）。

5　中山孝雄＝金澤秀樹編『破産管財の手引［第2版］』148頁以下（金融財政事情研究会、2015年）参照。

6　裁判例や議論の整理について、加藤新太郎「破産手続開始申立代理人の財産散逸防止義務〈Legal Analysis 4〉」NBL1079号118頁（2016年）等参照。

前（申立前）の申立代理人の行為が対象とされることが通常であるが、本判決の事案はこれとは異なる。

すなわち、本件は、破産手続開始後に、破産財団に帰属すべき資産を適切に保全せず、その費消を許したことが問題とされている。端的にいえば、破産財団帰属資産の毀損に加功したというものであるから、破産者代理人弁護士に係る訴訟物として、不法行為に基づく損害賠償請求権が選択されたことは当然であろう。

イ　破産者代理人弁護士のうち責任が否定された者（Y₂及びY₄）

原審は、Y₂に関して、①Y₂は、Y₁及びY₃に対して、保険金請求権が破産財団を構成するとの破産裁判所及びXの見解を説明したこと、②XがY₁に対して、受領した保険金の引渡しを求めている旨伝えていること等から、「Y₁が受領した本件保険金等の同被告による費消を助長したものということはできない」として、不法行為責任を否定した。

Y₄に関しては、具体的な行為を特に認定することもなく、「Y₁に対し、…費消することは構わないとの助言をしたとの事実も認められない」として、同様に不法行為責任を否定している。

ウ　破産者代理人弁護士のうち責任が肯定された者（Y₃）

他方、原審は、Y₃について、①平成24年6月1日から7日にかけて、Y₁、A及びY₂の話を通じて、本件保険金請求権が破産財団に帰属するとの破産裁判所及びXの見解、ならびにその保全が求められていることを認識していたこと、②かかる状況の下、これが自由財産に属するとの独自の見解に基づき、「Y₁に対し、本件保険金等から葬儀費用等に費消してもよいとの助言をした」ことを認定し、「誠実にその職務を行う義務を負う弁護士としての注意義務（弁護士法1条2項参照）」に違反するものとして、Y₃が関与して以降に費消された800万円の限度で不法行為責任を肯定している。

エ　検　討

担保価値維持義務に違反した破産管財人の行為が善管注意義務違反として損害賠償責任を負うか否かが問題となった最一小判平18.12.21（民集60巻10号3964頁）は「この点について論ずる学説や判例も乏しかったこと…を考慮すると、…本件行為を行ったとしても、このことをもって破産管財人が善管注意義務違反の責任を負うことはないというべき」と判示する。

310　第3章　判例評釈編

まず、一般論として、法的論点について、確立した最高裁判例がなく、学説や裁判例も乏しいような場合に、弁護士が、特定の見解に依拠して依頼者に助言をし、その後に当該見解が裁判において否定されることとなったとしても、そのことをもって、責任を問われることは妥当ではない。

　依頼者の利益を図る弁護士としての当然の責務であり、職責をまっとうしていることにほかならないからである。

　また、助言当時において弁護士が相応の法的根拠に基づき助言をしたのであれば、特段の事情がない限り、法的責任が問われることはないもの考えられる。

　本件において、Y_3は、死亡保険金請求権等の保険金請求権に関して、保険事故の発生が破産手続開始後であれば、保険金請求権は、保険金受取人の破産財団に帰属しないとの見解に立って、Y_1らに対して助言を行ったものである。

　この論点については、当時、下級審の裁判例（ただし、本件行為時点では前掲東京高決平24.9.12の判断はまだ出されていない）が存するのみであり、また、上記のとおり、学説上もY_3の助言の根拠となる見解も少数説ながら存した。

　そうであるにもかかわらず、Y_3の責任が肯定されるためには、破産財団を毀損したと同視すべき積極的な事由が必要となろう。

　その意味で、そもそも費消について積極的な助言をしてすらいない、Y_2及びY_4の責任が否定されたのは妥当である。

　他方、Y_3に関しては、原審が認定するとおり、①Y_3自らが破産管財人であるXに対して、Y_1らにおいて保険金請求を行うことを通知した上で、②疑義がある場合には破産裁判所へ確認の上連絡するように伝えていたこと、その後、③破産裁判所及びXから、本件保険金請求権は破産財団に帰属するとの見解が示されるとともにその保全求められていたこと、④かかる状況を認識していながら、あえて、Y_1らに対して「生活費等として支出することは差支えない旨説明」し、その支出を容認していたこと、⑤Xの引渡しを命じた決定に対する即時抗告が棄却された後もなお（決定手続及び即時抗告におけるY_1の代理人もY_3である）、保険金の支出（Y_3の弁護士報酬）を積極的に容認していたこと等の事情が認められる。

　たとえ、将来の保険金請求権の破産財団帰属性に関する確立した最高裁判例がなかった場合であっても、破産裁判所及び破産管財人による法的見解が示されていた点は軽視すべきではなく、破産者代理人として慎重な対応が求められる段階

評釈9　最一小判平28.4.28　311

に至っていたものと考えられる。

　かかる状況において、保険金の費消を積極的に容認したY₃の行為は、破産財団を毀損する積極的行為があったものと評価され、最終的に不法行為責任が認められたものと考えられる。

　このように、本件は、極めて例外的な事案であり「特段の事情」が認められる稀有な事例であって、法的見解の対立がある場合の責任問題として一般化することは相当ではない。

　破産者代理人であるY₃としては、保険金の請求及びその費消によって破産財団が毀損されたとの判断が示された場合には、Y₁らの免責にも影響する重大な事由であることから、法的決着が図られるまでは、保険金請求を自重するように助言することが相当であったと考えられる。これによって、Y₁らが特段の不利益を被ることもない。

　本件におけるY₁らの保険金請求の目的は、葬儀費用及びこれに関連する費用の捻出であるところ、これは、自由財産の拡張等によっても当面の対応は可能であり、保険金の費消以外に方法がなかった事案でもない。

　破産者代理人としては、法的手続を踏んだ上で決着を図るべき事案であり、慎重な対応が望まれた事案といえよう。

〔小畑英一〕

Comment
最一小判平28.4.28について

1 はじめに

本書判例評釈9〔小畑英一〕（以下「本評釈」という）は、最一小判平28.4.28（民集70巻4号1099頁。以下「本判決」という）の結論に賛成するが、私も同意見である。以下では、このように考えるに至った理由と他に考察すべき問題点について、本評釈を踏まえてコメントする。

2 死亡保険金請求権の破産財団帰属性について

本判決は、「第三者のためにする生命保険契約の死亡保険金受取人は、当該契約の成立により、当該契約で定める期間内に被保険者が死亡することを停止条件とする死亡保険金請求権を取得するものと解される」として、最三小判昭40.2.2（民集19巻1号1頁）を引用する。この判例は、保険金請求権について、保険契約の締結と同時に一定の財産的価値を有する抽象的な保険金請求権の発生を認める立場と整合的であるといえる。本評釈もこのような観点から分析し位置づけている。

さらに本評釈は、保険法47条及び74条の存在、強制執行の場面における差押対象債権の性質といった点を併せて考察した上で、保険金請求権の発生時期について、保険事故発生前であっても抽象的な保険金請求権は停止条件付請求権としてすでに発生しているものとの理解に立ち、生命保険契約に基づき保険金受取人が有する保険金請求権が破産法34条2項に基づいて「将来の請求権」として破産財団を構成するとして判旨に賛成する立場を表明するが、賛成である。

加えて、本評釈は、これに対する反対説を紹介した上で、その論旨を①、②、③の3つに分析する。これら反対説の根拠からも理解できるように、保険金請求権の破産財団帰属性をめぐる問題は、一面において保険金請求権（とりわけ抽象的保険金請求権）の発生時期と、それに関連して「将来の請求権」（破産法34条2項）に該当するか否かという理論的側面を有するとともに、他面において、保険事故発生によって、本来であれば受取人として保険金を受領できたにもかかわら

ず破産財団への帰属を肯定すると、もはやこれを受領できなくなるが、そのような結果は妥当かについての価値判断に関わるという側面があると考える。

なお、破産会社が受取人となっていた保険契約について、保険金の受取人を取締役に変更する行為（指定変更行為）が財産を減少させる行為として、旧破産法72条1項の否認権行使の対象となるか否かが問題となった東京高判平17.5.25（金法1803号90頁）は、死亡保険金の受取人たる地位は保険契約に基づく法的地位であるが、具体的な死亡保険金請求権は被保険者の死亡時に初めて発生するものであり、被保険者の死亡前において保険金受取人たる地位それ自体を一定の金銭的額面を有する財産権と評価することはできないとして、他人を被保険者とする死亡保険契約の被保険者の死亡前における死亡保険金受取人たる地位の変更は、特段の事情がない限り、契約者である破産者に属する財産の処分として旧破産法72条1号所定の否認の対象とはならないと判示している。この判断は、本判決の立場と不整合なのではないか、という点が問題となろう。私見は、東京高判平17.5.25が受取人変更行為を否認権対象行為として捉えるべきか否かを問題とし、過去の行為時における破産財団を減少する処分行為としての性質を有するか否かという観点から保険金請求権が受取人変更行為の時点で一定の財産的額面を有する財産権として評価し得るか否かを問題としたのに対して、本判決は、破産財団帰属性という観点から、保険金請求権が「将来の請求権」（破産法34条2項）に該当するか否かを問題としたものであり、保険金請求権の性質に関して両判断は格別、不整合であると解する必要性は高くないと考えるものであるが、改めて考察されるべき問題であると解する。

3　破産申立代理人の責任

破産申立代理人の責任に関して、まず、破産申立代理人に対する破産管財人による不法行為に基づく損害賠償請求権を訴訟物とする点について、本評釈は、いわゆる破産申立代理人の財産散逸防止義務をめぐる問題との場面の違いを指摘する。この点は、従来の破産申立代理人の財産散逸防止義務の射程範囲を意識しつつ本件の法律上議論すべき場面を画する指摘としての意味を有すると考える。

問題となるのは、破産申立代理人弁護士のうちY₃について、不法行為責任を肯定した判断の当否である。ここでは、破産管財人や破産裁判所と破産申立代理

人との間で破産者の有する一定の財産の処理や破産財団の帰属の有無をめぐって法的見解に相違が生じた場合、弁護士は法律専門家として一定の裁量が認められることから、不法行為の成否に関連して注意義務違反となるか否かの限界をどのように捉えるべきかという点が実務上重要な意義を有する。

　この点に関して、本評釈は、破産管財人の担保価値維持義務との関係で善管注意義務違反について判断した最一小判平18.12.21（民集60巻10号3964頁）を指摘し、その限界を考察した上で、確立した最高裁判例がなくとも破産裁判所及び破産管財人による見解が示されていたことで、「相当に慎重な対応が求められる段階になっていたことは明らか」であったと評価する。本判決では、自らの法的見解を前提とした行動を選択した弁護士について、いかなる場合に過失による職務行為として不法行為責任が認められるかが問題とされていたところ、本評釈が指摘する①ないし⑤といった事情を重要な考慮要素としたものと推察される。

4　弁護士の誠実義務との関係

　なお、本件（特に第一審判決である東京地判平26.6.18金判1492号25頁）において、裁判所は、破産申立代理人弁護士の注意義務違反の根拠としてかっこ書きで「弁護士法1条2項参照」としている。そこで、本件で破産申立代理人による不法行為責任を追及する前提として、その注意義務の根拠を弁護士法上の誠実義務に求めることが妥当か、仮に弁護士法上の誠実義務に求めるのであれば、今日の通説的見解が誠実義務の法規範性を肯定するものの倫理的性質をも併せ有するとしていること[1]、誠実義務は一般条項であり規範的概念であることに照らし、法的安定性確保への配慮からの類型化の作業など、判旨において、より詳細に分析、検討がなされるべきであったと考える。

5　損害賠償の範囲

　また、損害の範囲に関し、原審は、Y_1が費消した1000万円のうち、破産申立代理人への相談後に費消されたことの証明がないとして200万円を除いた、少なくとも800万円につき弁護士としての注意義務違反が認められるとして損害賠償

1　加藤新太郎『弁護士役割論［新版］』357頁（弘文堂、2000年）。

責任を認めている。この結論につき異論はないものの、問題となった弁護士の助言と相当因果関係のある損害の範囲の画定は、事案ごとの具体的事情の下で検討を要する問題といえよう。

〔岡　伸浩〕

<table>
<tr><td>評釈
10</td><td>再生会社の代表取締役が労使交渉を早期に妥結するために再生会社の従業員の福祉会に対し私財を無償譲渡したところ、後に、代表取締役個人の破産管財人から、破産手続開始の申立代理人（再生会社の再生手続開始の申立代理人を兼任）に対して、財産散逸防止義務違反を理由として損害賠償請求がなされた事案について、申立代理人が無償譲渡をやめさせるための措置を講じなかった判断が専門家としての合理的な裁量に照らして不合理なものといえないとして財産散逸防止義務違反を認めなかった事案</td></tr>
</table>

青森地方裁判所 平成27年1月23日判決

(平成25年(ワ)第58号・判時2291号92頁)

---

1 事案の概要

　B社代表取締役Aは、支払不能になった後、B社の再生手続についての労使交渉を早期に妥結するため、B社の従業員を会員とする福祉会に対し、Aの私財から1750万円を無償で譲渡した。その後、Aは、B社の再生手続開始の申立代理人でもあった弁護士Yを破産手続開始の申立代理人として、破産手続開始の申立てをし、破産手続開始決定がなされた。

　そうしたところ、破産手続開始の申立てを受任した弁護士は、破産制度の趣旨及び弁護士法1条2項の誠実義務に基づき、債務者の財産が破産管財人に引き継がれるまでの間、債務者の財産等が散逸することのないよう措置すべき法的義務（財産散逸防止義務）を負うところ、申立代理人Yは、Aが無償譲渡の意向を有することを認識していたにもかかわらず、無償譲渡をやめさせるための措置（本件防止措置）を講じず、財産散逸防止義務に違反して破産財団を減少させたとして、Aの破産管財人Xが、Yに対し不法行為に基づく損害賠償の支払を求めた。

　事実の経過は、以下のとおりである。

　(1)　B社は、平成23年3月30日、Yを代理人として再生手続開始申立てをした。

(2)　B社は、再生手続開始申立当時、保有する現金及び預金の残高が３億円を下回った場合には、事業の継続を断念せざるを得なくなることが見込まれる状況にあった。B社は、多くの取引業者から、新規の取引について現金取引等の条件を要求され受諾せざるを得なかった。そのため、B社において、事業の再生を達成するためには、資金力豊富なスポンサーとの間で、スポンサー契約を締結する必要があった。申立代理人Yは、７月中にはスポンサーを選定する必要があると判断していた。B社の経営会議においても、スポンサーの公募を５月中に行い、６月中にデューデリジェンスを受け入れ、７月半ばにスポンサーを選定する方針が確認されていた。その後、B社は、７月29日付けで、スポンサー契約を締結した。

(3)　福祉会は、B社従業員の福利厚生を目的とする、B社とは別個の団体で、賃金から天引きによって積立金を徴収しており、会員は、いつでもその返還を請求することができた。福祉会は、積立金について、会員に返還する原資の不足分は、B社から補填を受けていたが、B社の再生手続開始申立てに伴い、不足分約3500万円の補填を受けることができなくなった。

(4)　Aは、B社を主債務者とする保証債務約66億9000万円を負っていたため、３月30日付けで、Yに対し、破産手続開始の申立てを委任した。

(5)　B社労働組合等は、従業員全員を解雇する方針の撤回や、福祉会の会員に対する積立金の全額返還（B社又はB社の経営者による不足分の補填）を要求していた。

(6)　４月14日、B社につき再生手続開始の決定がなされた。

(7)　B社は、４月18日、労働組合等に対し、新たな人員削減案を提案したが、労働組合等は、これに応じるための条件のひとつとして、福祉会の会員に対する積立金の全額返還を改めて要求した。A及び他の代表取締役Cは、４月22日に行われた労使交渉後、労使交渉を早期に妥結するため、福祉会に対し、A及びCの私財からそれぞれ1750万円を無償で譲渡する旨を決断し、Yに相談することなく、労働組合等に対し、その旨を伝えた。

(8)　Cは、４月25日、Yに対し、A及びCによる上記無償譲渡の意向を伝えたが、Yは、これらを防止するための措置を講じなかった。

(9)　４月27日、B社と労働組合等は、代替的人員削減案及び福祉会の会員に積

立金の全額返還を受けさせることなどを内容とする協定書を取り交わした。Ａは、5月11日、福祉会に対し、Ａの私財から1750万円を無償で譲渡し、Ｃも、福祉会に対し、同額を無償で譲渡した。福祉会は、これらをすべて会員への積立金の返還に使用した。

　⑽　Ｙらは、平成24年7月9日、Ａの代理人として、Ａの破産手続開始申立てをし、同年8月7日、破産手続開始決定がなされ、Ｘが破産管財人に選任された。

2　判　　旨

　裁判所は、以下のように判示して、申立代理人に注意義務違反はないと判示した。

⑴　財産散逸防止義務の発生について

　いわゆる自己破産の申立てを受任した弁護士は、債権者その他の利害関係人の利害及び債務者と債権者との間の権利関係を適切に調整し、もって債務者の財産等の適正かつ公平な清算を図ること等を目的とする破産制度の趣旨に照らし、債務者の財産が破産管財人に引き継がれるまでの間、その散逸を防止するための措置を講ずる法的義務（財産散逸防止義務）を負い、この義務に違反して破産財団を構成すべき財産を減少・消失させた場合には、不法行為を構成するものとして、破産管財人に対し、損害賠償責任を負うことがあるものと解される。

⑵　財産散逸防止義務の違反の有無について

　もっとも、破産財団が最終的には破産者の債権者に対する配当原資となるべきものであることに照らせば、自己破産の申立てを受任した弁護士の財産散逸防止義務は、究極的には債権者のための注意義務であるものということができるのであって、当該弁護士の行為が財産散逸防止義務に違反するものであるか否かの判断に当たっては、当該行為が上記債権者に不利益を及ぼすものであるか否かを個別具体的な事案に即して検討する必要があるものというべきである。

⑶　本件の検討

　Ｂ社に係る本件再生手続とＡに係る本件破産手続とは、相互に密接不可分な関係を有するものであり、Ａに係る本件破産手続は、いわばＢ社に係る本件再生手続（Ｂ社の倒産処理に係る手続）を中核とする一連の倒産事件の一部と評し得るも

評釈10　青森地判平27.1.23　　319

のである。

　本件破産債権者の利益は、すなわちB社の倒産処理に係る手続及びAに係る本件破産手続の双方を通じて得る利益を併せた利益（本件総利益）を通じて実現されるものということができる。

　そして、Aから本件破産手続開始申立てを受任した弁護士である申立代理人において本件防止措置を講じなかったことがその財産散逸防止義務に違反するか否かは、当該行為によって本件総利益にどのような影響が及ぶことになるかという観点から判断すべきものというべきである。

　また、本件再生手続とB社の代表者であるAに係る本件破産手続のような企業再生を中核とする一連の倒産事件について、日々生ずる種々の事態に臨機応変に対応し、時として対立する多くの関係者の利害関係に十分な目配りをしながら適切な倒産処理を可能にするという観点からは、当該企業の再生手続の申立代理人とその経営者の破産に係る申立代理人とを同一の弁護士が兼ねることが有益であるというべきであり、そのような弁護士の活動は、当該弁護士の専門家としての合理的な裁量に委ねられているものと解するのが相当である。

　申立代理人において本件防止措置を講じなかったことによって本件総利益にどのような影響が及ぶことになるかは、将来の予測にわたる不確実な事柄について、本件労使交渉の従前の経緯や、本件再生手続の進行予定、その当時におけるB社の保有資産及び経営状況等の諸般の事情を総合的に考慮した上、弁護士としての専門的知見を用いて判断することを要するものである。そして、申立代理人は、上記のような諸点を考慮した上、本件防止措置を講じて本件無償譲渡をやめさせれば、本件労使交渉の妥結が遅延し、これにより本件再生手続が頓挫して破産手続に移行してしまう公算が高く、その結果、本件総利益が大幅に減少することとなるとの判断の下、本件防止措置を講ずることを断念したものであるところ、申立代理人のそのような判断が上記のような専門家としての合理的な裁量に照らして不合理なものといえないのであれば、申立代理人が本件防止措置を講じなかったことをもって財産散逸防止義務に違反するものということはできないものというべきである。

320　　第3章　判例評釈編

3 評　釈

申立代理人に注意義務違反はないと判示した結論には賛成するが、その理由づけには疑問がある。

(1) 本裁判例の枠組み

本裁判例は、自己破産の申立てを受任した弁護士について、債務者の財産が破産管財人に引き継がれるまでの間、その散逸を防止するための措置を講ずる法的義務（財産散逸防止義務）があることを認めた上で、申立代理人が散逸を防止するための措置を講じなかった判断が専門家としての合理的な裁量に照らして不合理なものといえないのであれば、申立代理人が本件防止措置を講じなかったことをもって財産散逸防止義務に違反するものということはできないという枠組みで判断している。

なお、本裁判例は、申立代理人が財産散逸防止義務を負う根拠として、破産制度の趣旨をあげている。また、申立代理人が財産散逸防止義務に違反して破産財団を構成すべき財産を減少・消失させた場合には、不法行為を構成するものとして、破産管財人に対し、損害賠償責任を負うとしている。

(2) 財産散逸防止義務を認める根拠

自己破産の申立てを受任した弁護士について、債務者の財産が破産管財人に引き継がれるまでの間、債務者の財産の散逸を防止するための措置を講ずる法的義務（財産散逸防止義務）を認め、申立代理人の作為又は不作為によって（財産散逸防止義務に違反して）破産財団所属財産となる破産者の財産を減少させ、破産債権者に損害を生じさせた場合には、申立代理人に責任が発生する余地があることを認める考えが有力となっている。

その理論的根拠については、申立代理人が破産者（債務者）との委任契約に反したことに基づく債務不履行責任とする考え方と、申立代理人について、実質的に破産債権者に対する不法行為責任とする考え方がある。

ア 債務不履行責任構成

債務不履行責任の場合は、破産者（債務者）に対する委任契約（又は準委任契約）の債務不履行となる。受任者は、委任の本旨[1]に従い、善良な管理者の注意をもって、委任事務を処理する義務を負う（民法644条）。破産手続開始申立てに関する委任の場合、委任の本旨は、破産者について破産手続開始申立てを行うこ

とであるが、その内容としては、適法かつ適正なかたちで申立てを行い、破産に関連して後に破産管財人や破産債権者等から責任を問われないようにすることも含まれると考えられる[2, 3]。また、個人破産の場合には、免責不許可事由を生じさせないことも含まれると考えられる。したがって、申立代理人の作為又は不作為が破産財団所属財産となる破産者の財産を減少させ、破産管財人や破産債権者から責任を問われる状態を生じさせた場合、申立代理人としては、善管注意義務に反したことになり、委任者である破産者（債務者）に対する債務不履行に基づき損害賠償責任を負うことになる。

そして、破産手続開始決定後は、破産者の有する債権（財産）として、破産管財人が損害賠償請求権を行使することになる。

申立代理人の善管注意義務違反に基づく債務不履行責任であるので、破産者（債務者）が自らの作為又は不作為によって破産財団所属財産となる破産者の財産を減少させた場合には、原則的に、申立代理人が責任を負わないということになる。しかし、そのような場合でも、申立代理人が財産減少（隠匿）行為を行わないよう破産者に対して注意を与えることを怠った場合、又は、破産者の財産減少行為を発見したにもかかわらず回復するように助言するなどの措置を怠った場合には、申立代理人は、債務不履行責任を負うことがあると考えられる[4, 5]。委任の本旨である適法かつ適正なかたちで申立てを行い、破産に関連して後に破産管財人や破産債権者等から責任を問われないようにすることのなかには、破産者

---

1 「委任の本旨とは、「債務の本旨」（（引用者注：民法）415・493）と同義である（…）。要するに委任の目的に適合するように事務を処理すべきことをいう。しかし委任の目的が各契約の具体的内容によって異なることはいうまでもない」。谷口知平ほか編『新版注釈民法(16)〈債権7〉』226頁〔中川高男〕（有斐閣、1989年）。

2 伊藤眞・本書理論編32頁は、「委任の本旨に従った委任事務の処理（民法644）とは、責任財産の公平な分配という破産者の利益を実現すること（公平分配利益の実現）、それを前提として、個人破産者の場合には、免責を得る利益を実現すること（免責利益の実現）である。具体的には、受任者たる破産者代理人は、これらの利益を実現するために、破産者に対する説明や助言を行い、委ねられた財産の管理などについて必要な注意を払い、適時に破産手続開始申立てを行い、破産手続開始後は破産管財人に対して必要な協力をする義務（破産管財人に対する情報提供などを適切な方法によって行うことを内容とする破産者に対する義務）を負う」とする。

3 山本和彦・本書理論編47頁も、破産手続開始申立てに係る委任契約の義務内容について、「付随的な契約上の義務として、破産手続に関連して破産者が不利益を受けないように配慮する義務もあると解される」とする。

が適法かつ適正なかたちで申立てを行い、破産に関連して破産者が後に破産管財人や破産債権者等から責任を問われるような行為を行わないように注意及び指導等することも含まれると考えられるためである[6, 7]。しかし、申立代理人が適正に注意及び指導等をしたにもかかわらず、破産者（債務者）がそれを無視して、破産者（債務者）が自らの作為又は不作為が破産財団所属財産となる破産者の財産を減少させた場合には、原則どおり、申立代理人が責任を負うことはないということになる[8]。

4　伊藤・本書27頁は、「破産手続開始申立てを受任しながら、破産手続の目的や破産者としての義務に関する説明を怠り、また、破産者代理人自身が保管を委ねられた財産について不適切な管理をしたなどの場合には、破産財団に引き継がれるべき財産を減少させたという意味で、破産者に対する損害賠償責任が発生し、それを破産管財人から追及される可能性が存在する」とする。

5　この点に関して、山本・本書50頁は、「破産者が自己の意思に基づき財産を消費したのに、それが代理人に対する損害賠償請求で塡補されることは正当とはいい難いのではなかろうか」とする。

6　かかる見解に対しては、現実には、破産者は、申立代理人に対し、破産手続開始申立てを委任しつつも、その前段階において財産減少行為を望み、さらにはこれを申立代理人に要請する場合もあることから、このような場合に、申立人代理人が、財産減少行為を黙認し又は要請に応じることが、破産者の意思には合致するにもかかわらず、委任の趣旨に反するといい得るのかという反論が考えられる。この点については、代理人弁護士の立場について、代理人的立場と保護者的立場のいずれを重視するかの問題にも関連する。弁護士職務基本規程20条（依頼者との関係における自由と独立）は、弁護士と依頼者との関係について、「弁護士は、事件の受任及び処理に当たり、自由かつ独立の立場を保持するように努める」とし、その趣旨について、「弁護士は、職務を遂行するにあたっては、専門家として委任の趣旨の範囲内において広い裁量権が認められており、また、公共的役割を担う者として依頼者の恣意的要求をただそのまま受け容れ、これに盲従するのみであってはならないのである」としている（日本弁護士連合会弁護士倫理委員会編著『解説弁護士職務基本規程［第2版］』39頁(2012年)）。とするならば、委任の本旨に、委任者の意思を超えて、適正な破産申立等をすることまで含めて考えることは可能であると考えられる。なお、代理人弁護士の立場に関する議論として、弁護士法1条2項等を根拠とし、「代理人弁護士は、債務者に対しても誠実義務を負うが、それとは別に債権者との信頼関係の存在および代理人の高度の専門性に鑑み、債権者に対しても誠実義務を負うものと考える」（松下祐記「再生債務者代理人の地位に関する一考察」伊藤眞先生古稀祝賀『民事手続の現代的使命』1074頁（有斐閣、2015年））とする見解もある。しかし、弁護士法1条2項は、弁護士の「使命を達成するための行動目標」（日本弁護士連合会調査室編著『条解弁護士法［第4版］』9頁（弘文堂、2007年））を規定したに過ぎず、行動目標を定めた規定を根拠として、申立人代理人について、何らの契約関係のない債権者に対してまで誠実義務を認めることは相当でない。

7　山本・本書50～51頁は、「代理人は法律専門家として、依頼者が破産手続を選択する場合に、結果としてそれに関連して不利益を受けないよう、様々な事態を想定して説明・助言する義務を負うものと解される」とする。

イ 不法行為責任構成

不法行為責任の場合、実質的に、誰に対して責任を負うのかが問題となる。申立代理人の作為又は不作為で破産財団所属財産となる破産者の財産を減少した場合、破産債権者に対する配当原資が減少する。そのため、破産債権者に対して、実質的に責任を負うことになると考えられている。そして、破産管財人は、破産債権者の利益を代表する立場にあることから、破産管財人が損害賠償請求権を行使するという説明になる。ただし、破産手続開始決定により、個々の債権者が有する権利をどうして破産管財人が行使できるようになるのか、破産手続開始決定後は、個々の債権者は、破産管財人と別個に個々の債権者として、権利行使ができるのかどうかについても疑問が残ることとなる。

また、破産手続開始決定となった場合、個々の債権者が権利を行使することができなくなるとした場合、どのような理由でできなくなるのかにも疑問が残ることとなる。

(3) 本裁判例の判断

ア 法律構成

本裁判例は、申立代理人が財産散逸防止義務に違反して破産財団を構成すべき財産を減少・消失させた場合には、不法行為を構成するものとして、破産管財人に対し、損害賠償責任を負うとしている。

本裁判例は、不法行為を認める根拠としては、「破産制度の趣旨に照らし」としているだけであり、理論的な根拠については十分に判示されているとはいえない[9]。

破産手続においては、破産手続開始の決定があった場合には、破産財団に属する財産の管理及び処分をする権利は、裁判所が選任した破産管財人に専属し、破産管財人が破産手続を追行し、債務者の財産等の適正かつ公平な清算を図ること

---

8 債務不履行責任構成の場合、受任後、受任通知を出していない段階で財産減少行為に関与した場合も、申立代理人の責任が生じ得ることになる。そのため、申立代理人の責任が生じる時期が早過ぎないか、また、過大にならないかという議論もある。

9 山本・本書42頁は、「すべての裁判例が「破産制度の趣旨に照らし」義務が発生するとするが、そのような義務がなにゆえに生じるのか明確ではない。破産制度の趣旨というが、そもそも破産法は申立代理人について何らの規定も有していないのであり、破産法が申立代理人にどのようなことを期待しているのか、破産法から直接その義務が導出できるのか、疑問が否めない」とする。

324　第3章　判例評釈編

となる。

　本裁判例は、破産手続申立後・破産手続開始決定前の時期はもちろんのこと、破産申立前においても、申立代理人について破産管財人と同様に債務者の財産等の適正かつ公平な清算を図る義務を課す趣旨とも考えられる。しかし、破産法の趣旨という一般的なものを根拠にして、財産の管理及び処分をする直接の権利もない申立代理人に無限定に財産散逸防止義務を課して、財産散逸防止義務違反があった場合に、申立代理人に損害賠償義務を課すことは相当ではなく、破産制度の趣旨は直接的な法的根拠にはなり得ないと考えられる。

イ　財産散逸防止義務の有無の判断

(ア)　本裁判例の判断

　本裁判例は、本件防止措置を講じなかったことが財産散逸防止義務の違反を生じるかどうかの判断について、申立代理人について、弁護士の専門家としての合理的な裁量を認めて、本件防止措置を講じなかった判断が専門家としての合理的な裁量に照らして不合理なものといえないのであれば、財産散逸防止義務に違反するものということはできないとする。

　本裁判例が、弁護士の専門家としての合理的な裁量を認めることは、相当と考えられる。

(イ)　申立代理人の広い裁量

　本件の破産申立代理人は、会社の再生手続の申立代理人も兼任していた。再生手続の申立代理人は、事業の信用が毀損され、事業価値の毀損が進み、取引先に現金決済や保証金の提供を要求され当面の資金繰りも厳しいなか、短時間の間に、対立する多くの関係者の利害関係を考慮しながら、事業継続のために適切な倒産処理を迫られるものである。そのため、危殆時において事業を継続し、事業を再生するためには、平常時よりもさらにリスクをとる必要に迫られることも少なくない。そのような職務の内容に鑑みれば、申立代理人には専門家としての合理的な裁量が広く認められるべきである。

　平時における事業再編計画に関しても、最一小判平22.7.15（判時2091号90頁）は、「事業再編計画の策定は、…将来予測にわたる経営上の専門的判断にゆだねられている…。そして、この場合における株式取得の方法や価格についても、取締役において、株式の評価額のほか、取得の必要性、参加人の財務上の負

担、株式の取得を円滑に進める必要性の程度等をも総合考慮して決定することができ、その決定の過程、内容に著しく不合理な点がない限り、取締役としての善管注意義務に違反するものではない」とする。

以上に述べた倒産事件の特質に鑑みるならば、倒産時における申立代理人には、平時における取締役に比してさらに広い裁量が認められるべきである。

ウ　申立代理人の意思決定過程に不合理がないかどうかの判断

本裁判例は、「合理的な裁量に照らして不合理なものといえないのであれば、…財産散逸防止義務に違反するものということはできない」と判示する。

(ア)　判断基準（裁量の幅）及び証明責任

倒産の申立代理人の裁量を広く認めるべき見地及び上記の平時における事業再編計画に関して経営判断の原則を認めた最一小判平22. 7 .15に鑑みれば、「合理的な裁量に照らして不合理なものといえないのであれば」ではなく、少なくとも、「合理的な裁量に照らして著しく不合理なものといえない場合」には、申立代理人は責任を負わないとすべきである。そして、申立代理人に裁量を広く認める以上、著しく不合理ということについては責任を追及する側に証明責任を負わせることになると考えられる。

(イ)　決定過程と決定内容

なお、本裁判例は、Ｙが本件防止措置を講じなかった判断が専門家としての合理的な裁量に照らして不合理なものといえないかの判断において、本件防止措置を講じて本件無償譲渡をやめさせれば、Ｂ社の再生手続が頓挫して、Ａに係る破産債権者が得るＢ社の倒産処理に係る手続及びＡに係る本件破産手続の双方を通じて得る利益を合わせた利益（本件総利益）は、Ｂ社が再生した場合のそれと比べて大幅に減少するとの判断が、不合理であったといい難いとしている。

申立代理人の決定の過程に（著しく）不合理なものがないかの判断において、このような点を考慮することは相当と考えられる。しかし、本件防止措置を講じなかったにもかかわらず、結果として、Ｂ社の再生手続が破産手続に移行して、本件総利益が少なくなったとしても、当時の判断過程に合理的な裁量に照らして著しく不合理な点がない限り、決定内容の合理性や決定の結果について検討することなく、財産散逸防止義務違反はないと認めるべきである。法的倒産手続の状況の下で、申立代理人の行った判断が結果的に功を奏しなかった場合、事後的な

結果から責任を問われるようになるならば、申立代理人は委縮してリスクをとることができなくなり、事業の再生が困難となるばかりか、再生手続の申立代理人がいなくなるおそれもある。

(ウ)　結　　語

以上の次第であり、倒産時における申立代理人には、平時における取締役に比してさらに広い裁量が認められるべきであり、申立代理人の意思決定過程に合理的な裁量に照らして著しく不合理な点がない限り、決定（判断）内容の合理性や決定（判断）の結果には踏み込まないで、合理的な裁量の範囲内として、防止措置を講じなくても財産散逸防止義務に違反しないとすべきと考えられる。

再生手続は、債務者の事業の再生を図ることを目的とする。しかし、再生手続開始申立てや開始決定により、再生債務者の事業価値は急速に毀損していく。そのため、事業の再建のためには、早急に、信用と資金力等のあるスポンサーとの間でスポンサー契約を締結する必要がある場合が多い。スポンサー契約を締結する際には、労使問題が解決していないことは事実問題として大きな障害となる。

したがって、スポンサー契約の締結が、事業再生のために必須であり、スポンサー契約締結のためには、労働組合との早期合意が重要である場合に、労働者組合との早期合意のために行った行為は、特段の事情がない限り、申立代理人の意思決定過程に合理的な裁量に照らして著しく不合理な点がないと認められ、そのような場合には、決定内容の合理性や決定の結果について検討することなく、財産散逸防止義務に違反しないと考えるべきである。

〔富永浩明〕

Comment

青森地判平27.1.23について

1 破産管財人が申立代理人に対し損害賠償請求権を行使する法的根拠

⑴ 本裁判例の立場

本裁判例は、「申立代理人は、破産制度の趣旨に照らし、債務者の財産が破産管財人に引き継がれるまでの間、その散逸を防止するための措置を講ずる法的義務（財産散逸防止義務）を負い、この義務に違反して破産財団を構成すべき財産を減少・消失させた場合には、不法行為を構成するものとして、破産管財人に対し、損害賠償責任を負うことがあるものと解される」と判示する。

評釈者は、この判示事項について、不法行為を認める根拠としては、「破産制度の趣旨に照らし」としているだけであり、理論的根拠については十分に示されているとはいえないとする。コメント者もまったく同様の意見であり、本裁判例には、申立代理人が破産管財人に対し不法行為に基づく損害賠償責任を負う理論的根拠が十分に示されておらず、相当ではないと考える。

⑵ 申立代理人の役割と損害賠償責任

ア 議論活発化の契機

そもそも、破産申立代理人の財産逸失防止義務が活発に議論されるようになったのは、「破産手続申立代理人が受任後、債権者に受任通知を発送し、債権者が権利行使できない状態において破産手続開始の申立てを2年間放置し、結果として、破産者の財産が散逸し、破産手続開始後に破産財団を構成する財産が減少し、破産債権者が損害を被った」事案に関して、破産管財人の申立代理人に対する損害賠償請求を肯定した裁判例（東京地判平21.2.13判時2036号43頁。**本書判例評釈6**〔籠池信宏〕参照。以下「平成21年東京地裁判決」という）が出された以降のことである。同判決は、「財産散逸防止義務」という表現は用いていないものの、申立代理人には、破産手続の目的実現に協力するという公益的責務を遂行する者であるとして、「破産管財人に引き継がれるまで債務者の財産が散逸することのないよう措置すること」が求められ、それは、破産制度の趣旨から当然に求められる法的義務であると指摘した。また、東京地裁破産・再生部裁判官が執筆

328 第3章 判例評釈編

した文献においても、破産制度の目的や、申立代理人が弁護士として誠実かつ公正に職務を行う義務を負っていること（弁護士法1条2項、30条の2第2項、弁護士職務基本規程5条）を理由にして、平成21年地裁判決と同趣旨の見解を示している[1]。

このような見解が発表されたのは、申立代理人として要請される役割・職責を果たしていない事案が見受けられるようになったことを受けて、申立代理人にその要請される役割・職責を果たすように警鐘を鳴らす必要が生じたからであると思われる。

イ　役割・職責の議論との峻別

確かに、申立代理人には、破産財団に帰属すべき財産を保全して、破産管財人に引き継ぐべき役割・職責が要請されており、そのことは、倒産実務家としてはまったく異論がないであろう。しかし、このように要請される役割・職責の議論と、申立代理人の具体的な行為について法的義務に違反して損害賠償責任を負うかどうかの議論とは、まったく別個のものであることを認識する必要がある（前者を「行為規範」、後者を「責任規範」と呼ぶことも可能であろう）。前者は、申立代理人の行動すべき指針であり、それに反しても直ちに法的義務違反となって損害賠償責任を負うことにはならないものであるからである。

(3)　申立代理人の財産散逸防止義務違反の議論における留意点

ア　法的根拠の不明確性

まず、明文の規定の根拠もないのに、破産手続の趣旨・目的といった抽象的な理念（本裁判例の立場）や、弁護士法1条2項等に定められる弁護士の公正誠実義務（本裁判例の原告である破産管財人の主張）から、直ちに、申立代理人には財産散逸防止措置を講ずべき法的義務があり、その義務違反による損害賠償請求権を破産管財人が行使できると解することには議論の飛躍がある[2]。

なぜならば、破産法の趣旨・目的から、直ちに、申立代理人に法的義務を課

1　中山孝雄＝金澤秀樹編『破産管財の手引［第2版］』14頁以下（金融財政事情研究会、2015年）。同様の見解は、その初版（2011年）から記述されている。なお、平成21年東京地裁判決以後（そして、『破産管財の手引』の初版発刊後）、同様の見解を採用する下級審判決が多く見受けられるようになっている。

2　田原睦夫＝山本和彦監修『注釈破産法(上)』115頁〔小林信明ほか〕（金融財政事情研究会、2015年）。

し、その義務違反について破産管財人の損害賠償請求権行使を導く根拠が不明であるし、弁護士法1条2項の公正誠実義務は、依頼者に対して負担する委任契約上の善管注意義務が弁護士の職務の専門性や公共性から加重されたものと解されているため、いずれを根拠としても、破産管財人の損害賠償請求権行使を導くことは困難であるからである。

申立代理人が負うとされる財産散逸防止義務の根拠が明確でない場合には、その義務の範囲が不明確になるおそれが生じることに留意すべきである。

イ　申立代理人には財産管理処分権がないこと

また、破産管財人と異なり、申立代理人は、委任者である破産者（債務者）の財産について、独立の管理処分権は有していないし、委任者たる破産者（債務者）からの委任事項やその指示に反する行為をすることはできない。そうであるにもかかわらず、破産者（債務者）が行った財産散逸行為について、あたかも、申立代理人がこれを防止できる独立の権限があることを前提とするかのような議論がなされているのではないかという危惧を抱くものである。

破産者（債務者）が不当な財産散逸行為をしようとする場合、申立代理人としては、それを防止するべく適切なアドバイスをする義務（この申立代理人の義務については、(4)で後述する）はあるが、その義務を果たしたにもかかわらず、破産者（債務者）がなおも上記行為をする場合、基本的にそれを防止する権限を持たないことに留意すべきである。

なお、申立代理人が破産者と共同して不当な財産散逸行為など債権者の権利を害する行為をしたと評価される場合には、当該債権者に対し不法行為責任を負うことがあり得る（東京地判平27.10.15判タ1424号249頁。**本書判例評釈5**〔服部敬〕参照）。もっとも、これは、当該債権者に対する損害賠償義務として検討されるべき問題である。

ウ　申立代理人の萎縮効果

申立代理人が財産散逸防止義務に違反した場合、申立代理人は損害賠償責任を負うという重大な効果を導くものであるところ、上記のように、そのような法律上の義務の法的根拠やその範囲が不明確であれば、申立代理人の予測可能性を奪い、その行動に必要以上の萎縮効果を与えかねないことに留意すべきである[3]。

この萎縮効果により、弁護士としては、自らに対する損害賠償義務が生じるリ

スクを冒してまで、申立代理人となる意欲をなくすおそれが生じ、その結果、適切な申立代理人を得ることができなくなれば、債務者にとっても、債権者にとっても、倒産事件を所管する裁判所にとっても、好ましいことではない。

⑷　破産管財人が申立代理人に損害賠償請求権を行使する法的根拠の整理

ア　代表的な2つの考え方

破産管財人が破産手続開始前の申立代理人の行為について、損害賠償請求権を行使できる理論的根拠としては、評釈者が指摘するように、①破産者（債務者・委任者）の受任者（申立代理人）に対する委任事項に反することによる損害賠償請求権を行使する（債務不履行構成）、又は②債権者の有する不法行為に基づく損害賠償請求権を破産管財人が総債権者の代表として行使する（不法行為構成）、という2つの考え方がある[4]。コメント者としては、評釈者と同様の理由から②の考え方は、とることはできないと考える（具体的な理由については、評釈2⑶を参照）。

イ　債務不履行構成

上記のように②の考え方をとれないとすれば、①の考え方（債務不履行構成）が基本的に相当であると解される。すなわち、(i)申立代理人は、委任契約に基づき委任者である破産者（債務者）に対して受任者の責任を負う、(ii)委任事項の内容（本旨）は、破産者の責任財産を債権者に公平に分配するという利益を実現（「公平分配利益」の実現）するために、申立代理人が必要な手続、法律事務を行うことである、(iii)申立代理人は、受任者として、委任者である破産者（債務者）に対し、善管注意義務として、「公平分配利益」を実現するために、破産者に対する説明やアドバイスを行い、委ねられた事務処理や手続を行う義務を負う、(iv)申立代理人が上記義務に反した場合には、委任者たる破産者（債務者）に対する債務不履行に基づく損害賠償責任を負う、(v)申立代理人に対する破産者（債務者）の損害賠償請求権は、破産手続開始後には破産財団所属の財産として破産管財人が行使することになる、と理解するのが相当である[5]。

この立場からは、委任者たる破産者（債務者）が、申立代理人の適切なアドバ

3　田原＝山本監修・前掲注2・116頁〔小林ほか〕、岡伸浩「財産散逸防止義務再考」伊藤眞ほか編集代表『倒産法の実践』50頁（有斐閣、2016年）。

4　その他の考え方について、岡・前掲注3・45頁以下参照。

イスにもかかわらず、財産の隠匿など財産散逸行為を行ったときは、「公平分配利益」を自ら放棄したものとして、それらの利益が実現されなかったことを理由とする損害賠償義務を申立代理人は負わないことになる。このように解することによって、申立代理人は委任者である破産者（債務者）の財産について、破産管財人と異なり、管理処分権は有していないし、委任者の委任事項やその指示に反する行為をすることはできないという実態に踏まえた検討が可能となる。

加えて、申立代理人の行為について法的義務違反となるか否かの基準の明確化につながり、申立代理人の萎縮効果を抑えることが期待されることになると考えられる。

ウ　留　意　点

もっとも、上記見解によれば、委任者たる破産者（債務者）が法人か個人かで効果が異なることになる可能性があることに留意する必要がある。破産者（債務者）が個人である場合には、適切なアドバイスをしたものの、なお個人が財産散逸行為を行おうとした場合、結局申立代理人がこれを許容したとしても、委任者が「公平分配利益」を放棄しているのであるから、破産者との関係では損害賠償義務を負うことにはならない（破産管財人は損害賠償請求権を行使できない）ことになると思われる。

他方、破産者が法人の場合には、申立代理人が代表者に適切なアドバイスをしたものの、なお代表者が財産散逸行為を行った場合であっても、委任者はあくまでも法人であるから、委任者が「公平分配利益」を放棄したといえないこともあり得る。

なお、上記は、申立代理人が損害賠償責任を負うかどうかの議論であり、このように解したとしても、適切な破産手続追行のために申立代理人に要請される役割・職責には大きいものがあることは、強調しておきたい。

5　伊藤眞「破産者代理人（破産手続開始申立代理人）の地位と責任—「破産管財人に対する不法行為」とは何か。補論としてのDIP型破産手続〈特集　破産申立代理人の地位と責任〉」債管155号6頁以下（2017年）。

2 財産散逸防止義務の有無の判断

(1) 本事案の特殊性

本裁判例は、破産者が破産手続開始申立前に、個人財産の一部を、再生会社につき事業を継続し、再生が図られるように、同社の従業員の福利厚生を目的とする福祉会の積立不足を補填するために無償譲渡したこと（以下「本件無償譲渡」という）について、これを知っていた破産手続の申立代理人が財産散逸防止措置（以下「本件防止措置」という）を講じなかったことが問題となったものである。

本事案は、破産手続の申立代理人は、破産者が代表者を務める再生会社の再生手続の申立代理人をも兼任しており、かつ（破産債権は、主たる債務者を再生会社とする保証債権であって、その債権者は双方で共通しており）本件破産債権者の利益は、再生会社の倒産処理に係る手続及び破産手続の双方を通じて得る利益を合わせた利益（本件総利益）を通じて実現されるというもので、破産手続のみにおいて申立代理人の法的義務違反が問題となる他の事案とは異なる、極めて特殊性の高いものである。

(2) 申立人代理人の合理的裁量

本裁判例は、申立代理人において本件防止措置を講じなかったことによって本件総利益にどのような影響が及ぶことになるかは、将来の予測にわたる不確実な事柄について、諸般の事情を総合的に考慮した上、弁護士としての専門的知見を用いて判断することを要するものであることを指摘する。その上で、本件防止措置を講じなかったことが財産散逸防止義務の違反を生じるかどうかの判断について、申立代理人につき弁護士の専門家としての合理的な裁量を認めて、「本件防止措置を講じなかった判断が専門家としての合理的な裁量に照らして不合理なものといえないのであれば、財産散逸防止義務に違反するものということはできない」旨と判示する。

評釈者は、①本裁判例が申立代理人について弁護士の専門家としての合理的な裁量を認めることは相当であるとする。加えて、②平時における事業再編計画に関しても、最一小判平22.7.15（判時2091号90頁）が、取締役の経営上の専門的判断には、合理的な裁量を認めているところ、倒産時における申立代理人には、平時における取締役に比してさらに広い裁量が認められるべきであること、③申立代理人の意思決定過程に不合理がなければ、判断した内容（判断した結果）の

（コメント）青森地判平27.1.23について　　333

合理性には踏み込まないで、合理的な裁量の範囲内として、防止措置を講じなくても財産散逸防止義務に違反しないとすべきと考えられること、④申立代理人に裁量を認める以上、著しく不合理ということについては責任を追及する側に証明責任を負わせることになると考えられることを指摘する。コメント者としても、評釈者の①〜⑤の意見と同様に考えるものである。もっとも、平時の取締役と対比される立場として、より相応しい者は、財産管理処分権を保有する再生会社の取締役（再生管財人が選任されている場合には再生管財人）や更生手続の管財人であり、申立代理人は財産管理処分権を有しないという違いはある。この点は、委任者にも広範な合理的な裁量が認められるのであれば、委任者に適切なアドバイスをする立場の申立代理人としても広範な合理的な裁量が認められると考えることが可能であると思われる。

　本事案は、上記のとおり、破産手続と再生手続の申立代理人を兼任した場合であるが、両手続の申立代理人を兼任しない場合においても、破産手続や再生手続の申立代理人のそれぞれの立場において、合理的な裁量が認められるべきものである。ただし、破産手続の申立代理人と再生手続の申立代理人とは、それぞれの役割が異なるから、それぞれの役割における合理的な裁量が問われることになる。一般的にいえば、破産手続の申立代理人の役割と再生手続の申立代理人の役割とを比較すれば、後者の業務が広範で、かつ複雑な判断を必要とするから、合理的裁量の範囲は、より広範な場合が多いであろう。

(3)　申立代理人の判断

　本事案で問題となったのは、本件無償譲渡について、それを知っていた申立代理人がその防止措置を講じなかったことである。

　本裁判例が指摘するように、申立代理人は、本件防止措置を講じて本件無償譲渡をやめさせれば、これにより再生手続が頓挫して破産手続に移行してしまう公算が高く、その結果、本件総利益が大幅に減少することとなるとの判断の下、本件防止措置を講ずることを断念したものである。そうとすれば、この申立代理人の判断は、合理的な裁量に照らし不合理なものといえないとされるのは当然である。

　さらにいえば、私見としては、この申立代理人判断は、事実関係の判断に誤りがない限り、不合理なものとはいえないというよりも、適切な合理性のあるもの

であったと評価できるものである。

　他方、申立代理人が、本件無償譲渡につき破産手続上の財産散逸行為に該当するおそれがあると判断して、これをとりやめるようにアドバイスすることは、再生手続を頓挫させるおそれを生じさせるので、申立代理人として望ましい行為ではないと評価されると考えられる。コメント者の評価は上記のとおりであるが、本事案の破産管財人は、まったく逆の評価をして、申立代理人に対し損害賠償請求をしたのである。このように、倒産事案においては、申立代理人は、どちらを選択しても、後に批判を浴びかねない（後に評価が分かれ得る）困難な判断をせざるを得ない状況に置かれる。したがって、前述のように、申立代理人の判断には合理的な裁量を認め、申立代理人の意思決定過程に不合理がなければ、判断した内容（判断した結果）の合理性には踏み込まないで合理的な裁量の範囲内として許容することが求められるのである。

⑷　破産者に固有の債権者がいた場合

　本事案では、（事実認定からは明確ではないものの）破産債権者のすべてが主たる債務者を再生会社とする保証債権者であると思われるが、破産債権者の一部が破産者の固有債権者（保証債権者ではない債権者であって、再生会社の再生手続からは弁済を受けられない者）が存在した場合はどうか。

　この場合には、固有債権者は、主たる債務者である再生会社から弁済を受ける立場にないから、本件無償譲渡により、破産財団を構成する財産が減少することにより、経済的に不利益を受けることになるおそれがある。そのことを重視すれば、申立代理人としては、本件無償譲渡をとりやめるように、アドバイスをすることも考えられるであろう。他方、再生会社の再生手続が遂行されることのメリットは、再生債権者（保証債権を併せ保有する者を含む）の弁済を増加することができるということだけではなく、従業員の雇用、仕入先の商権、供給をする先への安定供給をそれぞれ維持するという側面もあるから、申立代理人としては、できる限り再生会社の再生を目指すべきとの観点から、破産者（会社代表者）の本件無償譲渡行為をする判断を尊重する（とりやめるべきというアドバイスをしない）ことは考えられる。又は、申立代理人としては、とりやめるべきとするアドバイスまではしなくとも、破産手続におけるリスク（無償否認等のリスク）を説明して、その後は、破産者の判断に任せるという対応をすることも考えられる。

さらに、上記と異なる視点であるが、申立代理人がそれを知ったタイミングの問題もある。申立代理人としては、当初に破産者から相談されていれば、とりやめるべきとアドバイスしたかもしれないものの、本事案では、破産者がすでに労働者に対し本件無償譲渡をする意思を表明しており、その後にそれをとりやめた場合の混乱を危惧して、あえてとりやめるべきとアドバイスをしないという対応も考えられる。このように、申立代理人には様々な対応が考えられ、申立代理人としてどの対応が相当かについて、後に議論をしても、専門家である弁護士のなかでも意見が異なるのではないかと思われるほど、複雑で難しい判断を強いられるのである。

そのため、前述のように申立代理人には、弁護士の専門家としての合理的裁量が認められる必要があるのであるが、その観点からは、上記いずれの申立代理人の対応も、合理的な裁量の範囲内のものと考えられ、善管注意義務（財産散逸防止義務）に反するとして損害賠償責任を発生させるべきではないと考えられる。

〔小林信明〕

申立補助業務に従事した申立会社の代表者に対する対価の支払ならびに破産申立て及びゴルフ預託金返還請求訴訟の弁護士報酬の支払について、申立代理人の財産散逸防止義務違反が認められた事例*

千葉地方裁判所松戸支部 平成28年3月25日判決
（平成27年(ワ)第96号、第338号、第394号・判時2337号36頁）

---

1 事案の概要
(1) 基本的事実関係
ア 破産申立ての受任
株式会社A（代表取締役B）は工事請負等を業とする会社であるところ、平成23年1月、弁護士法人Y_1に対して、同社の破産手続開始申立てを委任した。Y_1の社員である弁護士Y_2は、この委任契約に基づく代理人として活動することとなり、銀行においてY_2名義の預り口座 a を開設した。

イ 申立てに向けた作業
Y_2は、同年1月に債権者に対して破産手続開始申立てを行う旨の通知の発出、Aの事務所にいたヤミ金の退去、ヤミ金が管理していたA名義の通帳の回収、2月に従業員説明会への立会い、3月にリース物件の返還、5月に従業員に対する解雇予告手当の一部支払、8月に労働基準監督署への賃金台帳の提出等の業務を、それぞれ行った。

ウ 資産の処分
Y_2は、上記の業務に加えて、A所有の自動車等の備品について3社から見積りをとった上でこれを処分し、売却金44万円を回収した（時系列表①）。この資金は、同年3月、A名義の預金口座に入金されたところ、Bがこれを引き出し、11万円はAのパート代の支払に充てられたが、残金33万円はBが費消した（時系列表②）。さらに、Y_2は、Aの請負代金のうち3件について、注文者と交渉して、

---

* 本書のゲラ刷りがほぼ完成した時点で本件判決に接したため、本件についての評釈は、他の事件に対する評釈と異なり十分ではないことをおわびする。

同年３月に268万円と141万円、５月に60万円、合計469万円を回収した（いずれも a に入金。時系列表①）。

エ　ゴルフ預託金返還請求訴訟

Y_2 は、平成24年２月、Ａからの委任により、Ａがゴルフ場に対して預託していた預託金2100万円の返還等を求める訴訟を提起した。

ゴルフ場は、会社分割をしており、被告は、新設分割会社、新設分割によって設立された新会社等であった。新会社は、同年９月請求を認諾したが、新設分割会社は、債務は新会社に承継されているとして支払義務を争った。平成25年５月、請求全額を認容する判決が出された。Y_2 は、同年７月に認諾調書により会費請求権に対する債権差押えの申立て、同年９月にゴルフ場等に対する動産執行の申立てを行って６万円を回収し、同年11月に財産開示手続申立てを行った。平成26年１月、Ａに対して1600万円を支払う旨の和解が成立し、同年２月には1600万円が a に振り込まれた（時系列表⑨）。

オ　弁護士報酬に関する合意・支払

Ａと Y_1 は、平成25年８月、ゴルフ預託金返還請求訴訟の弁護士報酬額を回収額の２分の１とすること、平成26年２月、破産手続開始の申立てに関する弁護士報酬を450万円とすることを合意し、支払がなされた（時系列表⑤・⑦・⑪・⑫）。

カ　債務の弁済

Y_2 は、平成23年３月、社員Ｃ（Ｂの子）が立て替えていたガソリン代、材料代等71万円を a から出金して支払った（時系列表③。ただし、破産手続開始後に、Ｘからの返還要求に応じて全額返還されている）。Ｂは、平成26年２月、Y_2 に対して、202万円を請求した。この請求のうち、①115万円は、Ｂが破産申立補助業務に46日間従事したことの対価（１日当たりの日当２万5000円）、②１万円は、建物建築を注文していた者に対して提供したおわびの品の立替金であった。Y_2 は、これに対して、Ｂの自己破産申立てに要する費用12万円を差し引いた190万円について、支払った（時系列表②・④・⑥・⑧・⑩）。

キ　破産手続開始決定等

Y_2 は、同年５月、裁判所に対して破産手続開始の申立てを行った（破産債権総額３億3500万円、債権者数80名）。破産管財人への引き継ぎ予定現金は470万円であった。裁判所は、同年６月、Ｘを破産管財人に選任した。

Xは、平成27年2月、破産裁判所の許可を受けて、本件訴訟を提訴した。

(2) 本件訴訟の請求原因

Xは、①Bに対する116万円（115万円の申立補助業務及び1万円の立替金）[1]、②破産手続開始申立ての弁護士費用のうち相当額と思われる200万円を超える250万円、③ゴルフ預託金返還請求訴訟の弁護士報酬800万円、合計1166万円の支払が申立代理人として負担すべき財産散逸防止義務に違反するとして、Y_2に対しては、不法行為に基づき、Y_1に対しては、弁護士法30条の3、会社法600条に基づき、損害賠償請求を求めた。

なお、本件訴訟と併合されて、Y_2がXを相手取って提訴した事件もあるが、省略する。

2 判 旨

(1) 代理人の財産散逸防止義務

債務者から破産手続開始の申立てを受任した弁護士（弁護士法人を含む）は、破産制度の趣旨に照らし、破産管財人に引き継がれるまで債務者の財産が散逸することのないよう、必要な措置をとるべき法的義務（財産散逸防止義務）を負い、この義務に違反して破産財団を構成すべき財産を減少・消失させたときは、不法行為を構成するものとして、破産管財人に対し、損害賠償責任を負うものと解される。法令上明文規定に基づく要請ではないものの、債務者の財産等の適正かつ公平な清算を図るという破産制度の趣旨（破産法1条参照）に照らせば、自己破産申立てについての委任契約上の義務を負うにとどまらず、破産債権者との関係では財産散逸防止を負い、その義務違反が不法行為を構成し得るというべきである。したがって、「申立代理人が委任契約の範囲内の行為をしている限り、その委任契約の債務不履行として処理すべきであり、不法行為責任は発生しない」とするY_1らの主張は採用できない。

(2) Bに対する116万円の支払

Y_1及びY_2は、平成23年1月の時点において、財産散逸防止義務を負い、破産会社の財産が散逸しないよう管理し、また、破産手続開始決定後に財団債権とな

---

1 Bに対しては a から190万円の支払がなされているが（時系列表②・④・⑥・⑧・⑩）、そのうち損害賠償請求の対象となったのは116万円のみである。

【時系列表】

	日付	支払口座	出金者	支払先	金額	支払名目
①	H23.3〜5	自動車等の備品の売却金44万円がA口座に、請負代金3件469万円が a に入金される				
②	H23.3	A名義	B	B	33万円	破産申立補助業務の対価、立替金
③	同上	a	Y_2	社員C	71万円	ガソリン代等の立替金
④	H23.5	同上	同上	B	35万円	②と同じ
⑤	同上	同上	同上	Y_1	150万円	破産申立ての弁護士報酬
⑥	H23.6	同上	同上	B	20万円	②と同じ
⑦	同上	同上	同上	Y_1	80万円	⑤と同じ
⑧	H23.12	同上	同上	B	20万円	②と同じ
⑨	H26.2	ゴルフ預託金1600万円が a に入金される				
⑩	H26.3	a	Y_2	B	82万円	②と同じ
⑪	同上	同上	同上	Y_1	800万円	預託金返還訴訟の弁護士報酬
⑫	同上	同上	同上	Y_1	220万円	⑤と同じ

るべき債権など、その支払がほかの債権者を害することがない債権を除いて、債権の支払を行わないように注意すべき義務がある。しかし、Y_2は、A名義の預金口座をその管理下に置かず、Bが自由にその預金を引き出すことを可能にした上、Bが使用人の地位になく、その報酬が一般債権であることは明らかであり、顧客に対するおわびの品の立替費用が財団債権であることをうかがわせる事情もなかったにもかかわらず、Bに対して、A名義の預金口座から引き出した金銭をこれらの費用に充てることを容認し、Bからの請求に応じてその支払を行っている。Y_2の行為は財産散逸防止義務に違反し、それによって116万円相当の破産財団を構成すべき財産を減少させており、不法行為が成立する。

(3) 破産申立てに関する250万円の弁護士報酬の支払

破産申立代理人が破産者から支払を受けるべき弁護士報酬は、破産手続においては、役務の提供と合理的均衡を失する場合、合理的均衡を失する部分の支払行為は、破産債権者の利益を害する行為として否認の対象となり（破産法160条1項1号）、その支払を受領することは破産財団を構成すべき財産を減少させたものと解する。破産手続開始申立てに関する弁護士報酬としては200万円を相当と認める。200万円を超える部分は、合理的均衡を失し、破産債権者の利益を害する

行為として否認の対象となり、破産財団を構成すべき財産を減少させている。Y_2は、財産散逸防止義務を負い、受任者として、Y_1が合理的均衡を失するような弁護士報酬を受領することのないよう注意すべき義務があるというべきところ、相当な弁護士報酬との差額250万円相当の破産財団を構成すべき財産を減少させており、不法行為が成立する。

⑷　ゴルフ預託金返還請求訴訟に関する800万円の弁護士報酬の支払

破産制度の趣旨からすると、破産申立代理人としては、可及的速やかに破産手続開始申立てを行うことが望ましいとはいえるものの、Y_2は、ゴルフ預託金の回収を行ったことによって破産財団を構成すべき財産を減少させたとまではいえず、ゴルフ預託金の回収を行ったことが当然に財産散逸防止義務違反になるとまではいい難い。したがって、相当な報酬であれば弁護士報酬として取得し得る。本件における弁護士報酬としては530万円が相当であるとして、相当な弁護士報酬との差額270万円について⑶と同一の法理を判示し、不法行為の成立を認めた。

⑸　結　　論

Y_1及びY_2に対して、不法行為による損害賠償として、⑴の116万円、⑵の250万円、⑶の270万円の合計636万円の請求を認容した。

3　評　　釈

⑴　通常なされる処理（行為規範）及び本件の特殊性

ア　大多数の事件において通常なされている処理（行為規範）[2]

本件は、通常であれば、次のような処理がなされていたはずである。

①平成23年1月に破産手続開始申立てを受任した時点で、Y_2は、B及びAの社員等に対して、申立てまでに必要な作業、手続を説明し、②Aの資産の減少、債務の弁済、債務の増加等をしないように注意・説明して了解してもらい、③Cからの支払要請については拒絶し、④相当額の弁護士報酬（判決によれば200万円）を取り決めた上で、委任契約書を作成し、⑤債権者への通知書の発送、ヤミ金対応、従業員説明等を行い、⑥Bに申立補助業務を担当してもらうとしても無報酬ないしは従前とは関係なく適宜の時給を設定してこれを行わせ、⑦B及びA

2　行為規範と評価規範（責任規範）を区別して論じるべきことがつとに主張されている（中井康之・本書はじめに5頁、伊藤眞・本書理論編19頁参照）。

の社員等と打ち合わせて、申立書及び添付書類等を作成・準備し、⑧申立費用を捻出するために必要最小限の資産を処分し（本件では、破産手続開始申立ての予納金200万円及び弁護士報酬200万円の捻出のために、268万円、141万円の2件の請負代金の回収する程度か）、⑨早期に申立書を裁判所に提出する（本件では、同年5月頃には提出できたというべきか）。

　圧倒的大多数の事件は、このように処理されていくのである。

イ　本件の特殊性

　ところが、本件は、アで述べた通常の処理方法から大きく逸脱し、①受任から破産手続開始申立てまでに3年を要し、②その間に、請負代金の回収等の資産換価に加えて、ゴルフ預託金返還請求訴訟の提訴までなされ、③申立人名義の預金口座からの出金以外にも、④申立代理人の開設した預り口座から申立人代表者らに対する支払がなされ、⑤高額とも思える弁護士報酬が支払われている、という極めて特異な事案である。このような逸脱性・特異性を重くみたのであろうか、裁判所は、⑥申立代理人の財産散逸防止義務違反は不法行為となるとしたほか、⑦合理的均衡を失するような弁護士報酬を受領することによって破産財団を構成すべき財産を減少させることが不法行為に該当するとまで判示しているのである。

　ウ　以下、本件事件の申立代理人Y_2が行った各行為について、財産散逸防止義務という観点からの検討を加えたい。以下の検討は、評価規範（責任規範）の観点からのものであり、行為規範の観点からの検討ではない[3]。

(2)　申立代理人による資産の処分がなされた場合の財産散逸防止義務[4]

ア　対象行為

　Y_2は、Aから付与された包括的な代理権限に基づき、破産申立準備中に、自動車等の備品を処分し、請負代金を3件回収しているほか（時系列表①）、ゴルフ

3　財産散逸防止義務の法的性質等については、伊藤・本書22頁以下、山本和彦・本書理論編46頁以下等に委ね、ここで繰り返し論じることはしない。

4　東京地判平26.8.22（判時2242号96頁。**本書判例評釈7**〔佐藤昌巳〕）は申立人の取締役・社員等に対する退職金の支払、神戸地尼崎支判平26.10.24（金判1458号46頁。**本書判例評釈8**〔上野保〕）は申立人の所有不動産の処分、最一小判平28.4.28（民集70巻4号1099頁。**本書判例評釈9**〔小畑英一〕）は破産者が取得した生命保険金の受領、青森地判平27.1.23（判時2291号92頁。**本書判例評釈10**〔富永浩明〕）は私財の無償提供がなされた事案であるところ、これらの事案も、この類型に属するといえる。

342　第3章　判例評釈編

預託金返還請求訴訟まで提訴し、最終的に裁判外で和解している（時系列表⑨）。かかる資産の処分（債権について、一部免除することも含む）について財産散逸防止義務の適用があるか否かが問題となる。

イ　申立代理人の原則的無責

破産申立準備中であっても、申立人の所有に係る資産の処分（売掛金等を回収して現金に換えることも含む）権限は申立人に専属するのであるから、換価するか否か、換価するとしてその範囲、処分価額について申立人が自由に決定することができる。したがって、受任者たる申立代理人とすれば、委任者である申立人の指示（個別の指示だけではなく、あらかじめ付与された包括的な処分権限による場合を含む）に従っていれば、処分の範囲が広範囲に及ぶものであろうと、処分価額が低額（債権の大部分を免除してわずかな金額だけ回収する場合を含む）であろうと、義務違反が問われることがないのが原則である。

ウ　否認権行使の原則

破産申立準備中に、処分代金を隠匿する目的での資産処分、低額での資産処分等不当な資産の処分がなされていた場合、破産管財人としては、まずは、申立人の資産を取得・転得した者（以下「受益者等」という）を相手取っての否認権行使を検討すべきである。なぜなら、第1に、否認の要件が破産法において詳細に規定されているということは、破産手続において効力を否定すべきものを類型化し、破産債権者に対する配当原資の確保と受益者等の取引の安全との調整を図っているからであって、破産申立準備中になされた資産処分が不当なものであるか否かの判断は、否認の要件を充足するか否かによって第1次的に判断されるべきだからである。第2に、不当な資産処分がなされた場合、第1次的に非難されるのは、申立人の損失において利得を得ている受益者等であるから、受益者等から得た利得をはき出させ、申立人に返還させるべきと思われるからである。第3に、仮に受益者等に対する返還を求めずに、いきなり申立代理人に対して財産散逸防止義務違反による損害賠償を求めるとすれば、責任追及されない受益者等を不当に利する結果を生じさせてしまうからである。したがって、仮に申立代理人の財産散逸防止義務違反による損害賠償請求が認められるとしても、それは、否認権行使が実効性を有しない、又は否認の要件を充足しないが著しく不当な処分がなされているといった場合であって、いわば否認権を補充・補完する機能を有

するに過ぎないものと思われる。

エ　資産処分回避指導義務の例外的発生

申立代理人の財産散逸防止義務について検討するが、イで述べたとおり、申立代理人は原則としてかかる義務を負うことはない。しかし、まったくの無責かと問われれば、処分の必要性、目的、方法、価額、時期等を総合勘案して資産の処分が著しく不当と判断される場合には、処分を回避させるよう指導する委任契約上の付随義務（資産処分回避指導義務とでもいうべき義務）が例外的に生じる場合もあり得るのではないかと思われる。義務の内容としては、申立人の処分指示に対してこれを撤回するよう説得する場合もあれば、指示に従わない義務が生じる場合もあり得るであろう。

オ　申立代理人の裁量的判断の尊重

処分が不当か否かについては種々の事情を総合勘案して判断することになるが、申立代理人の裁量的判断を尊重すべきである。破産手続開始申立ては、進行するに従って受任当初に予測できなかったような事態が発生することが極めて多い。資産の処分についても同様であり、申立当初は予測しなかった事態が生じ急遽資産を比較的低額で処分せざるを得なくなる場合もあり得る。そのような事態に遭遇した場合、申立代理人には臨機応変に対応することが求められており、その時々において最も適切と思われる方法を短時間の判断により選択していかなければならない。したがって、資産処分が義務違反となるか否かについて事後的に審査する場合も、申立代理人の裁量を十分に尊重した上で、判断すべきである[5]。

カ　資産処分回避指導義務の法的性格

資産処分回避指導義務の法的性格も問題となる。本件判決は、財産散逸防止義務を債権者に対する不法行為責任としているが、この構成では損害賠償請求権を行使するのは個々の債権者となるはずであるし（破産管財人は権利行使できない）、また損害も不当な資産の処分がなかったと仮定した場合の弁済率と現実の弁済率との差に債権額を乗じた額となるはずである。むしろ、資産処分回避指導義務は委任契約に付随する信義則上の義務であり、違反すれば債務不履行責任を構成し、破産管財人は、申立人の申立代理人に対する損害賠償請求権を行使する

5　申立代理人としても、資産処分が義務違反とならないことを事後的に説明できるよう資料を準備しておくことが考えられる。

ことになる、と考えた方がすっきりするのではないかと思われる。しかし、この構成だと、申立人の意向に沿って資産の処分等がなされているにもかかわらず、申立人が申立代理人に対して損害賠償請求権を取得するのかが問題となってくる。例えば、申立人（自然人）Ｐが所有する時価100万円の宝石について、Ｐの指示にしたがって10万円で処分した場合（10万円は破産管財人に引き継がれている）に、Ｐにおいて自ら処分を指示しておきながら、「申立代理人が資産を低額で処分しないように指導しておれば、処分をしなかったはず」と主張することが釈然としないのではないか、という点である。エ及びオで述べたとおり、資産処分回避指導義務が発生するのは、処分の必要性、価額等を総合勘案し、しかも、申立代理人の有する裁量権を尊重したとしても、資産の処分が著しく不当と判断された場合である。このような場合に、申立人において義務違反を主張することが根も葉もないものとは言い切れないのではないかと思われる。

キ　本件についての検討

Ｘとしては、まずは、その受益者に対する否認権の行使を検討すべきである。

判決に現れた事実関係によれば、Y_2による資産処分のいずれについても否認の要件を充足しないと思われる。資産処分回避指導義務について、いずれの行為についても、不当な目的はなく、著しく低額な処分でもない。ゴルフ預託金返還請求訴訟の提訴については、必要性が問題となり、その点については、申立代理人の裁量という点を勘案することになる。Y_2がＸに対してどのような説明をしていたのかは不明であるが、必要性がまったく存しないという事情は見当たらず、Y_2の行為について資産処分回避指導義務違反が問われることはないと思われる。

(3)　申立代理人に報酬が支払われた場合の財産散逸防止義務[6]

ア　対象行為

破産申立準備中に、Y_1に対して、破産手続開始申立てに関して450万円、ゴルフ預託金返還請求訴訟に関して800万円の弁護士報酬が支払われている。かかる弁護士報酬の支払について、財産散逸防止義務の適用があるか否かが問題となる

6　神戸地伊丹支決平19.11.28（判時2001号28頁。**本書判例評釈3**〔桶谷和人〕）、東京地判平23.10.24（判時2140号23頁。**本書判例評釈3**〔同〕）、東京地判平22.10.14（判タ1340号83頁。**本書判例評釈4**〔髙木裕康〕）も、この類型に属するといえる。

（不当に高額な弁護士報酬の支払は、(2)で述べた不当な資産処分の延長線上に位置づけられる）。

イ 申立代理人の原則的無責

(2)イで述べたとおり、破産申立準備中であっても、申立人は資産の処分権限を有しており、申立代理人に対する弁護士報酬の額を自由に決定できる。したがって、申立人の指示に従っている限り、高額の弁護士報酬が支払われたとしても、申立代理人の義務違反が問題となることはないのが原則である。

ウ 否認権行使の原則

(2)ウで述べたとおり、不当に高額な弁護士報酬が支払われていた場合、破産管財人としては、まずは、受益者（申立代理人等）を相手取って否認権を行使すべきである。否認制度は、申立人の損失において不当に利得している受益者からその利得（相当な弁護士報酬を超える部分）をはき出させ、申立人の財団を原状に服させる最も直截な制度だからである。

エ 不当に高額な弁護士報酬に対しての資産処分回避指導義務違反の適用不要

不当に高額な弁護士報酬の支払について、(2)エ及びオの要件を充足すれば、申立代理人が資産処分回避指導義務違反を問われる場合もあり得る。ところが、破産管財人が、否認権行使ではなく、あえて資産処分回避指導義務違反による損害賠償請求をするという選択肢をとることがある。破産管財人としては、申立代理人の行った破産申立処理が杜撰であるにもかかわらず、相当額の報酬をはるかに超える報酬（いわば二重の瑕疵のある報酬）を申立人に支払わせているのは許し難いことを明確にさせたい、という目的もあるものと思われる。

しかし、(2)ウで述べたとおり、資産処分回避指導義務違反による損害賠償は否認権の補充的・補完的機能を果たす制度である。また、不当に高額な弁護士報酬が支払われている場合、非難されるべきは、申立人に不当な資産処分をさせないように指導する義務を尽くさなかったことよりも、不当に高額の報酬を現実に受領したことである。現実に入手した不当な利得を財団に返還させる否認権行使の方がより申立代理人の行為の不当性を明らかにするものであると思われる。したがって、あえて資産処分回避指導義務違反による損害賠償請求をする必然性はないと思われる。

346　第3章　判例評釈編

オ　本件についての検討

Xとしては、まずは、否認権を行使すべきであったと思われる（破産法166条が適用される事案ではない）。本件において、Xが否認権を行使せず、不法行為を請求原因としての損害賠償請求をし、裁判所もその請求を認容したのは、(1)イで述べた本件の逸脱性・特異性によるものであろう。しかし、エで述べたとおり、むしろ否認権行使の方が実態に沿うものである。

この判決で示された理論は決して一般的に通用するものではなく、極めて特殊な事例の解決として例外的・限定的に認められたものであり、弁護士報酬が不当であると判断すれば、破産管財人は、まずは否認権行使を検討すべきである。

(4)　申立人が資産を減少させた場合の財産散逸防止義務[7]

ア　対象行為

破産申立準備中に、BはA名義の預金口座から出金している（時系列表②）。Y_2はこの資産の減少（Bの出金）に直接には関与しておらず、財産散逸防止義務として、資産を減少させないよう一種の監視義務を負担するか否かが問題となる。

イ　申立代理人の原則的無責

破産申立準備中に申立人の資産を管理する義務を負担するのは、その資産の帰属主体である申立人であり、申立代理人ではない。もちろん、申立代理人が申立人から現金や鍵の保管を依頼された場合には、当該資産について申立代理人が管理義務を負担するのは当然であるが、破産手続開始申立てを受任したというだけで、申立人の資産全部について管理義務を負担することはない。したがって、申立人の資産が散逸したとしても、申立代理人が管理義務違反を問われることはないのが原則である。この点は、資産を散逸させたのが第三者であろうが、申立人自身（申立人が法人の場合、その代表者であったときも含む）であろうが、同様である。

7　東京地判平25.2.6（判時2177号72頁。**本書判例評釈2**〔野村剛司〕）及び東京地判平21.2.13（判時2036号43頁。**本書判例評釈6**〔籠池信宏〕）は申立人名義の預金通帳からの出金、東京地判平27.10.15（判タ1424号249頁。**本書判例評釈5**〔服部敬〕）は申立人が相続した不動産の売却がなされた事案であるところ、これらの事案も、この類型に属するといえる。

ウ　返還請求権行使の原則

　資産が散逸していた場合、破産管財人としては、まずは、当該資産を散逸させた者（以下「奪取者」という）を相手取ってその返還（現物返還が不能である場合には不当利得又は価額償還）を求めるべきである。

　返還を求める手法としては、所有権に基づく返還請求、不当利得返還請求、否認権行使等が考えられる。散逸した資産を元に戻すことによってあるべき財団の姿を回復させるというのが原則的な処理方法であるからである。仮に奪取者に対してこのような返還を求めず、いきなり申立代理人に対して財産散逸防止義務違反による損害賠償を求めるとすれば、奪取者を不当に利する結果を生じさせてしまう。したがって、仮に申立代理人の財産散逸防止義務違反による損害賠償請求が認められるとしても、それは、返還請求が実効性を有せず、又は否認権の要件を充足しないが著しく不当な処分がなされているといった補充的・補完的な場合に限られると思われる。

エ　資産管理指導義務の例外的発生

　申立代理人の財産散逸防止義務について検討するが、イで述べたとおり、申立代理人は原則としてかかる義務を負わない。しかし、資産の重要性、申立人の資産管理能力、開始決定までに要する時間等を総合勘案して当該資産が散逸する具体的危険性が認められる場合、申立人に対して資産をきちんと管理させるよう指導する義務（資産管理指導義務とでもいうべき義務）が例外的に発生する場合もあり得るのではないかと思われる。義務の内容としては、資産管理を厳重にするよう注意を促すことで足りる場合もあれば、自らが資産管理をすべき義務が生じる場合もあり得るであろう。また、仮に資産管理指導義務及び義務違反が認められても、当該義務違反と損害の発生との間に因果関係が認められなければ、賠償責任は生じない（他の類型の財産散逸防止義務違反による損害賠償請求においても、損害との間の因果関係が必要であるが、資産管理指導義務違反は不作為であるため、当該不作為と損害との間の因果関係について慎重に検討する必要がある）。

オ　申立代理人の裁量権の尊重

　資産管理指導義務が発生するか否かについても、(2)オで述べたとおり、申立代理人の裁量的判断が尊重されるべきである。

カ　資産管理指導義務の法的性格

資産管理指導義務の法的性格についても、委任契約に付随する信義則上の義務（違反すれば債務不履行責任）と考えるべきである。しかし、この構成だと、奪取者が申立人の場合にぴたりと当てはまらない点がネックとなり得る[8]。例えば、申立人（自然人）が自己の預金から100万円を出金して費消した場合、自ら費消した者が「預金が100万円減少したのは、申立代理人の資産管理指導義務が不十分であったため」と主張することが釈然としないのではないか、という点であろう。しかし、エ及びオで述べたとおり、資産管理指導義務が発生するのは、資産の重要性、申立人の資産管理能力等を総合勘案し、しかも、申立代理人の有する裁量権を尊重して判断しても当該資産が散逸する具体的危険性が認められ、適切な指導をすべき義務が認められた場合である。このような場合に、申立代理人が申立人に対して十分な指導をしなかったことに起因して申立人が資産を費消してしまったようなときに、申立人において義務違反を主張することがまったく根拠のないものとは言い切れないのではないかと思われる。

キ　本件についての検討

Xとしては、まずは、Bに対して引き出した預金の返還を求めることを検討すべきである。代表者といえども申立人の資産を自由に費消することはできないため、AはBに対して不当利得返還請求権を有しているので、この権利を行使すべきである（Xも、BによるA名義預金の引出しそのものについて、Y_2の責任を問うことはしていない）。Y_2の資産管理指導義務については、当時の状況に鑑み、Y_2において、Bに対してA名義の預金通帳の管理を徹底するよう指導すべき状況であったか否か、さらには、その指示だけでは足りずに預金通帳を自ら預かって保管しなければならない義務まで生じるような状況であった否かについて、検討がなされるべきである。

(5)　申立代理人による債務負担行為等がなされた場合の財産散逸防止義務

ア　対象行為

破産申立準備中に、Y_2は、Bに対して破産申立補助業務等を委託することによって、Aに116万円の債務を負担させている。そして、Aの資産からこれを弁

8　申立人が法人の場合で、代表者の不当な指示に従ったときに、申立人の指示に従ったといえるか否かについては議論があり得る（中井・本書 9 頁、山本・本書49頁）。

済している（時系列表②・④・⑥・⑧・⑩）。かかる債務負担行為及びその債務の弁済（以下「債務負担行為等」という）について、財産散逸防止義務の適用があるか否かが問題となる。

イ　申立代理人の原則的無責

破産申立準備中であっても、申立人は新たな債務を負担するか否か、負担するとしてその範囲、負担額については自由に決定することができるのであって、申立人の指示に従っていれば申立代理人が義務違反に問われることは原則としてない。

ウ　否認権行使の原則

申立準備中に、不当な債務負担行為等がされていた場合、破産管財人としては、まずは、債務負担の相手方（債権者）を相手取っての否認権行使を検討すべきである。不当な債務負担行為等がなされた場合、申立人の損失において不当に債権を取得し、さらには弁済により財貨を得ている受益者こそが非難されるべきであって、この受益者が取得した債権の効力を失わせ、弁済により取得した財貨をはき出せるべきだからである。破産管財人は、まずは、第1次的に非難されるべき当事者を相手方として財団の回復を図るべきである。

エ　債務負担等回避指導義務の例外的発生

申立代理人の財産散逸防止義務について検討するが、イで述べたとおり、申立代理人は原則としてかかる義務を負うことはない。しかし、債務負担の必要性、目的、負担額、時期等を総合勘案して、著しく不当な債務負担行為等がなされる具体的危険性が認められる場合、申立代理人に対して不当な債務負担等を回避させるよう指導する義務（債務負担等回避指導義務とでもいうべき義務）が例外的に発生する場合もあり得るのではないと思われる。義務の内容としては、債務負担行為等をしないように注意を促すことで足りる場合、申立人の指示処分に対してこれを撤回するよう説得する場合、指示に従わない義務が生じる場合もあり得るであろう。

オ　申立代理人の裁量の尊重・法的性格

債務負担等回避指導義務が発生するか否かについても、申立代理人の裁量的判断が尊重されるべきである。また、債務負担等回避指導義務についても、委任契約に付随する信義則上の義務（違反すれば債務不履行責任）と考えるべきである。

350　　第3章　判例評釈編

カ　本件についての検討

Xとしては、まずは、否認権行使を検討すべきと思われる。否認権行使に関して考慮すべき点は、債務負担行為等の必要性と金額の妥当性である。必要性について、代表取締役であるBは、破産申立準備中であってもAのために業務執行の義務を負っている。しかし、報酬が支払われないことを理由に業務執行が拒絶され、申立補助業務に従事させるのであれば一定の報酬の支払を要求されることもあり得るところである。この場合、さらに、26日間必要であったのか、もっと短期間で十分ではなかったのかという点について検討すべきである。また、従来の契約を合意解約するために取引先に対して一定の「おわびの品」を交付する必要性がある場合もあり得よう。このような事情の下で債務負担行為等をしたというのであれば、一定の範囲での必要性は認められるであろう。

金額の妥当性については、Bの職務に対する対価として1日当たり2万5000円、おわびの品の対価として1万円が妥当であったか否かが問題となる。高額に失するとすれば、相当額を超える額について否認の対象となり得る。以上の点を考慮して、否認権を行使する否かについて検討すべきである。債務負担行為等回避指導義務の観点からも、ほぼ同じ検討を行うことになる。

(6)　申立代理人によって一般破産債権が弁済された場合の財産散逸防止義務

ア　対象行為

破産申立準備中に、Y_2は、Cに対して一般破産債権である立替金等の債務を弁済している。かかる弁済について財産散逸防止義務の適用があるか否かが問題となる。

イ　申立代理人の原則的無責

破産申立準備中であっても、申立人が一般破産債権を弁済することに制約はなく、弁済するか否か、弁済する範囲・額については申立人が自由に決定することができるのであって、申立人の指示に従っていれば申立代理人が義務違反に問われることは原則としてない。

ウ　否認権行使の原則

申立準備中に一般破産債権に対する不当な弁済がなされていた場合、破産管財人としては、まずは、否認権行使を検討すべきである。不当な弁済がなされた場合、申立人の損失において不当な弁済を受けている債権者こそが非難されるべき

であって、この債権者が弁済により受けた財貨をはき出させるべきだからである。

エ　弁済回避指導義務の例外的発生

申立代理人の財産散逸防止義務について検討するが、イで述べたとおり、申立代理人は原則としてかかる義務を負うことはない。しかし、弁済の必要性、目的、弁済額、時期等を総合勘案して、著しく不当な弁済がなされる具体的危険性が認められる場合、申立代理人に対して不当な弁済を回避させるよう指導する義務（弁済回避指導義務とでもいうべき義務）が例外的に発生する場合もあり得る。

オ　申立代理人の裁量の尊重・法的性格

弁済回避指導義務が発生するか否かついても、申立代理人の裁量的判断が尊重されるべきである。ただし、一般債権に対する弁済であるため、裁量の範囲はかなり狭まると思われる。また、弁済回避指導義務の法的性格についても、委任契約に付随する信義則上の義務（違反すれば債務不履行責任）と考えるべきである。

カ　本件についての検討

Ｘとしては、まずは否認権を行使すべきと思われるところ、破産管財人もこの件に関しては否認権行使を優先し、全額を回収している。

Y_2の弁済回避指導義務違反については、Ｃの債務は社員としての業務に関して発生したものではあるが、優先的破産債権に準じるものとは考えられない。Ｃに対する未払労働債権の弁済に時間を要する一方で、Ｃが生活に困窮している等やむを得ない事情がある場合に債務を弁済したのであれば、義務違反とならない場合もあり得るかもしれない。

⑺　ま　と　め

以上のとおり、一口で財産散逸防止義務についても、一定の類型化が可能であり、適用場面に応じてその要件を整理することが肝心である。また、否認権行使との関係についても、上記のとおり割り切って考えてしまってよいのか、類型ごとにより深い検討が必要である。

〔斉藤芳朗〕

Comment
千葉地松戸支判平28．3．25について

1 本判決の判示
(1) 事　案

　本件は、弁護士が破産者株式会社Ａ（代表取締役Ｂ）から破産手続開始の申立てを委任された事案において、①Ｂがした申立補助業務の報酬をＢが会社の預金から引き出すのを申立代理人が容認し、また一部は申立代理人が預り金口座（斉藤評釈における口座 a）から支払ったこと、②Ｂが破産前に会社のために立て替えた金員を申立代理人が預り金口座から支払ったこと、③申立代理人が不相当に高額な破産申立報酬を預り金口座から受領したこと、④申立代理人が破産者のゴルフ預託金債権の回収手続をなし、その報酬として多額の金員を預り金口座から受領したことについて、申立代理人に財産散逸防止義務の違反があるとして、破産管財人から、申立代理人に対して、不法行為に基づく損害賠償請求がされた事案である。

(2) 判旨の骨子

　ア　本判決は、上記①と②の支払について、申立代理人は、「法令上明文規定に基づく要請ではない」が、「破産制度の趣旨に照らし」「<u>破産債権者との関係で</u>」財産散逸防止義務を負い、この義務の違反は不法行為を構成し、申立代理人は「<u>破産管財人に対し</u>、損害賠償責任を負う」と判示する。そして本判決は、偏頗弁済行為は「破産財団を構成すべき財産の減少」を招くもので、これを容認し又は行った申立代理人には不法行為が成立するとした（下線は筆者による）。

　なお、本判決は、財産散逸防止義務の発生する時点に関して、申立代理人は委任契約をした時点で財産散逸防止義務を負うとする。

　イ　次に本判決は、役務の提供と合理的均衡を失する申立代理人の弁護士報酬の支払行為は否認の対象となるとし、その支払を受領することは破産財団を構成すべき財産を減少させたものとして、不法行為が成立するという。また、ゴルフ預託金の回収行為に関しては、当然に財産散逸防止義務違反になるとまではいい難いが、その報酬のうち役務の提供と合理的均衡を失する部分は否認の対象とな

り、その部分を入金することは上記と同様に不法行為に該当するとした。否認対象となる支払の受領は財団を減じ、すなわち不法行為を構成するとしているところが特徴的である。

2　斉藤評釈

斉藤評釈は、財産散逸防止義務が議論される場合を――

①　申立代理人による資産の処分がなされた場合

②　申立代理人に報酬が支払われた場合

③　申立人が資産を減少させた場合

④　申立代理人による債務負担行為等がなされた場合

⑤　申立代理人により一般破産債権が弁済された場合

の５つの類型に分けて検討する。

そして、斉藤評釈は、①については、破産申立準備中に不当な資産の処分がされても、申立人は資産の処分権限を有しているから、委任者である申立人の指示に従っている限り、申立代理人は原則としては無責であるとし、②については、破産申立準備中でも、申立人は資産の処分権限を有するから弁護士報酬の額を自由に決定でき、「高額の報酬が支払われたとしても、申立代理人の義務違反が問題となることはないのが原則」とする。また、③については、「破産申立準備中に申立人の資産を管理する義務を負担するのは、その資産の帰属主体である申立人であり、申立代理人ではない」とし、「破産手続開始申立てを受任したというだけで、申立人の資産全部について管理義務を負担することはない。したがって、申立人の資産が散逸したとしても、申立代理人が管理義務違反を問われることはないのが原則である」とし、④については、「破産申立準備中であっても、申立人は新たな債務を負担するか否か、負担するとしてその範囲、負担額については自由に決定することができるのであって、申立人の指示に従っていれば申立代理人が義務違反に問われることは原則としてない」とする。そして、⑤についても、「破産申立準備中であっても、申立人が一般破産債権を弁済することに制約はなく、弁済するか否か、弁済する範囲・額については申立人が自由に決定することができるのであって、申立人の指示に従っていれば申立代理人が義務違反に問われることは原則としてない」とする。斉藤評釈は、結局①～⑤のいずれの

場合についても、不法行為責任の成立は否定するものとみられる。

その上で、斉藤評釈は、いずれの場合についても、破産管財人は、まずは否認権の行使を検討すべきであるとし、例外的に、「否認権行使が実効性を有しない、又は否認の要件を充足しないが著しく不当な処分がなされているといった場合」には、申立代理人の財産散逸防止義務違反による損害賠償請求が認められ得るとして、これは否認権を補充・補完する機能を有するとする。

具体的には、①の場合には「処分の必要性、目的、方法、価額、時期等を総合勘案して資産の処分が著しく不当と判断される場合には、処分を回避させるよう指導する委任契約上の付随義務（資産処分回避指導義務）」が議論され、③の場合には「資産の重要性、申立人の資産管理能力、開始決定までに要する時間等を総合勘案して当該資産が散逸する具体的危険性が認められる場合、申立人に対して資産をきちんと管理させるよう指導する義務（資産管理指導義務）」が論じられる。また、④の場合には「債務負担の必要性、目的、負担額、時期等を総合勘案して、著しく不当な債務負担行為等がなされる具体的危険性が認められる場合、申立人に対して不当な債務負担等を回避させるよう指導する義務（債務負担等回避指導義務）」が議論され、⑤の場合には「弁済の必要性、目的、弁済額、時期等を総合勘案して、著しく不当な弁済がなされる具体的危険性が認められる場合、申立代理人に対して不当な弁済を回避させるよう指導する義務（弁済回避指導義務）」が議論され得るとする。そして、これらの場合に破産管財人が取得する損害賠償請求権は、申立代理人が委任契約に基づき委任者（すなわち破産者）に対して負った債務不履行に基づく損害賠償請求権と考え、だからこそ、その請求権が財団に属して、破産管財人がこれを行使することになる場合があり得るとするものである。

3　コメント

(1)　はじめに

本判決は、「破産債権者に対する関係で」申立代理人は財産散逸防止義務を負い、その違反があるときは、「破産管財人に対して」損害賠償責任を負うとする。

これに対して、斉藤評釈は、不法行為責任としての申立代理人の賠償義務は認めず、むしろ、不当な財産処分や破産債権の偏頗弁済、不相当に高額な代理報酬

の返還などについては、破産管財人はまずは否認権の行使をもって対応すべきと
し、例外的に、否認権行使が奏功しない場合には、申立代理人の破産者に対する
資産処分回避指導義務、資産管理指導義務、債務負担等回避指導義務、弁済回避
指導義務の違反の有無を吟味し、その違反が認められるときは、破産者に対する
債務不履行責任としての賠償義務が生じ、その請求権は破産財団に帰属するの
で、破産管財人が財団帰属財産として行使して、申立代理人に対して賠償請求す
ることがあり得るとするものである。

　筆者も、破産管財人に対する不法行為の成立を認めない点について、斉藤評釈
に賛成である。

　また、筆者も、斉藤評釈と同様、申立代理人には、財団資産の減少に関して、
破産者に対する受任者としての委任契約の債務不履行責任が生ずる場合があり、
その場合には、その損害賠償請求権は破産財団帰属の資産として、破産管財人が
これを行使する場合があり得ると解する。

　なお、斉藤評釈が、破産管財人としては、まずは否認権の行使を先に検討すべ
きとする点も、破産管財実務の一般的な進め方としては賛成である。否認権の行
使には否認の請求という簡便な手続が用意されていること、逸出した財産の回復
はその受益者からの取戻しが本則と考え得ること、否認権の行使に際して破産管
財人は破産法上の保全処分を利用でき、必ずしも担保を供しないでも発令の余地
があること（破産法171条１項、２項）、破産者が申立代理人に対して有する債務
不履行損害賠償請求権を破産管財人が行使するとなると、財産減少行為に破産者
が関与している場合には、被告である申立代理人から過失相殺（民法418条）の主
張があり得るため、財団の回復のためには否認権の方が有益と思われることなど
から、破産管財人としては、第１次的には否認権の行使を検討すべきであろうと
考える。ただ、理論的には、上記の債務不履行による賠償請求権と、破産管財人
が有する否認権の行使としての逸出財産の返還請求権とは別個の権利なので、理
論上、片方が先に成立し、他方はその回収不能を条件として成立する関係にある
とまではいえず、この両者がともに成立する場合、破産管財人として、必ず否認
権の行使を先にしなければならないとまではいえないのではないかと考え得る。
この点はなお検討したい。

⑵ 近時の判決における申立代理人の財産散逸防止義務に関する判示に対する疑問

ア　はじめに

コメントの前提として、近時の諸判決にみられる申立代理人の財産散逸防止義務の議論について一言したい。すなわち、本判決は、「破産債権者に対する関係」で申立代理人は財産散逸防止義務を負い、その違反があると、「破産管財人に対して」損害賠償義務を負うとする。その根拠は、「破産制度の趣旨」である。ただ、破産制度の趣旨から、どういう理論構成で不法行為に基づく損害賠償請求権が導かれるのか、詰めた記載はない。また、破産債権者に対する関係での義務違反が、誰に対する不法行為を構成し、それによる賠償請求権をどういう理論構成で破産管財人が行使できるのかも、記載されていない。

この点に関して、他の判決では、申立代理人の財産散逸防止義務違反行為は、「破産管財人に対する」不法行為を構成するとするものもあり、なかには、破産管財人が財団帰属の賠償請求権を行使するのではなく、破産管財人自身が不法行為の損害賠償請求権を自ら取得すると考えているのではないかと思えるような判示もみられる。

イ　不法行為の要件事実

㈠　申立代理人の財産散逸防止義務を論定するには、その根拠法条の要件を詰めて考える必要がある。破産制度の趣旨、というだけで、具体的な金銭支払請求権がどうして導かれるのか。諸判決は、破産法上の特別の請求権を認めるわけではない。民法上の不法行為の成立を認めている。だとすると、破産制度の趣旨の違反が、どのようにして民法709条の不法行為に該当するのか、その要件事実に即して検討されなければならない。しかし、近時申立代理人の財産散逸防止義務を不法行為と認めた諸判決は、この点の吟味が足りていないか、少なくともその判示が足りないように思われる。

㈡　**不法行為の相手方**

例えば、申立代理人の行為は、誰に対する不法行為を構成するのか（つまり「誰の権利を侵害したのか」）。破産手続開始申立前の時点では、破産管財人はまだ存在しない。申立てがなされるのかさえ不明だから、存在する確実性もない。民法は、いまだ生まれていない胎児に対する不法行為の成立を認めるために、わざ

（コメント）千葉地松戸支判平28.3.25について　357

わざ条文を設けた（民法721条）。他方、いまだ選任されるかさえ不確定な破産管財人に対して不法行為が成立すると構成する場合には、条文もないのにどうして破産手続開始前の行為が不法行為として成立するのか疑問となる。それは行為時点で不法行為となるのか、それとも、破産管財人選任時点で以前に遡って不法行為が成立したとみなすのか。そのような理屈は、民法の解釈論として積み上げてきた既存の不法行為の解釈体系と両立し得るのか。

　　㈼　過失の評価根拠事実

　また、申立代理人の過失を議論するなら、財産減少・逸出の結果に対する予見可能性と、回避可能性の有無が具体的に検討されなければならない。破産手続開始決定前は、債務者は財産の管理処分権限を有している。申立代理人は破産管財人ではないから、財産の管理処分権限を有しているわけではない。債務者は、すべてのことを申立代理人に話してくれるわけではない。申立代理人のいうことに必ず従うとは限らない。判決のなかには、申立代理人が債務者の通帳や印鑑を預からなかったことを義務違反と受け取るものも多いが、破産手続開始申立ての現場を知らない判示である。債権者が押し寄せて来て通帳や印鑑を奪われてしまう危険のある場合には防衛上の観点からこれを預かりはするが、生きている会社の申立てにおいては、その直前まで通帳など預からないことも多い。そんなことをしたら、申立直前の会社の業務が止まってしまう。個人の申立てでも、通帳のコピーを取得することはあっても、生活に必要な資金が出入りする口座の通帳は返すことも多い。生活資金として自由財産となり得るからである。申立代理人の指示を聞かずにおかしな行為に走る危険性が感じられる場合には、申立代理人の自己防衛の一環として、通帳や印鑑を預かってしまうこともあり、それは上手な代理人としての工夫であるが、義務ではない。それでも本当にいうことを聞かず、いっても違法な行為に走ることが現実の危険として感じられるような債務者の場合、通帳を預かるかどうかの問題ではない。その後の代理人業務の遂行を最後まで信頼関係を保って維持し得るか困難も予想され、ひどいケースでは、むしろ辞任さえ考えなければならない場合もある。

　したがって、過失の評価根拠事実を考えるには、具体的な事例に則して、その申立代理人の財産減少・逸出の結果に対する予見可能性と、回避可能性の有無に関する検討をし、不法行為を認めるための主要事実であるはずの過失の評価根拠

358　　第3章　判例評釈編

事実を摘示する必要があるはずである。しかし、多くの判決は、そのようなことを詳細に検討し、あるいは判示しているとはいい難いように思われる。「破産制度の趣旨」の一言で過失を論定することはできない。通帳さえ預かってしまえばこうはならなかったのに、というのは結果責任の議論であって、回避可能性の正しい議論ではない。

（エ）　違 法 性

不法行為の要件である違法性についても、申立代理人の裁量はどのように関係してくるか議論される必要がある。斉藤評釈は、申立代理人の倒産事件の遂行過程における裁量を指摘する。青森地判平27.1.23（判時2291号92頁。**本書判例評釈10**〔富永浩明〕の事件）は、会社の再生申立代理人と代表者の破産申立代理人とを兼ねたケースであるが、申立代理人の裁量を指摘する。日々刻々と動く申立代理人の処理においては、その場面、その時点で、情勢を判断しながら債務者と協議し、法律を解釈し、一個一個の行動を定め、申立てに向けて準備を進める。破産を視野に入れた委任がされても、情勢判断の結果破産を選択せず、和解や任意整理で解決する選択をする場合もある。そのようななかで、特定の行為が違法とされるのであれば、それが裁量の範囲を逸脱したものであることの検討も事案に応じて必要である。

（オ）　損　　　害

また、破産者の財産が減少したとして、その損害の発生も不法行為の要件事実のはずだが、それは誰に対する損害なのか（前記の被害者は誰かという議論につながる）。破産者の損害なのか、後に構成される破産財団の損害なのか、破産管財人の損害なのか、破産債権者各個の損害なのか。債権者の損害とするなら、配当率に基づく配当減少額という個別の損失ではないのか。その場合、配当率も定まらないのに、破産手続開始申立前に損害が認定できるのか。

（カ）　損害発生の時点

加えて、その損害が発生する時点はいつか。財産の逸出時点か（東京地判平26.8.22判時2242号96頁。**本書判例評釈7**〔佐藤昌巳〕の判決は、そう明言する）。その時点での損害発生が、後日破産管財人に対する損害と構成されるとする場合には、それはなぜか、議論を深めなければならない。

㈭　**因果関係**

因果関係についても、破産者の行為によって財団を組成し得る財産が減少した場合、破産者の行為ではなくて、代理人の行為と損害との因果関係はあるのか。それはどうしてなのか。別に破産管財人が否認権に基づく取戻請求権を取得する場合、それは申立代理人の行為と損害発生との因果関係に影響しないのか。

こういった議論を突き詰めていくと、軽々に破産管財人に対する不法行為と構成することは難しいことが分かる。

ウ　他の制度とのバランス

また、この問題を検討するに当たっては、他の諸制度との関係、バランスも検討されるべきであろう。

例えば、債権侵害の不法行為は、伝統的な多くの見解では、過失では成立せず、加害行為に強度の違法性を要求して、故意に債権を侵害した場合に限るべきとの議論がされてきた（東京地判平27.10.15判タ1424号249頁に関する**本書判例評釈5〔服部敬〕**脚注4に記載された文献を参照）。そうだとすると、本判決は、債権者に対する関係で義務違反を認めるが、本判決は故意を認めたのか。あるいは過失でよいなら、それはなぜか。

また、申立代理人は、債務者の保証人ではないし、身元保証をしているわけでもない。保証の成立には債権者との契約が必要である。債務者を依頼人とする代理人に過ぎないのに、債務者が偏頗行為などをしないことについて、債権者に対して一般的な保証義務を負うのと同様な義務を課せられるのはなぜか。それも、債務者が勝手に行為した場合と、申立代理人に相談していた場合と、申立代理人自身がその行為に関与していた場合とでは異なるであろう。また、知っていたとしても、申立代理人が容認していた場合と、止めた場合とでも異なるであろう。そういった具体的な検討がされる必要があると思われる。

債権者の請求権、破産管財人の否認権に基づく請求権、破産管財人の行使する賠償請求権の関係も議論される必要がある。財団の減少を請求原因事実として各請求権が同時に発生するとする場合に、その相互の関係はどうなるのか。本判決は、否認該当行為は即不法行為であるとも読み得る判示をする。破産管財人が否認権に基づく返還請求権等を有する場合に、不法行為に基づく請求権は存在し得るのか（そもそも財産目録に否認権に基づく逸出財産の返還請求権が記載され得るの

に、その時点で、加えて財団に損害があるといえるのだろうか）、あるいはこれらの債権は両立して行使し得るのか、検討されなければならない。

　破産管財人の地位についても、検討が必要である。債権者の賠償請求権を代理人として行使するわけではない。破産管財人が行使し得るのは、財団帰属の債権、つまり破産者所有の債権である。財団減少行為をすると、破産者は申立代理人に対してどういう請求権を有するのか。破産管財人が自身の金銭債権を有しているわけではない。つまり破産管財人は財団の管理権者として、破産者に帰属した債権しか行使できないはずだが、そのことと、諸判決が認める破産管財人が行使する債権は、同じなのか違うのか。

　近時の判決は、こういったことの吟味、少なくともその判示が足りていないように感じられる。

⑶　検　　討

　この点、斉藤評釈は、破産管財人や債権者に対する不法行為でなく、破産者との委任契約の不履行に基づく債務不履行損害賠償請求権が生ずるときは、破産管財人はこれを行使できるとしつつ、その有無の検討に際しては、代理人の裁量についても考慮の上で吟味すべきとし、なお、財団からの逸出財産の回復については、破産管財人は第１次的には否認権の行使を活用すべしとするものである。

　私見としても、同様に考える（ただし、否認権との理論的な関係については、前述のとおり）。多くの場合、債務者の意向を体現して申立代理人が行動している場合には、財団に帰属すべき財産が減少しても、それが申立代理人の債務者（委任者）に対する債務不履行を構成することはなかろう。ただ、債務者は、破産制度に対して不案内であり、また、近視眼的に直近の心配事の解決だけを考えて、近しい者に対する偏頗弁済を希望したり、資金繰りのために資産の低廉換価を希望したり、厳しい債権者に対する担保供与や弁済に走ったり、自分の報酬だけ先に確保しようと願ったりしがちである。その場合に、破産制度の趣旨を説明し、長い目でみた債務者の再起に与える功罪、公平な分配による債権者の満足によってもたらされる債務者の平穏、といったものを説明すれば債務者が思いとどまったであろうに、その説明と指導が十分でなかったために、結果として債務者の財産減少行為を回避できなかった、といった場合には、債務不履行責任としての申立代理人の債務者に対する義務違反が議論される余地がある。特に、債務者から

通帳を預かったり、預り金口座に債務者の資金を預かったりした後に、申立代理人がそれを支出して財産減少行為に加功したような場合には、申立代理人の関与が主導的であり、債務者に対する説明と指導が本来債務者が申立代理人に期待していた程度に達していないものとなる余地が高くなりがちで、委任契約の債務不履行を構成し、これによる債務者の損害賠償請求権を、破産後に破産管財人が行使する、という場合があり得るものと解される。

〔伊藤　尚〕

判例索引

〔大正 4 年〕
大判大 4 . 3 .20 （民録21輯395頁） ················ 79
大判大 4 .11. 8 （民録21輯1838頁） ·············· 45

〔大正 5 年〕
大判大 5 .11.21 （民録22輯2250頁） ·············· 79

〔大正 6 年〕
大判大 6 . 7 .26 （民録23輯1203頁） ············ 109

〔昭和18年〕
大判昭18.12.14 （民集22巻1239頁） ·············· 79

〔昭和40年〕
最三小判昭40. 2 . 2 （民集19巻 1 号 1 頁）
····································307、313

〔昭和41年〕
最一小判昭41. 4 .14 （民集20巻 4 号611頁）
··110

〔昭和45年〕
最大判昭45.11.11 （民集24巻12号1854頁）
··57

〔昭和46年〕
最二小判昭46. 7 .23 （民集25巻 5 号805頁）
··67

〔昭和57年〕
最三小判昭57.10.19 （民集36巻10号2130頁）
··114

〔昭和58年〕
最二小判昭58.12.19 （民集37巻10号1532頁）
··67

〔平成 6 年〕
東京地判平 6 . 1 .31 （判時1514号103頁）
··79

〔平成 9 年〕
東京地判平 9 . 3 .25 （判時1621号113頁）
····································220、230
最一小判平 9 .12.18 （民集51巻10号4210頁）
··110

〔平成12年〕
最一小判平12. 3 . 9 （民集54巻 3 号1013頁）
··68

〔平成15年〕
最一小判平15. 6 .12 （民集57巻 6 号563頁）
····································52、277

〔平成16年〕
最二小判平16. 2 .20 （民集58巻 2 号475頁）
··199

〔平成17年〕
東京高判平17. 5 .25 （金法1803号90頁）
··314
最三小判平17. 7 .19 （民集59巻 6 号1783頁）
····································199、267

〔平成18年〕
最二小判平18. 1 .13 （民集60巻 1 号 1 頁）
··267
最一小判平18.12.21 （民集60巻10号3964頁）
····························184、310、315

判例索引　　363

〔平成19年〕

最三小判平19.2.13（民集61巻1号182頁）
............199

神戸地伊丹支決平19.11.28（判時2001号28
頁）............216、223、234、345

〔平成20年〕

最二小判平20.1.18（民集62巻1号28頁）
............199

〔平成21年〕

東京地判平21.2.13（判時2036号43頁）
............38、103、131、134、148、206、256、
267、274、328、347

鹿児島地名瀬支判平21.10.30（判時2059号
86頁）............189

〔平成22年〕

鹿児島地名瀬支判平22.3.23（判時2075号
79頁）............189

最一小判平22.7.15（判時2091号90頁）
............325、333

大阪地判平22.8.27（判時2110号103頁）
............82

東京地判平22.10.14（判タ1340号83頁）
............80、86、92、220、227、236、345

〔平成23年〕

東京地立川支判平23.4.25（判時2117号28
頁）............108

鹿児島地名瀬支判平23.8.18（金判1418号
21頁）............189

東京地判平23.10.24（判時2140号23頁）
............80、91、216、223、234、345

福岡高宮崎支判平23.12.21（金判1418号17
頁）............190

横浜地判平23.12.22（金判1442号37頁）
............234

〔平成24年〕

札幌地判平24.3.29（判時2152号58頁）
............308

最二小判平24.6.29（判時2160号20頁）
............201

東京高判平24.8.30（金判1442号26頁）
............235

最三小判平24.9.11（民集66巻8号3227頁）
............201

東京高決平24.9.12（判時2172号44頁）
............308

最二小判平24.10.19（判時2169号9頁）
............156

〔平成25年〕

東京地判平25.2.6（判時2177号72頁）
............25、38、103、155、203、211、274、
347

最三小判平25.4.16（民集67巻4号1049頁）
............69、96、188、198

福岡高判平25.10.3（判時2210号60頁）
............191

〔平成26年〕

東京地判平26.4.17（判時2230号48頁）
............39、103、274

東京地判平26.6.18（金判1492号25頁）
............21、305、315

東京高決平26.7.11（判タ1470号109頁）
............18

最一小判平26.7.24（判時2241号63頁）
............201

東京地判平26.8.22（判時2242号96頁）
............39、235、271、282、342、359

神戸地尼崎支判平26.10.24（金判1458号46
頁）............40、183、235、342

東京高判平26.11.11（金判1492号22頁）
............21、305

〔平成27年〕

青森地判平27.1.23（判時2291号92頁）
　　………40、122、317、328、342、359
東京地判平27.10.15（判タ1424号249頁）
　　………24、40、148、155、242、253、330、
　　347、360

〔平成28年〕

千葉地松戸支判平28.3.25（判時2337号36
　　頁）………131、222、234、287、337、353
最一小判平28.4.28（民集70巻4号1099頁）
　　………………………171、184、304、313、342
最一小判平28.6.2（民集70巻5号1157頁）
　　………………………………………………57
東京地判平28.9.15（金法2068号66頁）………29

破産申立代理人の地位と責任

2017年11月18日　第1刷発行

編　者　全国倒産処理弁護士ネットワーク
発行者　小　田　　徹
印刷所　三松堂株式会社

〒160-8520　東京都新宿区南元町19
発　行　所　一般社団法人 金融財政事情研究会
　　編　集　部　TEL 03（3355）1758　FAX 03（3355）3763
販　　売　株式会社きんざい
　　販売受付　TEL 03（3358）2891　FAX 03（3358）0037
http://www.kinzai.jp/

・本書の内容の一部あるいは全部を無断で複写・複製・転訳載すること、および
　磁気または光記録媒体、コンピュータネットワーク上等へ入力することは、法
　律で認められた場合を除き、著作者および出版社の権利の侵害となります。
・落丁・乱丁本はお取替えいたします。価格はカバーに表示してあります。

ISBN978-4-322-13226-7